哲 学

The Notions of the Chinese concerning God and Spirits

中国人关于神与灵的观念

James Legge

[英]理雅各/著　齐英豪/译

刘 铭 主编

海峡出版发行集团 | 福建教育出版社

图书在版编目（CIP）数据

中国人关于神与灵的观念／（英）理雅各著；齐英豪译. —福州：福建教育出版社，2018.4（2021.3重印）
（西方思想文化译丛／刘铭主编）
ISBN 978-7-5334-7734-9

Ⅰ.①中… Ⅱ.①理…②齐… Ⅲ.①神—信仰—研究—中国②灵魂—研究—中国 Ⅳ.①B933②B921

中国版本图书馆CIP数据核字（2017）第117172号

西方思想文化译丛
刘　铭　主编

The Notions of the Chinese concerning God and Spirits
中国人关于神与灵的观念
（英）理雅各　著　齐英豪　译

出版发行	福建教育出版社
	（福州市梦山路27号　邮编：350025　网址：www.fep.com.cn
	编辑部电话：010-62027445
	发行部电话：010-62024258　0591-87115073）
出 版 人	江金辉
印　　刷	福州万达印刷有限公司
	（福州市闽侯县荆溪镇徐家村166-1号厂房第三层　邮编：350101）
开　　本	890毫米×1240毫米　1/32
印　　张	13.75
字　　数	357千字
插　　页	2
版　　次	2018年4月第1版　2021年3月第2次印刷
书　　号	ISBN 978-7-5334-7734-9
定　　价	72.00元

如发现本书印装质量问题，请向本社出版科（电话：0591-83726019）调换。

本丛书无意于一个宏大的文化目标,或者一种统一的编选理念,只是鉴于每位译者对西方文化的理解,对某些学科细节的研究,愿意把自己阅读上的收获转换成汉语,带给我们思想上的些许快乐,些许思考,这个也许是我们这代人应该做的。

——**刘铭**

译文凡例

一、原文中（包括注释，下同）的 God，或译为"神"并用黑体在该词之前加一个空格，或转述原词；

二、原文中姓氏、人名与书名皆用楷体表示，基督与耶稣用黑体表示；

三、原文中引文皆用仿宋表示；

四、原文中的斜体字，译文皆以着重号表示；

五、原文中对 God 的第二人称皆用"祢"、第三人称皆用"祂"表示；

六、译文正文中的小标题为译者根据原著正文内容自行添加；

七、正文及注释中的下划波浪线皆为译者添加，注释中的下划波浪线相应于作者在正文中所引用的文字；

八、注释中"【原文】"系作者原著中的正文，而相对应于本书正文中的中文为原著中注释的译文；

九、译文正文中所指页码为原页码；

十、为方便读者查阅，译文的原页码在页边标示。

前　　言

　　在以下呈交给公众的篇章中，对于已经在导言里阐述过的主要目标，作者没有什么可添加的了。在试图展示中国人之宗教的时候，如果能剔除有争议的元素，他就会乐于那样做，在热论中，人们是那么容易只呈现出真理的某些方面，要么是少于所当有的部分，要么就是多于所当有的部分。作者的另一个目标就是对用于华夏经典中God（神）和spirit（灵）①那些术语的考察，若不论辩，此目的便无法达成。他竭力而为，不辞劳苦。

　　对中国人关于God的种种观念，他所提出的观点极有可能会引起过度的赞誉，特别是那些在翻译希伯来术语和希腊术语这些问题上与他看法一致的人。他只希望所提出的结论都有证据支撑。对他来说，最鼓舞人心的事莫过于在他们自己的文学中有个明晰的立足点（standing‐ground），在此之上，基督教传教士能够以自己的立场向中国人传讲启示的真理（the truths of Revelation）。在答谢众多贤达人士的时候，他已为展现《圣经》中所有关于God与人的教导做了一个铺垫。论到大多数他引用过的篇章，虽然很多人可能对其一无所知，就像他们对《圣经》缺乏认知一样，但他们会欣然接受后者，当前者引起人们兴趣的时候，作者相信，对那些篇章求索得越多，传教士在中国人对God的感知这一点上就会发现得越多，对此，德尔图

---

① 【译注】按理雅各的理解，此处的God应翻译为上帝，spirit应翻译为神；而现今通行的译法是将God翻译为神，spirit翻译为灵，详见译序。译者根据实际情况，将译文正文中的God、god和spirit进行不同处理，或翻译，或直接转述英文；译文注释中按现在的通行译法，将God翻译为神，god翻译为神祇或神明，将spirit翻译为灵。

良①(Tertullian)甚至说"单纯、粗俗、野蛮"（第116页注释）。

只有少数几篇提到了中国的作家，而在这些内容中也并未提说其来源。和先前出版的作品一样，翻译其中的一些篇章，可以从华夏经典里这些篇章的不同译本中获益良多，论到这些讨论过的主题，**麦都思**②博士在他的《论中国人的神学》③(Theology of the Chinese)中提到过，但在每种情形下得先有个独立的译本，而且只有在译本的内容恰如其分的时候，其译文才会被采纳。这些译本大都要交给一位英文相当不错的中国人，这样便可以指望不会在译文中发现资料上的错误。毋庸置疑，文中会有不少英文佳句，而且非常符合原文，倘若翻译期间不是因为其他一些繁重事务的话，这项工作早就完成了。在有些情形中，译本可能会受到业已形成的一般结论的影响。在那种情况下，有位朋友就反对第19页第16行中的"material"和第52页第28行中的"creation"，请读者用笔画掉前一个词，并以"sys-

---

① 【译注】德尔图良(Quinto Septimio Florente Tertuliano,英文中通常被称为 Tertullianus,150年~230年),北非柏柏尔人,迦太基教会主教,早期基督教著名的神学家和哲学家。他生于迦太基,也卒于此地,他被誉为拉丁西宗教父和神学鼻祖之一,有人称他是"希腊最后一位护教士"、"第一位拉丁教父"。在神学上,德尔图良首先采用一些名词如"三位一体"、"圣礼"、"救赎"和"功德"等。他对教父居普良(Cyprian of Carthage,约200年~258年)及奥古斯丁(Augustinus Hipponensis,354年~430年)影响颇深。此人著作颇丰,主要有《护教学》(Apologeticus pro Christianis)、《灵魂的见证》(De Testimonio animae)、《反马吉安论》(Adversus Marcionem)、《论偶像崇拜》(De Idololatria)、《论洗礼》(De Baptismo)、《论祈祷》(De Oratione)、《论忏悔》(De Poenitentia)、《论忍耐》(De Patientia)、《论戏剧》(De Spectaculis)、《驳帕克西亚》(Adversus Praxeam)等。

② 【译注】麦都思(Walter Henry Medhurst,1796年~1857年),英国传教士,自号墨海老人,汉学家,1796年生于英国伦敦。麦都思在伦敦学会了印刷技术,并于1816年被英国伦敦会派往马六甲,他在马六甲学会了马来语、汉语和多种中国方言,协助编辑汉语刊物《察世俗每月统记传》。1819年,麦都思在马六甲被任命为牧师,并在马六甲、槟城和巴达维亚传教,用雕版法和石印法先后印行30种汉语书籍,为近代地理学知识和历史学知识在中国的传播起到了巨大的促进作用。麦都思博士著作等身,值得一提的是,他先后将《圣经》翻译成汉语,《新约全书》(1852年)和《旧约全书》(1855年)相继问世,还将中国的《书经》和《千字文》译成英文。

③ 【译注】该书全名为 A Dissertation on the Theology of the Chinese: With a View to the Elucidation of the Most Appropriate Term for Expressing the Deity in the Chinese Language,即《论中国人的神学:旨在阐明汉语中表达上帝的最恰当的术语》。

tem"替换后一个词。

我白白地享用着朋友们的帮助与建议。作者必须得特地说说他从威妥玛①大人那儿领受的恩惠,威大人是英女王陛下贸易警署的中国助理秘书(Assistant Chinese Secretary to Her Majesty's Superintendent of Trade),从他那里,我得到许多有价值的著作,其中就有《大明会典》②(The Collected Statutes of the Ming Dynasty),作者将在第一章中大量引用此书。

愿 神悦纳、垂青此番尝试,即阐明关于祂自身的知识,祂的人类家族中的大部分成员都拥有这种知识,祂的众仆人在翻译祂启示性话语的时候,用这些术语精准地传达祂自己的名和祂三位一体神性中的第二位③。

香港 维多利亚
一八五二年三月八日

---

① 【译注】威妥玛(Thomas Francis Wade,1818 年~1895 年),英国外交官、著名汉学家,曾在中国生活40 余年,因发明用罗马字母标注汉语的发音系统"威妥玛注音"而著称,此方法在欧美广为使用,现逐渐被汉语拼音取代。在华期间,他曾编汉语课本《语言自迩集》,并有《寻津录》等作品。
② 【译注】《大明会典》是记载中国明代典章制度,编制以行政法规为主的官修书,简称《明会典》,始纂于弘治十年(1497 年)三月,凡一百八十卷。经正德时参校后刊行,嘉靖时经两次增补,万历时又加修订,撰成重修本二百二十八卷。《大明会典》一书主要根据明代官修《诸司执掌》、《皇明祖训》、《大明集礼》、《孝慈录》、《大明律》等书和百司之籍册编成,记载典章制度十分完备,凡《明史》所未载者,多有交代,是研究明代史的重要文献。
③ 【译注】三位一体指圣父耶和华、圣子**耶稣基督**和圣灵保惠师。这里的第二位格指圣子**耶稣基督**。

目　录

译序　神与上帝之争
理雅各其人 / 1
圣号之争 / 38
本书要义 / 75
译事始末 / 96

导言
本书的目标 / 99
文惠廉主教所持的观点，以及作者所持与之相反的观点 / 101
有一个汉语术语与 Elohim 和 Theos 相对应 / 102
不同团体对 God 一词所持的观点 / 105

第一章　中国人认识真神，他们的宗教就是一神教

通过归纳法确定神和上帝的含义 / 113
文惠廉博士承认上帝是真神的必要条件 / 118
刘应的论述显明上帝不可能是真神 / 121
对他们的答复 / 123
朱熹的佐证以及其他宋朝哲人对这一问题的论述 / 131
诉诸于中国国教的意义 / 140
一篇向上帝的祈祷文 / 145
一切神作为仆役 / 149

几篇向上帝的祈祷文 / 150
论上帝之自有 / 156
上帝和神之间的分别，几篇对大明之神、天神和地神的祈祷文 / 159
中国人不拜形质之天 / 162
他们不将皇室宗祖与上帝置于同等位置 / 167
五位次等的上帝 / 175
中国人在两至日献祭侍奉上帝 / 188
对 spirits 的敬拜 / 194
论先祖及先贤 / 196
中国宗教的第一次败坏 / 197
中国宗教与罗马天主教的类比 / 200
一神教与中国长治久安的关系 / 206
民间对 God 的通识 / 207
道教的几位上帝 / 210
如果不用上帝表示 God，我们便会失悯于民 / 212

附录
注释一：刘应、马若瑟和雷孝思 / 214
注释二：一篇中国人论述独一至高上帝的译文 / 227

第二章　Elohim 与 God 都是关联术语。最精准的汉语术语上帝是真神的进一步证明

确定 God 是否是关联术语的意义 / 233
它并非通用术语 / 234
它并非独立术语，而是关联术语 / 237
语言类比证明其关联性以及对文惠廉主教种种异议的答复 / 239
God 是关联术语这种主张已由犹太人、霍斯利主教、查诺克、马太·亨

利、加尔文、柯纳普和以撒·牛顿爵士的观点证实 / 249
对驳斥 God 是关联术语的几种特别异议的考察 / 257
假定 God 是一个通用独立术语，God 这一名称也不能被证实就是耶和华 / 266
独存中的 God 意味着什么 / 268
我们关于 God 观念的来源以及中国人对他们上帝观念的来源 / 272
希伯来人、条顿人和中国人对上帝之名在本源意义上的一致性 / 290
除真神之外，其他的存在对 God 这个词的一般应用 / 294
多神论的起源 / 295

第三章　论希腊术语 Theos，以及在印度和中国用于翻译《圣经》中 God 的几个术语

Theos 是关联术语，这种主张不会受到希腊人一神论和多神论二者谁为先这一问题的影响 / 301
安多弗的斯图亚特教授对 *Theos* 这个词的理解 / 305
北印度的传教士用来表示 God 和 *spirit* 的术语 / 311
Ishwara 和上帝的一致性，*Debta* 和神的一致性 / 318
对上帝作为复合术语所持的异议 / 324
在经典的应用中，*Elohim* 和上帝的一致性 / 325
上帝和罗马天主教的术语天主的几个一致之处 / 331
选用上帝而不用天主的几个原因 / 333
伊斯兰教徒使用的术语 / 337
中国犹太人的用法 / 338

附录

注释一：中国罗马天主教徒使用这些术语的几个实例 / 342
注释二：论 JEHOVAH 之名。是翻译好呢，还是转述好呢 / 347

第四章　论新教传教士用于 Spirit 这个词的几个不同的汉语术语，即：神、灵、风

用来表示 spirit 的几个不同的术语 / 353
在都承认其意为 spirit 的前提下对神的诉求 / 354
对主张神可以用来翻译某位 god 的推理考察 / 356
主张神应当用来翻译某位 god 或 gods 的几个特例 / 361
神绝不是某位 god 的意思，它只有 spirit 的意思，也不能用它来意指 God / 375
诉诸灵，它是神的同义词 / 377
灵和神之间的区别。用作人类心灵的时候，神意指其秉性，灵意指其智性 / 380
用于 spirits 的时候，灵只能意指灵效 / 381
灵不能用来表示 Holy Spirit。因为它否定了祂的位格 / 387
一篇美国《圣经》公会采纳汉语译本的报告 / 388
诉诸风。其意为 wind，为 custom，但不能在自觉的灵媒那种意思上使用 / 389
避免汉语《圣经》不同译本相互冲突的第一步是必须统一采用神来翻译 ruach 和 pneuma / 391

附录

注释一：提议用复合词天神来表示 God / 393
注释二：1850 年 12 月，美国《圣经》公会署长递交并采纳的汉语《圣经》译本报告中的一些论述 / 396

术语、地名中英参照表 / 400

人名索引 / 411

书名索引 / 418

译后记 / 423

译　序

神与上帝之争

1939年春，昆明。

一位中年教授接到英国牛津大学聘请函，延请他担任牛津大学第四任汉学教授，并授予他英国皇家学会研究员职称。于是，该教授从昆明启程抵达香港，拟携全家搭乘轮船转赴英国牛津大学任教，但因二战爆发，被迫在港蛰居。

1945年，二战结束。英国牛津大学再次聘约该教授赶赴伦敦，疗其目疾，以望痊复，并留牛津讲学。但因此前在国内进行过一次不成功的手术，又经英医开刀诊治，目疾反而加剧，最终落得双目失明。教授无奈，失望之余，辞去牛津聘约。

1946年1月21日，牛津大学正式公布该教授因健康原因辞去聘约。

这位教授便是著名的史学家陈寅恪先生。牛津大学为了等其任教，让汉学教职"空"了七年！

而牛津大学第一位汉学教授，便是本书的作者，理雅各。

理雅各，苏格兰著名汉学家。

理雅各其人

早年时光：1815年~1839年

1815年12月20日，理雅各（James Legge）生于苏格兰阿伯丁郡亨德利镇（Huntly）一个富裕的布商家中，弟兄四人，理雅各是老幺。小镇虽地处偏远腹地，却有优良的传道传统，首位来华宣教士马礼逊（Robert Morisson）的助手米怜（William Milne）博士，便出于此镇。

理雅各所在的"亨德利小镇曾经发生过一场引人注目的宗教运动。一个名叫科威（Cowie）的充满炽热使徒精神的人，被长老会① 除名，因为他热心推动信徒们在自己家里做功课，包括讲道和参加礼拜学校。特别是科威鼓励当地居民到外国去传教的兴趣。他怀着满腔赤诚和激情，以及对上帝和人类的爱，后来在亨德利建立了一个独立的教会（an Independent Church），而理雅各的父亲，成了他最热心的支持者。理雅各从小就被带到这所独立的教会，经常参加'苏格兰教区传教士'（Missioner Kirk）的所谓独立教会活动，并从那时开始对传教产生了兴趣"。②

理雅各自幼便在"苏格兰传教士教会"严格的加尔文宗教导下学习与成长，据理雅各自己回忆，在家中和"苏格兰传教士教会"里有时会有过于严厉的宗教敬拜活动，这种信仰生活对理雅各的成长及日后来华传道都产生极为重要的影响。

理雅各的父亲曾说过："很早以前，我就下了决心。如果我的孩子中有人想去国外传福音，我会祝福他，并对他说'去吧'。如果有人要去赚钱，他可以去，但我不会祝福他。"③ 这件事可以理解理雅各为何后来拒绝在皇家学院继续深造的机会，他的那个抉择所呈现出

---

① 长老会（Presbyterian church）即长老宗，也称归正宗，是新教改革宗之一，以加尔文（John Calvin）的宗教思想为依据，又称加尔文宗，与安立甘宗和路德宗并称新教三大主流派别。英国的长老会可追溯到约翰·诺克斯（John Knox）带领的苏格兰改革。
② 诺曼·吉瑞德，《朝觐东方：理雅各评传》，段怀清、周俐玲译，广西师范大学出版社，2011年，493页。
③ 岳峰，《架设东西方的桥梁：英国汉学家理雅各研究》，21页，此为岳峰2003年的博士学位论文。

的品格，伴随了他一生。

理雅各幼年的一位启蒙教师是能把《圣经·旧约·诗篇》倒背如流的盲女，他的母亲也能背诵多首赞美诗。童年时代还有件事，一位头发斑白的老人曾询问理雅各姓字名谁，他回答说"James"。老人一边重复着"James"（雅各），一边把手放在理雅各的头上说，"雅各，上帝的仆役"①。此外，理雅各的哥哥乔治是公理宗牧师，四处布道，这些都对理雅各的成长与品格产生潜移默化的影响。

这些童年的经历引发理雅各对信仰产生浓厚兴趣，加之他惊人的语言天赋和记忆力，让他可以将《圣经》烂熟于心。理雅各去世后，在上海主持的一场布道会上，传教士艾约瑟（Joseph Edkins）提到一件关于他和理雅各的事。他说："他（理雅各）具有一种建构自己思想的巨大优势。在他第二次重返中国之时，我和他经常在轮船甲板上散步。我们一起全文背诵《新约》。我记得他轻易地从《使徒行传》背诵到了《希伯来书》。当我背诵时，他还可以在一旁给我提问。而我却无法给他提问。他背诵《圣经》的能力是非凡的……这对他学习几千个汉字来说是一个巨大的帮助，他可以轻轻松松地记住中国毛笔写出来的各式各样的简单或复杂的汉字。那些看上去并无多大差异的汉字，曾经让不少人望而生畏。对他来说，这些汉字却栩栩如生，因为他能够轻易地记住它们。而他对《圣经》的娴熟掌握，自然也使他更倾向于从事传教事业。"②

理雅各的父亲对其影响颇大。1815年至1822年间，理雅各家与在马六甲传教的英国传教士米怜时常通信，这些信函使理雅各初步接

---

① 诺曼·吉瑞德，《朝觐东方：理雅各评传》，段怀清、周俐玲译，广西师范大学出版社，2011年，494页；岳峰，《架设东西方的桥梁：英国汉学家理雅各研究》，21页。雅各是《圣经》中主**耶稣**的亲弟弟，也是《圣经·新约·雅各书》的作者，又被称作"义者雅各"，是早期教会耶路撒冷的领袖，后被人用洗衣棒重击脑部而殉道（参见优西比乌《教会史》）。
② 诺曼·吉瑞德，《朝觐东方：理雅各评传》，段怀清、周俐玲译，广西师范大学出版社，2011年，494~495页。

触到传教事业。他曾在父亲的藏书室里发现了一份米怜传教用的小册子，对当时的理雅各而言，上面布满了天书一般的汉字和令人难以置信的神秘碑铭，小册子薄薄的黄页，柔滑如丝，他曾想"该如何去读这些小册子，以及它们可能是些什么内容"①。

理雅各自幼喜欢读书，尤爱文学。但他最初并不太好学，而是热衷于一些远足、钓鱼、游泳和掏鸟巢之类的活动。"他醉心于捉鸟。不过，他捉鸟并非那种破坏性行为：一般他会告诉父亲他所发现的鸟巢在哪儿，然后，父子二人——那时他的父亲已经年过半百——会在清晨5点钟出发，一起到林子里去。"②

理雅各童年时代的学校教育，主要是在非国教徒学校及后来更为严厉的亨德利教区学校中完成的。1829年春，理雅各14岁，他完成了在亨德利教区学校的小学学业，转入阿伯丁文法学校（Aberdeen Grammar School）学习拉丁文和英语语法。在拉丁语的学习中，他很快便显露出其出色的学术禀赋和语言天赋。他记述道："我学得非常快，阅读、拼写从来就不是问题，记忆力很好。"③ 有一次，他被车撞伤了腿，"在疗养期间，他全力学习拉丁语，早上3点到8点读书，形成了持续终生的习惯。最终，他说拉丁语就像英语那么流利。"④理雅各的女儿海伦·蔼蒂丝·理记载："从那时起，他表现出一种强烈的学习力量。无论是清晨，还是午后乃至夜晚，也无论是春假里还

---

① 理雅各，《余生漫录》，42~43页；转引自诺曼·吉瑞德《朝觐东方：理雅各评传》，段怀清、周俐玲译，广西师范大学出版社，2011年，14页。
② 海伦·蔼蒂丝·理，《理雅各：传教士与学者》，1页；转引自诺曼·吉瑞德《朝觐东方：理雅各评传》，段怀清、周俐玲译，广西师范大学出版社，2011年，489页。
③ 理雅各，《余生漫录》，8页；转引自岳峰《架设东西方的桥梁：英国汉学家理雅各研究》，18页。
④ 理雅各，《余生漫录》，25~26页；Lauren F. Pfister, "Clues to the Life and Academic Achievements of One of the Most Famous Nineteenth Century European Sinologists: James Legge（AD 1815~1897）", *Journal of Hong Kong Branch of Regional Asiatic Society*, Vol. 30, 1990, p. 190；转引自岳峰《架设东西方的桥梁：英国汉学家理雅各研究》，18页。

是秋假里,理雅各都在苦学拉丁文。他的语言能力迅速提高,他已经能够像使用英文那样驾轻就熟地用拉丁文写作了。事实上,1831年,当他15岁的时候,理雅各班上已经没有同学能够在拉丁文写作方面比得过他了,而当时他的同班同学,有些已经是二三十岁的年纪。每个星期五,老师都会让学生们听写一个长长的英文句子,然后再给他们三个小时的时间,让学生们把听写出来的英语句子翻译成拉丁文。在这项训练中,理雅各同样表现得出类拔萃。只要那些英语句子从老师嘴里一'滚落'出来,理雅各就已经写出了它的拉丁文译文,随即也就交卷离校。"① 值得一提的是,与他在同一所学校读书的,还有米怜之子美魏茶(William Charles Milne),后来他们二人一起来华传教。

在中学阶段,理雅各还养成一种学习习惯,即将布坎南(George Buchanan)历史作品的英文本译为拉丁文,之后再与原文对照。理雅各曾说:"用这种方法,我已经为用拉丁写作做好了准备。对我来说,用拉丁文起草一封信函,要比用英文起草还容易些。"② 这种学习禀赋、翻译经验和研读方法,为后来理雅各从事《中国经典》的翻译与研究奠定了坚实基础。

1831年,理雅各经考试顺利进入阿伯丁皇家学院(King's College),并荣获该学院一等奖学金。大学三年级时,他又醉心于哲学与宗教。在大学求学的四年中,其功课一直名列前茅,他曾轻易获得古典语言考试第一名,而且在化学、数学、自然哲学以及道德哲学[特别是托马斯·里德(Thomas Reid)和杜加尔德·斯图尔特(Dugald Stewart)有关的苏格兰常识学派,理雅各在本书中提到过二人并

---

① 诺曼·吉瑞德,《朝觐东方:理雅各评传》,段怀清、周俐玲译,广西师范大学出版社,2011年,489~490页。
② 理雅各,《余生漫录》,26~27页;转引自诺曼·吉瑞德《朝觐东方:理雅各评传》,段怀清、周俐玲译,广西师范大学出版社,2011年,11~12页。

引用过他们的作品〕上也极为出色。①

大学期间,有件事使理雅各印象深刻。有一次,他的兄长乔治(时任一《圣经》公会牧师)回家探亲。他随同父兄一起扫墓,在母亲坟墓前(两岁时,理雅各生母即去世),理雅各的父亲谈及妻子的遗愿,她希望长子乔治将来终生献身于教会事工。同时,他父亲还提出,希望自己的"另一个儿子将来也能够成为一名传教士",这让理雅各萌生了一个想法,将来由他实现父亲的愿望,"去向异教徒传教"②。

1835年,20岁的理雅各以全校第一名的成绩毕业,同时获得该学院授予的最高奖学金——哈顿尼恩奖学金。毕业后,理雅各因其坚持非国教信仰而放弃了继续在皇家学院深造的机会,做出这一决定取决于理雅各此时对信仰的真诚态度,他更愿诚恳地面对自己的内心状态,"我拥有不少宗教知识,对经文也颇为熟悉,并且阅读过不少神学著作,但无论是在内心中还是在生活中,我都还不是一个真正的**基督**追随者"③。拒绝皇家学院之后,理雅各接受了英格兰布莱克本(Blackburn)一所公理会学校的聘请,执教数学与拉丁语,为期一年半。

在布莱克本执教期间,校长胡尔(Hoole)对理雅各影响较大。他曾多次鼓励理雅各加入当地公理宗教会,参与教会事工。还让理雅各参与布道传教活动。后来,理雅各宣布自己忠实于圣公会教会,并立志将来到海外传教,"我要做真正的基督徒,到异教之处去传教"④。于是,他便参加圣公会传教士的系统学习,并期待加入将来

---

① 诺曼·吉瑞德,《朝觐东方:理雅各评传》,段怀清、周俐玲译,广西师范大学出版社,2011年,12页。
② 诺曼·吉瑞德,《朝觐东方:理雅各评传》,段怀清、周俐玲译,广西师范大学出版社,2011年,14页。
③ 诺曼·吉瑞德,《朝觐东方:理雅各评传》,段怀清、周俐玲译,广西师范大学出版社,2011年,15页。
④ 岳峰,《架设东西方的桥梁:英国汉学家理雅各研究》,22页。

被伦敦传道会（London Missionary Society）差派到世界最遥远区域传教的传教士之列。

理雅各于 1837 年辞去教职，进入伦敦海伯利神学院（Highbury Theological Seminary）攻读神学，以期成为一名传教士。他在两年之中完成别人通常需要四年时间才能完成的神学院课程，可见其禀赋之高。除了希腊语和拉丁语之外，理雅各还学习希伯来语，并深入研读《圣经·新约》，学习前辈们评注解经的原则和批判方法，这同样为其将来在华传教译注《中国经典》奠定基础。①

1838 年，理雅各向伦敦传道会提出申请，要求前往中国宣教。伦敦会接受了他的申请，于是他赶赴伦敦大学，师从汉语教授纪德（Samuel Kidd）学习汉语。纪德也是一名传教士，曾在马六甲做过侍奉，刚刚授命在伦敦学院（London College）教授汉语。虽然当时仅有马礼逊编撰的《华英字典》及其《圣经·新约》汉译本、一部《论语》手抄本，还有米怜编撰的汉语宣教手册，但理雅各依然满怀热情，深入研习。同年，23 岁的理雅各与伦敦会理事会成员约翰·摩里逊（John Morison）的女儿玛丽·伊莎贝拉·摩里逊（Mary Isabella Morison）喜结连理。

1839 年 7 月，理雅各不顾医生对其健康状况的警告②，毅然接受伦敦传道会差派，偕新婚夫人玛丽、米怜之子美魏茶和合信（Benjamin Hobson）医生搭乘"伊利莎·斯图亚特号"帆船从英国启航，赶赴马六甲。整个航程历时 5 个月，行程期间，理雅各并没有闲着，而是利用旅行时间修习汉语课程，背诵整本《圣经》，还在礼拜日为船上其他乘客以及非基督教的英国海员主持敬拜与祷告。

---

① "毕业后，理雅各又轻松地掌握了法语和意大利语。就此，他已通晓英语、拉丁语、希腊语、法语和意大利语。他的语言天赋和极强的记忆力以及勤奋、好学和执着的品质为他在日后的汉学事业准备了重要的条件。"（岳峰，《架设东西方的桥梁：英国汉学家理雅各研究》，19 页。）
② 当时医学报告显示他有肺病的迹象，如果贸然去马六甲，很可能不出半年就会死去。

1840年1月10日，理雅各等人平安抵达南洋马六甲。

马六甲时期：1840年~1842年

理雅各在马六甲三年多的时间中，起初并不顺利。

首先，初到马六甲，理雅各生活拮据。在1843年11月3日的信函中，理雅各写道："在马六甲的时候，我们只有一点大米和一些煮熟或者煎好的鱼。我只能做我力所能及的——尽力安排好开销——给我的孩子们好的教育，并且给他们留下一个不朽的名声。传教士，如果只是在自己的义务范围之内行走忙碌的话，很难节省下来什么钱财。"[①]

其次，因为气候的原因，他们很快陷入健康危机。在1840年3月21日写给兄长约翰的家书中，理雅各说，"我刚患过一场重病，这场疾病让我在床上躺了几乎两个星期。在这种气候中，你需要比在苏格兰更为当心……对所有人来说，疾病都是一种罪恶，但是，对于一个传教士来说，特别是像我目前的处境，更是增添一种特别的困苦和忧伤。还有我亲爱的玛丽，她还如此年轻，一想到把她孤零零一个人抛弃在这样一个陌生异域里，我就比死亡更痛苦，远离她的还有我在一万二千英里之外的朋友们。"[②]

因气候而起的疾病所带来的威胁，三年多来一直伴随着他们。但在面临危难之时，也让人看到理雅各作为一名基督徒所彰显出的乐善与慈爱。

有年夏天，马六甲霍乱横行。一个与理雅各共事的友人，因怕染

[①] 诺曼·吉瑞德，《朝觐东方：理雅各评传》，段怀清、周俐玲译，广西师范大学出版社，2011年，524页。

[②] 诺曼·吉瑞德，《朝觐东方：理雅各评传》，段怀清、周俐玲译，广西师范大学出版社，2011年，500页。

上霍乱而逃离英华书院①，但在路上却不幸染上霍乱，于是他匆匆写了张便条托人送达理雅各，当理雅各携医生赶到的时候，他的朋友已经撒手人寰。还有一次，理雅各听说有个华人染上天花，但当时没有华人、马来人敢于冒险接近这位病者。理雅各去了，并在这个华人身边侍奉好几天，直至病人几近康复。②

虽然有经济上和环境上的磨难，理雅各还是满怀热情地投入工作。起初，他担任书院的一名助理，而且据其上司的信函，得知他对理雅各颇有微词，认为他年轻气盛，缺乏经验。不久之后，他的上级偶因霍乱去世，理雅各得以晋升，并于1841年11月正式担任英华书院院长。

身为英华书院院长，理雅各可谓日理万机，"理雅各日常除了布道传教，处理差会事务与研习汉语外，还投入相当的时间与精力承担教学任务，同时要管理马六甲英华书院印字局"③。

在1842年10月3日写给兄长乔治的信中，"理雅各描述了自己更为完整的每一天的工作情况，还有记载哪里需要他去处理的许多事情"。

"我准备了一大张信纸，因为我感到你应当接到一封长信。日复一日，时光如梭，我被各式各样的事务纠缠，疲于应付——说实话，一个星期，六天繁忙，只有把遗憾而不是使徒书信抛到大海里去了。

"然而，最近，我放弃了一部分工作——英语和马来语的印刷工作——我们把印刷和一些相关东西迁到新加坡去了。在那里有三兄弟（指蔡兴、蔡高、蔡三三人），其中两人显然比我更具有机械方面的

---

① 英华书院是近代来华传教士最早创办的学校之一，1818年由第一位新教来华传教士马礼逊和米怜创办于马六甲。1843年，书院从马六甲迁移到香港，不久改为神学院，专门培养传教人才。该书院的最后一任校长便是理雅各。
② 诺曼·吉瑞德，《朝觐东方：理雅各评传》，段怀清、周俐玲译，广西师范大学出版社，2011年，504~506页。
③ 岳峰，《架设东西方的桥梁：英国汉学家理雅各研究》，29页。

天赋。

"我的首要工作,是在我的学校里。那里我有30个学生,年龄从10岁到16岁不等,还有4个青年人。我对他们中的不少人的进步和专注深感欣慰。我的信条是与他们交流思想,把他们的才能导入训练,并且让他们自己教自己,就像他们自己进食一样,浇灌他们、让他们结出适宜的果实是我的任务。不过,教学——在任何地方都是一件难事——在这里比在您那里更为艰难。这些孩子到我这里来的时候,完全没有经过任何教化,我也根本无法给他们传授任何知识。但是,他们比英国男孩子更易驾驭驯良,也更好学求知,还具有更能反应性格的力量。我深信上帝的工作已经在三四个孩子身上开始了,而且适当的时候,就会完善它。

"我的目标在于将大部分精力奉献于教学,因为对我来说,似乎这将成为我与中国人有关的生活中的主要事务。这个机构还需要我的关照用心,当然不是在这里,而是要建立在香港,它将建立在一个高尚的基础之上。而且,如果董事们面前的这项计划——并非单独自我这里开始,而是采纳我的建议,通过那些长久居民以适用于中国当下环境,而且得到最强烈的推荐——我毫不怀疑,这将传播上帝的名声,增添对祂的赞颂与荣耀。据建议,有一个机构在那里操作这项计划,而且要尽快从马六甲搬迁过去。

"我更需要做的,是在神学和《圣经》学方面训练他们,——让他们按照上帝的意图,接受良好的导引,成为天国的牧民。"[①]

理雅各在不断完善自己的汉语知识,首先是学习汉语和当地土著语言。为此,1841年,他编撰了一本《英汉马来语词典》,虽然后来

---

① 诺曼·吉瑞德,《朝觐东方:理雅各评传》,段怀清、周俐玲译,广西师范大学出版社,2011年,501~502页。

有评论对该词典颇有微词,但当时这本字典却成为英华书院的教材。此时,理雅各开始初涉汉语翻译及研究。

附属于英华书院的印字局,由来华先驱传教士马礼逊创立,马礼逊的计划是教育和训练中国的信徒,使他们能够向自己的同胞传教,而外国的传教士就可以有时间去经营学校、创立医院诊所、组建技术知识的团体等,这些都有利于中国社会的发展。为了能够达到这一双重的目的,出版社印制汉语《圣经》、宗教小册子、双语字典和语言课本。马礼逊死后六年,理雅各接管了出版社的管理工作,他继续马礼逊的工作,采纳马礼逊的方法。

作为一个专门面向华人的传教士,理雅各就好像找到了最好的实现传教事业目标的途径,正如他在1843年从书院发回的信中所说的那样:

"我将证明最有效的方法,其实是从那些年轻人当中培育出能够教授华人的人。我对这一传教信仰越坚定,我就越是觉得,这一伟大的工作必须由他们自己民族的传教士来完成——就像兄弟对兄弟那样对他们的同胞宣讲,充满热诚、判断力,还有无私。那么,这些人怎样才能够培养出来呢?这一定是一项十分微妙同时又充满困难的工作。这些年轻人一方面必须具有这样一种理想信念,那就是他们又有一项伟大的工作要做,另一方面他们也必须为此做好一切准备,否则他们不过是一些自我膨胀的轻浮之人。自我否定的训练、简朴、完全奉献于一个目标、注重思想的精神属性,所有这些,必须通过规则和榜样来对他们循循善诱。

"没有这些年轻人,这项工作也就没法完成。与过去来到华人地区的基督教传教士相比,现代的新教传教士有什么不同呢?他们既没有更文明,也不过是半瓶醋,精神上也没有更加投入献身。那么,究竟是什么才能够使他们获得比他们的前辈们更大的成功呢?对此,我

011

相信：关键就在那些东方的国民，由他们对自己的同胞传教，或者对东方其他民族传教，用同样的标准和价值向他们自己的同胞传教。"①

其实，理雅各的这种传教思路是沿袭天主教传教士利玛窦（Mathew Ricci）、新教传教士马礼逊的传教传统，即不仅用本土人进行传教，还用本土词汇来译释《圣经》。这在后来理雅各卷入的那场"圣号之争"中充分地彰显出来。

所幸的是，理雅各很快找到一位得力助手何进善（又名何福通）。"何进善于1840年进入英华书院。他的父亲是书院印刷所的检字工和印刷工。当时何进善已年过二十，是一个思想先进的华人学生，对中国古代经典很熟悉。因为贫困，他在马六甲一家药铺当伙计。就在此时此地，何进善已经学习了英语，并且进修过主教书院（Bishop's College）的课。连续三年，理雅各给他传授西方知识，特别是历史——普通历史和教会历史，与他一道阅读《圣经》，以及其他各种与神学有关的著作，还教他希腊文和希伯来文，并深为他在语言方面所取得的进步而惊讶。1842年底之前，何进善已经可以流畅地阅读《旧约》和《新约》英文原文，而且在希伯来文作文方面也取得了成功。何进善的兴趣是无边的——他将去远行——他将去观察整个世界——他还将涉足所有科学。"②

何进善的出现让理雅各用华人向华人传道的计划得以顺利施行。有一次，何进善傍晚在教堂里宣道，讲到《圣经》中约伯用瓦片刮身之事，何进善自己弯下腰，像是从地上捡起瓦片，众人都沉浸在何进善的宣讲中，许多人也都不约而同地弯下身子，手触地面，包括理

---

① 诺曼·吉瑞德，《朝觐东方：理雅各评传》，段怀清、周俐玲译，广西师范大学出版社，2011年，499~500页。
② 诺曼·吉瑞德，《朝觐东方：理雅各评传》，段怀清、周俐玲译，广西师范大学出版社，2011年，502页。

雅各在内。①

何进善还分担理雅各许多教务工作。在香港时，何进善帮助理雅各协管华人教堂，1846年至1848年理雅各回国之际，委托何进善管理教堂。正因如此，后来理雅各方可分身翻译《中国经典》。②

与何进善长达二十一年的共事之后，在1861年的一封信中，理雅各曾这样间接说到何进善："他（何进善）确实是个好帮手：通过他，我的思想和希望不断地传达到他的无数同胞当中。"③ 从理雅各给圣道书会（Religious Tract Society, R. T. S）报告的第一封信中，同样也可以看到他对何进善的评价：

"……我所欣赏的那个华人——何进善，已经掌握了精确而广泛的英语知识；而且，他的希伯来语知识也是非凡的，他在希腊语方面的知识，具有足以让他直接查询原典的优势。因此，他可以被委以新人并担此重任，可以通过故事来完整准确地传达《圣经》中**耶稣**的真理。"④

1842年8月29日，中国签订了近代史上第一个不平等条约——《中英南京条约》。

此后，伦敦传道会决定筹募基金，展开对华传教活动。董事会最终决议：将马六甲的英华书院、印刷所及汉字铸模场，迁往即将割让

---

① 诺曼·吉瑞德，《朝觐东方：理雅各评传》，段怀清、周俐玲译，广西师范大学出版社，2011年，504页。
② Lauren F. Pfister, "The Legacy of James Legge", *International Bulletin of Missionary Research from the Beginning to the Year* 1882, Vol. 22, April, 1998, p. 82, note 11；转引自岳峰《架设东西方的桥梁：英国汉学家理雅各研究》，45页。
③ 诺曼·吉瑞德，《朝觐东方：理雅各评传》，段怀清、周俐玲译，广西师范大学出版社，2011年，504页。
④ 诺曼·吉瑞德，《朝觐东方：理雅各评传》，段怀清、周俐玲译，广西师范大学出版社，2011年，503页。

013

给英国的香港。在给传道会的一封信中,理雅各再度呈现出他兴致勃勃的传道精神:

"带着伤感,同时还有某种喜悦的期待,我在为搬迁做着各种准备。对于传教事业来说,香港和中国内地,显然要比海峡殖民地更让人充满期待。而且我相信,在另一个四分之一世纪流逝之前,在中国内地一定会建立起一些小的传教点,带着上帝的荣耀,而且,在这里和其他地方已经播撒的种子,将会发现一定会给主带来丰硕收获。"①

在马六甲,理雅各开展了布道传教、书院教育、刊物印刷和汉学研究等多种事工。在香港的三十年,理雅各将这些事工发扬光大,尤其是汉学研究。

香港岁月:1843 年~1873 年

1843 年 7 月,理雅各将马六甲英华书院及其汉语印刷所迁入香港,他本人也随之迁居至香港的薄扶林,成为香港英华书院的首任院长。同初到马六甲一样,到港之后,理雅各面临着拮据的生活、混乱的社会治安与恶劣的生活条件等问题。

关于经济上的问题,在 1844 年 6 月 17 日的信函中,理雅各写道:

"从马六甲搬到香港途中,我们的开销颇大,而在这里,还要考虑到疾病等因素的花销;我们的支出并不算少。就在我们离开之前,我在马六甲花 12 元钱买了一只羊,以便旅途中能够喝上羊奶。一到

---

① 诺曼·吉瑞德,《朝觐东方:理雅各评传》,段怀清、周俐玲译,广西师范大学出版社,2011年,507 页。

这里,这只羊和它的羊羔就死掉了,因为我们没有合适的地方来安顿它们。玛丽生病的时候,我们准备搬进镇上的一所房子里去,我买了一头中国母牛,连同它的一头小牛崽,一共花费了 30 元。不久,牛崽子就死在了一个狭小、潮湿、新建起来的牛棚里,这是我们唯一能够给它们提供的地方。而母牛,可以想象的结果是——它不像那些已经在家里驯化好的牛——马上就断了奶,我又用它并额外加了 12 元钱,交换回另一头母牛和一头小牛崽。小牛崽又死于同样的方式,如今,每一天,只有不足一品脱的牛奶,一个月就要花去 6 元钱,不过,我们尽量多喝茶,茶里头也不加任何牛奶。"①

当时香港的治安问题一直"纠缠着"理雅各。危险有些出自于贫穷,有些则来自华人对洋人的仇恨。很多中国人不仅敌视洋人,个别华人还采取行动攻击洋人。"一天晚上,他们为中国强盗的夜袭所惊醒。强盗中有几个人就站在门外,威胁要破门而入,除非把钱交到他们手上。"②

这是初到香港的情形,再看一则多年以后的记录,出自理雅各第二任夫人汉娜(Hannah Mary Legge)的信札:

"香港正变得越来越不安全。两家大公司竞争经营往返香港与广州的汽船业务。每个华人甚至只收 10 分币。有时候,每艘汽船上面要搭载上千名华人。那些最绝望的人因此每天被大量地运送到香港来。当然,不少人后来又返回内地去了。不过,现在如果不是几个人结伴同行的话,外出就会感到极不安全。许多香港女士总是随身携带

---

① 诺曼·吉瑞德,《朝觐东方:理雅各评传》,段怀清、周俐玲译,广西师范大学出版社,2011 年,524~525 页。
② 诺曼·吉瑞德,《朝觐东方:理雅各评传》,段怀清、周俐玲译,广西师范大学出版社,2011 年,525 页。

着棍棒甚至保镖。本星期，我们的医生正行走在西道上，两个人跑过来截住了他，把他的脑袋砍开了三处，还抢走了他的金表和项链，这是他一年当中第二次遭遇这种打劫。"①

此外，还有因对气候不适应而造成的种种病痛。在1844年10月25日的日记中，理雅各写道："我病了，在发烧，而且情况还在恶化。大概有两天时间，我手头的工作似乎都没法做了。"②1845年11月，理雅各因多次长时间高烧不退而不得不携同夫人和女儿回国治疗，同时他还将吴文秀、李金麟和宋佛俭三位学生带回英格兰留学。后来理雅各虽然渐渐适应了香港的气候，但因工作之繁重，健康问题常常纠缠着他。在汉娜的信札中，有这样的记载：

"……他的健康——我担心——会垮掉的，除非他放掉手头的工作，否则很难真正得到休息。他的双眼让人感到是如此忧愁悲哀。"③

"我经常为理雅各博士和我自己的健康担心。我觉得他不可能再担负目前的工作了；他的视力糟糕透了，而且，有时候，他看上去简直已近于完全失明。而他对自己却毫不关心。大家一致的看法是，他不久就会垮掉的。"④

---

① 诺曼·吉瑞德，《朝觐东方：理雅各评传》，段怀清、周俐玲译，广西师范大学出版社，2011年，585页。
② 诺曼·吉瑞德，《朝觐东方：理雅各评传》，段怀清、周俐玲译，广西师范大学出版社，2011年，525页。
③ 诺曼·吉瑞德，《朝觐东方：理雅各评传》，段怀清、周俐玲译，广西师范大学出版社，2011年，584页。
④ 诺曼·吉瑞德，《朝觐东方：理雅各评传》，段怀清、周俐玲译，广西师范大学出版社，2011年，584页。

除此之外，在香港期间，理雅各还多次经历台风的侵袭①，有一次"房屋被掀翻刮倒，没有了屋顶，还有不少船折断了桅杆或者沉入大海。光是在广东河里溺水而死的中国人就不下千人……即便是台风没有在我们出发不久就卷没我们，我们也已经被它掀离了住处。狂暴怒吼的凶神所展现的力量是令人难以置信的"②。

古人云：夫哀莫大于心死，而人死亦次之。话虽如此，但每逢亲人故去，带来的往往是久久挥之不去的伤痛。理雅各自马六甲到香港，先后有五位亲人离去。在马六甲，两个儿子夭折。1848年，"一年前在英国出生的小女儿安妮（Annie），几个月之后不幸夭折，留给她的父母的是巨大的悲伤"③。1852年10月，第一任夫人玛丽病逝。1853年，最小的女儿艾玛（Emma）在回苏格兰途中去世。

这就是理雅各在港的种种磨难与困境。此时，理雅各年方38岁。

在困境当中，支撑他的是信仰，让他在苦痛中思考，在苦痛中继续承担"传道、授业、解惑"之职。作为一名传道者，理雅各"要走访华人。这是传教士工作中最有趣的一部分，同时也是最困难的一部分。它需要一种我现在极为必须的简易的布道，同时也需要不少智谋——要对人性有透彻了解，同时对基督徒性格的讲解也要前后连贯一致"④。在1845年4月8日的信中，理雅各写信给兄长约翰，说："几乎每天我都要花两个小时走访当地华人，分发小册子，不停地讲

---

① 据岳峰教授统计，理雅各共经历过六次摧毁性的台风。参见岳峰《架设东西方的桥梁：英国汉学家理雅各研究》，32页。

② 诺曼·吉瑞德，《朝觐东方：理雅各评传》，段怀清、周俐玲译，广西师范大学出版社，2011年，532页。

③ 诺曼·吉瑞德，《朝觐东方：理雅各评传》，段怀清、周俐玲译，广西师范大学出版社，2011年，531页。

④ 诺曼·吉瑞德，《朝觐东方：理雅各评传》，段怀清、周俐玲译，广西师范大学出版社，2011年，525页。

话，直到我已口干舌燥。"① 除此之外，理雅各还要传教布道、管理教会、赈灾救济、研究宗教、翻译古经、主持书院、编写教材、改革教育、培训翻译、办报印刷，以及进行必要的社交应酬。②

身在香港三十年，理雅各对后世影响最大的、也最广为人知的是他对华夏经典的翻译。他对华夏典籍进行翻译的初衷是因为他的传道事工，再扩大一层范围来说，理雅各来华历经种种磨难、种种作为，其根本支撑点在于他对**基督**的信仰，是信仰告诉他要将**基督**的福音"都教训他们（指未听信**基督**福音之人）遵守……直到世界的末了"③。正是在向华人传讲**基督**福音的过程中，他才萌发出在华夏典籍中找寻与**基督**信仰中的那位至高存在相匹配之同位语的想法，最终才逐步向西方系统译介华夏典籍。

限于篇幅，关于理雅各的办学、印刷事业，以及他和太平天国干王洪仁玕的关系，此处略去不表，只简要介绍理雅各在香港三十年三项主要的经历："圣号之争"、经典译介与传教布道。

"圣号之争"由来已久，其来龙去脉详见本序言第二部分"圣号之争"，此处只简要介绍理雅各卷入"圣号之争"并对争论所做的基本回应。

理雅各经历的这次"圣号之争"源于对《圣经》的汉译，即在对马礼逊汉译《圣经》修订过程中，如何就 God 的译名达成一致见解。当时分为两派，英国伦敦会的麦都思（Walter Henry Medhurst）等人主张将 God 译为"上帝"，美国的裨治文（Elijah Coleman Bridgman）等人则主张译作"神"。

随着进一步的探讨，双方对 Spirit 这个词的看法也出现分歧，有

---

① 诺曼·吉瑞德，《朝觐东方：理雅各评传》，段怀清、周俐玲译，广西师范大学出版社，2011年，526页。
② 岳峰，《架设东西方的桥梁：英国汉学家理雅各研究》，37页。
③ 语出《圣经·新约·马太福音》28: 20。

些人认为这个词应该翻译成"灵",而有些人认为应该翻译为"神"。值得一提的是,此时的理雅各坚持认为God应该翻译为"神"。① 双方你来我往,纷纷在《中国丛报》等报刊上发表文章,引用华夏典籍来论证各自的观点,但始终未能达成一致。后来双方又通过召开传教士会议,希求能寻得解决之道。遗憾的是,在1847年上海会议上,有关God是译为"上帝"还是"神"的争论仍然无法达成共识。委员会最后只好以投票方式来解决这一问题,出乎意料的是,投票的结果是二比二。

在此期间,双方在人员上有些变化,美国的传教士娄理华(Walter Macon Lowrie)于1847年8月命葬于中国海盗之手,文惠廉(William Jones Boone)博士替代他,在《中国丛报》上不断发表文章,批判英国传教士的观点。理雅各在1845年底因健康原因返回英国,当他再次返港后,立场全然改变,他大力主张"上帝"说,并撰文反驳裨治文和文惠廉的观点,使本来渐渐平息的论争硝烟再起。经过双方多番激烈争论,英美传教士之间的矛盾仍然无法解决,最后他们决定将问题提交给各自的《圣经》公会,而结果仍然不尽如人意。最终,美国主张用"神",英国主张用"上帝"。

1851年2月,英国伦敦会的传教士退出了"代表委员会",自己成立了一个"《旧约》汉译委员会";而原来的代表委员会则只剩下

---

① 理雅各主张用"神"翻译God,是受马礼逊的影响。有意思的是,理雅各的得力助手何进善却持相反意见。"何进善虽然与理雅各关系密切,也深得理雅各的信任,但在这个问题上却存在分歧,他并不认可'神天'或'神',而是赞同'上帝'。根据理雅各的记述,何进善大概在1839年左右就开始用'上帝'一词,所以他在1844年曾经试图说服何改用神,但遭到拒绝。何进善就这个问题给理雅各写过一封信,阐述了自己的看法。何进善主张用'上帝'作为God的译名,并提出了自己的见解。他认为,'盖上帝惟一,天地万物,皆其所造,宇宙万邦,尽属其家'。中国最初是崇拜独一的上帝的,其他的上帝则是在后来的发展过程中出现的,是纯正宗教退化或被毁坏的结果。"(刘林海,"19世纪中国人关于基督教God/Spirit汉译问题的讨论",《北京师范大学学报》,2007年第6期。)本书中,我们可以看到理雅各所持的观点与何进善那时的观念如出一辙,由是观之,华人对西方传教士在翻译问题上也有重要影响。

019

了美国传教士，他们继续以代表委员会的名义工作，但并不被伦敦会的代表承认。因双方井水不犯河水，有关 God 翻译的争论就逐渐冷却下来，这种宁静一直延续到1877年。

这场"圣号之争"对理雅各有建设性影响，为了迎战论辩对手，他就必须阅读大量华夏典籍。在此过程中，他对汉语的把握程度越来越娴熟。诚然，他系统地译介华夏典籍，是因为他对中国古典兴趣浓厚，但若要想深刻地认识中国，就必须熟稔中国古书，而儒家《十三经》也最必不可少。深刻认知中国，对于他在华传教事业大有裨益，这也是他译介注释华夏典籍的内在动力。"一个想要去认识并懂得中华民族的人，也就必须通晓他们的古典文献。在理雅各博士的思想中，经常产生这样一种信念，那就是，'一个西方人并不是完全有资格承担他现在的传教士这个位置所要求的责任的，除非他已经完全掌握了中国人的古典典籍，而且，不仅如此，对他来说，还需要去考察认识中国古代圣贤的所有思想领域'。"①

理雅各的侄子有段文字，也反应了理雅各译介的工作态度，"在他热心服务于人性的工作中，他试图深入到中国古代经典所包含的亚洲人的内心思想之中。他打开了通往中国人的思想的大门。这是一个开拓者的工作；因为他是那些率先认同中国历史文献的地位和价值的人之一，并且觉得有必要把它介绍到基督教世界当中去。而且，上帝在这项义务中也显示出真实、生动的圣洁与力量。因为理雅各博士相信，在他经过日夜苦读之后，他从那些经典当中得出的一个结论是，这个民族的老祖先是'知道上帝的'。"②

多年以后，《中国经典》逐卷出版。在他的书信中，有几处再次

---

① 诺曼·吉瑞德，《朝觐东方：理雅各评传》，段怀清、周俐玲译，广西师范大学出版社，2011年，510页。
② 诺曼·吉瑞德，《朝觐东方：理雅各评传》，段怀清、周俐玲译，广西师范大学出版社，2011年，511页。

显示出理雅各对译介中华典籍的初衷,他说:"对于儒家经典,我已经具有足以胜任将其翻译成英文的中文学术水平,这是五到二十年辛勤钻研的结果。这样的努力是必须的,这样,世界上的其他民族就可以认识这个伟大的帝国了,而且,特别是传教士给这里的民众传教,也需要充分的智慧,这样才能够获得长久的结果。我认为,如果所有儒家经典都能够翻译出版并且附有注解的话,这将有助于未来的传教士的工作。"①

在湛约翰(John Chalmers)致理雅各的信件中,表示了对理雅各译介华夏典籍的认同。"对于你正在从事的工作对传教士们的重要意义,我越来越有信心。我们一定要利用《中国经典》来作为基督徒水准的一个支点,而且,对于我们大多数人来说,这些经典不止是在它们自己的国家有效。我将给所有传教士规章引入这样一项条款:作为一个传教士,在没有努力弄明白他准备宣讲的内容中中国的诗人和哲学家已经就此表达过怎样的看法之前,不得就此内容予以宣讲。"②

传教的决心让理雅各萌发译介《中国经典》的想法,但这只是他其中一项工作。如前所述,理雅各日常工作颇多,探访、讲道、教务管理、处理学院事宜等,这些日常事务无法让理雅各专注从事翻译工作。幸而得到几人襄助,理雅各才挤出时间来从事翻译。其中有名的是何进善、黄胜、王韬、湛约翰、合信等人。

在教会事务的处理方面,何进善贡献颇多。何进善受理雅各委托管理教堂,实际上许多具体事务都由何进善代管。何进善和黄胜还协助他编写、印刷汉语的福音小册子,并将理雅各撰写的《**耶稣**山上**垂训**》翻译成中文并加以注释。

---

① 诺曼·吉瑞德,《朝觐东方:理雅各评传》,段怀清、周俐玲译,广西师范大学出版社,2011年,518页。
② 诺曼·吉瑞德,《朝觐东方:理雅各评传》,段怀清、周俐玲译,广西师范大学出版社,2011年,520页。

在王韬未赴香港之前,《中国经典》翻译方面,理雅各的辅助者还有湛约翰和黄胜,二人为理雅各答疑或翻译少部分章节等工作,最终完成了《四书》的翻译,作为《中国经典》的第一卷(1861年)、第二卷(1862年)出版。王韬的出现,对理雅各的翻译工作帮助甚大。首先,王韬曾经在麦都思的墨海书馆工作过十余年,他拥有与传教士合作译书的经验,因此与理雅各合作起来得心应手;其次,王韬经学功底深厚扎实,一般的传教士、汉学家远远不及。在他的帮助下,《中国经典》的翻译进度顺利推进,两人将近三年的齐心协作,《尚书》(1865年)、《诗经》(1871年)、《春秋左传》(1872年)相继完成并出版。

但凡从事过翻译的人,大都会认为翻译是件难事,个中辛酸,艰苦自知。而将中国上古经典翻译成现代英文更是一项异常艰巨的工作。这些经典成书时间早,文词古奥晦涩,所述历史事实既简赅不详,又真伪参半,加之后人注疏汗牛充栋,观点千变万化,莫衷一是。王韬为理雅各翻译的工作做了大量极为艰苦的铺垫工作。每译一经,王韬都要事先广搜博集,详加考订。然后集历代各家注疏之长。并注入自己的研究心得,写成笔记,以供翻译之用。他的治学原则是兼采诸家,不宗一派,对理雅各弄不懂或有疑问的地方,还常讨论讲解。[①] 王韬自己在"与英国理雅各学士"中说:"始于去岁五月,而成于今岁三月,将周一载,凌晨辨色以兴,入夜尽漏而息,采先哲之成言,纂集近儒之绪语,折中诸家,务求其是。"[②] 可见王韬之劳苦,而理雅各接下来的工作可以说也"毫不逊色"。在写给夫人的书信中,我们可以看到理雅各的翻译工作状况和日常的艰辛。

"我一天也没空闲,丝毫未曾懈怠过:就连礼拜六甚至礼拜天也

[①] 张海林,《王韬评传》,南京大学出版社,2007年,102页。
[②] 王韬著、李天纲编校,《弢园文新编》之"与英国理雅各学士",中西书局,2012年,214页。

译 序

不曾休息,我在积极准备《诗经》的出版,只是还没有取得任何可以评估的进展。我已经完成了《诗经》第一部分译稿的重新誊写……在六月底之前,我希望完成整个翻译,并将给英国去信,寻求该书出版用的纸张和印墨。年底,《集注》部分也将结束,我只需要写好序言部分,今天晚上九点钟我就开始了《诗经》的翻译工作。我现在精神状态还不错,比一整天的精神都要好。注释,琐碎的事务,还有华人访客,这些占据了我所有的时间,而我已是疲惫不堪。我去了太平山小礼拜堂——何福堂在那里做布道。我回到家里——疲惫、疲惫、疲惫。现在不同了。重新开始《诗经》总是能够让我愉悦起来,可这又是为什么呢?……我收到儒莲的一封来信,信中对我的翻译予以了褒奖。

"我刚刚译完了《诗经》中一首长颂诗。一想到手中这部著作完成之后,我的所有工作也就完成了,我的心禁不住常常会不由自主地收缩。可是,一页接着一页的忙碌——就像是攀登山峰。如果你站在山脚下,因为距离以及山之陡峭,你会踌躇不前,脚几乎不听使唤,甚至一步也移不动。但是,紧紧腰身,开始上路:你会气喘吁吁,痛苦地呻吟,可是最终你到达了顶点。这样,假以时日和健康,我将站在《诗经》的顶点,手持《易经》之基石而快乐地大声叫喊。"

……

"我刚刚从《诗经》中成功地获得新鲜血液,早餐之后,我就一直在撰写头两个注解——关于整部作品的标题和其中部分内容的标题……当然,我的工作并不是在一种表面肤浅和马马虎虎中进行的。

"我想对整个《中国经典》翻译和注解工作做一完整评估。可能一百个读者当中,九十九个丝毫不会对长长的评论性的注释在意;但是可能会有第一百个读者,他会发现这些所谓长长的注释其实一点也不长。就只为了这第一百个读者,我也应该将这些注释写出来。"

……

023

"明年年底之前,《诗经》就面世了。我们已经排完了 380 页,但费用惊人,每个月大约 105 元——其中包括付给我的中国助手王(韬)博士的 20 元。有时候我根本用不着他,因为一整个星期我都不需要咨询他。不过,可能有些时候又会出现这样的需要,而此时他对我又有巨大帮助,而且,当我着手撰写学术绪论的时候,他的作用就更大了。对我来说,只有那些第一流的学者才有价值,而这里除他之外,我找不到任何一个能够与之比肩者……

"已经有 648 页的《诗经》译本排印出来了,这一工作在我完成索引和学术绪论部分之后才可完工。同时,排印工人们已经拿到了《春秋》或者孔子的《鲁记》(Annals of Loo),这花费了我 15 个月的艰苦努力。但是,很少有人对这些经典英译本的每一卷是如何翻译出来、耗费了译者多少心血劳动能够有所感受。一个中国青年曾经给我写来一封信,开头这样写道——'我了解你的勤勉努力'。勤勉努力当然在我的精神构成中占据着重要位置。"①

洋洋大观的五卷本《中国经典》于十九世纪在西方陆续出版引起了西方学术思想界的轰动,同时也为理雅各带来空前的声誉。英国著名汉学家小翟理斯(Lionel Giles)称赞道:"五十余年来,使得英国读者皆能博览孔子经典者,吾人不能不感激理雅各氏不朽之作也。"② 也正是因为《中国经典》,当 1876 年英国牛津大学开设汉学讲座时,特聘理雅各为第一任汉学讲座教授。

"'任何时候,当你遇到麻烦或者需要,都把我(理雅各)的家

---

① 诺曼·吉瑞德,《朝觐东方:理雅各评传》,段怀清、周俐玲译,广西师范大学出版社,2011 年,519~521 页。
② 朴庵,《王韬与理雅各》,《国风》创刊号,1934 年;转引自张海林《王韬评传》,南京大学出版社,2007 年,103 页。

当成是你的家。'他对我说。是的,他是一个精神上的圣人,他一定会得到上帝的眷顾和关爱。只有像他那样的人,才使得英国强大,能够管理和引导那些弱小民族,而不是单靠军队或者海军。有些人进行身体上的训练以战胜身体上的对手,可是,亲爱的教授所追求的是精神上的训练,真正的人的训练,这样他将战胜精神上的对手,而且能够长治久安。不过,我也因此得到了启示:一个曾经获得过如此帮助的人,即便是再需要的时候,对于他的国家的敌人来说,他已经不大可能成为一个勇猛无畏的战士了。"

……

"我没有必要说,这样一个人是一个深受所有认识他的人的爱戴与信任的人。晚上,不止一次,当我感到孤独或者伤痛或者诱惑的压力的时候,我就会朝传教士的家走去,就像一艘遭遇风暴的小艇转进一个安全的港湾一样。但我仍深深感觉到,我找不到合适的语言来表达我从这个温雅纯粹的圣人那里所得到的一切向善的东西。"[1]

上文是在香港认识理雅各的友人写下的。

承前所述,无论是"圣号之争"还是经典译介,最终都是为了更好地传播**基督**的信仰。理雅各在港三十年,他不断践行着**基督**信仰的教导。每当提起西方传教士在华传播**基督**教义,不少人都会将之与鸦片战争之后西洋舰炮侵华联系在一起,而这种观念在很多传教士身上并不适用,理雅各便是其中一位。理雅各反对鸦片贸易,在港三十年,他曾多次竭力保护中国民众,虽然在传道事工与生活上有艰难与苦楚,但他依然乐善好施,因他持守"施比受更为有福"[2]的信仰。

据理雅各女儿记载,"理雅各博士有两个信念从来不曾动摇:对

---

[1] 诺曼·吉瑞德,《朝觐东方:理雅各评传》,段怀清、周俐玲译,广西师范大学出版社,2011年,537页。
[2] 语出《圣经·新约·使徒行传》20:35。

鸦片贸易的憎恨与对传教事业的信仰"①。

理雅各在离开中国前曾到中国北方旅行，行经山东孔府时，他见到乡村旁边遍地罂粟，村中老人抱怨他们的下一代肯定会在吸食鸦片的习惯中长大，这给理雅各留下深刻印象。理雅各夫人记载道："想到我们不仅将我们的鸦片强加给中国，而且我们还引导中国人自己来种植鸦片，这真让人感到悲哀。不过，我们的政策和路线，将来一定会遭到沉重的报应。"②

在1878年伦敦召开的一次会议中，理雅各带着难以抑制的激情，要求取缔鸦片销售，在会上，理雅各还述说了一件令他终生难忘的事，巴黎的阿皮雅（G. Appia）在写给友人的一封信中记录了当时会上的情景：

"后来，"理雅各博士说，"中国的一位前任大使郭嵩焘在他的客厅里会见我——他把我当作他的国家的朋友。

"'啊！在这里见到了您，亲爱的博士，'他说，'尽管您生为英国人，但您又几乎跟我一样是一个中国人，因此，请坦诚地告诉我，与其他国家相比，中国和英国究竟哪个国家更为优越？'

我停顿了一下，以免冒犯我的谈话者，然后我才说道：

"'可是，阁下，请不要对我生气，无论如何，我还是要把英国摆在第一位。'

"'是的，是的，我理解，如果您比较工业力量，比较铁路，比较海军，我接受您的答案；但是，从道德观点看——正是在这一点上，我想请您来比较一下两个国家的人民。'

---

① 诺曼·吉瑞德，《朝觐东方：理雅各评传》，段怀清、周俐玲译，广西师范大学出版社，2011年，641页。
② 诺曼·吉瑞德，《朝觐东方：理雅各评传》，段怀清、周俐玲译，广西师范大学出版社，2011年，621页。

"'噢,阁下,从这一点来看,不将优越性给予英国,对我而言也是不可能的。'

"我从来没有看到过一个人如此惊讶的样子。他开始在自己布置得雅致的会客厅里来回大步行走,中间还用力地甩动着他的双臂,甩动着长长的衣袖,后来,郭一下子猛坐进自己的椅子,椅子几乎被挤到客厅角落里,甚至要被坐垮了。后来,郭把椅子拉到我的面前,对我说道:'那么,可是,博士先生,为什么,为什么您的国家要强迫我们接受你们的鸦片?!'

"听到这番问话,我哑口无言;我深感羞愧。现在,我听你说,在面对这些问题的时候,你的建议是什么?我们应该做什么?(对那次与会人员。)

"我的兄弟,对于这一问题,我只知道福音书上的回答:停止作恶,学会行善。"①

阿皮雅在信中还写道:"那个老人(指理雅各)脸上的神情似乎显示了他的义愤;他的整个面部因为情绪激动而绯红,他的双眼炯炯闪烁;人们感到这是一个因为自己同胞的不公不义之举而叹息的善良之人。"②

理雅各对将鸦片倾销到中国深感悲痛,他认为这是民族犯罪。他从不去听去看有关鸦片带来多少利润的报告,相反他对这种行径极为难过。他曾自述:"我前往中国,生活在中国人中间长达三十年之久。我从不同社会层面所听到的对鸦片毒害的控诉成千上万。我知道难以计数的人因为在鸦片上放任自己而毁掉了自己的习性、家庭和健康。

---

① 诺曼·吉瑞德,《朝觐东方:理雅各评传》,段怀清、周俐玲译,广西师范大学出版社,2011年,642页;最后的经文实则语出《圣经·旧约·以赛亚书》1:16~17。
② 诺曼·吉瑞德,《朝觐东方:理雅各评传》,段怀清、周俐玲译,广西师范大学出版社,2011年,642~643页。

027

我亲眼看到年轻人因为染上吸食鸦片的恶习而导致家庭破裂、痛苦万分。我也知道很多自杀身亡的人间惨剧因为鸦片而起。我是抑制鸦片贸易协会的创始成员,被人们称为一个'多情善感者'、一个'狂热者'或者一只'好斗的公鹅',这并不是一件令人愉快的事情,但对于一个渴望正义的人来说,这种蔑称或者辱骂,用孔子的话来说,不过'如浮云耳'。"①

由此,我们可以看到理雅各对中国的关怀与热爱(以孔子的话来应对斥责他的人),是实实在在的行动,而非仅是口头上的号召与说教。

在理雅各的传教生涯中,有一位中国人令他终生铭记于心,此人是一位殉道的基督徒,名叫车锦光,车锦光与当年的博罗教案有关。

车锦光是博罗一座孔庙的看守者,他原本对基督教一无所知,有一天他得到一本教会派发的汉译《新约全书》。车锦光读过之后,整个心灵为之触动。他听说有个传教士在香港布道,于是为了知晓更多教义,便只身来到香港,寻找这位传教士,而这位传教士正是理雅各。因理雅各对车锦光了解不多,所以对车锦光要求受洗的要求有所犹豫。有一天祈祷会,当人们散去之后,天正下着雨,车锦光站在雨中等候理雅各,并对他说:"你还不相信我,担心给我施洗。可是我是一个真正的人,上帝知道我,你瞧,上帝的雨水正下到我的头顶上……瞧!上帝正在给我施洗。"②面对车锦光的诚挚,不久之后,理雅各便为他施洗。

车锦光回到博罗之后,开始传讲**基督**教义,并且取得不错的效果。1860 年,他带 25 人到香港接受洗礼。但他却受到同乡排斥,最

---

① 诺曼·吉瑞德,《朝觐东方:理雅各评传》,段怀清、周俐玲译,广西师范大学出版社,2011 年,642 页。
② 诺曼·吉瑞德,《朝觐东方:理雅各评传》,段怀清、周俐玲译,广西师范大学出版社,2011 年,561 页。

终因为一个当地人的缘故，酿成了博罗教案。一个叫苏候武（Soo-hou-u[①]）的人因为与车锦光有些私人恩怨，谎称自己是车锦光已经买下用来传教的房屋之主人，于是便带一伙儿人抢占车锦光的房屋，并且用生命来威胁他们，又在村内张贴告示，扬言要让**基督**之名从村中消失，还禁止建立一切敬拜的场所。车锦光找理雅各寻求帮助，在与湛约翰商议之后，理雅各决定去一趟博罗。动身前夜，他在写给夫人汉娜的信中说道："哦，要是我能够给那座已经建立起来的房子取上名字该多好；要是我能够为我们那些感到困惑、受到惊吓的中国兄弟姐妹带去欢乐和安慰该多好；要是我能够为福音永传竭尽全力该多好。"[②] 在汉娜的回信中，记载道："我知道你远非一个狂热之人，但你身上有着一种献身精神，如果条件需要，你就会觉得这是你的义务，并会奋不顾身地前去赴难。我努力祈祷愿主与你同在，而且我对你怀有这一希望和信心，那就是你会行事谨慎，不到万不得已，不会轻举妄动。以前你在中国也曾经多次遭遇危险，而且我也必须想到上帝的善手将如此前一样在庇护着你。但是这件事就像噩梦一样，让我担惊受怕。"[③]

临行前，理雅各对湛约翰说明此行的危险性："有可能此去博罗我就回不来了；如果有消息传来，说我已经被杀害了，请马上赶到英国领事馆，告诉领事，我的希望是，不要派遣任何英国军舰沿河而上为我的死进行报复。"[④]

从这些历史记录中，我们感受到的不仅是理雅各对福音的热诚、

[①] 岳峰教授将其音译为苏候武，笔者在文中引用此名来指代此人。
[②] 诺曼·吉瑞德，《朝觐东方：理雅各评传》，段怀清、周俐玲译，广西师范大学出版社，2011年，571 页。
[③] 诺曼·吉瑞德，《朝觐东方：理雅各评传》，段怀清、周俐玲译，广西师范大学出版社，2011年，578 页。
[④] 诺曼·吉瑞德，《朝觐东方：理雅各评传》，段怀清、周俐玲译，广西师范大学出版社，2011年，570 页。

对华人的关怀,我们还能看到理雅各性格的一面,以及作为一位基督徒妻子对丈夫事业的支持与关爱。

抵达博罗之后,理雅各受到当地县官的迎接,并对所发生的纠纷表示歉意。虽然时间短暂,理雅各还是在博罗给当地人"传道、授业、解惑"。理雅各觉得应该可以很快返回香港,但意想不到的事发生了。翌日清晨,有人跑到村里说,约有5000人正从惠州赶来,准备将河道官员与传教士抓起来。情况紧急,如果信息属实,那么他们二人极可能都会人头落地。河道官员未向理雅各道明那则消息,却强烈要求理雅各马上离开此地,理雅各要求与车锦光再见一面,但河道官员说现在风向好,而且河浪平静,宜早行船。理雅各不情愿地动身离开,未能与车锦光见上最后一面。

理雅各是从后来湛约翰的书信中得知博罗所发生的惨案。在他离开的那天傍晚,苏候武一行人到了博罗。他叫一个小男孩去开门,车锦光开门之后旋即被抓走。车锦光被带到一个邻村,在那里备受折磨。整个晚上,他都被四肢分开绑在梁柱上,当他昏过去的时候,施刑人就往他身上泼水。湛约翰信中写道:"他们用火来折磨车,而且,一切看上去都已经于事无补,已经再也无法将他从那些卑鄙的异端之人的手中解救出来了。"[1] 那些暴徒要车锦光公开宣誓离弃基督教信仰,并要在神像面前焚香起誓。但他断然否认:"我怎么能够否定那个为我而死的人呢?"[2] 被激怒的暴徒用鞭子抽他,砍下他的头颅,将其尸身抛进河里。

目前没有记录表明理雅各对此事所流露的悲痛之情,但我们相信悲痛之余,他定会有懊悔,懊悔自己未能妥善处理此事而酿成惨剧。

---

[1] 诺曼·吉瑞德,《朝觐东方:理雅各评传》,段怀清、周俐玲译,广西师范大学出版社,2011年,572页。

[2] 诺曼·吉瑞德,《朝觐东方:理雅各评传》,段怀清、周俐玲译,广西师范大学出版社,2011年,573页。

有一封信,是车锦光殉道两个月之后理雅各写下的:"我很容易猜想到,当你听说这场导致车惨死于那些报复性的、被人误导的乡民之手的风波时可能表现出的惊讶和沮丧。这个良善的人确实可以位列那些殉道者的高贵队伍当中,而且,我相信,他也是中国第一个被要求用自己的血来加印上自己的誓言的新教基督徒;我们对此毋庸置疑,而且,如同在其他地方一样,这终将证实,教会的种子,只会进一步对致力于将中国基督教化的中国基督徒们的努力做出额外的推动。"①

除此之外,理雅各十分关注中国社会状况,他对香港的教育、报业乃至戒烟戒赌、赈灾救难等公益事业贡献颇大。他主编的《遐迩贯珍》,大量介绍西方科学技术,向中国输入西方近代化理念,推进香港的报业近代化;他主持的英华书院开启了现代西式教育之先河,培养促进中国近代化的专业人才;1871年初,理雅各联合其他传教士和商会人士一千多人签名,上书英国政府,要求取缔赌场;他解救并帮助过老幼,协助医治过病人,还多次发起公益活动,帮助贫困的人。譬如,1866年,香港发生了一场罕见的火灾。现场混乱,损失惨重。于是他放下手头的工作,与何进善用一周的时间一起撰文宣讲,亲自帮助受难的人募集资金。一天上午,他要探访两三百家商号。他在一则记录中说道:"对我而言,面对这样一场灾难却不闻不问,无异于罪恶。"② 在另外一则日记中,他记述了另外一次募集,"每天,我都要面对各种受苦受难的人。这里有一户人家急需接济。我决定募集200到300元的资金,以帮助这些人渡过难关。不到两个小时,我就募集到了170元——其中除了一个苏格兰人捐献的10元

---

① 诺曼·吉瑞德,《朝觐东方:理雅各评传》,段怀清、周俐玲译,广西师范大学出版社,2011年,573页。
② 诺曼·吉瑞德,《朝觐东方:理雅各评传》,段怀清、周俐玲译,广西师范大学出版社,2011年,598页。

之外，其他的都是些小额捐助。"①

1873年，理雅各58岁，他向香港告别。

从1843年到1873年，理雅各一生中最美好的时光是在香港度过的，这次告别是他最后的告别。此后，理雅各终其一生再也没有踏上中国的土地。

离开中国之前，理雅各做了一次旅行。4月，理雅各到中国北方，他游览了长城，参观了颐和园和天坛；5月，他前往山东，登泰山顶，拜访孔子故乡，参观孔庙和孔林，并拜谒了孔子墓。然后，他取道大运河前往上海，从上海取道日本，跨越太平洋抵达美国。

1873年8月，理雅各返回英国。

伦敦生涯：1874年~1897年

返回英国后，理雅各极力主张加强对中国的研究，特别是对中国文化思想的支柱儒家思想和典籍的研究，他余生的二十多年基本都在译著与教学中度过。

"除了在苏格兰的两次旅行，还有1884年爱丁堡大学成立三百周年校庆之时，授予他LL.D学位，他曾专程到此访问，以及到欧洲大陆的两次访问，一次是出席1878年佛罗伦萨的东方学家大会，再就是1881年访问波恩和汉堡，游览莱茵河。除此之外的所有时间，理雅各都在牛津的家中工作，其间短暂拜访过伦敦或者其他地方的友人；因此理雅各生命中的这最后二十一年，是孜孜不倦地工作的二十一年。有一个习惯理雅各几乎一直保持到去世，这一习惯在他的朋友看来一点也不觉得奇怪。他习惯于凌晨3点起床，在床边工作5个小

---

① 诺曼·吉瑞德，《朝觐东方：理雅各评传》，段怀清、周俐玲译，广西师范大学出版社，2011年，603页。

时，那时候，家人们还在安睡。他刚到牛津不久，亮灯的书房曾经引来了夜班警察。'夜深人静，在这样一个值得怀疑的时刻，担心有人在做什么恶作剧一类的事情。'"①

后来理雅各日益衰退的健康打断了这一习惯，虽然如此，他还是坚持到生命的最后一刻。

在译著方面，他继《中华经典》之后，参加了麦克斯·缪勒（Max Müller）《东方圣典》（*Sacred Books of the East*）的翻译工作。同时根据他对中国儒家的理解，也继续撰文表达他对儒家所持的观点，并对儒、释、道三家与基督教做比较研究。

在理雅各就任牛津大学之前，他与麦克斯·缪勒就《东方圣典》的翻译开始通信，缪勒在致理雅各的信中说："我一直期待着能够被引荐给您，并且能够告知您我对您的《中国经典》是如何的敬佩。我知道，当我听到我的老朋友儒莲用最高的赞誉评价您的工作的时候，一定是有最高的命令把这些赞誉从一个并不慷慨赞誉别人的人那里索取过来的。因为上述这一切，我们希望能够有幸得到经由您手翻译的那些精品，相信它们会成为世界各地经书的经典译本。我正在努力寻找一些学者，大家能够一起从事这项翻译事业，但要完成这些任务，既不轻松也不容易。"②

在另一封书信中，缪勒写道："作为规定，我们要求翻译全本——不要节译。我们需要那些丑陋的不好的东西，就像我们需要那些有趣的好的东西一样，否则就有可能受到曲解经书的真正特性的指责；我的意思是说，翻译它们也就是再次照亮它们。我希望能够得到

---

① 诺曼·吉瑞德，《朝觐东方：理雅各评传》，段怀清、周俐玲译，广西师范大学出版社，2011年，628页。
② 诺曼·吉瑞德，《朝觐东方：理雅各评传》，段怀清、周俐玲译，广西师范大学出版社，2011年，632页。

您分期完成的三卷中的第一卷,并且能在1877年底之前付梓出版。而且,我希望获悉,在未来的几年当中,我们还能够从您这里得到多少翻译大作。"①

十余年间,理雅各为《东方圣典》翻译了六卷译作。1879年,理雅各译出了《东方圣典》的第三卷,包含《书经》、《诗经》中的宗教部分和《孝经》;1882年,理雅各译出《东方圣典》的第十六卷《易经》;1885年,年逢古稀的理雅各译出《东方圣典》的第二十七卷和第二十八卷,即《礼记》;1891年,理雅各又译出《东方圣典》的第三十九卷《道德经》和第四十卷《庄子文集》。翻译这些经书的时候,理雅各原本邀请王韬,希望他再度前来协助,但王韬最终未能接受邀请,这也为历史多少留下一丝遗憾。

艰苦的翻译工作消耗了老人大量精力,自此之后他就没有再大规模地翻译中华典籍,而是对之前的译本进行修订。1892年,他修订《四书》的译本;1893年至1895年他修订五卷本的《中国经典》,最后由牛津克莱仁登出版社出版。

对于理雅各这段时期的翻译工作,1897年,《瞭望》(Outlook)刊登过这样一段文字:

"这篇文章的作者迄今仍记得1884年到理雅各书房去见他的那一幕场景。他刚被带去拜见教授,那位令人尊敬的人抬起头来说道:'你来得正是时候,我的生命已经到达顶点,我刚刚完成中国经书译本的校订工作,为此我整整耗去了二十五年的时间。'

"……而且此项工作据说从头至尾都是在崇高的境界当中完成的。它标志着理雅各博士作为一个译者的彻底的忠实态度,而且,这

---

① 诺曼·吉瑞德,《朝觐东方:理雅各评传》,段怀清、周俐玲译,广西师范大学出版社,2011年,632页。

样说并非意味着他是逐字逐句地照译。有时候，他可能这样做了，以挑战英语的习惯用语。但更多时候，特别是在后面几卷，他把一个中文单字，扩展翻译成一个完整的英语句子，这就需要对中国经典的高深莫测进行不懈的思索考证。因此，要是有持怀疑态度的批评者试图探究理雅各博士的译文，他们就会发现，它们大多数时候还得去探究中国那些最优秀的经典诠释者们。所以说，我们从理雅各先生的这些翻译当中，看到了中国人的经典对他们自己呈现出来的内涵。"①

从这段文字中，我们可以看到理雅各翻译的认真程度以及他所耗费的精力。逝世前两年，理雅各还着手翻译屈原的《离骚》，但由于健康与精力原因，译文成了未竟之稿。

翻译之外，理雅各也笔耕不辍。二十余年，他写了好几本书，同时兼有评论、论文、小册子及演讲稿等，简目②如下：

1.《西安府所存七、八世纪与在华基督教传播有关的景教碑》(*The Nestorian Monument of His-an Fu relating to the diffusion of Christianity in China in the seventh and eighth centuries*，即《大秦景教流行中国碑》);

2.《汉字特点及其历史》(*Nature and History of the Chinese written*

---

① 诺曼·吉瑞德，《朝觐东方：理雅各评传》，段怀清、周俐玲译，广西师范大学出版社，2011年，632～633页。
② 诺曼·吉瑞德，《朝觐东方：理雅各评传》，段怀清、周俐玲译，广西师范大学出版社，2011年，634～635页。译者对引文作了一处修改，即将第八项《中国历法》改为《中国编年史》。此外，这份著作目录还未全然收录理雅各的作品，比如1877年在华传教士大会上由慕维廉（William Muirhead）代为宣读的论文"儒教与基督教的对比"（*Confucianism in Relation to Christianity*），再如他晚年的主要作品《中国宗教：儒教、道教之描述兼与基督教之对比》（*The Religions of China: Confucianism and Taoism Described and Compared with Christianity*），又如他的《法显行传》（*A record of Buddhistic kingdoms*）。岳峰教授专著的参考文献（275～281页）中，还名列了理雅各《余生漫录》（*Notes of my life*）等未刊书稿。

characters）；

3.《孔子，中国的圣人》（*Confucius, the Sage of China*）；

4.《中国哲学家孟子》（*Mencius, the Philosopher of China*）；

5.《中国文学中的传奇与小说》（*Romances and Novels in the Literature of China with the history of the great Archer Yang Yu – chin*）；

6.《1880 年就中文术语"帝"和"上帝"致麦克斯·缪勒教授的一封信》（刊载于 1893 年 10 月号的《皇家亚洲学会学报》，*A Letter to Professor Max Müller on the Chinese Terms Ti and Shang – Ti*, 1880）；

7.《对于中国所接受的三种教义的公允平和之讨论》（*A Fair and Dispassionate Discussion of the Three Doctrines accepted in China, from a Buddhist Writer, Liu Mi*，即刘谧《三教平心论》）；

8.《中国编年史》（*Chinese Chronology*）；

9.《离骚及其作者》（*The Li Sao Poem and its Auther*）；

10.《皇家儒教》（*Imperial Confucianism*）；

11.《封建中国》（*Feudal China*）；

12.《道德经》（*The Tao The – King*，此为两篇讲稿）；

13.《道家：庄子及其比喻式解说》（*Taoism: Chwang – zse and his Illustrative Narrative*）；

14.《百里奚的故事》（*The story of Pai – Li – Hsi*）；

15.《宋国的华元及其如何解救睢阳之围》（*Hwa Yuan of Sung, and how he raised the siege of Sui – yang*）；

16.《中国诗歌》（*Chinese Poetry*）；

17.《曹魏兄弟》（*The Brothers of Wei*）；

18.《公元一世纪的班氏家族》（*The Pan Family of our First Century*）；

19.《什么是扶桑？它在何处？在美洲吗？》（*What and Where was Fu – Sang? Was it in America?*）；

20.《佛教和道教的炼狱》(The Purgatories of Buddhism and Taoism);

21.《汉字所显示的古代中国文明》(Ancient Chinese Civilization as indicated by the Characters);

22.《基督教及儒家关于人的整体责任的比较》(Christianity and Confucianism compared in their teaching of the whole);

23.《尧》(Yao)。

此外，理雅各还写信答疑，因为有许多人来信询问有关中国与汉语方面的问题，他都来者不拒，一一作答。理雅各的女儿海伦记载了这些书信的数量、涉猎的范围以及理雅各的反应态度："要想清晰正确地描述出理雅各教授收到的难以计数的书信当中所包含的有关中国文学、中国历史、中国地理以及中国天文方面的问题并非易事；还有大量来函要求他解释有关印章、碑匾、扇子的中文文献和铭文。他的仁慈和善良，让他总是来者不拒，这也就使得他很多时候应接不暇。从中稍微挑选出一些，就会让读者惊讶于这些东西涉及有关中国的如此详细宽泛的知识。"[1]

在教学方面，1876年，理雅各因在翻译《中国经典》上的成就与贡献荣获儒莲中国文学首届国际奖，同年10月，理雅各在谢尔登戏院发表就职演说，正式担任牛津大学首席汉学教授，开始了牛津大学的执教生涯，直至去世。

理雅各生命中的最后二十余年，有两件事让他伤痛和低落。一个是1880年他的第二任妻子汉娜离世，这让他悲痛不已，此后再未续弦。理雅各晚年的日常生活都由他的亲人料理，特别是与其女儿海伦

---

[1] 诺曼·吉瑞德，《朝觐东方：理雅各评传》，段怀清、周俐玲译，广西师范大学出版社，2011年，636页。

(Helen Edith Legge)相依为命。另一件对理雅各有影响的事发生在1882年,这一年理雅各完全失聪。长期高强度的工作,逐渐拖垮了理雅各的身体。1886年他又罹患中风,健康状况进一步恶化,但他仍然坚持授课与译述。1888年,理雅各开设"在华基督教传教史"的讲座,并再一次对鸦片贸易深表痛惜。

理雅各对到他那里来学习汉语的学生总是怀着满腔热诚,因当时汉语还是"边缘学科",所以前来学习的人较少。虽然如此,但他所教过的学生总是对他流露出感激之情。理雅各收到过许多学生写给他的答谢信,表示自己能"登堂入室成为他的弟子"深感荣幸。其中有个学生曾写道:"我对在您身边度过的三年时光满怀虔诚感激,相信我能够通过后续不断的学习来回报您,并最终能够成为一个不至于辱没您的名声的学者。"[1] 理雅各有个成绩相当不错的学生去了东方之后,不久病故,学生的父亲给理雅各写信说:"他深深地敬爱着您;请允许我衷心感谢您对他的仁慈与宽厚。"[2]

1897年11月29日,理雅各在牛津讲课时突然中风倒地,经抢救不治,溘然长逝,享年82岁。

圣号之争

在理雅各的生平中,"圣号之争"对其影响重大,可以说正是"圣号之争"将其最终引向《中国经典》的翻译。

---

[1] 诺曼·吉瑞德,《朝觐东方:理雅各评传》,段怀清、周俐玲译,广西师范大学出版社,2011年,640页。
[2] 诺曼·吉瑞德,《朝觐东方:理雅各评传》,段怀清、周俐玲译,广西师范大学出版社,2011年,641页。

所谓"圣号之争"(Term Question),又作"译名之争",是指在《圣经》汉译史上,**基督**信仰中的 **神**,亦即希伯来文的 Elohim,希腊文的 Theos,拉丁文的 Deus,英文中的 God 应该以何种汉语词汇来翻译而引发的争论。由于缺乏对等词汇,不同的传教团体对这个词的翻译采用不同的译法,如"天主"、"上帝"、"神"、"神天"、"真神"、"神主"、"神天上帝"、"真神上帝"等,围绕着这个词的翻译而产生的争论也持续了三四百年,自明清之际一直争论到20世纪初,虽然未达成最终解决方案,但争论却渐渐止息了。

在"圣号之争"的历史上,争论时间长而且特别激烈的共有三次。

第一次"圣号之争"由利玛窦等天主教士引起,这次"圣号之争"的主体是天主教会内部的不同分支,明清士大夫虽有参与,但推动作用不甚明显。天主教会内部人士之间争论的问题焦点是 Deus 究竟译作"上帝"为宜,还是译作"天主"为宜,抑或是直接音译为宜。其最终结果是"黜""上帝"而"兴""天主",但由于罗马教廷态度过于强硬,致使原本的信仰与学术之争最后演变成宗教与政治主权问题之争,最终结局是天主教在华禁教。

第二次"圣号之争"是由基督教新教传教士的《圣经》汉译引起的,这次"圣号之争"的主体是基督教新教的不同传道会,主要是英美之间,清朝儒家士大夫罕有参与。英美传教士之间争论的焦点问题是 God 应该译作"上帝"为宜,还是译作"神"为宜,由此还引申出另一个问题,即 Spirit 应该译作"神"为宜,还是译作"灵"为宜。英国传教士对这两个问题分别采用"上帝"(God)和"神"(Spirit)作为汉译,而美国传教士基本都采用"神"(God)和"灵"(Spirit)作为汉译。虽然论争前后时间总计十年之久,但最终却未能达成一致,双方仍旧各执一端,这也为后来的第三次"圣号之争"埋下伏笔。

第三次"圣号之争"的出现可以追溯到1877年5月的第一届全体在华传教士大会。是年7月，美国传教士陆佩（J. S. Roberts）在《万国公报》上发文，希望就God和Spirit的翻译问题征求中国教内人士的看法。所以，这次"圣号之争"的主体是中国教内人士，除发起人美国传教士陆佩和英国传教士理一视（Jonathan Lees）之外，无其他外国人参与，而此二人也是穿针引线的角色。这次争论的问题延续了第二次"圣号之争"的问题，争论一年，无果而终。

下面，让我们较为详细地介绍这三次"圣号之争"的始末。

第一次 "圣号之争"

《圣经》汉译中God的翻译可以追溯到唐代景教的翻译，在现存的景教文献中，God被翻译作"世尊"、"天尊"、"佛"、"一神"等[1]。景教目前的文献并没有关于"圣号之争"的记录，"圣号之争"的真正出现，是在明朝后期天主教耶稣会士之间。当时，欧洲天主教内部的耶稣会、方济各会、多明我会之间对"圣号"翻译争议的核心，是围绕着究竟使用"天"、"上帝"，还是用"天主"来翻译拉丁文Deus，亦即**基督**信仰中的那位至高存在。[2]

本来首位天主教耶稣会来华传教士非沙勿略（San Francisco Javier）莫属，但终因他"出师未捷身先死"，自此三十年后，耶稣会士才重履中土。万历十年（1582年），第一位进入中国内地的耶稣会士罗明坚（MicheleRuggier）来华传福音，中国的大门便徐徐地向耶稣会士敞开。在翻译基督信仰中那位至高存在的问题上，罗明坚选用"天主"一词作为Deus的汉译；1583年利玛窦来华之后，延续了天

---

[1] 可参见"景教有关'天主'的翻译"，宋兰友，《神学年刊》第二期，1978年，41~54页。
[2] 李天纲，《中国礼仪之争——历史、文献和意义》，上海古籍出版社，1998年，15页；转引自程小娟《God的汉译史：争论、接受与启示》，社会科学文献出版社，2013年，18页。

主教传教士的"归化"①一派的策略,主要体现在四个方面:生活方式、思想观念的翻译、伦理和礼仪。他穿汉服(起初是僧袍,后来是儒家士大夫的服饰),说汉话,考究华夏典籍,对比中西观念,他最初也主张将 Deus 翻译为"天主"。经过近二十年之间的学习和研究,在逐步考察儒家经典之后,利玛窦认为中国古代文献中的"天"和"上帝"在中国人心目中所指的就是西方基督徒心中的那位至高存在。1603 年,他的《天主实义》首次刊印,其中他以"上帝"一词来指称 Deus,并指出中国的"上帝"与西方的"天主"一致。

"吾国天主,即华言上帝。与道家所塑玄帝、玉皇之像不同,彼不过一人,修居于武当山,俱亦人类耳,人恶得为天帝皇耶?吾天主,乃古经书所称上帝也。《中庸》引孔子曰:'郊社之礼以事上帝也。'《周颂》曰:'执兢武王,无兢维烈。不显成康,上帝是皇。'又曰:'于皇来牟,将受厥明,明昭上帝。'《商颂》云:'圣敬日跻,昭假迟迟,上帝是祗。'《雅》云:'维此文王,小心翼翼,昭事上帝。'《易》曰:'帝出乎震。'夫帝也者,非天之谓,苍天者抱八方,何能出于一乎?《礼》云:'五者备当,上帝其飨。'又云:'天子亲耕,粢盛秬鬯,以事上帝。'《汤誓》曰:'夏氏有罪,予畏上帝,不敢不正。'又曰:'惟皇上帝,降衷于下民。若有恒性,克绥厥猷,

---

① "归化"(Domestication)这个翻译术语是由美国著名翻译理论学家劳伦斯·韦努蒂(Lawrence Venuti)于 1995 年在《译者的隐身》(*The Translator's Invisibility*)中提出来的。"归化"是指要把源语言本土化,以目标语或译文的读者为归宿,用目标语的读者所习惯的表达方式来传达源语言的内容。"归化"翻译要求译者向目的语的读者靠拢,译者必须像本国作者那样说话,原作者要想和读者直接对话,译作必须变成地道的本国语言。"归化"翻译有助于读者更好地理解译文,增强译文的可读性和欣赏性。与"归化"相对的是"异化",是指"译者尽可能不去打扰作者,让读者向作者靠拢"。在翻译上就是迁就外来文化的语言特点,吸纳外语表达方式,要求译者向作者靠拢,采取相应于作者所使用的源语言表达方式,来传达原文的内容,即以目的语文化为归宿。使用"异化"策略的目的在于考虑民族文化的差异性、保存和反映异域民族特征和语言风格特色,为译文读者保留异国情调。

041

惟后。'《金滕》周公曰：'乃命于帝庭，敷佑四方。'上帝有庭，则不以苍天为上帝可知。历观古书，而知上帝与天主特异以名也。"①

此后，来华天主教传教士之间纷争不断，他们援引古经，论证各自的观点。支持"上帝"的后来者甚至比开创者利玛窦对"上帝"所列举的更为详尽。如法国耶稣会士马若瑟（Joseph de Premare）撰《儒教实义》，将儒家经典中关于"上帝"和"天"的分列了"天"、"苍穹之天"、"理非上帝"、"上帝实义"、"玉皇非上帝"、"上帝之名"、"敬上帝"、"祭天之礼"、"惟心奉天"、"德感上帝"、"祭上帝之意"、"惟天子祭上帝"、"祖与天不同"、"惟圣人能飨帝"等条目进行对比辨析，与天主教的"天主"之义相参证，证明儒家的"上帝"或"天"，就是天主教的"天主"②。

中国信徒也引经据典、著书来论证儒家的"上帝"即天主教的"天主"。比如张星曜在《天儒同异考》之"经书天学合儒粹语提纲"第十四节中叙述说：

上帝为百禄万恩之原，一一皆宜祷求之。
天被尔禄。（《诗·大雅·既醉》篇）
帝命率育。（《诗·周颂·思文》篇）
自天降康丰年，穰穰来假来享，降福无疆。（《诗·商颂·烈祖》篇）
于皇来牟，将受厥明。明昭上帝，迄用康年。（《诗·周颂·臣工》篇）
天锡公纯嘏。（《诗·鲁颂·閟宫》篇）

---

① 出自利玛窦《天主实义》，引自梅谦立注、谭杰校勘《天主实义今注》，商务印书馆，2014年，99~101页。
② 详见郑安德等编选《明末清初耶稣会思想文献汇编》第二卷第十四册《儒教实义》，北京大学出版社，2003年。

曾孙寿考，受天之祜。(《诗·小雅·信南山》篇)

君子乐胥，受天之祜。(《诗·小雅·桑扈》篇)

天保定尔，以莫不兴。如山如阜，如冈如陵，如川之方至，以莫不增。(《诗·小雅·天保》篇)

恭默思道，梦帝赉予良弼。(《书·说命上》篇。人之精神诚笃，原可与天通。昔宋高宗受金人之扰，几至不国。每取士时，必斋戒祷于上天，曰国家孱弱极矣，祈天赐以佳士，扶我颠危。具后果得虞允文，以进士书生抗金人八十万众。金主遂败而遇弑，宋得以安。则良弼诚帝赉也。朱子曰：高宋梦传说，据此则是真有个天帝，与高宗对曰：吾赉汝以良弼。然说无此事，只是天理亦不得。)

大雩，帝用盛乐。(《礼·月令》篇)

天子将出，类乎上帝。(《礼·王制》篇)

玄鸟至。至之日，以太牢祠于高禖，天子亲往，后妃帅九嫔御。乃礼天子所御，带以弓出韣，授以弓矢于高禖之前。(《礼·月令》篇)

天子乃以元日祈谷于上帝。(《礼·月令》篇)①

严谟在《天帝考》中说："以今考之，古中之称上帝，即太西之称天主也。曰惟皇，曰皇矣，其尊无对也。曰荡荡，曰浩浩，其体无穷也。曰上天之载，无声无臭，纯神无形也。曰维天之命，于穆不已，无终也。曰及尔出往，及尔游衍；曰陟降厥事，曰监在兹；无所不知，无所不在也。曰无不克巩，曰靡人弗胜，无所不能也。曰有赫，曰显思，曰聪明，曰震怒，灵明威权也。曰视听，曰眷祐，曰锡保，曰监观，曰阴相，曰临下，曰无亲，曰靡常，曰作，曰降，曰

---

① 张星曜，《天儒同异考》，引自郑安德等编选《明末清初耶稣会思想文献汇编》第三卷第三十七册，北京大学出版社，2003年。

矜，曰谓，至神至活也。曰生烝民，曰降秉于下民，生人生性也。曰福善祸淫；曰命有德，讨有罪；曰作善降之百祥，作不善降之百殃；好善恶恶，赏善罚恶也。曰天矜于民，曰求民之莫，曰天命殛之，曰降灾于下，至仁至义也。"[1]

公允地讲，天主教人士用"天主"来翻译**基督**信仰中的 God 并不确切，"天主"一词源出《史记·封禅书》："于是始皇遂东游海上，行礼祠名山大川及八神，求仙人羡门之属。八神将自古而有之，或曰太公以来作之。齐所以为齐，以天齐也。其祀绝莫知起时。八神：一曰天主，祠天齐。天齐渊水，居临菑南郊山下者。二曰地主，祠泰山梁父。盖天好阴，祠之必于高山之下，小山之上，命曰'畤'；地贵阳，祭之必于泽中圜丘云。三曰兵主，祠蚩尤。蚩尤在东平陆监乡，齐之西境也。四曰阴主，祠三山。五曰阳主，祠之罘。六曰月主，祠之莱山。皆在齐北，并勃海。七曰日主，祠成山。成山斗入海，最居齐东北隅，以迎日出云。八曰四时主，祠琅邪。琅邪在齐东方，盖岁之所始。"《史记·封禅书》中的"天主"实际上只是八位神祇之一。

1603 年，澳门会议批准利玛窦将"上帝"作为"天主"的同义语这一做法，而且他的这一主张赢得一些中国士大夫的支持，如明末天主教的三大柱石徐光启、李之藻和杨廷筠。

与此同时，也有人对利玛窦的这一主张表示忧虑。最先对这些词的使用表示疑虑的是日本的耶稣会士。原因是当年耶稣会士沙勿略进入日本传教时曾经犯过一个致命的错误，就是将 Deus 翻译成了佛教真言宗的主神"大日如来"。在赴日之前，沙勿略就曾从日本弥次郎处得到一个错误印象，即日本人"全民崇拜唯一的人格神：他创造

---

[1] 严谟，《天帝考》，引自郑安德等编选《明末清初耶稣会思想文献汇编》第四卷第三十八册，北京大学出版社，2003 年。

万物，赏善罚恶；释迦文佛令众人向其祝告，诸僧侣亦为其宣讲、将其称颂"。被问及这位的名号时，弥次郎不假思索地答道：大日。于是耶稣会士甫到日本，就很自然地以这一名称称谓天主教的 Deus 了。① 发现这一错误之后，沙勿略即做了一个影响深远的决定，就是采取"音译原则"。

正因有这种经历，所以当日本耶稣会士听说中国的神父打破他们约定俗成的"音译原则"，而将 Deus 译成"天主"或"上帝"时，便认定中国的神父也犯了和沙勿略一样的错误，于是就反对在中国的神父这种做法。

在中国的耶稣会士中，龙华民（Nicolas Longobardi）和熊三拔（Sabatinode Ursis）也对"上帝"说持反对意见，不过他们真正提出异议是在1610年利玛窦去世之后。早在龙华民到达中国之初，他就对利玛窦的传教策略存有非议。利玛窦采取的是传教士的"归化"策略，直白地说就是在保持原则的前提下要入乡随俗，以中国本土观念来传达**基督**信仰的教义。起初，他看到中国人很多人信佛，所以就穿僧袍，后来发现对中国影响最大的乃是儒家，于是他的传教策略也做了调整，采取"补儒易佛"的策略，排斥佛教、道教和宋明理学，主张回到上古，考察那时中国人的信仰，他的《天主实义》充分说明了他的思考视角。

龙华民认为中国人所谓"天"或"上帝"，只是指自然之天，而不配作为造物主的名号。因此，他主张直接采用音译翻译"圣号"，把 Deus 译为"陡斯"。但王丰肃（Alfonso Vagnoni）、庞迪我（Didace

---

① "大日"，即"大日如来"，译自梵音"摩诃毗卢遮那"——"摩诃"意为"大"，"毗卢遮那"意为"日"，"摩诃毗卢遮那"，即除一切暗，遍照万物之"大日"，因取其"光明遍照"之意，又称"遍照如来"。据真言宗之教义，"大日如来"乃释迦牟尼佛之法身，象征着宇宙的绝对真理。以"大日"之名称呼《圣经》上的创世主和裁判者，显然会散播一种先入为主的宗教假象，引起听众的集体误解。但在鹿儿岛和伊集院，沙勿略一直都以"大日"之名布道。直到1561年，耶稣会士阿尔梅达（Luis de Almeida）回到伊集院才澄清了误译神名引起的理解问题。

de Pantoja）及其他一些耶稣会士则支持利玛窦的做法，双方各自著文陈述自己的观点，分歧难以解决。

为了缓解纠纷，1628 年 1 月耶稣会士在嘉定召开会议，会议最终决议废除利玛窦时期使用的"天"和"上帝"，但"唯有在利玛窦神父的著作中例外，因为这些著作已在中国知识界取得了巨大成功"①；会议决定也不采用音译，而是保留"天主"这一译名。正是因为在利玛窦的部分著作上留了缺口，使会议决定无法严格执行，后来一些耶稣会士的神父"借口利玛窦的观点未受批判而重新使用了'上帝'一词，它经常出自某些耶稣会神父的口中以及他们新近出版的汉文著作中"②。1633 年，龙华民撰文再次反驳"上帝"一词的使用，后来又撰文否定使用"天主"，转而采用 Deus 的音译。但他的建议又遭到艾儒略（Jules Aleni）和曾德昭（Alvaro Semedo）的批评，最终未被传教士采用。为了结束争论，1635 年至 1641 年兼任中国副省会长的傅汎济（Franz Furtado）下令焚毁反对利玛窦的作品，导致 1630 年前写成的五十多篇文件全部消失，龙华民的所有作品也未幸免，只有他 1623 年写成的《孔子及其教理》的副本得以保存。③

正从此时，中国基督教传教士之间开启了持续三个多世纪之久的"圣号之争"。

17 世纪 30 年代，多明我会会士抵达中国，开始传教。多明我会在华传教事业，起步较耶稣会略迟。耶稣会受葡萄牙国王保护，基地是葡萄牙占据的澳门；多明我会受西班牙国王保护，基地是西班牙占据的马尼拉。当耶稣会教士在中国朝廷及士大夫阶层享有声望时，1631 年 1 月 2 日或 3 日，多明我会的高奇（Ange Cocchi）神父才从菲律宾抵达中国福建北部的福安，正式开始对华传教。

---

① 谢和耐，《中国与基督教——中西文化的首次撞击》，耿昇译，商务印书馆，2013 年，27 页。
② 谢和耐，《中国与基督教——中西文化的首次撞击》，耿昇译，商务印书馆，2013 年，27 页。
③ 程小娟，《God 的汉译史——争论、接受与启示》，社会科学文献出版社，2013 年，19 页。

多明我会的到来进一步扩大了"圣号之争",表面看起来是三方会士之争,实则还是因为传教策略的迥然不同,一派采取温和的"归化策略",一派采取音译原则,后来采取严格的"原教旨"(Fundamentalism)传教策略。这次争论不断升温,不仅是**基督**信仰教义和儒家文化(宽泛地说是华夏文明)之争,而且是罗马教廷的(教权)和大清王朝的(皇权)的权力之争,由文化问题升级为政治问题,最终酿成康熙皇帝禁教百年。这次争论,就是历史上有名的"中国礼仪之争"(The Chinese Rites Controversy)。

1643年,接任高奇神父的黎玉范(Juan Bautista de Morales)神父回到欧洲,向教廷报告,控告耶稣会宽容中国信徒祭祖、敬孔,最终引发罗马教廷介入,导致"中国礼仪之争"。黎玉范神父陈列数点,以为质问:

一、中国信徒,是否应与其他天主教徒同例,每年必须举行认罪及圣餐礼一次?

二、教士对妇女行洗礼时,可否不用口津及盐,以及免除过量之涂油?

三、中国信徒如放债时,是否允许其征收百分之三十之利息?如系以放债为生,在其皈信天主之后,是否让其继续经营此种营业?

四、应否允许中国信徒,向社会祭神典礼捐献财物?

五、中国信徒是否可以参加政府所举行之必要祭典?

六、中国信徒是否可以参加祭孔典礼,及丧葬祭拜之仪?

七、中国信徒是否可以参加祭拜祖先牌位之典礼,及举行其他祀祖仪式?

八、在对中国人举行洗礼之先,应否告其天主教之教义,为绝对禁止敬拜偶像,及举行其他祭典?

九、中国信徒尊敬孔子,可否用"圣"字?

十、中国信徒在其会堂中所悬匾额，对于皇帝应否用"万岁"字样？

十一、对于中国非信教徒，可否举行弥撒典礼？①

1645年9月12日，罗马教廷经教皇英诺森十世（Pope Innocent X）批准，发布通谕禁止天主教徒参加祭祖祀孔；1651年，耶稣会教士卫匡国（Martino Martini）向罗马教廷申辩，最终罗马教皇亚历山大七世（Alexander Ⅶ）于1656年决定准许耶稣会士可以照他们的理解参加祭孔等活动，但不得妨碍教徒的根本信仰。此后近四十年间，双方虽有争论，但并未引发严重后果，直到1693年的到来。这一年的3月26日，时任罗马教廷代牧主教、巴黎外方传教会的阎珰（Charles Maigro）主教打破各方不温不火的状态，在他所管辖的福建代牧区内，发布训令，明令禁止中国教徒实行中国礼仪，禁止使用"天"或"上帝"作为译名，禁止各处教堂悬挂康熙皇帝御赐的"敬天"牌匾，并将此训令上呈罗马教廷，陈列因由。自此，四十年的均衡状态被打破，由此引发的争议迅速扩大，最终由纯宗教信仰与学术问题演变成为大清王朝和罗马教廷之间的国家间政教问题。

1704年11月20日，罗马教皇克莱芒十一世（Clement Ⅺ）颁布禁令：

一、西洋地方称呼天地万物之主用"斗斯"（Deus［God］）二字，此二字在中国用不成话，所以在中国之西洋人，并入天主教之人方用"天主"二字，已经日久。从今以后，总不许用"天"字，亦不许用"上帝"字眼，只称呼天地万物之主。如"敬天"二字之匾，若未悬挂，即不必悬挂，若已曾悬挂在天主堂内，即当取下，不许悬挂。

---

① 张维华，《明清之际中西关系简史》，齐鲁书社，1987年，142~143页。

二、春秋二季，祭孔子并祭祖宗之大礼，凡入教之人，不许做主祭、助祭之事，连入教之人，并不许在此处站立，因为此与异端相同。

三、凡入天主教之官员或进士、举人、生员等，于每月初一日、十五日，不许入孔子庙行礼。或有新上任之官，并新得进士，新得举人生员者，亦俱不许入孔庙行礼。

四、凡入天主教之人，不许入祠堂行一切之礼。

五、凡入天主教之人，或在家里，或在坟上，或逢吊丧之事，俱不许行礼。或本教与别教之人，若相会时，亦不许行此礼。因为还是异端之事。凡入天主教之人，或说我并不曾行异端之事，我不过要报本的意思，我不求福，亦不求免祸，虽有如此说话者亦不可。

六、凡遇别教之人行此礼之时，入天主教之人，若要讲究，恐生是非，只好在旁边站立，还使得。

七、凡入天主教之人，不许依中国规矩留牌位在家，因有"灵位神主"等字眼，又指牌位上有灵魂。要立牌位，只许写亡人名字。再者，牌位作法，若无异端之事，如此留在家里可也，但牌位旁边应写天主教孝敬父母之道理。

以上我虽如此定夺，中国余外还有别样之理，毫无异端，或与异端亦毫不相似者，如齐家治国之道，俱可遵行。今有可行与不可行之礼，俱有教王之使臣定夺。若教王之使臣不在中国，有主事之人同主教之人，即可定夺。有与天主教不相反者，许行，相反者，俱决断不行。①

此外，教皇敕令中还有如下记载："教宗命令，这决议由铎罗（Charles – Thomas Maillard De Tournon），安提阿教区主教和中国及其他东印度国家教宗巡视员带去，并随带另外一些看来是必要和适当的

---

① 李天纲，《中国礼仪之争——历史·文献和意义》，上海古籍出版社，1998年，355~356页。

指令。目的是要让他和大主教们，主教们，或者其他那些已在当地，将至当地的逗留者、传教者，仔细地阅读这份决议，以便让各传教修会现在哪里，和无论何时在哪里居住的传教士们共同遵守，而不管他是属于哪一个修会——哪怕是耶稣会。他们必须保证让那一地区的所有基督徒都遵守决议。不守此令者，将被革除教籍。"①

1705 年，罗马教廷派特使铎罗来华，并于 1707 年在江宁（今南京市）发布禁令："中国的传教士，都应该按上面的指示（教皇谕令）去答复（康熙皇帝和地方官关于中国礼仪的问题）。敢有自作主张，不按指示去答复的，马上受弃绝的重罚。弃绝重罚的赦免权，由圣座和特使加以保留。"这一禁令在 1715 年和 1742 年被两任教皇重申，后一次教皇通谕禁止再讨论中国礼仪问题。天主教的译名问题最终以这种形式得到解决，固定为以"天主"翻译 Deus。②

但罗马教廷发出的禁令所带来的后果是严重的，康熙勃然大怒，盛怒之余，他还为澄清中国礼仪之争，派遣法国天主教传教士艾约瑟出使罗马教廷。但最终分裂的结局似乎已无法避免。

1721 年，康熙阅取罗马教皇克莱芒十一世在 1715 年 3 月 19 日的禁令"自那一天"（因这则禁令的第一句话是"自那一天"Ex illa die，要求世界各地所有的"中国礼仪之争"都理应按本规定结束）之后，批复道："览此条约，只可说得西洋等小人如何言得中国之大理。况西洋等人无一通汉书者，说言议论，令人可笑者多。今见来臣条约，竟与和尚道士异端小教相同。彼此乱言者，莫过如此。以后不必西洋人在中国行教，禁止可也，免得多事。钦此。"③

自此，康熙禁教开始。雍正帝登基之后，再次下令禁教。乾隆年间，传教士虽在宫中受到很高的礼遇，但不能在华传教。嘉庆、道光

---

① 李天纲，《中国礼仪之争——历史、文献和意义》，上海古籍出版社，1998 年，66~67 页。
② 程小娟，《God 的汉译史——争论、接受与启示》，社会科学文献出版社，2013 年，19 页。
③ 李天纲，《中国礼仪之争——历史、文献和意义》，上海古籍出版社，1998 年，76~77 页。

两朝延续禁教政策，中国天主教的传教活动只能采取地下发展的形式。

第二次 "圣号之争"

基督教新教的开拓者要归功于来自英国伦敦会（London Missionary）的传教士马礼逊，然而马礼逊的主要贡献不仅在于是新教的第一个来华传教士，而更是他开拓了新教传教士汉译《圣经》之先河。他1807年来华，1813年完成了《新约》的翻译，1819年与伦敦会的另一位传教士米怜合作下完成《旧约》的翻译。1823年，马礼逊和米怜翻译的《圣经》全书在马六甲英华书院刊刻成书，名为《神天圣书》。因该译本有不足之处，其中之一便是 God 之译名的不统一（马礼逊将 God 翻译为"神"，除此之外，他还同时又用了"真神"、"神天"、"神主"等术语），虽然马礼逊本人也意识到这些问题，但最终译经的修订工作落到他的儿子马儒翰（Jonh Robert Morrison）肩上，马儒翰连同英国传教士麦都思、美国传教士裨治文、德国传教士郭实腊（K. F. A. Gutzlaff）四人，开启了马礼逊《圣经》译本的修订之路。

1837年，由麦都思主持编订的《新约》译本在巴达维亚出版，名为《新遗诏圣书》；1840年，由郭实腊主持编订的《旧约》译本刊印，名为《旧遗诏圣书》。后来郭实腊又将《新约》重新修订，称之为《救世主**耶稣**新遗诏书》，主要用"上帝"翻译 God。但这个译本依然存在译名的问题，传教士们认为"无论是新译本还是旧译本都不太符合（汉语）语言习惯。于是，一种不断增长的、几乎所有传教士都有的、追求更好译本的强烈愿望就出现了"[①]。因此，传教士

[①] E. C. Bridgman, "Man and Things in Shanghai", Chinese Repository 18, p. 387；吴义雄，《译名之争与早期的〈圣经〉中译》，《近代史研究》，2000年第2期，第208页；转引自程小娟《God 的汉译史——争论、接受与启示》，社会科学文献出版社，2013年，21~22页。

决定通过召开会议来解决《圣经》翻译的问题，而此时理雅各才初到香港一月有余。

1843年8月22日至9月4日，以麦都思为首的伦敦会传教士召集来华新教传教士到香港开会，讨论联合重译《圣经》之事。参加者包括伦敦传道会的台约尔（S. Dyer）、合信、理雅各、麦都思、美魏茶、亚历山大施敦力（A. Stronach）、约翰施敦力（J. Stronach），美国公理会的裨治文，美国浸信会的怜为仁（D. B. W. Dean）和罗孝全（I. J. Robert），马礼逊教育会（The Morrison Education Society）的勃朗（S. R. Brown），大会主席为麦都思。这次会议的目标是翻译一个新的、具有权威性的通行译本，以取代旧有的《圣经》版本。由于传教士历来对Baptism、deity、Scripture三个核心用词译法不一，会议决议成立三个小组分别加以研究和讨论。结果其他两个词的翻译都达成一致，由麦都思和理雅各主持的deity一词的讨论却产生了分歧[①]。麦都思极力主张用"上帝"作为汉译，而此时理雅各则极力主张用"神"，并且得到美理会的裨治文等人的支持，双方相持不下。

此次会议的若干情形，为裨治文立传的雷孜智（Lazich M. C）记载如下：

"尽管传教士们在香港的会议上就修订计划达成了一致，但他们在如何最恰当地将'God'和'Spirit'译成中文的问题上出现了重大的意见分歧。他们在争论中形成了两大主要派别：一派赞成使用中文经典中的'上帝'或就是'帝'来表达'God'，用'灵'来表达'Spirit'。其中最核心的问题还是究竟用哪一个词来作为'God'的译名。裨治文以及其他美国传教士主张用'神'，而大部分英国传教

[①] 参阅程小娟《God的汉译史——争论、接受与启示》，社会科学文献出版社，2013年，第一章第二节。

士,除了理雅各以外,主张用'帝'或'上帝'。"①

最终,这次会议"由于难以决定采用何种表达作为 God 最合适的中文译名,每个传教站可以暂时使用其喜欢的译法,留待总委员会最后裁定"。②

但问题的争论并未就此停滞,此后,许多传教士便开始致力于 God 翻译问题的研究,部分传教士撰文在《中国丛报》(Chinese Repository)上讨论,支持"神"与支持"上帝"的双方针锋相对,各抒己见,试图说服对方。其中,"神"派代表人物是裨治文和娄理华;"上帝"派代表人物为麦都思和郭实腊。

从 1845 年到 1846 年初,裨治文率先抛出几篇关于译名问题的短文,他认为应该采纳"神"来翻译 God。后来在写给安德森的信中,裨治文说:"如果采用别的译法而不是'神'来表达'Theos'和'Elohim',我们的《圣经》——我是说《圣经》译本——将会在多神和偶像崇拜的中国失去其强大的影响。"③ 声援裨治文主张的传教士,是来自美国的传教士娄礼华,他于 1845 年 3 月至 1847 年 1 月在《中国丛报》发表了五篇文章,为"神"这一译名辩护。娄礼华说,"《圣经》的所有真谛、所有使徒的榜样、所有基督教的传统,都倾向主张在每一国度中采用类神的词语来作为对真 **神**的称谓",他进而强调,他选择"神"作为最准确的译法是基于将作用的重要性作为第一准则。④

---

① 雷孜智,《千禧年的感召——美国第一位来华新教传教士裨治文传》,尹文涓译,广西师范大学出版社,2008 年,223 页。
② 雷孜智,《千禧年的感召——美国第一位来华新教传教士裨治文传》,尹文涓译,广西师范大学出版社,2008 年,223 页。
③ 雷孜智,《千禧年的感召——美国第一位来华新教传教士裨治文传》,尹文涓译,广西师范大学出版社,2008 年,225 页。
④ 雷孜智,《千禧年的感召——美国第一位来华新教传教士裨治文传》,尹文涓译,广西师范大学出版社,2008 年,226 页。

1847年，英国传教士麦都思开始对"神"派立场与言论回应，他发表了一篇《论中国人的神学》，认为在中国的宗教中，"神"不具有肯定、完整的神性意义，更不能表达"最高存在"，而唯一能表达God崇高含义的词只有"帝"或"上帝"。他从中国三大宗教（儒、释、道）的典籍中旁征博引，来印证"在这三大教派的所有著作中，我们从来没有发现'神'一词具有肯定、完整的普遍神性意义，更不消说表达'最高存在'的概念"①。

麦都思认为，按照中国宗教经典中的用法，"帝"一词是汉语中唯一能够完整表达God崇高含义的类属词："因为在诸多权威典籍中，'帝'就是用来表达'最高权力'的概念，所有教派都用它来指代不同体系的神，亦可用来表示尘世的王权。这说明，'帝'是Elohim最为准确的汉语表达，大体可以作为God之汉语译名。"②

1847年6月22日，第二次译经会议在上海麦都思的家中召开，这次会议的重任实际上落在麦都思、文惠廉、约翰施敦力和克陛存（Michael Culbertson）身上，尤其是麦都思和文惠廉负担更多。会议期间，再次遭遇God的翻译问题。委员们大抵一致同意没有任何一个汉语词汇可以准确表达God的意思，但在哪一个译名较为合适的问题上，依然存在明显的分歧，即以麦都思、约翰施敦力等人的"上帝"派和以文惠廉、裨治文、娄理华、克陛存等人的"神"派。双方运用各自的希伯来文、希腊文、拉丁文和汉语知识进行讨论，并将讨论延伸到对神学和中国几千年文化与宗教的理解当中。故此，修订

---

① "Thus in the all the classics of the three sects, we do not meet once with the word Shin, as positively and necessarily meaning God, much less the Supreme Being; and in a vast majority of instances meaning spirit, genii, or some subordinate being." 麦都思，《论中国人的神学》，203 页，1847 年，Shanghae, The Mission Press；转引自雷孜智《千禧年的感召——美国第一位来华新教传教士裨治文传》，尹文涓译，广西师范大学出版社，2008 年，227 页。

② 麦都思，《论中国人的神学》，277 页，1847 年，Shanghae, The Mission Press；转引自雷孜智《千禧年的感召——美国第一位来华新教传教士裨治文传》，尹文涓译，广西师范大学出版社，2008 年，227~228 页。

《圣经》的工作从7月5日延至11月22日，委员会希望各个委员能在这四个月的时间内集中处理相关的争论，求得最后的解决之道。在这四个月里，两派传教士不仅全面考虑 Elohim、Theos、god、gods、God、"神"、"帝"、"上帝"、"天"、"天帝"、"天主"等概念和词语的意义，还旁及"灵"与 spirit 的翻译，使问题变得更加错综复杂。①

遗憾的是，会议始终未能在双方之间达成一致见解。委员会最终只得决定，"继续译本的修订工作，'God'一词暂不做翻译，待双方就各自观点向公众及密切相关人员陈述理由后再作决断"②。1848年1月，裨治文与卫三畏（Samuel Wells Williams）联名通告《中国丛报》读者，声称鉴于"译名问题至关重要，迄今遭遇颇多困难。我们曾多次呼吁广大同仁关注和就此展开讨论，并已于本刊发布各方观点。本刊将继续这一努力，并确信在不远的将来，译名问题的真正意义定会得以显现，从而为整件事情得出一个令人满意的结论"③。

在双方争论期间，还发生一个小的变故。1847年8月，美国传教士娄礼华命葬于中国海盗之手。而接替他为"神"之译名辩护的，是美国传教士文惠廉，他在《中国丛报》上发表了一系列文章，分别从内容（教义方面）和形式（语法方面）上批驳麦都思的《论中国人的神学》，致使麦都思因迫于各方压力，写信通告"全体在华新教传教士"，在信中他表示放弃采用任何站不住脚的汉语词汇作为God 的译名，包括之前的折中词"天帝"在内，同时提议采用音译法，将 God 译为 Aloah。在信中，麦都思说道：

---

① 参阅程小娟《God 的汉译史——争论、接受与启示》，社会科学文献出版社，2013年，第一章第二节。
② 雷孜智，《千禧年的感召——美国第一位来华新教传教士裨治文传》，尹文涓译，广西师范大学出版社，2008年，230页。
③ 雷孜智，《千禧年的感召——美国第一位来华新教传教士裨治文传》，尹文涓译，广西师范大学出版社，2008年，230页。

"我们倾向使用一个通用的音译词来代表'El'、'Eloah'、'Elohim'、'Theos'和'Theoi'等词,不论这些词所使用的时代,也不论它们是指代假神或真神。假如有人反对我们使用与我们主上帝相同的称谓来称呼那些可鄙的异教之神的话,我们也只能说:遵循《圣经》中已有的先例,这是最安全的做法。"①

就在麦都思因迫于压力而做出让步之际,出现了一位令他都始料不及的支持者,就是原先极力主张"神"之译名的理雅各。理雅各于1845年底因健康原因返回英国,1848年7月,他再次回到香港,旋即加入这场"圣号之争","为这场旷日持久、沸沸扬扬的事件增添了充满才智却又颇具争议色彩的新观点"②。

回到香港之后,理雅各的立场完全转变,他极力主张"上帝"作为 God 的恰当译名,并撰文分别反驳裨治文和文惠廉的观点。本来即将缓和的论争,顿时风云再起,硝烟弥漫,双方分别在《中国丛报》和《德西晨报》上撰文证明各自的观点。如理雅各在《德西晨报》上撰文"On the Rendering of the Name 'God' in the Chinese Language"阐述"神"可以被视为类属词,而 Theos 和 Elohim 则不然,于是文惠廉就在《中国丛报》上发表"Defense of an Essay on the Proper Rendering of the Words Elohim and Theos into the Chinese Language"来指责理雅各将"上帝"与 God 混为一谈。双方参与这场论争的传教士几年间你来我往,纷纷撰写文章或小册子,展开了一场空前热烈的神学论战。后来,英国剑桥大学中心图书馆(the Cambridge University

---

① 雷孜智,《千禧年的感召——美国第一位来华新教传教士裨治文传》,尹文涓译,广西师范大学出版社,2008年,236~237页。
② 雷孜智,《千禧年的感召——美国第一位来华新教传教士裨治文传》,尹文涓译,广西师范大学出版社,2008年,237页。

Main Library）将有关这场论争的传教士文献选编为一个两卷本文集，其中收入麦都思的 5 篇，分别为：*On the True Meaning of the Word Shin*，共 88 页；*Reply to the Essays of Dr. Boone on the Proper Rendering of the Word Elohim and Theos into the Chinese Language*，共 107 页；*An Inquiry into the Proper Mode of Rendering the Word God in Translating the Sacred Scriptures into the Chinese Language*，共 170 页；*A Dissertation on the Theology of the Chinese, with a View to the Elucidation of the Most Appropriate Term for Expressing the Deity in the Chinese Language*，共 284 页；*Reply to Dr. Boone's Vindication of Comments on the Translation of Ephes* 1 *in the Delegates Version of the NT by the Committee of Delegates*，共 166 页。收入理雅各的 5 篇，分别为：*An Argument for Shang Te as the Proper Rendering of the Words Elohim and Theos in the Chinese Language: With Strictures on the Essays of Bishop Boone in Favour of the Term* 神 (*Shin*)，共 4 页。*Letters on the Rendering of the Name God in the Chinese Language*，共 43 页；*The Notion of the Chinese Concerning God and Spirits*，共 166 页；*A Letter on the Same Subject (Ephes. 1) to Dr. Tidman, Secretary of London Missionary Society*，共 7 页。收入文惠廉的 2 篇：*An Essay, On the Proper Rendering of the Word Elohim and Theos into the Chinese Language*，共 69 页。*Defense of an Essay on the Proper Rendering of the Words Elohim and Theos into the Chinese Language*，共 168 页。此外，还收入另外两篇文章：*Letter from the Bishop of Victoria to the Rev. T. W. Miller, MA, on the Chinese Version of the Holy Scriptures*，共 26 页，*Rev. L. B. Pete, Remarks on the Best Term for God in Chinese*; *Also on the Proper Basis of Compromise on the Subject, Addressed to the Friends of Prot-*

estant Missions to the Chinese,共 31 页。①

然而，经过激烈争论，英美传教士之间的矛盾非但没能解决，反而造成了严重分裂。1850 年 8 月，双方在上海召开会议，但最终仍未达成一致。于是，他们再次将问题提交给各自的《圣经》公会。美国《圣经》公会表示赞同采用"神"作为译名；而英国方面，大英圣书公会、伦敦会和安立甘会开会表示，反对在中国出现两个相抵触的《圣经》译本，但却并未对双方给予支持，只是说，"为实现这一众望所归、意义重大的目标，双方共同让步达成和解，是基督徒之使命所在"②。

1851 年 2 月 19 日，英国伦敦会的传教士退出了"代表委员会"，并于次日自己成立了一个"《旧约》汉译委员会"；而原来的代表委员会则只剩下了美国传教士，他们继续以代表委员会的名义工作。激烈的争论和过激的措辞造成了传教士间的不和与分裂，这让很多传教士开始反省，因为《圣经》中有对基督徒的教导是不可纷争、不可分门结党，应当在**基督**里合而为一。③ 可能出于这个缘故，这场争论才逐渐降温，双方之间观点虽然不尽相同，但基本上都缓缓地退出这场争论。

1852 年，理雅各将其在这场争论中的论述集结成书，在香港出版，取名为《中国人关于神与灵的观念》，这是他研究中国学术的开始。

---

① 参见李炽昌主编《圣号论衡：晚清〈万国公报〉基督教"圣号论争"文献汇编》，上海古籍出版社，2008 年，前言 12 页注释；另见李炽昌《跨文本阅读——〈希伯来圣经〉诠释》之"在亚洲命名 God——多文化处境中的跨文本阅读"，上海三联书店，2015 年，122 页注释。
② 1851 年 4 月《中国丛报》上 1850 年 12 月 17 日的会议决议；转引自雷孜智《千禧年的感召——美国第一位来华新教传教士裨治文传》，尹文涓译，广西师范大学出版社，2008 年，244 页。
③ 参见《圣经·新约·约翰福音》17 章及《圣经·新约·以弗所书》2:14 和 4:1～5。

第三次 "圣号之争"

如前所述，19世纪50年代的那场"圣号之争"虽然沉寂下来了，但双方谁也没能说服谁，传教士之间也很少再去触及这个敏感的问题，直到1877年的一个偶然事件的发生，才再次打破这场沉寂。

1875年1月~2月间，传教士白汉理（H. Blodget）在《教务杂志》的"传教士消息"（Missionary News）栏目上发表一封公开信，其主要内容是宣告北京传教团（Peking Association）关于召开中国传教士大会的讨论情况及决议，并提到了敏感的"圣号"翻译问题。白汉理认为传教士继续对"圣号"的翻译保持沉默是不足取的，但进行讨论也毫无益处，只会徒增传教士之间已有的分歧。而且，他还描述了传教士各执一端的事实，即有的传教士希望把译名确定为"上帝"，但其他传教士却坚定地相信用"上帝"这个词是在基督教最根本原则上的妥协，所以选用"神"来翻译God，这些分歧不只存在于不同国家和不同差会的传教士之间，也存在于同一国家和同一差会的传教士之间。① 如果将"圣号"这一存在着争议的问题引入将要召开的传教士大会，极可能会破坏大会的和谐，所以作者建议避开这一话题，将大会的注意力集中在其他议题之上。②

但白汉理的这个建议不但没能起到预防效果，反而是在公示"此地无银三百两"，还没等到大会召开，紧接着的一期《教务杂志》便刊登了包约翰（J. S. Burdon）的文章，他提出相反的看法，认为应当让传教士之间公开讨论这些问题，以促进传教士在"圣号"翻译

---

① Blodget, "Missionary News", 75. [24] Blodget, "Missionary News", 76；转引自程小娟《God 的汉译史——争论、接受与启示》，社会科学文献出版社，2013年，25页。

② J. S. Burdon, "Correspondence", The Chinese Recorder 6 (1875): 149 - 150；转引自程小娟《God 的汉译史——争论、接受与启示》，社会科学文献出版社，2013年，25页。

这个问题上彼此宽容。① 包约翰的文章引起了不同的反响，不断有传教士开始发表自己对这个问题的看法，在传教士大会召开之前，争论已经初现端倪了，使得大会不得不正视这一问题。

1877年5月10日~24日，第一届全体在华传教士大会在上海召开，这次会议再次引发"神"与"上帝"之争。5月11日，主张"上帝"的理雅各此时已在英国牛津大学担任首席汉学教授，他委托慕维廉（William Muirhead）代其宣读论文"儒教与基督教的对比"（Confucianism in Relation to Christianity），这篇论文的观点因被认为是"过于抬高"儒家的地位②而招致很多人的强烈不满，几乎要引发一场破坏大会和谐的辩论危机，最终大会拒绝收集出版理雅各的这篇论文。③ 大会甚至成立了一个专门的委员会讨论译名问题，遗憾的是仍旧未取得什么结果。"很遗憾，我们没有发现任何令人满意的统一的基础，而且发现像协调委员会起初设想的那样提供一个双方论证的摘要是不可行的。因此我们建议大家彼此忍耐，虔诚地等待'God'给我们更多的启发和引领，这是当前情况下唯一可行的途径。"④

1877年7月21日，《万国公报》的第四百四十八卷上刊登了上海教士黄品三的一篇文章，名叫"圣号论"。黄品三认为，用"神"和"上帝"翻译基督教的God都谈不上贴切，因基督教之耶和华，或曰阿绿轩㖿（Elohim），或曰阿陀（Adon），或曰地腰思（Theos），

---

① J. S. Burdon, "Correspondence", The Chinese Recorder 6（1875）: 149-150；转引自程小娟《God的汉译史——争论、接受与启示》，社会科学文献出版社，2013年，25页。
② 该文中理雅各提出："儒教与基督教相比是不足的，有缺陷的，不完整的。但传教士不能因此否认儒教中好的、有益的与真理性的成分。"他批评传教士有时"总要把孔子从应有的高度上拉下来"（参见岳峰《架设东西方的桥梁：英国汉学家理雅各研究》，89~91页）。这种描述用现在的眼光来看，并无不妥之处，而是很中肯地描述事实。
③ Carstairs Douglas, "The Terms for 'God' and 'Spirit'", The Chinese Recorder 6（1875）: 432-433；转引自程小娟《God的汉译史——争论、接受与启示》，社会科学文献出版社，2013年，26~27页。
④ "The Shanghai Missionary Conference", The Chinese Recorder 8（1877）: 248；转引自程小娟《God的汉译史——争论、接受与启示》，社会科学文献出版社，2013年，26~27页。

虽称号不一，但却是指独一无二、造化万有之主宰，而中国上古的"上帝"指天，中国人并未思考过那位创造天地者。"以独一之圣号而择中国之适合其义者，实难强称之，曰神、曰上帝不得已也。中国上古之上帝已与希伯来不同，因中国以天为上帝，从未思及造天地者。"① 之后，他简要地引述中国古典，论说上帝、神、造化者。最后，他说："则神与上帝之称，义犹未尽，而听者亦未能了然。愚意中国既称天为造化，不若加一字而称造化主，此三字释、道二教所未称，亦未闻有假造化主之说，质之诸哲士以为然否？"②

该文虽然不长，但却引起了美国长老会来华传教士陆佩的关注，鉴于之前关于"圣号"问题的争论基本都在来华传教士之间，无论是天主教士还是英美的基督徒，双方都一直争论不休。因此，陆佩萌生了一个想法，想借《万国公报》来征求中国人的看法，看看禹域教会人士如何看待这一问题。于是，他发出征文帖，在文中先简要地回顾了传教士以往的争论结果，然后他将黄品三"圣号论"所论及的问题做了总结，向中国教士征求意见，他的"例言"不长，兹转录如下：

"谨启者：林乐知先生委余于《万国公报》中经理一事，余恐弗克胜任，请诸友原谅是幸。盖近数年来，西国教士互相辩及希伯来圣书原文有云押绿轩唪（Elohim）应如何译以华文，在希利尼圣书原文有云地腰司（Theos），亦应如何译以华文，又希伯来圣书原文有云罗候黑（Ruah）、希利尼圣书原文有云愚买（Pneuma），均应如何译以华文。以上首二句不第指言拜独一造化之主，并无论所拜之类或真或

---

① 李炽昌主编，《圣号论衡：晚清〈万国公报〉基督教"圣号论争"文献汇编》，上海古籍出版社，2008年，1页。
② 李炽昌主编，《圣号论衡：晚清〈万国公报〉基督教"圣号论争"文献汇编》，上海古籍出版社，2008年，3页。

假均可称之，此乃圣书原文所用之意也。故诸西教士中有一支曰：宜以神字译之；又一支曰：宜以上帝二字译之。至于罗候黑与愚买二句，译其本意即呼吸之气及风字之谓，后人遂借用为无像、有灵气、不生不灭以及造化者与受造者之号。故西教士有一支曰：宜译以灵字；又一支曰：宜译以神字。故仰请中土会友作此二论，以定西人之辨译者孰是孰非。作论不能离脱上意，切忌杂引他事来辩论。兹已收得黄君品三佳作，意义精详，见识卓伟，允称合作，第其间有杂引他事为论者。至于西教士所论，非欲以诸圣号罗列待译，盖圣号不第二三而已也。如押佗尼（Adonai）等语不知凡几，况耶和华、押绿轩唔尚不在内。盖耶和华即造化主之正号，押绿轩唔即上文所言及者。而黄君以押绿轩唔、地腰司译华文曰造化主，此亦不合原文之本意。此其大略也。若欲详作论之式，试列其大端于左：

一、古时所拜之上帝即造万有之主否？以黄君之意论之似为非也。

一、帝与上帝何解？

一、古时称上帝二字指一位而言，抑可指其一类而言？

一、神字何解？

一、神字指一位而言，抑指其一类而言？

一、上帝可归于神之一类否？

一、人身无形而不灭者可称为神否？如言可称，试言其故。

一、灵字何解？指人身而不灭言，抑必另加一字或指万有之主而言？其是一灵可与不可？

再，诸友作论时必依上端所列之式，切勿杂引他事为幸。"[1]

---

[1] 李炽昌主编，《圣号论衡：晚清〈万国公报〉基督教"圣号论争"文献汇编》，上海古籍出版社，2008年，5~6页。

陆佩7月21日发表"圣号论例言"之后，起初并没有人做出回应。二十天以后，8月11日，黄品三发表了"做'圣号论'原意"，再次重申他的观点："论中已言：若真者是真，假者是假，则上帝亦可，神亦可，此三字（即造化主）作圣号之解可也。"① 最后，他又呼应陆佩的号召："今陆君已有所请，并立格式，作者是可领会。但引证不能无采及他事，惟求切题而已。若一味自作不典，恐难取信于人。且陆公所列诸款皆广大精微，不能以杜撰质之。然地灵人杰，必有赋性聪明，胸中浩然，写出天真烂漫胜于妆点者。余翘首望之，奇文共赏，择其善而从之，余亦愿执鞭以事之矣。"②

陆佩当天对黄文做了回应，申明刊登"圣号论例言"之要义，该文结尾处，他说："再请公同诸会友辩以上首要之题，并前次所登之条款——随意择而照式论之是幸。"③

然而接下来又是一周的沉默，8月18日黄品三又发表了一篇文章"首要称名论"再次阐明其观点，陆佩当日也做了简短的回应。遗憾的是，这一唱一和迎来的却是将近一个月的沉默，直到9月15日，《万国公报》发表了碌碌子的"答陆佩先生'圣号列论'"才彻底打破这种沉默。之后，持不同观点的中国教会人士纷纷撰文表达自己的立场和见解，并对异己者援引华夏典籍加以反驳。

作为发起者，陆佩时时关注争论的动态，基本上对撰文者都予以回复。潘恫如在9月22日发表《圣号论》之后，陆佩随即发表了"书'圣号论'"一文，虽然文中陆佩客气地说"余再请会友彰明，

---

① 李炽昌主编，《圣号论衡：晚清〈万国公报〉基督教"圣号论争"文献汇编》，上海古籍出版社，2008年，8页。
② 李炽昌主编，《圣号论衡：晚清〈万国公报〉基督教"圣号论争"文献汇编》，上海古籍出版社，2008年，8页。
③ 李炽昌主编，《圣号论衡：晚清〈万国公报〉基督教"圣号论争"文献汇编》，上海古籍出版社，2008年，9页。

各抒己见,或译上帝为近乎,抑译神为近乎"①,但他同时陈明了自己的立场:反对"上帝"作为 God 的汉译名,主张"神"作为 God 的恰当译法。"所拜者亦然,虽或各有其名,且无论上帝,或菩萨,或鬼神,诸凡等类不可归于神之总名乎?聊示鄙见,奉呈诸君,尊裁切,祈还答,不胜幸甚幸甚!"②

山雨欲来风满楼,陆佩这种几番客气式的"抛砖引玉",最终引来了反对者,而且后来的争论愈演愈烈,让他始料不及、措手不及。

9 月 27 日,香港伦敦传教士何玉泉在《万国公报》的第四百五十七卷上发表了长文"天道合参"。何玉泉在成为教徒之前就和理雅各关系密切,所以可以想见何玉泉的立场。他在文中论述了基督教的 God 就是中国的"上帝":

"夫上帝之道,传自犹太。始而中华与犹太同在亚西亚洲,亦与犹太同得上帝之道于开国之先。观于中华上古燔柴献祭之礼,与犹太古教燔祭之礼同,是中华所敬事至尊之上帝,即犹太所敬事耶和华之上帝已可知矣。保罗曰:'夫造宇宙万物之上帝乃天地主也。'又曰:'主造万国本于一脉,地以居之,界以限之。'③ 是万国皆为上帝所造,即万国同一上帝,同一造化主宰,又何有儒书所载之上帝非造化主宰乎?……故凡传上帝之道,在西国则以新旧约所载之上帝为主,在中国则以六经所载之上帝为真。……然则西士欲传新旧约所言之上帝,则莫如即六经所言之上帝以证之。欲传**耶稣**教所言上帝之道,则

---

① 李炽昌主编,《圣号论衡:晚清〈万国公报〉基督教"圣号论争"文献汇编》,上海古籍出版社,2008 年,23 页。
② 李炽昌主编,《圣号论衡:晚清〈万国公报〉基督教"圣号论争"文献汇编》,上海古籍出版社,2008 年,24 页。
③ 语出《圣经·新约·使徒行传》17:24,26。和合本修订版译文分别为:"祂是创造宇宙和其中万物的**神**;祂既是天地的主,就不住在人所手造的殿宇里……祂从一人造出万族,居住在全地面上,并且预先定准他们的年限和所住的疆界。"

莫如以孔子教所言之上帝之道以明之。……假令西国贤士传上帝之道于中华，即以新旧约之书与六经之书互相考究，以**耶稣**之教与孔子之教合而参稽，则知天地有一大主宰，万国同为天父造物主所生成，凡天下受造之人物，皆不得以之为上帝而奉事之。则从孔子之教者，一闻**耶稣**之教，恍然于上帝之道，万国皆同，在乎人之信与不信而已。于是沛然醒悟，幡然悔改，黜异端而崇正学，辟邪说以正人心，攻魔鬼，亲上帝，爱上帝在于神人万物之上，亦爱人如己。……总之，律法本善，惟人善用，今之传道者何独不然。若传上帝道于中国，一证以六经之书，合于孔子之教，则声入心通，无所疑惑。"①

之所以长篇引述何玉泉的文字，是想阐明陆佩为何在看到之后会极为气愤的原因。看到何玉泉的文章之后，陆佩当即撰文"陆佩先生书何玉泉先生'天道合参'后"发表在同一期上。在文章开头，陆佩很不客气地说："受林乐知牧师之命，掌'圣号论'之职，不得已而评诸公之佳作，补之不足，挽其歧路，辟其异端，正其邪曲，照其暗昧者。倘或失误，还祈见谅是幸。"② 由此言可以看出，陆佩气愤之极。他认为自己正而全。正者，可以"挽其歧路，辟其异端，正其邪曲，照其暗昧"；全者，可以"补之不足"。而此处"歧路"、"异端"、"邪曲"、"暗昧"所指，暗指何玉泉。

陆佩坚决反对何玉泉说中国的"上帝"就是基督教的 God 这种说法，所以中国的儒教根本不能和基督教相提并论。几个月前在上海召开的第一届全体在华传教士大会，理雅各的论文"儒教与基督教的对比"就是因为"过度赞誉"儒家而招致多方反对，而何玉泉似

---

① 李炽昌主编，《圣号论衡：晚清〈万国公报〉基督教"圣号论争"文献汇编》，上海古籍出版社，2008 年，25~33 页。
② 李炽昌主编，《圣号论衡：晚清〈万国公报〉基督教"圣号论争"文献汇编》，上海古籍出版社，2008 年，34 页。

乎将儒教和孔子抬到近乎和基督教与**耶稣**相等的位置上了，这是陆佩所不能容忍的。

针对何玉泉的文章，陆佩写了七条驳论，"其一，何君之论称为'天道合参'，余意以为不可"，因为他认为天道唯有《圣经》方可称之；"其二，何君佳作中多引圣书之言，且用'上帝'二字以译'地腰斯'（Theos）之本意，如此之作亦是不可"，因为他认为这个见解还有待考证，别人（黄品三和碌碌子）都用"似"字，"且阁下之论将尽，略提'神灵'二字不可作为论，且亦冒犯造次而失序耳"；"其三，佳作内言必人地相宜，斯言是隐指各国有道，各受天之默示"，他认为"**耶稣**之道如天之一，如日之一，其道关于普天之下，是独可称为天道者。是凡东方、西方之道均必须衰，而**耶稣**之道必兴……由是可知**耶稣**之道自有驱逐他教之能也"；"其四，佳作内引书古柴上帝与圣书耶和华之语，又彼六经之上帝犹似圣书耶和华，诸凡等类，余以为是无确当"，其原因可以归结为"且因祭法之相如，或因书内之句相似，即可谓而受者同是一位乎"；"其五，佳作内谓圣书亦有言天者，此言虽不错，但译'地腰司'以一'天'字则不可矣"；"其六，无论中华、西方圣贤人之书，言语相同者实繁，而与圣书相同者亦不少"，但唯有《圣经》表明赎罪之道，其他典籍"不过相佐扶助而矣"；最后，陆佩似乎直指何玉泉，"至一**耶稣**之道，不论传扬何处有阻，此阻最大者是人之骄心焉，因人人不愿他人之功而赖之，必欲恃己之力以得救……虽阁下之言与阐道生①先生不同，言语显微之别，而其意实无异耳。"②

陆佩的回应既有支持者，如考真子撰文"称神揭义"发表在

---

① 阐道生曾在《万国公报》第四百五十五期说儒教不信福音，说"最贵者曰理学，以其能存天理之公而无人欲之私"。
② 李炽昌主编，《圣号论衡：晚清〈万国公报〉基督教"圣号论争"文献汇编》，上海古籍出版社，2008年，34~37页。

《万国公报》第四百六十三期（1877年11月10日）上，其文过万言，征引中国古书几十卷，论证God、Elohim和Theos应译为"神"，Spirit、Ruah和Pneuma应译为"灵"①；但更多的是引起反对者的驳斥，比如北京伦敦传教士英绍古在《万国公报》第四百六十六卷（1877年12月1日）发表了"圣号定称说"继续主张"上帝"作为正当译名，"夫至大莫如上，至贵莫如帝，敬称为上帝又何疑焉"②；何玉泉在《万国公报》第四百六十期（1877年12月8日）上发表了"续'天道合参'"，再次阐明其观点，并简要地回顾了理雅各的汉学贡献以及麦都思生平与译经贡献，之后他说，"由是思之，麦君都思与理君雅各一心一意，翕然契合。一则广延文士，参互考订，一则博览儒书，潜心探索。其与人为善、不自满假之心显然可见。是二君者学贯天人，道传中外，岂不可为传道中华之模楷也哉？余于麦君则闻而知之，而于理君则见而知之。余在香港亲聆训十有余年，受益良多。余之作此'天道合参'，固遵依麦君所译之新旧约定本，亦于理君宣道时，默通于素所读之六经也。今陆佩先生于余前作指出有其不可，或者未达余之本意耳，试为逐一明辨之"③，于是，他针对陆佩的七条驳论逐一驳斥；④王炳堃在《万国公报》第四百七十四期（1878年1月26日）上发表《徽号议》，微言大义地阐述了"圣号之争"的简史，并引经据典论证"上帝"是最佳译文；宣道子在《万国公报》第四百七十五期（1878年2月9日）上发表"圣号论"，支

---

① 李炽昌主编，《圣号论衡：晚清〈万国公报〉基督教"圣号论争"文献汇编》，上海古籍出版社，2008年，64、68页。
② 李炽昌主编，《圣号论衡：晚清〈万国公报〉基督教"圣号论争"文献汇编》，上海古籍出版社，2008年，69页。
③ 李炽昌主编，《圣号论衡：晚清〈万国公报〉基督教"圣号论争"文献汇编》，上海古籍出版社，2008年，78页。
④ 针对何玉泉的"续'天道合参'"，陆佩当即发文，撰十四条反驳意见，详见其"陆佩先生书'续天道合参'后"，载于李炽昌主编，《圣号论衡：晚清〈万国公报〉基督教"圣号论争"文献汇编》，上海古籍出版社，2008年，87~92页。

持"上帝"说。

总之,随着争论范围的扩大,支持"上帝"说的人越来越多,陆佩几乎是孤军奋战,论辩对手甫一发文,他基本上都在同一期时发表自己的评论,对于异己者毫不客气地加以驳斥。最后,陆佩不仅招致了中国教内人士的联合反对,使得争论由"圣号之争"朝着政治与民族主义方向演进,如鹭江氏在"天道探本"[①] 中论述历史与来华传教士的做法与纷争时说道,"若夫洋药流毒友邦、害吾父老,及贩卖人口,出洋代畜,与夫挟政凌民、债累无辜诸害,更欲信其为服化之国,虽愚,未必之许也。而况天道初入中华,为使徒者不但忽于方言之义,即如经中遗意,亦失于加察,执拗己见,以谓学问可驾唐人眼前"[②]。而且他还遭到英国传教士理一视的反对,理一视在"圣号论"[③] 中明确表达他的立场,即反对"神"说,支持"上帝"说,在文章结尾处,他说:"虽耶和华之职位、权能,中华未免有日久遗忘之处,然即总过所素知者,非指万有之主而谁哉?此名何也?即上帝也。上帝有主宰之意,即犹约伯、亚伯拉罕时所称之沙带为有权者之意也。岂能因宋儒以上帝为苍天异端,窃此名称偶像,遂不肯以此名称万有之主耶?又岂可任其妄用此称而不正之耶?总之,无论他人所言如何,我必以上帝为天地之大主、独一无二之耶和华也。"[④]

理一视的文章可以说让陆佩愤怒不已,他连续两期发表了驳斥理一视的文章。第一篇驳论叫"陆佩先生书理一视'圣号论'后",发表在《万国公报》的第四百八十五期(1878年4月20日)上,文中

[①] 载于《万国公报》第四百七十八期(1878年3月2日),李炽昌主编,《圣号论衡:晚清〈万国公报〉基督教"圣号论争"文献汇编》,上海古籍出版社,2008年,153~162页。
[②] 李炽昌主编,《圣号论衡:晚清〈万国公报〉基督教"圣号论争"文献汇编》,上海古籍出版社,2008年,153~154页。
[③] 载于《万国公报》第四百八十四期(1878年4月13日),李炽昌主编,《圣号论衡:晚清〈万国公报〉基督教"圣号论争"文献汇编》,上海古籍出版社,2008年,211~226页。
[④] 李炽昌主编,《圣号论衡:晚清〈万国公报〉基督教"圣号论争"文献汇编》,上海古籍出版社,2008年,226页。

陈列理一视的"差谬"二十三条，开篇即说"惟其作内差谬累累"，结尾处说"其差谬之二十三也。此稿未完，后续"。于是，在《万国公报》的第四百八十六期（1878年4月27日）上，陆佩继续罗列理一视的"差谬"，共十八条。文章结尾处，陆佩写道："其差谬之四十一也。以上差谬及他予无暇以题者，皆归于一二之大端为枢纽，如以上主之名与诸伪者指此端在《圣经》上不载曾有何拜假者之人，以上主之名如阿而沙带、耶和华称其假者。再如翻译者之真例法并非考何本原之意或用，乃按书上目前之用也。又如以当应称混淆于现称，究如以误翻原文以证其所向之准是也。"①

陆佩的这两篇驳论引起了更加强烈的反对，中华教内人士认为陆佩始终以"正"者自居，但凡异己者，皆被斥为"差谬"、"异端"等。而且在第二篇驳理一视的文中，他还提及了一个新的争论点，即关于《圣经》原文的翻译问题，《圣经》原文非英文，而是希伯来文、亚兰文和希腊文。当时华人知两希文字者极少，何进善懂两希文字，但此时何进善已经故去。陆佩提及原文，会让华人产生一种不平衡感，即懂原文的就"正统"，不懂原文的就"偏邪"，这反而激起了华人传教士对陆佩的反驳。

王炳耀在《万国公报》的第四百八十八期（1878年5月11日）上发表了"上陆佩牧师第一书"，文中说，"天下之难服人者曰好辩，至易激人者曰强辩，好且强，虽谓欲辩正以求合，势必因辩故而意分也。是故明理知机者概不肯辩，更不生辩。盖生辩者必以辩辱，此余于论圣号一事自始至今所以皆不敢预闻也"②，大有陆佩在《万国公报》发起的这场辩论是自取其辱之意，因为这场"圣号之争"到如

---

① 李炽昌主编，《圣号论衡：晚清〈万国公报〉基督教"圣号论争"文献汇编》，上海古籍出版社，2008年，239页。
② 李炽昌主编，《圣号论衡：晚清〈万国公报〉基督教"圣号论争"文献汇编》，上海古籍出版社，2008年，244页。

今已经混乱之极，成为一大恨事。"际兹圣号淆乱已极之秋，幸逢先生亟以圣号博访辩正，不料辩者类多失宗，此一大恨事也。虽然恨则恨矣，然欲于大恨中还期一幸，故不忖愚昧，细列数言以求先生示我周行。"①之后，他陈列七条，请陆佩"尽心赐教"：

"一求尽示知《圣经》论神之体、之位、之职、之性、之权如何。

一求尽示知《圣经》论灵之体、之位、之职、之性、之权如何。

一求尽示知希罗谦、帝腰士之音始于何时。

一求尽示知希罗谦、帝腰士各共有若干意。

一求尽示知希罗谦、帝腰士本为希伯来、希利尼何神。

一求尽示知今希利尼中不信者以帝腰士为何神。

一求尽示知今《圣经》译有若干国之方言，各方言皆以何意译希罗谦、帝腰士之义。"②

而陆佩对王炳耀的回复则语焉不详。

此后，持衡子在《万国公报》的第四百九十三期（1878年6月15日）上发表《书〈续陆先生书理一视"圣号论"后〉后》一文，对陆佩驳斥理一视的文章"不禁骇然异矣"，同时对陆佩提及《圣经》原文的一事进行反讽："或且敬之曰陆先生实饱学人也，凡希百来文、希利尼文及欧洲各国文无不明晰，吾中国人何知，岂可班门弄斧乎？亦惟听彼之笔则笔、削则削耳。或更有人曰陆先生之论断辩驳，亦只施于中国人耳。中国人不明希百来文、希利尼文，谁与彼较

---

① 李炽昌主编，《圣号论衡：晚清〈万国公报〉基督教"圣号论争"文献汇编》，上海古籍出版社，2008年，244页。

② 李炽昌主编，《圣号论衡：晚清〈万国公报〉基督教"圣号论争"文献汇编》，上海古籍出版社，2008年，244~245页。希罗谦即指 Elohim，帝腰士即指 Theos，希利尼即指希腊。

量乎？若对明希百来、希利尼文之西国人，绝不至动其横扫之笔大加批评矣。夫理一视先生固英国人也，其既为英国人，殆不知希百来圣书原文、希利尼圣书原文乎？苟非然者，胡为俾陆先生直指诋斥四十一处差谬也。"①

诛衷子同期发表短论"赞陆佩先生语"，对陆佩冷嘲热讽，兹录原文如下：

"吾历阅《公报》，其中之圣教道理，吾不甚悉，观目录之错杂，诸位之锦绣，炫人耳目者，殆不可胜数矣。然其中之品评衡量者，陆先生则居其半焉。吾本知识陋劣、耳目不廓，不晓陆先生系东方人也，西方之人也？大约其学问之渊涵，品行之端庄，早已素著矣。又见《公报》中津门理一视先生所作之佳艺，陆先生则指其谬者四十有一焉，吾于是不能不详而思之，不能不审而度之矣。吾想理先生设教津门已有年矣，闻其声则引领而望，见其影则倒蹝②而迎，振兴中华，普济万姓，其学问德行昭昭于人之耳目也，几如日月矣。乃陆先生竟指其谬者若是之有且多，不待人言，吾已明矣。先生之量鸿过海，才大如杠，一定登东山而小鲁，登泰山而小天下。论其德，与天地合其德；论其明，与日月并其明。其参赞化育，云行雨施，亦先生之末事也。吾是以欲中西之诸位甘拜陆佩先生门墙之下，吾恐中西诸位有所疑者，吾故录之以作证焉。"③

慎听子同期撰文"达知理一视牧师会中诸友"，声明只有三句

---

① 李炽昌主编，《圣号论衡：晚清〈万国公报〉基督教"圣号论争"文献汇编》，上海古籍出版社，2008年，267~268页。
② 原文为"足"加"徙"字合一，但笔者无法找到此字，疑"蹝"字之误。
③ 李炽昌主编，《圣号论衡：晚清〈万国公报〉基督教"圣号论争"文献汇编》，上海古籍出版社，2008年，270页。

话,"余见《公报》四百八十六卷中有人驳理一视牧师四十一处之谬,不紧有所惑焉。夫理一视宣道津门有年矣,今有如是多谬,津会诸友以后听理一视之讲解宜慎,恐其在在皆谬也。祈登《公报》。"①

这些指责陆佩的文论已不再以论题为主了,而是带有明显的情绪化性质,论者指桑骂槐,明则称赞陆佩,实则是对其毫不客气地指责。真不晓得陆佩当时看到这些文论后作何感想!

对这些指责的文论,《万国公报》上未见陆佩的逐一回复,在第四百九十三期上,陆佩发布了一则声明,"陆佩谨白",只说"此号《公报》所列之佳作,其有关于圣号论者,苦因少暇,且恐天气渐热,伺后再答,或请诸公仍阅以前之《公报》,则鄙意所在,不外是矣。乞鉴之"②。此时是1878年6月15日,距陆佩在《万国公报》上号召华人讨论"圣号"问题,将近一年。

根据这则声明来看,陆佩本人可能也意识到争论的性质逐渐在转变,为了不让争论随着天气继续升温,他不应辩发文者,而将争论的焦点引向论辩的主题。他的立场和态度基本都表述完备了。

冷眼旁观,无论是迫于当时的不利形势,还是就论辩中双方的较量,陆佩的选择都是理性的、明智的。辩论如果不是为了明辨真理,而是为了争强好胜,那么辩论也就失去其应有之义了。

陆佩发表声明两周之后,慕维廉在《万国公报》第四百九十五期发文"请勿复辩":"噫!天下好辩之士多矣。每阅《公报》于数月中教师辩驳上帝与神之字,层见叠出。此非新创一说也,由来旧矣。惟各执一见,岂能和洽哉?西国教士录事者诚论辩驳此,历年已

---

① 李炽昌主编,《圣号论衡:晚清〈万国公报〉基督教"圣号论争"文献汇编》,上海古籍出版社,2008年,271页。
② 李炽昌主编,《圣号论衡:晚清〈万国公报〉基督教"圣号论争"文献汇编》,上海古籍出版社,2008年,272页。

久,今幸止矣,故在《公报》中亦毋庸赘言。请中西诸士自今后勿再辩驳,是所深望。"①

慕维廉短短数语,非常中肯。"神"与"上帝"之争确实由来已久,此番争论双方新见不多,大都是旧曲新调而已,而且论辩双方确实是各执一端,最终也没能得出个子丑寅卯来。问题随着这篇声明再次"隐藏"起来,近一年之久的第三次"圣号之争"就此终结。

余音

第三次"圣号之争"之后,"1890年传教士大会前,仍然有传教士提出解决译名问题的建议和方案,但已远没有前几次的讨论那么热烈"②。对于God和Spirit的译名问题仍然众说纷纭,对God的译名有"天主"、"上帝"、"神"、"真神"、"老天爷",对Spirit的译名是"神"和"灵",传教士大会担心日久天长,译名的不统一会阻碍中国传教事业,译名的混乱会误导中国信徒。

1890年5月的传教士大会上,译名问题没有成为传教士关注的焦点,而《圣经》译本的注释成为该次会议争论最多的问题。"许多传教士意识到翻译的限度,即无法靠翻译一次性地正确传达《圣经》观念,因此,非常有必要在译本中加入注释和解释性材料。"③这个转变尤为重要,对《圣经》的解释逐渐消解了"圣号之争"带来的张力,这个转变衍生一个转向,由"能指"转向"所指",由"圣号"转向"实义"。

如今,无论God被译为"神"还是译为"上帝",并不影响基督

---

① 李炽昌主编,《圣号论衡:晚清〈万国公报〉基督教"圣号论争"文献汇编》,上海古籍出版社,2008年,273页。
② 程小娟,《God的汉译史——争论、接受与启示》,社会科学文献出版社,2013年,27页。
③ C. Hartwell, "Reasons in Favor of Trying to Settle the 'Term Question'", The Chinese Recorder 21 (1890):234-235;转引自程小娟《God的汉译史——争论、接受与启示》,社会科学文献出版社,2013年,第28页。

徒对 God 的认知,原因何在?因为解释。解释使"神"和"上帝"符号化,信徒不再关心"神"与"上帝"哪个译名更加贴切,而关注的是《圣经》中那位至高存在的属性,对《圣经》的不断解释,使得那位至高存在的种种属性遮蔽了"圣号"之间的差别。

同时,大会赞同要有合一的《圣经》(除苏格兰《圣经》公会外),在译名和语体这两个过去争论比较大的问题上也取得了一致意见。"关于译名,决议同意各《圣经》公会可以根据自己的需要作出选择,出版不同的版本,传教士有选用的自由。"[①]这项决议也至关重要,因为争论的双方不再执着于争论问题的本身,而是采取求同存异的原则,通过解经弥补差异,共同推进在华传教事业。

最后,大会决议由各差会派代表成立了三个委员会,各自负责翻译官话(白话文)、浅文理(浅文言)、深文理(文言文)译本。1904 年,《浅文理和合译本》出版《新约》;1906 年,《深文理和合译本》亦出版《新约》;同年,官话的翻译工作完成了《新约》;1919 年,官话《旧约》的翻译工作完成。从此,官话和合译本《圣经》就成了现今大多数华语教会采用的和合本《圣经》。和合本《圣经》出版了"上帝"版和"神"版用来翻译 God,其中"神"版《圣经》中表示 God 的地方都用"神"前加空格代替,这也是 19 世纪 40 年代英国传教士麦都思创造的区别假神的方法;Holy Spirit 则翻译成"圣灵"。

自此以后,有关"神"与"上帝"之争的文论就罕见了。

---

① 程小娟,《God 的汉译史——争论、接受与启示》,社会科学文献出版社,2013 年,第 28 页。

本书要义

译者在前文中用了较长篇幅介绍理雅各的生平事迹，以及本书论题宽泛的历史背景，由此可以将作者和本书置放到历史坐标当中去理解和把握。以下译者将对本书的主要内容略作阐述。

先说书名。本书书名为 The Notion of the Chinese Concerning God and Spirits，岳峰教授在其《架设东西方的桥梁：英国汉学家理雅各研究》中，将本书翻译为《中国人的鬼神观》；段怀清和周俐玲在诺曼·吉瑞德的《朝觐东方：理雅各评传》中将其翻译为《中国人的上帝观和神灵观》；尹文涓在雷孜智的《千禧年的感召——美国第一位来华新教传教士裨治文传》中将其翻译为《中国人对 God 与 Spirits 的定义》；周江在《甲骨揭秘：骨头里的故事》中，将其翻译为《中国人有关神灵的观念》。此外，还有人将其翻译为《中国人关于天神和鬼怪的概念》。

以上几种译法中，笔者认为只有段怀清和周俐玲、周江三人翻译得较为贴切。因为据理雅各所持的主张，God 应译为"上帝"，Spirits 应译为"神"，所以本书的书名按理雅各的原意应该是《中国人关于上帝与神的观念》。但为了不给当代读者造成混乱，笔者根据现在通行的译法将其直译为《中国人关于神与灵的观念》，再简易一些也可以叫《中国人的神灵观》，特此说明。

关于本书的出版时间，在序言结尾处，写着"香港维多利亚 1852 年 3 月 8 日"，由此可以基本断定本书付梓印刷应该是在春夏之交或盛夏时节。

中国人关于神与灵的观念
The Notions of the Chinese concerning God and Spirits

如前所述，这本书是理雅各和美国传教士文惠廉博士"争"出来的，是针对文惠廉的《论将 Elohim 和 Theos 正确地译为汉语的辩护文》(Defense of an Essay On the Proper Rendering of the Words Elohim and Theos Into the Chinese Language，下文简称《辩护文》) 而写的，文惠廉的《辩护文》是 1850 年 7 月[①]在广东出版的。在这本书出版之前，1848 年 1 月，文惠廉在《中国丛报》上发表了《论将 Elohim 和 Theos 正确地译为汉语》(An Essay On the Proper Rendering of the Words Elohim and Theos Into the Chinese Language)，该文长达 69 页，主要是针对英国传教士麦都思于 1847 年在上海出版的论著《论中国人的神学：旨在阐明汉语中表达上帝的最恰当的术语》(A Dissertation on the Theology of the Chinese: With a View to the Elucidation of the Most Appropriate Term for Expressing the Deity in the Chinese Language)。

麦都思在《论中国人的神学》的序言中说："就如标题所表明的，本文旨在阐明中国人对神这一主题的各种观念，以便对基督徒著述者、《圣经》翻译者有所裨益，可以确定哪个词是用来表示 God 的最佳汉语词汇。为了恰如其分地阐明这一问题，就有必要引经据典，特别是儒家经典，因为儒家经典直到如今对中国人的心灵影响最大。"[②] 在花了大量篇幅研究儒家经典之外，麦都思又对释道两家进行系统考察，最后得出一个结论，"因此，在所有儒释道三家经典当中，我们并未见到有哪一处明确用'神'这个词表示 God，遑论 the Supreme Being；在大多数情况下，这个词表示的都是灵（spirit）、鬼（genii）或是一些低等神祇。在近代，这个词还与偶像有关，众多愚

[①] 笔者未在《辩护文》中看到印刷的具体时间，但据文惠廉在这本书的开头说："自从我的'文论'发表到现在已经两年有半了，文中我提倡用汉语'神'这个词来翻译 Elohim 和 Theos。"而他书中所说的那篇"文论"是 1848 年 1 月刊登在《中国丛报》上的。因此，可以推断出文惠廉这本《辩护文》发表的时间是 1850 年 7 月，这个时间，笔者后来在《千禧年的感召——美国第一位来华新教传教士裨治文传》（第 238 页）一书中得以证实。
[②] 麦都思，《论中国人的神学》，上海，美华书馆，1847 年，序言 1 页。

昧无知的民众认为有些东西具有神性，但基督徒著述者断不会用这个词来表示圣者（the Divine Being），也不会将其当作通名来表示God"①。于是，麦都思说："我们已然考察过中国三大宗教经典，为的就是确定'神'这个词的真正意思；现在，该考察儒释道三家经典的权威学者所说的'上帝'一词的意义了。"②经过多番考察与论证之后，麦都思得出"上帝"就是用来表示God的最佳汉语词汇。在考究43种情况之后，麦都思说："我们从儒家经典当中列举了90个实例，这些实例当中'帝'是'上帝'的同义语，因此就必须用祂来翻译至高 神（the most High God）。有16个实例中，'帝'被一些经典的作家用来表示自然之神和节令之神；还有许许多多出现在佛家和道家典籍当中的情形，其中'帝'被用来表示God，但他们还将这个词理解为虚构的神祇：于是我们便可以断定，有充分的权威典籍可以确保'帝'用来表达'至高权柄'（the Supreme Potentate）的意思；但所有的宗派却都采用这个词来表示各自统绪中的神祇（deities），这个词还被用来表示尘世君王和裁断者，这就可以向我们显明'帝'就是用来表示Elohim的词，也可以用它来作为God的通称。"③

看过麦都思的论著之后，1848年1月，文惠廉在《中国丛报》上发文，直指麦都思的"上帝观"。

美国的传教士基本上都认为在犹太-基督教传统之外，人靠自己而非上帝赐予的启示是无法认识那位至高存在的。文惠廉认为中国人对于"帝"和"上帝"的理解与《圣经》中的God没有关系，因为他坚信"在异教徒的语言中，我们根本无法找出可以准确传达唯一真 神的概念的词语，这些概念是从古拉丁文的用法习惯中沿袭下来

---

① 麦都思，《论中国人的神学》，上海，美华书馆，1847年，正文203页。
② 麦都思，《论中国人的神学》，上海，美华书馆，1847年，正文204页。
③ 麦都思，《论中国人的神学》，上海，美华书馆，1847年，正文277页。

的，而且这些概念唯独通过**神**自己的意愿赐予的启示而获得"①。他征引宋明理学的论述来表明"上帝"和 God 不是一回事，"上帝"只是"理"，"是秩序、定数和命运的主宰"②。

  面对文惠廉对麦都思的批驳，回到香港的理雅各分别撰文《论 God 之名之汉译》（*On the Rendering of the Name "God" in the Chinese Language*, 1850）、《论"上帝"作为 Elohim 和 Theos 恰当的汉语译名：兼对文惠廉主教所持"神"之论点的批判》（*An Argument for Shang Te as the Proper Rendering of the Words Elohim and Theos in the Chinese Language: With Strictures on the Essays of Bishop Boone in Favour of the Term 神（Shin）*, 1850）驳斥文惠廉的观点，剑指文惠廉的《论将 Elohim 和 Theos 正确地译为汉语》。理雅各认为 God 一词并非说明本质或表达耶和华之存在，这个词在西方世界中也不是一个通称术语，而是一个关联术语，其意义在于表明"上帝"与其造物之间的关联，Elohim 和 Theos 这两个词也不是通称术语。汉语中的"上帝"在这点上类似 God、Elohim 和 Theos，也表示天人之间的关联，但"神"这个词则不是，这个词是个通称术语，可以囊括中国人称呼的所有神祇。因此，理雅各认为，"上帝"而非"神"才是翻译 God、Elohim 和 Theos 的最佳术语。③ 理雅各的这种论点和描述在本书第二章中做了更加充分的阐述。

  文惠廉除了恼火以外，针对理雅各对他文章观点的指摘，撰写了《论将 Elohim 和 Theos 正确地译为汉语的辩护文》，专门而且较为系统

---

① 雷孜智，《千禧年的感召——美国第一位来华新教传教士裨治文传》，广西师范大学出版社，2008 年，232 页。
② 雷孜智，《千禧年的感召——美国第一位来华新教传教士裨治文传》，广西师范大学出版社，2008 年，234 页。
③ 理雅各《论 God 之名之汉译》（*On the Rendering of the Name "God" in the Chinese Language*），参考雷孜智《千禧年的感召——美国第一位来华新教传教士裨治文传》，广西师范大学出版社，2008 年，238 页。

地"回敬"理雅各。

在《辩护文》中,文惠廉博士认为"中国人是多神论者,而非一神论者;他们不认识真正的 God,或是任何真真正正被称为 God 的存在"①,他提倡用汉语术语神翻译 Elohim 和 Theos 这两个词,基于以下三条原因:

"第一,中国人不认识任何真真正正被称为 God 的存在;他们没有对那种存在的称谓,所以在他们的语言中,也就找不到一个与我们英文中的 GOD 这个词相对应的词。

"第二,论到这种存在的状态,我们就必须得探究中国人那些神祇的通名,而且那个与我们英文中的 god 和 gods 相对应的汉语词得让我们满意,在那些情况下,那个通名可以作为最好的称谓。

"第三,神是中国诸神的总称或通名(the general or generic name);所以就得出:这个作为通名的汉语词应当用来翻译 Elohim 和 Theos。"②

文惠廉的这本论著主要就是围绕这三个论点展开,他一边驳斥理雅各、麦都思等人的观点,一边论证他自己的观点。

文惠廉指责麦都思、斯当东等人,包括理雅各将 God 当作观念符号,而没有将其视为真正的存在。

"论到 God 这个词,有几位同仁都论述过这个问题,在很多方面他们都提出迥然不同的看法;但对我来说,有个错误首先误导了麦都

---

① 文惠廉,《论将 Elohim 和 Theos 正确地译为汉语的辩护文》,广东,《中国丛报》社印制,1850年,正文 4 页。
② 文惠廉,《论将 Elohim 和 Theos 正确地译为汉语的辩护文》,广东,《中国丛报》社印制,1850年,正文 5 页。

思博士、乔治·斯当东爵士、宝宁博士,还有理雅各博士,如果想要清晰地坚持当下所探讨的正确观点的话,我们就必须对这个错误小心谨慎,以免陷入其中。我所指的这个错误就是他们将 God 这个词当作'一种观念符号',用乔治·斯当东爵士的话来说,就是别把它真的当作真正的存在(a bona fide Being)之名,说到这位存在,即便我们绞尽脑汁,也只能对祂形成一些非常不充分的观念。"①

然后,他提出了自己对 God 这个词的看法:

"如果我们想要确知中国人是否认识 God,我们就不该去探寻 God 这个词所传达的主要意思是什么,换句话说如果中国人有个词可以传达出其主要意思的话,我们可能会找到那个词;其实倒不如问问他们是否认识这么一位存在(Being),在说到祂的时候,人们就可以知道那位存在就是我们基督徒称为 GOD 的那位存在;于是,接下来的问题就是他们以什么名称来称呼这位存在,为了回答这个问题,我们是否可以在汉语中找出指称这位存在的那个独立术语(the absolute term),我们会发现汉语中的这个词在严格意义上使用(used *proprie*)时,和我们在英文中找到的 GOD 这个词刚好对应。然而,凭这第一点是否就能断定这位存在就是同一位?解决这个问题之后,会有足够的时间探究那位存在的名称。倘若这位存在不是同一位的话,那么无论他的那个名称提供给我们的主要意思是什么,那个名称都不过是假神的名称。"②

---

① 文惠廉,《论将 Elohim 和 Theos 正确地译为汉语的辩护文》,广东,《中国丛报》社印制,1850年,正文 6 页。
② 文惠廉,《论将 Elohim 和 Theos 正确地译为汉语的辩护文》,广东,《中国丛报》社印制,1850年,正文 8~9 页。

因为文惠廉不像麦都思和理雅各那样对中国文化典籍有深入研读和理解，所以他在表达观点和撰文方面引用了汉学家的研究成果，比如刘应和马若瑟等人，通过他们的对华夏典籍的研究，作为他阐发自己观点的基础。比如文惠廉在他的论著第 20 页开始引用刘应对《易经》的研究成果，来否认上帝之自有，否认上帝是造化（creative acts）之因。"对最古老的儒家经典中陈述的'源始之理'，如果 M.刘应在此提供给我们的记述是准确的话，那么试图理解理雅各博士关于经典中的上帝是'统辖万有、永远赐福之 神'这一观点，就显得多么渺然无望啊。"① 此外，文惠廉还引用理学家朱熹的作品来反对上帝即真 神这个主张。

在追溯完中国人是否有对 God 的观念之后，文惠廉从语法方面分析并证明 God 这个词是"独立通称"术语，而非"关联术语"。"我很诧异，理雅各博士竟然无视我这个主张，即在本质上，只有一位 God，复数只存在于多神论者的臆想当中；在正当地使用的时候，God 这个词专指 Jehovah（耶和华），把这个词归为一类是不正确的，这一词类的存在完全归咎于多神论者的错谬见解。"②

文惠廉还引用了基督教会历史上的文献和作家来支持他的观点，文献方面，他引用了《尼西亚信经》、《阿塔那修信经》、《忏悔录》、《基督教要义》等著作，以此来阐明理雅各用"上帝"及其那种证明会让三位一体的信仰成为"一纸空谈"；人物方面，他征引了阿塔那修、加尔文、查诺克、霍斯利、亨利·马太、牛顿和柯纳普等人作为他论点的支持者。

理雅各对文惠廉也毫不客气，针对他这本论著——反驳，从他本

---

① 文惠廉，《论将 Elohim 和 Theos 正确地译为汉语的辩护文》，广东，《中国丛报》社印制，1850 年，正文 22 页。
② 文惠廉，《论将 Elohim 和 Theos 正确地译为汉语的辩护文》，广东，《中国丛报》社印制，1850 年，正文 45 页。

书的副标题"对神学博士文惠廉(威廉·J·布恩)的一篇辩护文《论将 Elohim 和 Theos 正确地译为汉语》进行的考察",便可知晓。

理雅各这本驳论著作共有四章,外加一个导言。在导言中,针对文惠廉在《论将 Elohim 和 Theos 正确地译为汉语的辩护文》中提出的三个立论,理雅各一一予以驳斥:

"驳论一。我断定中国人一定认识真 神,而且在他们的语言中也必定有个词与我们英文中的 God、希伯来文中的 Elohim 和希腊文中的 Theos 相对应。

"驳论二。我断定没有什么'总称或通名'可以用来翻译 Elohim、Theos 或 God,因为这些词语全都是关联术语(relative terms)。所以,纵然我无法排除矛盾的可能性来证明前面那个论点,但却仍有必要在汉语中找出一个关联术语,并且用它来翻译 Elohim 和 Theos。我们不能用通称词神来实现那个目的,而且中国人所认识的那位至高存在之名可能与 Elohim、Theos 或 God 非常匹配。

"驳文惠廉博士论点三。我断定神甚至都不能与我们英文中的 a god 和 gods 相对应,因为它只是一个与我们英文中的 spirit、希伯来语中的 ruach 和希腊语中的 pneuma 相对应的汉语通名,所以就应该用它翻译这些术语,而且只能用它翻译这些术语。"①

在第一章中,理雅各主要论述中国人认识真 神,而且他们的宗教就是一神教,这一章几乎占据本书一半篇幅,开篇即定调,"中国人认识真 神吗?在他们敬拜的所有存在(Beings)当中,有没有一位与众不同,祂的属性卓尔不凡、祂卓众超群,乃至我们只知祂是位至高者(the high and lofty One),祂在众天军和地上的臣民、在有福之

---

① 本书第 2 页(原页码)。

人和王者中间，按着自己的旨意行事，万有都是属祂的，也是借着祂造的，又是为祂造的，有没有这么一位呢？对这类问题，我会毫不迟疑地回答，肯定有。中国文学和中国历史提供的佐证，于我而言是如此强而有力，乃至我发现很难想象哪位对此有过研究的人，可以得出一个与之相反的结论来。"①

此后，理雅各先通过归纳法确定"神"和"上帝"的真正含义，然后说明文惠廉否认上帝自有，否认上帝是造化（creative acts）之因所依仗的论据，即刘应和朱熹的论述，是站不住脚的。于是，理雅各通过直接考察华夏经典来批驳刘应的错误以及文惠廉对朱熹和宋朝其他理学家理解之误。

"在陈述中国人观念这点上，人们将刘应奉为圭臬，在本章的一条附注中，我会提供一些对这位权威人士的评论。读者还会在那找到一篇马若瑟论中国人关于宇宙起源记述的译文，还有一些出自雷孝思论《易经》的摘要。在汉学家的级别中，没有谁会把马若瑟和雷孝思放在刘应之下，他们的名字会堂堂正正地与刘应的名字相对。然而，这些权威人士无法改变争论者的任何一方。让我们来看看，刘应是怎样从《易经》中把上帝驱逐出去的。"

……

"文惠廉博士提出一些他自己的书目，主要是朱熹的作品，以此反对上帝即真 **神** 这个主张。我不寄望他会采用那种防线（a line of defense），因为在他的《辩护文》中，他已经否认了那位哲人的权威性，还否认了同一派别其他所有的理学家。在那部作品的第18页中，我们读到：

"用词语天（*T'een*）、天堂、（中华）民族敬拜仪式中的那些至

---

① 本书第7页（原页码）。

083

中国人关于神与灵的观念
The Notions of the Chinese concerning God and Spirits

高实体来准确地命名的那个实体是什么呢？

"对这个问题，可能有两种不同的答案，中国人的不同宗派要么坚持这种观点，要么坚持那种观点。大宋年间（约公元1100年），出现一派哲学家，天主教传教士给他们起了个名字，叫理学家（Atheo-politique），他们卓著的观点已经编入国朝出版的所有经典作品中了。这派学者要回答如下这个问题，天指的是什么：天即上帝，至高主宰；上帝即理、次序之理、命也、运也。

"然而还有另一派，我们认为这派代表的是中国多神论，代表国教中的古旧的观念，如在《周礼》（*Chau Li*）（公元前1100年周朝之礼仪）中呈现出来的，其回答如下：天，冬至日之敬拜者，天之神，天之神明是也，此天之神，天之神明，即上帝，至高主宰是也。

"因此，文惠廉博士在宣告他所相信的宋学并不代表国教之古旧的观念之后，他对那个权威的认知和他所得出的上帝并非God这个观点之间有个巨大的矛盾。然而，好在他那么做了。于是就有个机会可以显出他所求于的那些作者的做法是不当的。"①

在论述完文惠廉所提供的证据不足之后，理雅各开始援用刘应的著述来作引子，来说明中国宗教本身就显明中国人认识上帝。

"中国人确实先于其他民族关切并准确地记录了它们的历史。除了我们通常所说的历史之外，对于万事万物，他们还做了详尽的历史记述，在这些记述当中，宗教首当其冲。

"每个王朝都有其宗教史。因此，只要不是徒然地质疑他们的经典作品和分列的篇集，便不难从历史中、从每个王朝关于宗教既定的

---

① 本书第10页及第16页（原页码）。

观念中收集资料，并最终确定中国人的宗教是否是真 **神** 的宗教。"①

  以此为切入点，理雅各从《大明会典》中引述了多篇向上帝的祈祷文，来证实中国人的宗教是真 **神** 的宗教。然后，他又据此论证中国人所敬拜的上帝也是自有的，还阐述了上帝和神之间的分别，因为中国人除了敬拜上帝之外，还有向大明之神、天神和地神祈祷。

  在对中国宗教的考察中，理雅各从儒家经书中引述经文来支持中国人所敬拜的天并非形质之天，民众虽然敬奉祖先、皇室宗族虽然有宗族之庙，但他们从未将其置于与上帝同等的位置上。理雅各考察中国宗教起源的时候，追溯到先秦时代，来探索中国宗教为何由当初的一神教沦为如今的多神教，为何后来衍生出五位上帝来。

  理雅各对中国宗教的第一次败坏时间也做了考察，在考察中他发现中国宗教败坏的时间（在舜的时代）和希伯来民族信仰的败坏时间（宁录的巴别塔时代）很接近。在一条长长的注释中，他做了一个推断，即在巴别塔事件之后，挪亚的后裔有可能会来到中国，并在那里定居繁衍生息。

  "在此，人们难免会受到一个极为复杂主题的困扰，就是中国编年史的可信度。舜统治元年，冯秉正确定的年代是公元前 2255 年，马礼逊博士确定的年代是公元前 2230 年。根据人们普遍接受的编年史，巴别塔之后的大分散发生在公元前 2230 年。因此，同年在'地被划分'这件事上，我们发现，在中国舜继承尧（Yao）之位，尧作王治国百年，其统治年间，其下有十二位官长，他们出身贵族，掌管天文、音乐、训导民众等等。很明显，中华民族的先祖一定是先于**法勒**从挪亚后裔中分离出来的一脉。但从大洪水到大分散之间，仅有

---

① 本书第22页（原页码）。

113年。从挪亚方舟中出来的，有他的妻子、他的儿子和儿媳妇，总共只有八口人。如果其中一个儿子和儿媳妇立即离开他们向东行，很难想象他们会发现从亚美尼亚穿越中间沙漠通往山西（Shen‐se）边界的道路，在那里，他们用一个多世纪的时间生儿育女，并建立政府和科学文化。我想，那种事不会发生。那我们该不该怀疑中国早期的历史记述呢？这些历史记述不该受到怀疑。有人可能还会否认有不同地质构造和地质时期。人非得当面见到才信。人不会服从于启示的因素而忽略这些问题，或只是像对待寓言一样来处理这些问题。"①

理雅各在此并没有给出一个明确的定论来，而是提出一个问题供我们思考：人类是否真的同出一源？如果真的是同出一源，最初人的语言就是一样的，观念也是一样的；而当语言不同之后，人们用已经变化后的语言表述头脑中一样的观念，因此在不同族群的早期记载（无论是古物还是文献）中，都有比较类似的一神记载，也就可以理解了。

除此之外，理雅各在第一章中还考察了道教的上帝观、民间对God 的认知、对灵明的敬拜等现象，他对比了中国宗教与罗马天主教之间的异同。最后他认为，中国的一神教和中国长治久安息息相关，中国如此地大物博，人口众多，如果没有对真神的敬拜，是难以为继的，是无法想象的。他有一段极为精彩的论述：

"但已经举出很多作为创造者的上帝必定是 God——严格意义上的 God——的正面证明了。我对这个事实的看法是毫无疑问的，我确保自己在思考中华帝国道德境况的时候，可以更自由地表达。中华民族是人数最多的民族。尽管我们承认其人口数量的最高估算——三亿

---

① 本书第56页（原页码）。

六千万人——是如此地幅员辽阔，但其人口不会比比利时或英格兰的人口更稠密。中华民族历史悠久。从舜登基到现在有 4080 年。人类中得有多少人生死于这个帝国中啊！一代代人，没有一个人在心中思想过 God，也没有一个人在嘴上述说过 God 的名就步入坟墓，一想到这个，我的心就会战栗畏缩。这个民族不可能没有对 God 的认知却还能屹立得如此长久。如今，在中国的宗教观念中、在道德准则下、在理政原则上，其本质都和三千年前的一般不二。在过去两百年中，中华民族屈从于鞑靼部落，实则是服从于理政者的道德力量与智慧力量。被征服的希腊却俘获了凶猛的征服者，这个例子在最东边的这片土地上更好地实现了。而且，中国人从印度接受佛教，却拒绝了其中所有的粗鄙内容。让中国的道德形态与罗马帝国的道德形态比一比吧。中国的宗庙不是低劣的淫欲之地。中国民众的聚集没有角斗士那样的表演和游戏。我不想称颂中国人的德行，也不想将这个民族作为楷模展示给其他民族，但中国却在这个星球上的异教国度中占有一席之地。中国幅员辽阔，人口众多，其礼仪、其民众在品格上较其他东方国家居民有其优越性，所有这些都是事实，我不能将这些事实与中国人自古以来就不认识 God，并且将来依然如此这个假设调和。当我想起所多玛和蛾摩拉何以从地上被除去的时候，因为在他们当中找不出十个义人；当我想起以色列和犹大何以从应许之地被击散的时候，因为他们离弃 God，为自己铸造偶像，敬拜天使，侍奉巴力；当我想起埃及人、亚述人、波斯人、希腊人和罗马帝国何以兴起，又何以道德败坏，之后又何以被击打、被除灭——当我想起这些事的时候，当有人告诉我说中华帝国崛起、壮大而且依然存在，但他们的语言中却没有一处显示有 God 这个现象的时候，坦白说我不愿承认这种现象，而据我所探究到的，这一现象实际上并不存在，而是恰恰相反，中国人对 God 有很多认知，他们并没有将属于祂的荣耀赋予任何其他存在，为此我非常高兴。中国人的宗教是一神教，这是一种与他们悠久的社会生活息息相关的事。我相信中国人的宗教与其长治久安息息相关，这与其他学者和思想家所认定的因素关联不大。中国地理位置的特殊性对保护中国不受四邻侵扰贡献颇多。中国的孝顺原则、中国的教育体制让很多精英从政，他们对保存政制形态、抑制无政府的运动贡献很大；如同盐保其自身不败坏、不分崩离析，孝顺原则和教育体制在中国历史和当代也让中国人坚持一 神 的教义而不败坏、不分崩离析。"①

最后，理雅各认为如果不用上帝表示 God，他们便会失悯于华夏子民。

在第一章的注释中，我们可以看到此时的理雅各对中国的认知已经相当广博了，他不仅了解了先于他的汉学家，而且对中国典籍和作家如数家珍（虽然有些小的细节方面有误），足可以让今天很多中国人汗颜。

在完成对"中国人认识真 神"的论证之后，理雅各开始从另一个角度——对 Elohim 和 God 进行语法分析——来分析与论证 God 应译为上帝是恰如其分的，这便是本书第二章的核心内容。理雅各的分析结果是 Elohim 和 God 都是关联术语，而且上帝是用来表示真 神 的最精准的汉语词汇。

何谓关联术语？何谓通用术语？理雅各引用了惠特利的话加以说明："当任一物体被当作整体的一部分、被视为整体的相关部分，或对另一部分而言，它被当作更复杂的思考对象的一部分时，表达这个意思的名称就被称作是关联的（*Relative*）；而与关联术语（*Relative-term*）相对的是独立术语（*Absolute*）而言的；将某个物体当作整体，与任何物体的部分无关，或是与同它有别的任何部分无关。所以，

---

① 本书第 58~59 页（原页码）。

'父'、'子'、'骑士'、'官长'等都是关联词语;作为复合体(complex object)父子(Father-and-Son)等词语的每个部分;单独地命名同一物体,可以称之为'人'、'生物'等等。"① 为了让当时的读者明白,他接着又举了两个例子来加以说明:"为了进一步阐述这种区分,所以会有——当我谈到'一棵树'的时候,在我脑中就有某个独立物体的观念——某种作为整体的自在之物,没有任何其他物体与其关联。相反,'父'这个词唤起某种关联物体的观念——某个存在之物与其他存在之物相联,因此会接受那种关联的特定称谓(the particular designation)。"②

在其他地方,理雅各说:"关联术语……它表示一种关联。"③ "人们将通用术语理解为某一种类的名称。它们是由众多从属于其下的个体——可以是许多不同的物种——所组成……作为通称,这个词必定包含许多个体,就等于说人们要将其当作所象征或所暗含的本性或属性的一部分来加以考虑。"④

文惠廉认为:"理雅各博士混淆了名(name)和实(being)。我们称之为 *God* 的存在(Being)与我们以及其他存在之物有着千丝万缕的关系,当我们愿意提说这些关联的时候,我们称袖为创造者、掌权者、父等等;但这些关系并不包含在 *God* 这个名称之中,在这些关系存在之前,袖就是 God 了。而且从 God 与我们的关系并非一种而是多种关系这个事实当中,我们得出一个反对以任何关联术语来翻译这个词的其他证据。关联术语只能严格地、专门地用来指代某种单一的关系。""……我们不能用他与我们之间的任何一种关系(例如:至高主宰)来翻译 *God* 这个词,因为任何一个关联术语都不能用来表示

---

① 本书第 76 页(原页码)。
② 本书第 76 页(原页码)。
③ 本书第 74 页(原页码)。
④ 本书第 75 页(原页码)。

God 与我们以及所有受造之物的所有关系，就如我在展示 man 这个词的时候所展示过的。所以，如果理雅各博士能够继续向我们满意地证明中国人用上帝（Shangti）这个术语来指代那位存在恰恰就是被称为 God 的那位存在的话，那么就如上所述，我仍旧会反对以这个词来翻译 Elohim 和 Theos，因为上帝是个关联术语，不是这位存在的独立名称。"①

而理雅各则认为文惠廉"太自我陶醉了"，他说："我很困惑他会这样说，'与存在相联的名称'（the name with the being）读者必须确定我是否这么做了。我已经说过，Elohim 或 God 之名在词源上指的是一个意思。它指的是至高主宰。有所造之物为祂做见证，《圣经》也晓谕这些事。我们如此受教，祂既自有，又与我们维系着一切关系，于是根据那些观念的必然联系，这个术语就成为所有这种后天知识的表征。独立名称所表示的，实则是非常有限（small）的事物。文惠廉博士以一种随意的方式将这点强加给自己，他已经习惯于以这种随意的方式提说其他人的观点。"②

然后，理雅各通过语言类比来阐明 God 的关联性，又援引犹太人的观点、霍斯利主教、查诺克、马太·亨利、加尔文、柯纳普和以撒·牛顿等人的观点加以佐证。

对于他们各执一端的看法，诺伊斯（H. V. Noyes）认为："如果一个人一开始将 God 定义为本质上是统治宇宙的存在，强调其权能的力量和权威，你就可以确定，他的结论将会是'上帝'。然而，如果他一开始就说，我们对 God 的观念最根本的是，祂是一个敬拜的对

---

① 文惠廉，《论将 Elohim 和 Theos 正确地译为汉语的辩护文》，广东，《中国丛报》社印制，1850 年，正文 67~68 页。
② 本书第 90 页（原页码）。

象，结论肯定是'神'。"① 换句话说，二人分歧的根本原因在于对希伯来词语 Elohim 和希腊词语 Theos 的理解倾向，这两个词既可以用来指独一至高的耶和华，也可以用来指包含在其中的神祇，即既可以是专有名词，也可以是通用名词。

文惠廉为了证明自己的观点，引用了《圣经·诗篇》和《圣经·约翰福音》的经文来说明 God、Elohim 和 Theos 是类别词，是一类实体的通称。理雅各则针对文惠廉提出的经文进行仔细分析，认为文惠廉的分析有误："文惠廉博士极有可能是想表明诗人从第 1 节到第 2 节延续了同一种意思，就是表达在开始的那两个词'主啊'那种意思，并且将其大写，他猜想这个词是 Yehova，我们《圣经》中大都是那样翻译的。他在引文上犯了同样的错误，我有过许多机会指出他那种错误。这个词的希伯来文并不是 Yehova，而是 Adon，一个公认的关联术语，意思是 Lord 或 Master。"② 之后，他又分析了《圣经·约翰福音》，同样指出文惠廉的论证是不充分的。

驳斥完文惠廉的论证之后，理雅各开始从正面论证，论述独存状态下的 God 意味着什么，并且将西方人关于 God 观念之来源与中国人关于上帝观念之来源做了分析和对比，得出希伯来人、条顿人和中国人对那位至高存在在本源意义上是一致的。"现在，我们看到上帝这个名称的基本意思与 God 这个名称的基本意思是一样的。这些是闪米特种族——希伯来人、阿拉伯人、迦勒底人还有其他族系的人。他们都称至高存在为 Elohim——掌权者，审判者。这些是条顿族的哥特人和撒克逊人，他们与波斯族联手，称上帝为 God——掌权者，主宰。这些是大蒙古族——成千上万的中国家族——称至高存在为帝（Te）和上帝（Shang‑Te）——掌权者，审判者。这不可能是偶然的——

---

① H. V. Noyes, "Reminiscences", The Recorder 45 (1914): 637；转引自程小娟《God 的汉译史：争论、接受与启示》，社会科学文献出版社，2013 年，33 页。
② 本书第 91 页（原页码）。

中国人关于神与灵的观念
The Notions of the Chinese concerning God and Spirits

多元却又和谐如一。声音是多种多样的，但思想却是一种。犹太人、条顿人、中国人明显是一种血统，属于一类（one nature）；虽然在秉性上、肤色上、习俗上不尽相同，但他们却聚在一起，在他们的共同的父亲面前（common Parent）成为一家。祂指定他们各自所住的疆界，其实祂和他们各自的距离一样近。他们以同种方式认识祂，并以同种称呼向祂的耳畔呼吁，各按本心的理解呼求祂。"①

在这一章的结尾处，理雅各又简单地说明了多神的起源，"在人类错谬地构想其他一切存在之前，他们侍奉真 神。当人们将祂的属性赋予其他存在的时候，无论这些是真实存在的，还是虚构出来的，他们都以祂的专属称谓来称呼那些存在"。久而久之，多神主义就存在于人间了。理雅各论述多神起源的目的是为了说明 God 是关联术语，用"上帝"来翻译 God 是正当的，"根据本章我所努力——而且我希望我的努力是有成效的——而建立的结论，我一定会用一个关联术语来表示 God，这个术语可以传递那种法则的意思。用一个独立的通用术语，我会建立起一个错误的体系，而且还会违反《圣经》中警戒读者的那些内容。我就会成为顺服信仰之路上的绊脚石。在所有情况中，我就最好不要再写一个汉字或不说一句汉语了。但用一个关联术语——以上帝这个术语，甚至用简明的帝这个术语——我就能教导所有启示真理，而且借着 God 之恩惠与怜悯，既能拯救我自己，亦能救拔那些听我传道的人"。②

在第三章，理雅各开始论述希腊文 Theos 这个术语，证明这个术语也是关联术语。同时，他还通过与北印度的传教士联系，查明他们在当地传教时用来表示 God 和 Spirit 的词，以此作类比来说明在中国使用"上帝"的合理性。这一章篇幅虽然短，但却涉猎了很多印度

---

① 本书第 111 页（原页码）。
② 本书第 113 页（原页码）。

宗教中的术语，内容详见本书第 118~121 页（原页码），兹不赘述。

考察完北印度传教士所使用的众多术语之后，理雅各又转向中国经典，证明希伯来文 Elohim 和"帝"的一致性，也对"上帝"和罗马天主教的"天主"做了对比分析，阐明采用"上帝"而非"天主"的原因。

在这一章的最后，理雅各还分析了伊斯兰教和中国犹太人所使用的术语，多方证明"上帝"是翻译 God 的最佳术语。"现在，我已经证明了本章中提出所要思考的所有论题。我的基本目的是要证明在汉语中用一个关联术语翻译 God，传教士在其他至关重要领域中的辛劳与实践，以及那些本国的、外国的一神论者都证实了我的观点，其实那些一神论者已经或说借着举世公认的成就娴熟地掌握了这门最晦涩难懂的语言。"① 本章还有两条注释，一条是"中国罗马天主教徒使用这些术语的几个实例"，另一条考察了对于 JEHOVAH 之名，究竟是翻译好，还是转述好。

在本书的第四章，也是最后一章，理雅各专门讨论了 Spirit 一词（相应的希伯来文和希腊文是 ruach 和 pneuma）的三种现行译法，同时阐明他的主张。

对这个术语的翻译当时有三种情况，分别是神、灵和风。"去年（1851 年），有三个不同版本的《圣经·新约》问世，有的是节译本，有的是全译本，除了那些情形之外，我还发现用来表示 spirit 的术语，其中一个版本用的是神，另一个版本用的是灵，第三个版本用的则是风。"②

理雅各先对神这个词进行考察，经过对用神翻译 god 或 gods 的几个实例解析之后，他主张神绝不是某位 god 的意思，它只有 spirit 的

---

① 本书第 134 页（原页码）。
② 本书第 140 页（原页码）。

093

意思,也不能用这个词来意指 God。"有许多公认是学识渊博的中国学者,他们都认为那个词从来就没有那种意思,对此我深信不疑;——所有人都承认神就是 spirit。那么,为什么不是所有人都一致同意用神来表示 ruach 和 pneuma 呢?我在第 141 页问过这个问题。大多数新教传教士都这样使用。但有些人采用其他术语。如果人们认为他们能更好地表达了希腊术语和希伯来术语的意思,那就让那些如此相信的人使用那些术语吧,但在那样使用的时候,他们不应该强加给神一种新的意思,并拿出一个译本来反对用神表示 spirit,而用这种新的意思来表示 Elohim 和 Theos,其实神是 spirit 那种意思是无可辩驳的。"①

之后,理雅各开始考察灵这个术语。这个术语和神的意思很近,他引用了《康熙字典》来加以说明。"《康熙字典》(Imperial Thesaurus)中对神和灵的定义证明了这两个词的意思紧密相联。在神这个术语下写道——'神,灵也',之后引用《易传》——'阴阳不测之谓神。'在灵这个术语下写道——'灵,神也,善也,巫也,宠也,福也。'"② 但这两个词的意思还是有差别的,从《康熙字典》的说明中可以看到,"灵比神包含了更多的意思。某种限度上,这两个字可以互相诠释,但灵有很多功用是神不能用的"③。理雅各分析了这两个词之间的细微差别,"在《康熙字典》(Kang-he's Dictionary)中灵这个字的下面,容我们引用一句话——'神之精明者称灵。'此处,灵表现出神的特征,表示其'精明'(subtile intelligence),当用在与人心(the mind of man)有关的情形中,'精明'是它最通用的意思。马礼逊博士说神之灵表示'灵智'(the intelligence of spirit)。我们在《语类》中读到——'心之为物,至虚至灵,神妙不测。'这

---

① 本书第 153 页(原页码)。
② 本书第 154 页(原页码)。
③ 本书第 154~155 页(原页码)。

句话中的灵被译为'intelligent',这是无可辩驳的。在诠释'虚灵'的时候,在《疏义》(Soo-e)中说道——'方寸之内,虚无不包,灵无不觉。'"①理雅各总结了这两个词的差别,用作人类心灵的时候,神意指其秉性,而灵意指其智性。在此,理雅各又引用了很多中国典籍来证明这层意思,灵表示 Spirit 的时候,只能表示他的灵效或灵验,而不能表示那个灵体,特别不能表示圣灵,因为那样使用就否认了圣灵的位格。

最后,理雅各来讨论风这个术语,但比较简略。因为风这个术语意思有很多,诸如"风,俗也……自然之气息,称为风。风,运行中的气息;风俗;习惯;灵(spirit);禀性;感觉。风吹分散;或传教或以身作则。急速而行;脚步轻快。职所之名;某地之名;鸟名;植物名。姓氏。牛之性欲。粗俗地用来表示疯癫"②。所以,"用它表示 *ruach* 和 *pneuma* 的时候,我们立刻就会看出用这个词是不合适的……当中国人比较形质之风的力量与不可测度之灵(spirit)的运行的时候,对其中一种情形,他们会说风,而另外一种情形,他们会说神"③。

这一章的附录也有两个注释,其中一条中,理雅各描述了用复合词天神来表示 God 的那种观点,另一条注释用来说明了美国《圣经》公会对汉语《圣经》译本报告中的一些论述,指出美国《圣经》公会的报告不太准确,而且在当时对 God 和 Spirit 的译法的主张也已经改变了,最新的结果,理雅各认为用上帝表示 God、用神表示 Spirit 的人多。

"自 1850 年以来,观念几经变迁。有些传教士过世了,有些传教

---

① 本书第 155~156 页(原页码)。
② 本书第 161~162 页(原页码)。
③ 本书第 162 页(原页码)。

士出于不同原因离开了他原先所在的地方。那些坚持用神表示 *God* 的人，现在使用罗马天主教的术语天主，而有些用灵表示 *spirit* 的传教士又继续使用神表示 *spirit* 了。还有人告诉我说，尽管他们并未采纳天主，也未采纳上帝，但他们同样也没有而且也不可能用神表示 *God*，他们并未采用其他合适的术语。

"我认为现在用神表示 *spirit* 的传教士占 39%；用灵表示 *spirit* 的传教士占 28%；而用风表示 *spirit* 的传教士占 6% 到 10%。

"所以大多数传教士还是同意用上帝表示 *God*，用神表示 *spirit*。"①

理雅各在本书的结尾处说："在这场争论中，双方都有一些好的名称，同时，对于汉语术语是否应该予以一种观念，双方也都有一些名称乏善可陈。"②

译事始末

最后，译者再简略交代一下本书的翻译。

本书有幸能列入刘铭博士主编的《西方思想文化译丛》，翻译自 2012 年 6 月起至 2013 年 10 月止。2012 年 10 月，译者译完第一章，此后一边校对第一章，一边翻译余下三章，2013 年秋全书译毕。此后，译者都在时闲时忙中校对本书，今年 1 月底，完成第三次校对。因在翻译过程中不断增补注释，尤其对第一章花了较多功夫，而其余三章注释方面较为单薄，因此译者又用四个多月的时间增补注释、统

---

① 本书第 166 页（原页码）。
② 本书第 166 页（原页码）。

一体例、制作索引和译名英汉对照表，以及撰写本书译序，并对译文又做了少许校订。

本书初版于1852年，此后本书并无加印。译者系根据1852年初版影印本翻译。如前所述，理雅各的这本书并非严格意义上的学术专著，也非现代规范化的学术论文，而是将论辩中的思考与观点重新梳理并集结成书。本书虽然不厚，原文总计166页，但作者论述所涉猎的范围非常广泛，涵盖欧美汉学家的典籍、西方哲学家的著述、基督教会史上的教父及改革宗的著述、近代远东传教士的事工、印度宗教、华夏儒释道典籍。此外，理雅各还时而插入法语、拉丁语，尤其在第二章语义分析部分涉猎西方多种文化与语言的比较。

严子几道尝言："译事三难：信、达、雅。求其信已大难矣，顾信矣不达，虽译犹不译也，则达尚焉。海通已来，象寄之才，随地多有，而任取一书，责其能与于斯二者，则已寡矣。其故在浅尝，一也；偏至，二也；辨之者少，三也。"（《天演论·译例言》）

译者翻译本书以直译为主，少数地方进行意译。因此，通篇译文在通畅性方面，或有不足。译者原本只想照直翻译本书，但翻译过程中不断增补注释，以助一般读者理解。很多译注采编自中英维基百科全书，特此鸣谢。

译事之艰难，个中滋味，恐怕唯有从事过翻译的人方能体会。译者努力竭尽心才，对译文字句斟酌，屡有推敲，唯恐不尽原意。在本书的翻译过程中，译者特别要感谢的，是本丛书主编刘铭博士和出版社的江华老师。译者并非学术中人，但得蒙刘铭博士信任、襄助与鼓励，已不胜感激。特别感谢刘铭博士抽出学习和工作时间承担本书中法文和拉丁文的翻译及全书的译校。此外，他还不断鼓励译者努力将这本书的译注做好。

译者由衷地感谢出版社的江华老师，译者因太多个人原因多次未能如时完成约定译事，但江华老师每每都予以宽容和谅解、鼓励译者，并给予译者充分时间来完成本书的翻译、校对、注释等工作，译者不胜感激！可以说，没有两位师友的鼎力支持，本书恐怕难以顺利出版。

在翻译这本书中，译者方切实体会到自己的才疏学浅，虽在主观上努力使译文做到信实和通达，但译文恐怕仍有不尽如人意之处，译者愿承担译文之责，唯望诸位读者、师友不吝批评指正。

译者

2015 年 6 月 26 日于广州初稿

7 月 9 日修订于广州

12 月 9 日修订二稿于广州

2017 年 5 月 20 日修订三稿于广州

导　言 [1]

本书的目标

在他的《辩护文》①中，文惠廉②博士提倡用汉语术语神③翻译 *Elohim* ④ 和 *Theos* ⑤ 这两个词，以此来反对所有人（all comers）。就是麦都思博士、乔治·斯当东爵士⑥、宝宁

---

① 【译注】即文惠廉博士的 *Defense of an Essay On the Proper Rendering of the Words Elohim and Theos Into the Chinese Language*，《论将 Elohim 和 Theos 正确地译为汉语的辩护文》，下文中简称为《辩护文》。

② 【译注】文惠廉（William Jones Boone，1811 年~1864 年），美国圣公会主教，他是该会在华传教的开创性人物。1837 年，文惠廉先到爪哇的华人中间传教；1842 年进入厦门；1843 年成为主教。1845 年，文惠廉进入开埠不久的上海，开辟江苏教区。他先在县城内居住，1848 年向上海道台要求开辟美国居留地，被允许得到苏州河北岸的虹口。1864 年 7 月 16 日，文惠廉在上海去世。

③ 【原注】*Shin*（译按：正文引文为作者文本原注，下文中但凡作者文本原注中注释为原文正文的译文，皆以此种方式处理）。【译注】理雅各博士认为汉语神（*Shin*）不是基督教信仰中的 *God*，而是某种神明或神祇，而神明和神祇是基督教信仰中的假神。

④ 【译注】音译为伊罗欣。伊罗欣是希伯来文词汇，意指上帝，等同于希腊文中的 *Theos*，英文中的 *God*。伊罗欣是复数形式，单数形式是伊罗哈。下文中，译者将根据实际情况，或者将 *Elohim* 译为伊罗欣，或是直接转述该词。

⑤ 【译注】音译为塞奥斯。塞奥斯是希腊文词汇，意指上帝。参上一条注释。下文中，译者将根据实际情况，或者将 *Theos* 译为塞奥斯，或是直接转述该词。

⑥ 【译注】乔治·托马斯·斯当东（Sir George Thomas Staunton, 2nd Baronet, 1781 年~1859 年），第二代斯当东从男爵，英格兰旅行家及东方文化研究者。他出生于英格兰的梳士巴利，父亲是外交官兼东方文化研究者乔治·伦纳德·斯当东（Sir George Leonard Staunton, 1737 年~1801 年）。1818 年至 1852 年间，他曾出任几个英国地区的国会议员，最后出任朴次茅斯国会议员，并加入东印度委员会，1823 年加入科尔布鲁克并创办亚洲文会。期间，他出版包括翻译《大清律例》（*The Penal Code of China*, 1810）、《异域录》（*Narrative of the Chinese Embassy to the Khan of the Tourgouth Tartrars in the Years 1712, 13, 14 and 15, 1821*）, 著述《中国与中英商业关系杂评》（*Miscellaneous Notices Relating to China and our Commercial Intercourse with that Country*, 1822）、《阿美士德勋爵使华记》（*Notes of Proceedings and Occurrences during the British Embassy to Peking*, 1824）、《英中关系评议及改善方案》（*Remarks on the British Relations with China and the Proposed Plan for Improving them*, 1836）、《对华商务观察报告》（*Observations on our Chinese Commerce*, 1850）、《托马斯·斯当东回忆录》（*Memoirs of the Chief Incidents of the Public Life of the Sir George Thomas Staunton, Bart*, 1856）等作品。

099

中国人关于神与灵的观念
The Notions of the Chinese concerning God and Spirits

博士①、罗啻先生②，还有我，我们都论辩过，如他所愿的是，我们不仅受挫，而且还被驳倒。有人不禁钦佩他攻略之胆识、布局之精妙并赋予通篇论述以真切之情，还钦佩其文契合论辩主题之要义。然而，尽管他拥有这些优势，但在推理上的重复研究，只会让我更加确定，他尝试以神表示 God③ 的观点乃是出于一些错谬的法则，而且会产生许多极为有害的结果，因此，我敢和他再论辩一次这个主题，即上帝④是对真 神的最佳汉语表达，Elohim、Theos 和 God 都是关联术语，神意指 Spirit，在翻译《圣经》的时候，只能用神翻译 Ruach⑤ 和 Pneuma⑥。我并非很不情愿再次参与到这个讨论中，因为对我来说，得对中国人关于 God 与 spirit 的观念做出更为清晰的阐述，而不是仅仅将这些观念抛给公众。如果有人认为我的努力成果和我的期望不一致的话，就让那些渴望实现那些目标的人为我明辨吧，因为有人指责我没来由地将我的观点强加于公众。说到刚刚提过的那些重要论

---

① 【译注】宝宁爵士（John Bowring，1792年~1872年），又译宝灵、包令，曾是英国的国会下议院议员，也是英国政府派驻香港的第4任总督。他同时也是一名英国的政治经济学家、旅游家、多才多艺的作家和语言学家。1849年，宝灵爵士被任命为英国驻广州的公使，兼任英国在中国的商务总监，他在该职位工作了大约四年。现今香港油麻地的街道以及昔日的宝灵顿运河就是以他的名字命名的。
② 【译注】以利户·罗啻（Elihu Doty，1809年~1864年），1809年生于美国纽约。1844年6月，罗啻踏上厦门的土地，在鼓浪屿短暂宣教后，他到厦门找雅裨理（David Abeel，1804年~1846年）。1852年，罗啻将《约翰福音》译为闽南白话，为最早的《圣经》闽南语书卷。同年，他与同工编撰的《唐话番字初学》出版。之后，又相继将《圣经》各书卷译成闽南语。1853年，罗啻在广州出版了《翻译英华厦腔语汇》一书，帮助宣教士学习闽南语。此外，他还用闽南语编写《乡训十三则》等属灵书籍。1864年，罗啻退休返美，旋即去世。
③ 【译注】上帝或 神。在英文中，以 God 这个词来表示那位"统辖万有、永远赐福之至高存在"；而 god 则是假神，类似于汉语中的神明或神祇，或是出自 God 的灵体。
④ 【原注】Shang–Te。
⑤ 【译注】音译为如阿。如阿是希伯来文词汇，这个词有多种意思，如风、空气、气息、生命、灵等。
⑥ 【译注】音译为普纽玛。普纽玛是希腊文词汇，意思是气息。斯多亚学派用以指宇宙中和人身体中有活力的、温暖的气息。在犹太教和基督教中，pneuma 是《圣经七十士译本》和希腊语《新约》中一个很普通的词，用来代表精神和灵。

100

题，许多观点都阐述得很清晰，许多人都会对此深思熟虑的，因为这 [2]
件事值得尝试，在异教徒中，用一种错得离谱的译本传播 神之道的
时候，传教士会认为很危险，而他的职责就是竭力避免铸成那种
大错。

文惠廉主教所持的观点，以及作者所持与之相反的观点

文惠廉博士的结论是必须用神翻译 *Elohim* 和 *Theos*，他的这个结
论基于以下观点：

"第一，中国人不认识任何真真正正被称为 God 的存在；他们没
有对那种存在的称谓，所以在他们的语言中，也就找不到一个与我们
英文中的 GOD 这个词相对应的词。

"第二，论到这种存在的状态，我们就必须得探究中国人那些神
祇的通名，而且那个与我们英文中的 *god* 和 *gods* 相对应的汉语词得让
我们满意，在那些情况下，那个通名可以作为最好的称谓。

"第三，神是中国诸神的总称或通名（the general or generic
name）；所以就得出：这个作为通名的汉语词应当用来翻译 *Elohim*
和 *Theos*。"

他所坚持的这种观点无疑是个冒失的观点。他承认自己从五个
不同部分公然出击，同时列举了许多相反的论点，但假如其中任
何一个论点成立的话，他的那个证明便会失效。然而，我的计划无
须让我介入所有这些论点的每个细节，对那些依据的清晰论述，

101

我很满意,我将根据那些依据驳斥他的结论,以此构建下述篇章的主题。

驳论一。我断定中国人一定认识真 神,而且在他们的语言中也必定有个词与我们英文中的 God、希伯来文中的 Elohim 和希腊文中的 Theos 相对应。

驳论二。我断定没有什么"总称或通名"可以用来翻译 Elohim、Theos 或 God,因为这些词语全都是关联术语（relative terms）。所以,纵然我无法排除矛盾的可能性来证明前面那个论点,但却仍有必要在汉语中找出一个关联术语,并且用它来翻译 Elohim 和 Theos。我们不能用通称词神来实现那个目的,而且中国人所认识的那位至高存在之名可能与 Elohim、Theos 或 God 非常匹配。

驳文惠廉博士论点三。我断定神甚至都不能与我们英文中的 a god 和 gods 相对应,因为它只是一个与我们英文中的 spirit、希伯来语中的 ruach 和希腊语中的 pneuma 相对应的汉语通名,所以就应该用它翻译这些术语,而且只能用它翻译这些术语。

所以,文惠廉博士和我在每个论点上都是针锋相对的。我会尽力客观公正地阐明我必须反驳他的原因,以及采纳我刚才所说的结论,须时时谨记,证实真理是一项比驳斥错谬远为崇高的工作。我宁可扮演教条主义者（a didactician）的角色也不愿意担当能言善辩者（a controversialist）的角色。

【3】

有一个汉语术语与 Elohim 和 Theos 相对应

文惠廉博士特别强调两个基本观点,我们需要对他这两个观点做一些批评。他断言他的所有论敌都在 God 这个词所持的观点上犯了致命的错误,因而他们最初的推理也就无效了。第一步走偏了,他们写得越多、争执得越久,到最后他们离期许的目标也就越远。而且他还说,所有的团体都承认汉语中没有一个词与 *Elohim* 和 *Theos* 相对应。所以,确定那些术语的意思无论让他们多么疲惫不堪,最终他们的劳苦都将证明他们的"爱是徒劳"①的。假如他们成功了,他们就必须出示所考察的结果,但汉语中并无字词适于那个目的。他们的境况与以色列人的境况一样艰难,法老曾要求以色列人做砖,却又不给他们做砖用的草。②

对于第二种观点,文惠廉博士不该把话说得那么绝,但他却那么说了。对我这位同僚来说,他所写的有失公允。事情是这样的。在英文中,我们用 God 这个词的时候有恰当和不恰当(properly and im-

---

① 【译注】莎士比亚剧作名称 *Love's labour lost*,取朱生豪先生译文。
② 【译注】语出《圣经·旧约·出埃及记》1:8~14,有一位不认识约瑟的新王兴起,统治埃及。他对自己的百姓说:"看,以色列人的百姓比我们还多,又比我们强盛。来吧,让我们机巧地待他们,恐怕他们增多起来,将来若有争战,他们就联合我们的仇敌来攻击我们,然后离开这地去了。"于是埃及人派监工管辖他们,用劳役苦待他们。他们为法老建造储货城,就是比东和兰塞。可是越苦待他们,他们就越发增多,更加繁衍,埃及人就因以色列人愁烦。埃及人严厉地强迫以色列人做工,使他们因苦工而生活痛苦;无论是和泥,是做砖,是做田间各样的工,一切的工埃及人都严厉地对待他们。又见 5:10~18,监工和工头出来对百姓说:"法老这样说:'我不给你们草,你们自己在哪里能找到草,就往哪里去找吧!但你们的工作一点也不可减少。'"于是,百姓分散在埃及全地,捡碎秸当草用。监工催逼他们,说:"你们每天要做完一天的工,与先前有草一样。"法老的监工击打他们所派的以色列人工头,说:"为什么昨天和今天你们没有按照以前做砖的数目,完成你们的工作呢?"以色列人的工头就哀求法老说:"为什么这样待你的仆人呢?监工不把草给仆人,并且对我们说:'做砖吧!'看哪,你仆人挨了打,其实是你百姓的错。"法老却说:"懒惰,你们真是懒惰!所以你们说:'让我们去向耶和华献祭吧。'现在,去做工吧!草是不会给你们,砖却要如数交纳。"以下凡译注中的《圣经》引文,除特别说明之外,均引自香港圣经公会 2011 年 5 月出版的《圣经》和合本修订版译本,版权属香港圣经公会所有,蒙允使用。

properly）之分，就如有人说：我们用 God 表示 Jehovah（耶和华①）这位独一真 神，同时还用这个词将祂和一切假神区分开来。于是，文惠廉博士就做了这样的区分：用大写的 G 表示 God，小写的 g 表示 god，尽管希伯来人对这种书写上的差异一无所知。他说，中国人有个词，意思指的是小写字母 g 所表示的 god，而不是大写字母 G 表示的 God。他们有个词，意思是指 a god，而非 God，他还打算采用那个词，使 a god 成为 God。但依我看，中国人有个术语，意思指的是 God，真正的 神，而且他们还用那个术语来区分祂，只是不像 Elohim 和 Theos 那样应用得广泛。不论是大写 G 还是小写 g，这个术语的意思都和 God 的意思一样。它只用于 God 应用的那两个方面，但中国人却赋予它同一种不恰当的意思，他们并未在同一范围内使用。怀着这种观点，我绝不承认在汉语中没有一个词与 Elohim 和 Theos 相对应。

关于第一点，即文惠廉博士谴责他的论敌，说他们对 God 所持的观点全然错误，他在下文中非常清晰地说道：

"论到 God 这个词，有几位同仁都论述过这个问题，在很多方面他们都提出迥然不同的看法；但对我来说，有个错误首先误导了麦都思博士、乔治·斯当东爵士、宝宁博士，还有理雅各博士，如果想要清晰地坚持当下所探讨的正确观点的话，我们就必须对这个错误小心谨慎，以免陷入其中。我所指的这个错误就是他们将 God 这个词当作'一种观念符号'，用乔治·斯当东爵士的话来说，就是别把它真的

---

① 【译注】耶和华是希伯来词汇，是《圣经·旧约》中上帝名字的音译，或译雅威、耶威、亚威、雅卫等。耶和华是至高、全能、公义、圣洁、信实、慈爱的 神。《圣经·旧约·以赛亚书》42：8；"我是耶和华、这是我的名。我必不将我的荣耀归给别神，也不将我所得的颂赞归与雕刻的偶像。"本书中，Jehovah 或通译为耶和华，或转述该词。关于这个词译为耶和华的误译问题，暂且不论。

当作美善的存在（a bona fide Being）之名，说到这位存在，即便我们绞尽脑汁，也只能对祂形成一些非常不充分的观念。"【4】

不同团体对 God 一词所持的观点

我引用麦都思博士、乔治·斯当东爵士和宝宁博士的话来说明，在那种所谓的错误之下他们是如何劳作的，尽管他们没提出什么证据来，但却影响了我，我愿意担起文惠廉博士对他们发出责难的这副重担。他们错在何处呢？就是他们把 God 这个词当成是一种观念的表征、标识或是符号了。我思考过，那个词语不是观念的表征那种观点已被推翻。用权威人士的话来支持文惠廉博士笼统谴责的那种言辞方式，既浪费时间又占用篇幅。最为蹊跷的是，在他的论敌说 God 这个词是一种观念表征的时候，他却猜想那些人将 God 当成是一个抽象术语；而他们当中不止一个人否认因那个词而唤起的或是在头脑中浮现出的观念是一位存在的观念，这位存在拥有多种属性，维系着多重关系。我一直坚决主张 God 是个关联术语，这个词与 Father（父亲）、Emperor（皇帝）和 Bishop（主教）这些词同属一类。明明知道这一点，文惠廉博士还控诉我与上述相关内容，坦白说，我对此颇为震惊。读者不必对我们最终的结论截然相反而感到奇怪。当有个孩子对另一个孩子说"父亲在叫你"的时候，他传达给他的只是"一种抽象观念"吗？仅仅是一种心智上的观念吗？他是让他的回答建立在一种他心中含糊不清的父道（paternity）观念上面吗？绝非如此啊！他是让他明白，那位作为他们父亲的"真正的存在"（bond fide Being），是祂在叫他。所以，当我们对某人说"敬畏 神，荣耀王"的时候，我并不是用一些抽象的观念嘲弄他，而是让他记起人的两大职责来：敬畏我们称之为 神的那位"真正的存在"，荣耀我们称之为王的那位"真正的存在"。

就当下这个主题撰文反对文惠廉博士所持观点的所有团体，他们发出的很多指责起初（in limine）都是有些失策的，而且并未理解 God 这个词的真正意思。身为他们当中的一位，可能我也没能获知这个术语的真正意思；对于这一点，要循序渐进地思考才行。但可以肯定的是，文惠廉博士非常冒失地指责某个具体错误，就是我坚信 God 如德行、重量或量度一样是个抽象术语，其实并不存在什么错误，只是他心里不清不楚而已。

他说——

"如果我们想要确知中国人是否认识 God，我们就不该去探寻 God 这个词所传达的主要意思是什么，换句话说如果中国人有个词可以传达出其主要意思的话，我们可能会找到那个词；其实倒不如问问他们是否认识这么一位存在（Being），在说到祂的时候，人们就可以知道那位存在就是我们基督徒称为 GOD 的那位存在；于是，接下来的问题就是他们以什么名称来称呼这位存在，为了回答这个问题，我们是否可以在汉语中找出指称这位存在的那个独立术语（the absolute term），我们会发现汉语中的这个词在严格意义上使用（used proprie）时，和我们在英文中找到的 GOD 这个词刚好对应。然而，凭这第一点是否就能断定这位存在就是同一位？解决这个问题之后，会有足够的时间探究那位存在的名称。倘若这位存在不是同一位的话，那么无【5】论他的那个名称提供给我们的主要意思是什么，那个名称都不过是假神的名称。"

导　言

让我们以一两个实例来验证一下本段中的这个说法。当以色列人陷入偶像崇拜中的时候，我们假定，有一些敬拜者在某段时期内，聚集在一座净光高处的圜坛周围。他们指着一个雕刻的像——Baal[①]之像告诉我们说，他们正要献祭给他们的 Elohim。在此，就有两个名称，Elohim 和 Baal，God 这个名称和他们神[②]的专有名称。稳妥起见，我们会说，"巴力，我们不晓得。他并非 **神**。"但我们不该摒弃不用 Elohim 这个词，因为曾是他们神的那位"存在"并不是真 **神**这位"存在"。

此外，这里有位伊斯兰教的神学家候塞因·瓦埃兹（Hussain

---

① 【译注】巴力，希伯来语。巴力，又译巴耳、巴拉，是古代西亚西北闪米特语通行地区的一个封号，表示"主人"的意思，一般用于神祇。巴力这个封号是源自于迦南人的神明，是希伯来《圣经》中所提到的腓尼基人的首要神明，曾被用于不同的偶像，早在前15世纪，便有闪族的崇拜记录。迦南神话中，最重要的是巴力的死与复活，并且与自然界的死和复活循环相应。迦南人认为，当在仪式中重演神话，自然界的力量也能够重新恢复，使他们获得肥沃的土壤、牲口与人丁等。演变到后来，巴力就变得跟上帝一样。其实巴力并不是一个特有的神名，随着时间地点的不同，它代表的就是不同的地方神。如巴比伦主神马尔杜克（Bel-Marduk）以及腓尼基主神夏满叙（Baal Shamen）。这位神到了叙利亚以及波斯都有人崇拜，甚至在迦南文化中也有他的存在，是至高神埃尔（EL）的儿子，在迦南的祭典中他的生日和祭日都有在纪念，这位神祇甚至连腓尼基人也有在拜，和其妻亚斯他录一同代表了腓尼基人丰饶文化的象征，不但是太阳神也是农业神，当灾害来临时，人们即以为是巴力神的震怒，其牺礼仪式甚至必需献上活人或小孩，因而生出了火神摩洛（Moloch）。随着腓尼基人航海业的发展，巴力在摩西时期就已传入到了地中海，包括了米甸文化（Midinite，即米甸地区的阿拉伯一族）和摩押国（Moabite，当时闪族的一支），在《希伯来圣经》中可以看出，古犹太人也有这位神祇的崇拜，可能就是因为当时各地的人都崇拜以至过度，仪式过奢侈，不但献上活人，还建造了花费浩大的寺庙，动员上千的祭司和劳力，甚至出现淫乱的场面。巴力在《希伯来圣经》中被多次提及，用"事奉巴力"一词描述离弃耶和华。在旧约时代，巴力和耶和华的信仰在巴勒斯坦一带曾多次角力，以色列王国和犹大王国两国的当权者就曾多次交替转换信仰。以色列王亚哈的妻子耶洗别曾下令所有国民只能拜巴力。先知以利亚在亚哈王面前，和四百五十名巴力先知比赛求火得胜。耶户将军杀了约兰和耶洗别后用计杀尽崇拜巴力的人。祭师耶何耶大在率令军兵杀掉犹大太后亚她利雅后也率令众人拆毁了巴力庙。后来，犹大国的玛拿西登位，巴力信徒便领他离弃耶和华。

② 【译注】此处，理雅各的英文原文是 God，但从前一句对比来看，这个词真正的意思是指巴力，那位假神的名称。作者如此使用，一种可能是指以色列民原本敬拜的那位耶和华，也是 Elohim，后来以色列人敬拜外邦诸神，巴力只是其中之一。本段的最后一句中的第一个"存在"，指的也是巴力。作者用表示真 **神**的术语来指代假神，译者依照真实意思和本书译文的体例标示，以告读者。

107

Vaez)。有一次，我们请教他一个非常有名的问题，是关于穆罕默德[①]的——"你们所敬拜、所教导的那位神[②]是谁？"首先，他以他的主的话回答说："吾神乃独一之神；永存之神，他既不创生，亦非受生；别无他者如其所是"；[③] 之后他又诠释了他的那个宣告，内容如下："我所敬拜的神以及全人类都应当敬拜的神是独一的神，他在本质上是纯一的（simple），并借着只属于他的属性从所有其他存在当中分别出来。他即自有（He is of Himself），无须借助他物而维系其存在，相反，万有却借着他才得以存在。他既不创生（这位先知反对那些说以斯拉是**神**之子的犹太人）；也不受生（他反对那些基督徒，他们相信**耶稣基督**是童贞女马利亚之子，又是**神**之子）；没有一位像他那样。"[④] 此处，穆罕默德和他的追随者声称那些属性只属于他们的神，并将他从犹太人的**神**、基督徒的 God 还有偶像崇拜者的神祇当中区分开来。根据文惠廉博士的看法，他一定会得出穆斯林的那位"存在"*Allah*[⑤] 与基督徒的那位"存在"God 迥然不同。在他们的众多属性当中，每种属性都特别相似，但是他告诉我们说："相似之处并非微不足道；相反，只有相似之处而非相同之处，才证明了他是另

[①]【译注】穆罕默德（Muhammad，约 570 年~632 年），是伊斯兰教的创始人，同时也是一位政治家、军事家和社会改革者。他成功地使阿拉伯半岛的各部落在伊斯兰一神教下统一。除了阿赫迈底亚的穆斯林以外，穆斯林和巴哈伊信仰者认为他是"真主"派遣到人类的最后使者、先知和天启宗教复兴者。中国的穆斯林普遍尊称之为穆圣。

[②]【译注】基督徒所敬拜的那位 神迥异于穆斯林所敬拜的安拉（Allah），所以此处原文的 God，译者依照真实意思和本书译文的体例标示，以告读者。本段中凡作者引穆斯林所言之神皆同。

[③]【译注】原文为：My God is one God; the eternal God; he begetteth not, neither is he begotten; and there is not any like unto him.

[④]【原注】德·埃贝洛的《东方学目录》，词条"安拉"。【译注】德·埃贝洛（Barthélemy d'Herbelot de Molainville，1625 年~1695 年），法国东方学家，1625 年生于巴黎，就读于巴黎大学，致力于东方语言学，后在意大利深造。1695 年卒于巴黎。著有《东方学目录》（*Bibliothèque orientale, ou dictionnaire universel contenant tout ce qui regarde la connoissance des peuples de l'Orient*，1779）。

[⑤]【译注】安拉，又可以译为"阿拉"，是阿拉伯人对神的称呼，是伊斯兰教所信仰的万物独一主宰的名称，意为真主。本书中，Allah 或通译为安拉，或转述该词。

导 言

一位存在。"于是他就得出了这个结论,在向穆斯林讲说 神 的时候,我们可能会错误地将 God 写成或是说成 Allah,基督徒作家或传道者在使用这个术语的时候,已经"致命地"误入歧途一千年了。文惠廉博士和他的朋友们打算接受这个结论吗?如果他们不想,那就确证他们全都错了,当说到我们决定用什么术语来翻译 God 这个词的时候,在公众普遍接受的前提下,我们必须先确定那个术语表示的是否是同一位存在,也就是我们希望那个术语所表示的那位。一个人可能会称另一个人为他的父亲,而实际上那人并不是他的父亲。当我们让他认识到自己错误的时候,我们不会摒弃不用父亲这个词。我们只会告诉他,他把"一位存在"当成是他父亲来尊敬,而那位存在实际上并不是他的父亲,我们还会向他揭示另一位"存在",而这位存在才真正是他的父亲。"实"(Being)可能会转变,但"名"(name)却始终不变。 [6]

此处,文惠廉博士可能会说我在假设我的论点是证明过的,即假设 God 是个关联术语这个论点是证明过的。让读者也来权衡一下吧,就像他可以借助父亲这个词对这种解释所做的那样。然而,我想前面 Baal Elohim 的例子和穆斯林的 Allah 的例子应该不会令他不悦,文惠廉博士在一些概念混淆的前提下劳作着,无论怎么说,就如已经确定的第一点那样,我们都要确定我们希望用表示 Elohim 的那个术语向中国人显明的那位存在,是否与英文中用 God 这个词向我们显明的那位存在是同一位。他的错误必然会在后面的讨论中暴露无遗。然而,我向祂承认,通过显明他们说到的、他们所敬拜的那位只能被称为耶和华的至高存在,便足以证明中国人认识真 神。据此,我会继续在下一章中证明。

109

第一章
中国人认识真神，他们的宗教就是一神教

第一章 中国人认识真神，他们的宗教就是一神教

通过归纳法确定神和上帝的含义

中国人认识真 神吗？在他们敬拜的所有存在（Beings）当中，有没有一位与众不同，祂的属性卓尔不凡、祂卓众超群，乃至我们只知祂是位至高者（the high and lofty One），祂在众天军和地上的臣民、在有福之人和王者中间，按着自己的旨意行事，万有都是属祂的，也是借着祂造的，又是为祂造的①，有没有这么一位呢？对这类问题，我会毫不迟疑地回答，肯定有。中国文学和中国历史提供的佐证，于我而言是如此强而有力，乃至我发现很难想象哪位对此有过研究的人，可以得出一个与之相反的结论来。

1848 年，在文惠廉博士撰写论文论述 *Elohim* 和 *Theos* 之翻译的时候，他认为中国人不认识真 神，也不认识任何真真正正、恰如其分地被称之为 神的存在，他以为至少所有的新教传教士都会承认这点。他在这个假设中创立了一个论据，就是神这个词的应用，而且这个词被引入到他的每一步推理当中。他的《辩护文》中包含了他所能够收集到的所有证据，并以这些证据来证实这个主张：中国实际上是个无神论国家。我有必要对他得出的这个否定结论的背景详加考察，同时我还会努力列举出肯定的论据，来证明中国人认识真 神，即那位宇宙的创造者、护佑者和掌权者。

上文中，我在确定中国人的 上帝就是那"统辖万有、永远赐福

---

① 【译注】《圣经·新约·歌罗西书》1:16，"因为万有都是在祂里面造的，无论是天上的、地上的，能看见的、不能看见的，或是有权位的、统治的，或是执政的、掌权的，一概都是借着祂为着祂造的。"

113

之 **神**"的时候曾经说过,确据是通过竭尽所能地收集那些使用上帝这种表达的事例而获得的,而且还要试下是用 God 合适,还是在每种情况下把 God 都翻译出来更合适。但文惠廉博士却反对我提出的那种证据,而我对那个纯粹的"预期理由"① 是颇为满意的。我采用这种表达方式是出于我记忆中的一段文字,这段文字出自史都华②的《哲学文集》,其文如下:

[8] "很多词语都无法展现出任何可感知的原型,这些词语的意思是通过一种归纳法逐步汇集起来的,根据注意力与判断力程度,不同的人都会或多或少地成功运用这种归纳法。在某个关联中会有未知术语出现,这个术语牵扯到同一句中与它相联的其他词汇,那种关联常常会为那个未知术语在那种特例中的解释提供一把钥匙,在数量上,像那样的事例会在文中不断增多,人们的言谈会让人熟谙谈吐之礼,这些方法会逐渐提供给我们精准的意思。这个过程中的一个熟知的做法是在情急之下出现的,就是当读者手头上刚好没有字典的时候,他会自然而然地用译码③的方式来处理外文中的生僻词。生词出现的第一句话极有可能会提供某些基础,帮助读者可以大致推测作者加在那个生词上的意思,所以就必须以某种意思或其他词汇替换那个生词,为的就是让整篇文章易于理解。与其相关的第二句话会将这种推测描述得稍微确切一些;第三句话会以更狭小的界限缩小疑虑的范围,直到最后,一种更为宽泛的归纳完全确定了我

---

① 【译注】原文为 petitio principii,拉丁文,预期理由,一种逻辑错误,在证明或反驳中把真实性尚待验证的判断当作论据的逻辑错误。犯了这种错误,便不能达到证明或反驳的目的。
② 【译注】杜伽尔德·史都华(Dugald Stewart, 1753 年~1828 年),苏格兰启蒙哲学家和数学家,著有三卷本的《论人类心灵哲学诸元素》(*The Elements of the Philosophy of the Human Mind*, Vol I, 1792, Vol II, 1814, Vol III, 1827)、《道德哲学纲要》(*Outlines of Moral Philosophy*, 1793)等作品。
③ 【译注】原文为 decyphering,有"解密"和"破译"的意思,此处权宜译作"译码"。

们所探究的词意。"①

在这位学识渊博的教授证明的过程中,我没见到其中有任何预期理由出现,也没有见到他使用过我试图使用的那种预期理由。在我面前有两个术语,有人提议用这两个术语将 God 译成汉语,这两个术语就是神和上帝。我从中国作家那里列举了一些有神这个术语的例子,并证明用神表示 God 会让这些例子变得毫无意义。文惠廉博士和他的朋友们热衷于引用贺拉斯②的诗句:

"习惯是语言的裁判,它给语言制定法律和标准。"③

但他错用了这些诗句,为了某种全然不同于作者意图的目的服务。贺拉斯说,"许多废止使用的字句,将来还会恢复使用,而现今很多荣美的字句,将来还会废止,如果用,还会那样使用。"④如今,汉语的用途或用法不会再用神这个术语表示 God 了。千万种事例、卷帙浩繁的书籍以及人们的口说言传都扬声反对那种代称。文惠廉博士可能想把那层意思强加于那个术语之上,但或许他只

---

① 【原注】《哲学文集》之"论晚期文献学思考之趋向",杜伽尔德·史都华著。
② 【译注】昆图斯·贺拉斯·弗拉库斯(Quintus Horatius Flaccus,前65年~前8年),罗马帝国奥古斯都统治时期著名的诗人、批评家、翻译家,代表作有《诗艺》(*Ars Poetica*)等。他是古罗马文学"黄金时代"的代表人之一。
③ 【原注】文惠廉博士提供给我们的话是:"习惯是语言的裁判,它给语言制定法律和标准。"这是一行无法校检的诗句。他引用这篇文字来说明"语句仅仅是惯用法的产物",其实无论一个词在使用中是什么意思,我们都可以提出另外一种意思来。【译注】原文为拉丁文,"*Si volet usus*,*Quem penes arbitrium est*,*et jus*,*et norma loquendi.*"出自贺拉斯的《诗艺》,译文采用的是杨周翰先生的译文,Francis 的英译本译文为: If custom will, whose arbitrary sway, words, and the forms of language, must obey.
④ 【译注】杨周翰先生译文是:"许多词汇已经衰亡了,但是将来又会复兴;现在人人崇尚的词汇,将来又会衰亡;这都看'习惯'喜欢怎样,"于是,才有文惠廉博士这里引用的词句,即"'习惯'是语言的裁判,它给语言制定法律和标准。"还有人将贺拉斯这句名言翻译为:"现在已然衰朽者,将来可能重放异彩;现在备受青睐者,将来却可能黯然失色。"仅供读者合参。

手遮天还更容易些①。另一方面，有许许多多含有上帝这种表达的例子被人引用过，还有一些翻译得也很准确，人们发现，用上帝替换 God，整体上会很通畅，会很自然。从那个归纳中，我得出上帝即是 God，而且无论哪种情况下，在我们必须翻译 Elohim 和 Theos 的时候，都得用上帝这个词。这个归纳可能不够全面。但如果真的不全面的话，就恳请文惠廉博士告诉我们。中国文学界就近在咫尺。他能在深度和广度上详细地考察一番中国文学吗？就像在某些事例中他用神翻译上帝所面临的困境一样，在某些事例中他用 God 翻译上帝也会毫无意义，他能举出几个这样的事例来吗？实际上对那种既应当进攻又应当防守的做法，他可能会说不曾有人让他那样做过。我仍觉得他可能会同意我的要求。他提过一个事例，在这个事例中，上帝不能用来翻译 God，对我而言，这要比他书中第 168 页里反对这种用法的所有推理更有分量。然而，并非那种单一的表达就能得出他那种结论。对于我的建议，他唯一的回复就是：理雅各博士自满于一种"预期理由"。但在他辩护中的这一部分，有句话值得注意，我愿予以特别关注。在第 18 页中，他说："在提供给我们的任何一段引文中，假如理雅各博士能向我们证明被人称为上帝的这位存在是真神的话，那么我们就承认在其他所有篇章中提到的上帝也是真神，对他们所有人所指的那位存在，我们也就不再有任何疑问了。"毋庸置疑，人们都承认用上帝表示 God——独一真神，这是文惠廉博士与我之间争论的决定性内容。我希望在接下来的篇章中提出一些例证，其中除真神以外，任何存在都不能成为主体。同时，我只会考察一件事，就是假如文惠廉

[9]

---

① 【译注】该句原文为：but he would more easily with his single strength stem the overwhelming rush of mighty waters. 对 "with his single strength stem the overwhelming rush of mighty waters"，译者意译为"只手遮天"。

博士是马礼逊博士①的话,他就会非常迫切地渴求用马礼逊博士的权威性来支持他的观点,如果那样的话,我们的争端就要终止了。在这场争论的一段话中,我们提到过马礼逊博士,在他的字典②中嫄③这个字的下面,写着:"姜嫄④,上古事迹之名女也。其名见于《诗经》⑤(She-king),与帝及上帝相联,帝者,上帝者,至高**神**之言表也。"⑥

---

① 【译注】马礼逊(Robert Morrison,1782 年~1834 年),是西方派到中国大陆的第一位基督新教传教士,他在华 25 年,在许多方面都有首创之功。他在中国境内首次把《圣经》全译为汉语并出版,使基督教经典得以完整地介绍到中国;他编纂了第一部《华英字典》,成为以后汉英字典编撰之圭臬;他创办了《察世俗每月统纪传》,为第一份汉语月刊,在中国报刊发展史上位居首尊;他开办"英华书院",开传教士创办教会学校之先河;他又和东印度公司医生在澳门开设眼科医馆,首创医药传教的方式。他所开创的译经、编字典、办刊物、设学校、开医馆、印刷出版等事业,使其成为开创近代中西文化交流的先驱。
② 【译注】指马礼逊编撰的《华英字典》。《华英字典》(或称《中英字典》、《中国语言字典》、《华英辞典》),是世界英汉-汉英对照字典和中国境内最早使用西方活字印刷术排印的汉语书籍。该字典由基督新教来华传教士马礼逊独立编纂,由隶属英国东印度公司的澳门印刷厂印制,共为 6 册,于 1815 年至 1823 年在澳门陆续出版。
③ 【原注】Yuen。【译注】嫄字出于马礼逊的《华英词典》第二卷第 1049 页,原句只有"Keang Yuen, a female, famous in ancient story."后半句未见于该《词典》,疑为理雅各自己添加。
④ 【译注】姜嫄,相传是周朝祖先后稷的母亲。《诗经·大雅·生民》:"厥初生民,时维姜嫄。生民如何,克禋克祀,以弗无子。履帝武敏歆,攸介攸止,载震载夙,载生载育,时维后稷。"《诗经·鲁颂·閟宫》:"赫赫姜嫄,其德不回,上帝是依。"
⑤ 【译注】《诗经》是中国最早的诗歌总集,共有诗歌 305 首,因此又称"诗三百"。汉朝毛亨、毛苌曾注释《诗经》,因此又称《毛诗》。古人关于《诗经》的收集和编选,共计有"王官采诗"和"孔子删诗"、"献诗说"三种说法。王官采诗:《孔丛子·巡狩篇》载:"古者天子命史采歌谣,以观民风。"孔子删诗:这种说法见于《史记》,据说原有古诗 3000 篇,孔子根据礼义的标准编选了其中 300 篇,宋代朱熹也基本肯定此说法。唐代孔颖达、明代朱彝尊、清代魏源和方玉润等皆怀疑此说。现在通常认为《诗经》为各诸侯国协助周朝廷采集,之后由史官和乐师编纂整理而成,孔子也参与了这个整理的过程。(可详见顾芡臣的《经史子集概要》)。
⑥ 【译注】原文英文为:"Keang Yuen, a female, famous in ancient story, and whose name is mentioned in the She-king, in connection with Te and Shang-Te, as expressive of the MOST HIGH GOD."

117

中国人关于神与灵的观念
The Notions of the Chinese concerning God and Spirits

文惠廉博士承认上帝是真 神的必要条件

在他即将承认上帝是真 神之前，文惠廉博士坚信的两件事中，有一件已经明了了，就是那些文章被用来证明祂的自有（self-existence），至少宣告万物是由祂而造、出于先在之物、出于诸天和大地，万物因此而存在，直到如今。对后一点，我充分准备以应其所求。没有什么会比出于上帝的所造之物更加令人毋庸置疑、更加理所当然的了。同时，在有人对我不公的时候，他必须得允许我对他的种种要求提出抗议，如果我们据理力争还不敌他们，那么上帝就不是 God，而且上帝这种表达也不应当用来翻译 Elohim 和 Theos。使徒说"然上帝善视人，雨降自天，菓生以时，赐我赢粮，喜溢于心，如是，证己为上帝矣"①。所以，神之作为（The course of Providence）以 神的知识滋养人的心灵是丰沛的，而且文惠廉博士非常清楚地知道中国人把季节的丰收归功于上帝，认为祂即天地之掌权者。所造之物和自有者，一个是作为（an act），一个是起因，我们获得有关二者的知识，一定是出于启示的教导，可能、甚至极有可能是借着我们理性的历练。但是，此二者既没有给予我们有关 God 的观念，也没有给予我们 God 之名。God 的观念的种种起源以及 God 之名的由来，将会在下一章中探讨。我现在的目的是在文惠廉博士所掌握的论据之下与其交锋，以此来显明上帝就是真 神，并针对中国人的宗教提出一种正确的观点。

文惠廉博士否认上帝之自有、又否认上帝是造化（creative acts）

[10]

---

① 【译注】《圣经·新约·使徒行传》14:17，"神未尝不为自己留下证据来，就如常行善事，从天降雨，赏赐丰年，使你们饮食饱足，满心喜乐。"正文引文出自《新约全书》委办译本（1899），本书中凡正文《圣经·新约》引文均出自该译本，《圣经·旧约》引文均出自《旧约全书》委办译本（1904），译者按现代标点重新句读；译注中如无特别说明，均附上香港圣经公会 2011 年 5 月出版的《圣经》和合本修订版译本译文，特此说明。

118

第一章　中国人认识真神，他们的宗教就是一神教

之因，他还毫不犹豫地抛出他否认的种种依据。在我面前有两条路，一条路是忽视他的那些观点及其原因，并立即提出上帝是创造者的肯定证明，另一条路是继续考察文惠廉博士所持的异议，并逐步呈现出真理。前一种方法会更简明一些，但后一种方法，尽管对一般读者来说难免有种乏味冗长的危险，但这种方法可以让那些真正乐于熟知中国人观念的人更为满意。

为了证实他对这个问题所持的观点，文惠廉博士求助于克劳狄城邦主教刘应①所陈述的证据，刘应主教于1728年寄了一份古典作品——《易经》②（Yih-king）——的评论到欧洲；在哲人朱熹③（Choo He）——通常被人称为朱夫子（Choo-foo-tsze）——的作品中，文惠廉博士提出自己的一些读本；而且他还提出两种"中国国教"的记述，一种出于刘应之手，另一种出于马礼逊之手，并附有对这两种记述的多种评论与解说（remarks and comments）。我将依次处理这些所提到的证据。在对这两种记述的考察中，我会呈现出上帝是

---

① 【译注】刘应（Claude de Visdelou，1656年~1737年），字声闻，法国人，耶稣会传教士，汉学家，与白晋等五人，受法国国王路易十四派遣，前往中国传教，1687年来华直至1709年离去。刘应对中国和中亚历史都有研究，所著的《鞑靼史》（Histoire de la Grande Tartarie）汇集了中国史书有关匈奴、鞑靼、蒙古、突厥等史料，刊于德·埃贝洛的《东方学目录》（Bibliotheque orientale，1779年）中。他还著有《易经概说》（Notice du livre chinois nommé Y-king，1728），拉丁文《中国历史》六册、《中国哲学家的宗教史》、《中国人的礼仪与祭祀》，同时编译了多部儒家经典，如《礼记》《书经》《中庸》等拉丁文译本。
② 【译注】《易经》是中国最古老的文献之一，并被儒家尊为"五经"之首。《易经》以一套符号系统来描述状态的简易、变易、不易，表现了中国古典文化的哲学和宇宙观，它的中心思想，是以阴阳的交替变化描述世间万物。自从17世纪开始，《易经》也被介绍到西方。由于时代演变，《易经》文字含义到了春秋战国时代已经不易读懂，因此春秋战国时代的人物撰写了《彖传》（上下两篇）、《象传》（上下两篇）、《系辞传》（上下两篇）、《文言传》、《序卦传》、《说卦传》、《杂卦传》等篇章用以阐述、解释《易经》，统称"十翼"，后世又将《易传》列入《易经》。
③ 【译注】朱熹（1130年~1200年），南宋江南东路徽州婺源人（今江西婺源），字元晦，一字仲晦，号晦庵，晚称晦翁，又称紫阳先生、考亭先生、沧州病叟、云谷老人，谥文，又称朱文公。南宋理学家，理学集大成者，尊称朱子，朱熹是程颢、程颐的三传弟子李侗的学生。朱熹开创了影响深远的"程朱理学"体系，其著述共有七八十种之多，收入《四库全书》的有四十部，其中最著名的：《近思录》（与吕祖谦合编）、《四书章句集注》、《诗集传》、《通鉴纲目》、《宋名臣言行录》、《楚辞集注》、《易学启蒙》、《朱文公家训》，后人集有《晦庵先生朱文公集》《朱子语类》等，今有朱杰人先生主编《朱子全书》（共27册）、《朱子全书外编》（共4册）。

119

中国人关于神与灵的观念
The Notions of the Chinese concerning God and Spirits

谁,哪一种宗教才被称为国教。

第一,为了证明上帝不该被当作真 神,有位高水准的权威人士刘应,文惠廉博士禁止我评论此人,刘应说:"显然,孔子①从没在《易经》中,也没在任何其他书中确定上帝曾经创造过天地。"在陈述中国人观念这点上,人们将刘应奉为圭臬,在本章的一条附注中,我会提供一些对这位权威人士的评论。读者还会在那找到一篇马若瑟②论中国人关于宇宙起源记述的译文,还有一些出自雷孝思③论《易经》的摘要。在汉学家的级别中,没有谁会把马若瑟和雷孝思放在刘应之下,他们的名字会堂堂正正地与刘应的名字相对。然而,这些权威人士无法改变争论者的任何一方。让我们来看看,刘应是怎样

---

① 【译注】孔子(前551年~前479年),名丘,字仲尼,为易学、儒学和儒家的创始人,东周春秋末期鲁国的教育家与哲学家。孔子生于鲁国陬邑,幼年丧父,曾在鲁国担任政府要职。离开鲁国以后,孔子率众弟子周游列国,辗转于卫、曹、宋、郑、陈、蔡、叶、楚等地,然而均未获重用。颠沛流离凡十四年,公元前484年,年近七十岁的孔子被季康子派人迎回鲁国尊为国老,但未受鲁哀公的任用。公元前479年3月9日(鲁哀公十六年四月己丑日),孔子逝世,终年七十三岁,被葬于曲阜城北的泗水岸边。孔子门人及其再传弟子将其学说结辑成《论语》,是为研究孔子思想的主要文献,影响千古。

② 【译注】马若瑟(Joseph de Premare, 1666年~1736年),法国著名汉学家,耶稣会传教士。马若瑟出生在法国北部城镇歇尔堡。1698年来华后,在中国语言文学、哲学等方面付出了30多年的心血,直到去世。他在汉学方面造诣极深,被后世学者公认为是西人汉语文学专家和易学专家中的佼佼者。马若瑟有许多重要的著述或译著。在涉及中国语言文字的著作中,他的拉丁文手稿《汉语札记》(Notitia Linguae Sinicae, 1728年)堪称传世力作。他是把中国历史悲剧《赵氏孤儿》传入法国的第一人,全文发表在法国1783年出版的《中华帝国全志》(Description géographique, historique, chronologique, politique, et physique de l'empire de la Chine et de la Tartarie chinoise, enrichie des cartes générales et particulieres de ces pays, de la carte générale et des cartes particulieres du Thibet, & de la Corée; & ornée d'un grand nombre de figures & de vignettes gravées en taille-douce, 1735)中。

③ 【译注】雷孝思(Jean - Baptiste Regis, 1663年~1738年),字永维,法国传教士,1663年生于法国。雷孝思系汉语姓名,其名与字均出典于《诗经·大雅·下武》"永言孝思,孝思维则"句。雷孝思于康熙三十七年(1698年)来华,抵澳门后即到北京,学习满文和汉文。他在中国所做的主要工作是具体领导和亲自参加康熙《皇舆全览图》的测绘。《皇舆全览图》是中国第一部有文献可证的实测地图,它采用的是正弦曲线等面积伪圆柱投影(即"桑逊投影"),比例尺为1:140万。雷孝思还将《易经》译为拉丁文,共两卷,于1834至1839年在德国斯图加特和图宾根两地出版。雷孝思晚年身体衰弱,尤其在禁教时期,身心尤其劳苦,在雷慕沙的《亚洲新杂纂》中有这样的记述:"1724年禁教之时,诸神甫在雍正皇帝前争辩,孝思亦在其列"。1738年11月24日,雷孝思逝世于北京。

120

从《易经》中把上帝驱逐出去的。

刘应的论述显明上帝不可能是真神

文惠廉博士引用了刘应对三本文献的注释。第一本很有名，是关于太极（Tae-keih）的。相传《易经》是由孔子所作，在《易经》①中有这段话，刘应的译文如下："*T'ae-keih generated the two figures, these two figures generated the four forms, and these four forms generated the eight diagrams.*"② 接着，他评论道： [11]

"这种表述非常难以理解，因此就有必要对其进行一番解释。太极表示大极点（最高的顶点③），这是一种隐喻式的表达，源于屋顶，其横向的部分在顶端，称之为极，因它是房顶中最高的部分。如同所有的椽子都由屋顶顶尖来支撑一样，所以万物也都依托于这个第一原理。在此，我们必须谨守遵行这第一原理，它是创造（创生④）的原理，而非受造（被造⑤）的原理。

"而哲人却将这条公理解释得更为清晰。下文是他们不带任何寓意的表述，即：太极（*great summit*，*T'ai-kih*）生五行，五行生万

---

① 【译注】原文为"In the appendix to the Yih-king"，直译为"《易经》的附录中"，实则指《易传》。《易传》是一部战国时期解说和发挥《易经》的论集，其学说本于孔子，具体成于孔子后学之手，详见《易经》词条译注。
② 【原注】易有太极，是生两仪，两仪生四象，四象生八卦。（译按：语出《易传》。）
③ 【译注】原文为法文，*grand comble*。
④ 【译注】原文为法文，*engendrer*。
⑤ 【译注】原文为法文，*faire*。

121

物。此理为奥理,进入奥理的哲人被称为理学家①,他们已经深入其中;因为他们声称这太极是源始之理(the primitive Reason,即道),尽管它无知无意,但却绝对是万有的第一原理。他们思索这奥理,即便这理是鲜知寡爱,它却依然统辖万有,有条不紊,因它必然运行。最后,他们声称万有皆出于此理,就如同术语'创造'(生成)所显示的那样。这些哲人还毫不犹豫地赋予这理以统摄力(ruling power)之名;并且如孔子在变化之经书(《易经》)中已经多次提到的上帝,即是指至高帝皇(supreme emperor),说到帝,就是皇帝,我们尚未在这部经书的其他篇章中看到过,也没有在其他书籍中见到过,说上帝造物,即创造天地,这些哲人由此得出,上帝之名不适用于源始之理,除非在它仅仅掌管世界的情况下才适用。因此,其中的许多哲人承认在源始之理以外,还承认有一位属天之神灵(a celestial Genius),至少康熙(K'ang-hi)年间的注疏者(Interpreter)在解释涣卦(the diagram of the dispersion)的时候提到,当国祸平息之后向上帝献祭,他们找寻向上帝献祭的理由,得出如下内容:天下分时,向

---

① 【译注】原文是 Atheo-political,Atheo 是指"无神的"的意思,其词根是希腊文 ἀσεβής,σεβής 是"神"的意思,加否定词缀 ἀ 就是"不信神的"或"无神的"的意思,其拉丁文词根是 atheos;political 是"政治的",因此 Atheo-political 直译为"无神-政治论者",本书中指的则是宋明理学家。本书译文或译"理学家",或译"宋明理学家"。此外,在梅谦立教授(Thierry Meynard,法国人,1963 年生,中山大学哲学系教授、博士生导师。主要研究中西思想交流、西方古典哲学和当代新儒家。)的"An early investigation on Chinese Buddhism by the Jesuit missionary Prospero Intorcetta"文中,有如下记载可供参考:In order to qualify the ambivalence of the literati toward religion, Couplet called them, in the second part of the preface, with a rare expression, "atheo-political people." The Spanish Jesuit Juan Eusebio Nier emberg Otin (1595 年~1658 年) had previously qualified Machiavelli of being an "atheo-politicus." But what does it mean in regards to the Chinese literati? First, Couplet held that the literati are atheist because they do not believe in the Shangdi 上帝 of Confucius and of the ancient Classics. They follow instead the philosophy of the Song interpreters who diluted the notion of Shangdi with concepts like Taiji 太极 or Li 理. Also, most of the literati do not believe in the worship of Buddhism. Second, the literati are political: though they are atheistic, they still authorize and promote religious practices for political reason. They do not openly profess their atheism and they themselves can practice the Confucian rituals and even the Buddhist rituals. For the Jesuits, this amounts to reduce religion to some political expediency.

上帝献祭常为人所忽视，上帝之灵（spirits）涣散，因而必须借着献祭，重聚上帝之灵。"

在对以上中国教义的阐述中，文惠廉博士评论道：

"对最古老的儒家经典中陈述的'源始之理'，如果刘应在此提供给我们的记述是准确的话，那么试图理解理雅各博士关于经典中的上帝是'统辖万有、永远赐福之**神**'这一观点，就显得多么渺然无望啊。那点与他无关，对于作为必然的、自在自有的存在，康熙年间渊博的学士们脑中也充满幻想，他们在《易经》中读到关于他的话：上帝之灵涣散，是因为在国难之间，他们忽视向上帝献祭，因而必须借着献祭重新聚合上帝之灵！！！"

对他们的答复

这三个感叹号没放错地方。"如果刘应在此提供给我们的记述是准确的话"，照此看来，文惠廉博士的兴致和钦慕之情完全基于一种偶然性（peradventure）。很遗憾的是，他自己却没有研读过儒家经典。读者会观察到，刘应非常简略地思考所选取的文献，却详述了理学家对此的观点。当我们讨论到文惠廉博士关于朱熹的读本时，他们的思考会引起我们关注，特别是在他们说到太极的时候，我这里说的只是《易经》中的太极，《易经》中的那种表述是指"天地未分之

【12】

前，元气混而为一，即是太初、太一也"。① 当克劳狄城邦主教说"上帝之名不适用于源始之理，除非在它仅仅掌管世界的情况下才适用"的时候，我并不认同这种主张。在首版于康熙年间的宋哲的《易经体注大全合参》②中，我们读到："天之生成万物而主宰之者谓之帝。"③ 此处，帝之名授于天，先运行于万物生成之中，后运行于万物的治理之中。

刘应又说，"许多哲人承认在源始之理以外，还承认有一位属天之神灵；"而且这位神灵就是上帝。但情形并非如此。对于他从《易经》注释中所得出的结论，他告诉我们，"理学家认为没有上帝，只有源始之理。"而事实则是这些学者在试图诠释经典中对上帝的描述时，用人格存在、次序之理或是源始之理来代替上帝，他们常常自我遗忘，要么就是发现原文过于简单，于是就展示、玩味他们的诡辩术。他在涣卦④中提过的一篇文章就属此类。此外，经康熙年间的注疏者和众多学者的细究之后，我已经无法找出任何有关上帝之灵离散与聚合的信息了。纵然有的话，这种表述可能也过于简单了，不过在文惠廉博士找到一个可以获胜机会的时候，或许就是值得我对原典再

---

① 【原注】参见刊于"十三经"的篇章，首版于唐朝，约公元670年。原文下引。【译注】译文转自孔颖达的《五经正义》。孔颖达，574年~648年，字冲远（一作仲达、冲澹），冀州衡水人。孔安之子，孔子三十二代孙，唐朝经学家。孔颖达生于北齐后主武平五年（574年），八岁就学，曾从刘焯问学，日诵千言，熟读经传，善于词章。隋初，选为"明经"，授河内郡博士，补太学助教。唐初，孔颖达任国子监祭酒，曾奉唐太宗命编纂《五经正义》（包括《周易》、《尚书》、《诗经》、《礼记》和《左传》）。《五经正义》被唐朝颁为经学的标准解释，是集魏晋南北朝以来经学大成的著作。孔颖达卒于贞观二十二年（648年），享年75岁。本句原文英文为：the condition or period, before heaven and earth were separated, when the original matter was formless and one！
② 【译注】本句原文英文为：A collection of explanations of the Yih-king.《易经体注大全合参》清康熙五十八年（1719年）出版。
③ 【原文】"When Heaven produces and completes the myriads of things, and rules and governs them, the title given to that Being is Te."
④ 【译注】《易经》中的第五十九卦。涣，离也，散也。涣卦，下坎水、上巽风，风行水上，有离披解散之象，故象征离散之意。

番详加考究的时候。

所谓涣卦,是因为它是由八卦中的两部分组成,这两部分代表风和水,一个转化为另一个。风行水上,有离披解散之象,此卦关乎国家,当其中一部分散乱的时候,犹如风使水运行,预言一国需要整顿。第一句说:"王假有庙"① 又说,那一做法有先王为例,"先王以享帝立庙。"② 康熙年间的注疏者引《二程集》来解说此句,程子③,宋学(Sung school)的开创者,也是最伟大的夫子,他们有这样的话,"先王观是象,救天下之涣散,至于享帝立庙也,收合人心,无如宗庙祭祀之报出于其心,故享帝立庙,人心之所归也,系人心合离散之道,无大于此。"④

这个教导非常重要,平息无政府状态的混乱,安抚变动不居的心绪,没有什么比宗教更加强而有力的了。对《二程集》的解释,注疏者从同一位哲人或是他的兄弟那里附加了一篇评注,"程子曰,萃涣皆享帝立庙,因其⑤精神之聚而形于此,为其涣散,故立此以收

---

① 【原文】"The King must repair to the ancestral temple."
　【译注】参见《周易·涣卦第五十九》。
② 【原文】"The former Kings sacrificed to Te, and raised ancestral temples."
　【译注】参见《周易·涣卦第五十九》。
③ 【译注】程子,指中国北宋程颢(1032年~1085年)、程颐(1033年~1107年)两位理学家。程颢字伯淳,世称明道先生;程颐字正叔,世称伊川先生,两人并称"二程"。二程祖籍洛阳(今河南洛阳),生于湖北黄陂,著有《二程集》。他们早年一同求学于周敦颐。
④ 【原文】"The former Kings looking at this diagram, in order to save the empire in its state of dispersion, proceeded to sacrifice to Te, and erect their ancestral temples. To collect and unite the hearts of men, nothing is so effectual as the grateful returns rendered with the heart in the services of the ancestral temple and in sacrifices. Thus it is that sacrifices to Te and the erection of ancestral temples are things in which the hearts of men find their objects of rest. There is no greater way than this to bind the hearts of men, and to remedy a state of dispersion."
　【译注】译文引自清李光地之《御纂周易折中》。
⑤ 【原注】"其"是指谁呢?极有可能是指民众,因为庙宇的构造只能彰显其内在之物。

125

中国人关于神与灵的观念

The Notions of the Chinese concerning God and Spirits

之。"① 刘应的那篇评注一定以此为依据。为了理解这句话，我们应该记住国家的混乱无章是因民众不再敬畏那至高主宰、不再敬重祖先而引起的。因此，便是天人相离，与英明先王的在天之灵相疏离。他们应当如何让那位至高主宰、先王之灵重临世间，进驻到他们的心间呢？他们必须肃穆静默其心、聚其心神，去祖庙中敬拜至高主宰，敬拜先王之灵；如此，他们或许能动转涣散之灵与其相合，重新与他们同在并护佑他们。同样，他们必须虔诚地凝聚心神，敬拜那至高主宰，这样祂或许会垂听他们的话，并再次关怀他们，赐给他们以福祉。无【14】论在哪里，祂的灵（His spirits）都不会离散而去。萃卦②中从没提到过向上帝献祭，只提到修复祖庙。纵然借着那种行为，可以聚合上帝之灵，但汉语中的这种表述只等同于《圣经》中的这种说法："如我平昔喜于作恶，则主不听我祷告兮"③，"尔弃耶和华，耶和华亦离弃尔"④，"尔归诚于我，我必复加眷顾，我万有之主耶和华已言之矣"⑤。

这篇有关离卦的考察，或许会让文惠廉博士以后不再盲目地相信克劳狄城邦的主教对中国文献的阐述了。但有几次，在保留了一些关于刘应的权威评论时，以一种最重要的方式改变了他所引用的这些人的观点。这将会在关于《易经》的第三个文献的事例中见到，文惠

---

① 【原文】"The philosopher Ching says. In the diagrams of Union and Dispersion, we find sacrificing to Te, and the erection of ancestral temples, because the collection of their spirits was manifested in this. Because of their being dispersed, they, therefore, appointed these things in order to collect them."【译注】语出《二程遗书·卷三》，其上下文为，"《萃》、《涣》皆'享于帝，立庙'，因其精神之聚而形于此，为其涣散，故立此以收之。'隘与不恭，君子不由'，非是瑕疵夷、惠之语，其弊如此。"

② 【译注】参见《周易·萃卦第四十五》。

③ 【译注】《圣经·旧约·诗篇》66:18，"我若心里注重罪孽，主必不听。"

④ 【译注】《圣经·旧约·历代志下》24:20，"因为你们离弃耶和华，所以他也离弃你们。"

⑤ 【原注】无论在哪种卦象中，对于聚合神灵，无论是敬拜者，还是受拜者，唐朝的注疏都没有提到过。这种文风不正是宋哲的冗余之物吗？

【译注】《圣经·旧约·撒迦利亚书》1:3，"你们要转向我，这是万军之耶和华说的，我就转向你们，这是万军之耶和华说的。"

廉博士却认为对这段话几乎没必要去研究它，只需提一下就行了。

他在《辩护文》的第40至41页中说：

"《易经》始终如一地教导是天地衍生万物。我说始终如一地教导，是因为在《说卦传》第四部分第五章有句话，'帝出乎震'①（参见麦都思博士的《论中国人的神学》，第234页），词'至高者'（Supreme）和'引发万物'（causes things to）为译者加。这段话应当译为，'掌权者出于震卦，对应初春。'②一些注疏者明白上帝中帝这个词的意思；但刘应告诉我们说，古代的注疏者将这个词理解为帝皇伏羲③（Fuh-hi）。'"

此处，文惠廉博士自己发现刘应没有给予"一份最古老的儒家经典如实的记录"。我们发现那位作者不久之前曾经告诉我们说，太极生两仪，"它预示的就是天地。"（《辩护文》第21页）但如果天地是受生的话，它们怎么会成为万有的创造者呢？至于正面地翻译"帝生万物"，这是中国注疏者所做的最佳诠释。甚至根据刘应的说法，这位掌权者是位至高帝（Supreme Ruler）。文惠廉博士引用他的话界定自己文中的半句话。刘应说，"注疏者借着帝这个术语理解'上帝'，古代的注疏者以它来理解帝皇伏羲，像我们已经说过的，伏羲被高举为上帝之神性的第二位格（the second order）。"因而，当文中的帝被说成是伏羲的时候，在其高尚的品格中，他如同上帝的第

---

① 【译注】原文为：The Ti [Supreme] Ruler [causes things to] issue forth under the Chin diagram. 直译即是震卦之下，帝（至高者）掌权者（引发万物）生成。"译文语出《周易·说卦传第五》。
② 【译注】语出《周易·说卦传第五》原文为："帝出乎震，齐乎巽。"
③ 【译注】伏羲，又称宓羲、庖牺、包牺、牺皇、皇羲及太昊等，《史记》中称伏牺，传说中的中国古代君主。华夏太古三皇之天皇，与女娲同被尊为人类始祖，中国神话中与女娲一样，有龙身人首、蛇身人首的特征，因而被后人称之为龙祖。有关"三皇五帝"的内容，详见本书第49页（原页码）注释。

127

二位格,"上帝的伟大辅助者"①。如果上帝的这些辅助者和使者能做这些事的话,就是文中问题所描述的那些事,那么祂一定是指谁呢?【15】这位伟大的上帝就是伟大的 God。

但那篇文章值得进一步阐释,我引出麦都思博士的全部译文:

The (Supreme) Ruler (causes things to) issue forth under the Chin diagram (representing thunder, and corresponding to the commencement of spring;) he equally adjusts them under the Seuen diagram (representing wind, and corresponding to mid-spring;) he (causes them to be) mutually exhibited under the Le diagram (representing fire, and corresponding to the beginning of summer;) he renders them serviceable (to mankind) under the Kwan diagram (representing earth, and corresponding to mid-summer;) he (makes them to draw forth) pleasing words under the T'huy diagram, representing sea, and corresponding to the beginning of autumn;) he (makes them to) contend under the Keen diagram (representing heaven, and corresponding to mid-autumn;) he renders them soothing and gratifying under the K'han diagram (representing water, and corresponding to the commencement of winter;) while he makes them complete the account under the Kan diagram (representing hills, and corresponding to mid-winter.)②

---

① 【译注】原文为法文: un coadjuteur du grand Shang-Te.
② 【译注】语出《周易·说卦传第五》。"帝出乎震,齐乎巽,相见乎离,致役乎坤,说言乎兑,战乎乾,劳乎坎,成言乎艮。"原文直译为:震卦(代表雷,对应初春)之下,帝(至高者)掌权者(引发万物)生成;巽卦(代表风,对应仲春)之下,祂均衡地协调万物;离卦(代表火,对应初夏)之下,祂(引发万物生成)交互展示万物;坤卦(代表土,对应仲夏)之下,祂使万物(给人)可用;兑卦(代表泽,对应初秋)之下,祂(使万物生发)惬意的话;乾卦(代表天,对应中秋)之下,祂(使万物)角逐;坎卦(代表水,对应初冬)之下,祂给万物宁静与满足;艮卦(代表山,对应隆冬)之下,祂完成万物的记述。

第一章　中国人认识真神，他们的宗教就是一神教

马若瑟说，"注疏者大都认为这里所说的是指万物之被造。"他引用了朱熹的集注，文惠廉博士在其他地方承认过朱熹的权威性，马若瑟说，"帝在此是指主和天之至高主宰。""万物都顺服于主，祂呼唤万物，万物便应声而出。"这种措辞与《圣经》中对祂的描述定是同出一源，"上帝使死者生，变无为有"①，"主曰：宜有物，则有物；宜奠定，则奠定兮。"② 马若瑟还引用了胡炳文③（Hoo P'ing-wan）的评述，"此处言及万物被造之次序以及使万物臻于至善。但万物因谁而造？谁令万物臻于至善？"④ 必有一位主，一位至高无上的工匠，这位工匠就是帝，就是主。

如果这段话中没有说到完全的受造之物，那么在文中我们除了知晓万有被托住⑤之外，就一无所知了——万物年复一年、日复一日地得以维系着。文惠廉博士或许会有一个中性的译文，我们读到"春，帝出"的时候，描述了一年中的万象皆由祂而生，这让我们记起汤姆森⑥那首有名的赞美诗中的词句：

---

① 【译注】《圣经·新约·罗马书》4:17，"使无变为有的 神。"
② 【译注】《圣经·旧约·诗篇》33:9，"祂说有，就有；命立，就立。"
③ 【译注】胡炳文（1250年~1333年），字仲虎，号云峰，元代教育家、文学家，婺源考川人。他一生致力于研究、弘扬朱子理学，在易学研究上也颇有造诣。他在家乡创建明经书院。代表著作有《云峰集》、《四书通》、《书集解》、《春秋集解》、《礼书纂述》、《大学指掌图》、《周易本义通释》和为儿童编写的《纯正蒙求》等。
④ 【译注】译者并未找到胡炳文的原文，译文据英文直译。
⑤ 【译注】《圣经·新约·希伯来书》1:1~3，古时候，神借着众先知多次多方向列祖说话，末世，借着祂儿子向我们说话，又立祂为承受万有的，也借着祂创造宇宙。祂是 神荣耀的光辉，是 神本体的真像，常用祂大能的命令托住万有。祂洗净了人的罪，就坐在高天至大者的右边。
⑥ 【译注】詹姆斯·汤姆森（James Thomson，1834年~1882年），苏格兰诗人。汤姆森年轻时来到伦敦，并在当地做了一段时间的记者。后来他酗酒并犯上毒瘾，最终死于贫困。他的主要作品《暗夜之城》（1874年），描写了一位无法入眠的诗人，午夜在伦敦的穷街陋巷游荡，惊恐地目睹了各种悲惨的景象。汤姆森还有《致死亡女神》（1861年）和散文集《散文与幻想》（1881年）。

129

"时光流转,
满有祢的同在。春日惬意,
祢的荣美闪现,祢的温柔,祢的慈爱。"

谁是那位"至高无上的工匠"呢?只能是祂。根据祂从起初不断地托住万有这件事,**耶稣**①论到 神,说:"我父为之,至于今。"②

我希望文惠廉博士带着这个难题去查明"古代的"注疏。那只不过是虚构出来的,它还会在其他地方出现。此处有个解释——孔安国③(K'ung Gan-kwo)的注疏——他早于我们的救主的降生,孔安国是孔子第八代④子孙,"帝者,生物之主,兴益之宗"。⑤ 只有一位这样的存在,万物都属于祂,由祂而造,"使人显达者,非由东,非由西,亦非由南。其权操自上帝,升降黜陟,咸其所主令"。⑥ 尽管

---

① 【译注】**耶稣**,按照《圣经·新约》的记载和传统的基督教信仰,**耶稣基督**本是三位一体的永恒之 神的第二位格,称为圣子。祂为了将人类从罪恶中拯救出来,祂降世为人,道成肉身,祂是《圣经·旧约·撒迦利亚书》中所预言的弥赛亚,就是受膏者的意思,因为祂是 神所膏的君王和大祭司。**耶稣**的生平基本上全部记载在《圣经·新约》的四本福音书上。
② 【译注】《圣经·新约·约翰福音》5:17,"我父作事直到如今。"
③ 【原注】汉武帝统治时期(结束于公元前87年。译按:原文为"which closed A. C. 81.",原文有误,译者更正),在《纲鉴易知录》(Kang keen e che luh)中,安国被认为是一位伟大的学者。[译按:《纲鉴易知录》,吴乘权著。吴乘权,又名吴楚材。吴楚材(1655年~?),名乘权,字子舆,号楚材,清代浙江山阴州山(今绍兴)人。康熙十七年(1695年),与侄吴调侯共同编成《古文观止》一书,共12卷,收录上自先秦、下至明末文章222篇,以散文为主,间收骈文。除《古文观止》外,楚材于康熙五十年(1711年)又编成《纲鉴易知录》一书,共107卷,族叔存礼为之序,以为"法遵纲目,注集王、刘,烦简适宜,雅俗共赏"。] 【译注】孔安国,生卒年不详,一说约公元前156年至前74年间在世,字子国,为孔子十世孙孔忠的次子,西汉鲁国曲阜人,习通经学与董仲舒齐名。他学识渊博,《史记》作者司马迁研究《尧典》、《禹贡》等篇章时也曾请教于他,后世尊其为先儒。卒年约60岁,晚年著有《论语训解》、《古文孝经传》、《孔子家语》等书,成为古文尚书学派的开创者。
④ 【译注】理雅各此处记述有误,孔安国是孔子十世孙孔忠的次子。
⑤ 【原注】正文引文为原注,原文英文为:Te is the Lord, who produces things, the author of prosperity and increase. 【译注】语出《周易正义》,其上下文为"**帝者,生物之主,兴益之宗**,出震而齐巽者也。六二居益之中,体柔当位,而应于巽,享帝之美,在此时也。"
⑥ 【译注】《圣经·旧约·诗篇》75:6~7,"因为高举非从东,非从西,也非从南而来。惟有 神断定;祂使这人降卑,使那人升高。"

第一章 中国人认识真神，他们的宗教就是一神教

刘应的古代注疏者和文惠廉博士的摘录都舍弃这段内容，但这篇儒学作品提供了无可反驳的明证，证明汉语中的上帝就是真神。我将继续考察反对那种观念的第二个依据。读者须确定第一个依据，即克劳狄城邦主教的权威性，是否尚未被证明是危险的、站不住脚的。

朱熹的佐证以及其他宋朝哲人对这一问题的论述

第二，文惠廉博士提出一些他自己的书目，主要是朱熹的作品，以此反对上帝即真神这个主张。我不寄望他会采用那种防线（a line of defense），因为在他的《辩护文》中，他已经否认了那位哲人的权威性，还否认了同一派别其他所有的理学家①。在那部作品的第 18 页中，我们读到：

"用词语天（T'een）、天堂、（中华）民族敬拜仪式中的那些至高实体来准确地命名的那个实体是什么呢？

"对这个问题，可能有两种不同的答案，中国人的不同宗派要么坚持这种观点，要么坚持那种观点。大宋年间（约公元 1100 年），出现一派哲学家，天主教传教士给他们起了个名字，叫理学家（Atheo-politique），他们卓著的观点已经编入国朝②出版的所有经典作品中了。这派学者要回答如下这个问题，天③指的是什么：天即上帝，至

---

① 【译注】原文为 materializing writers，直译应该是"唯物论者"或"物化论者"。
② 【译注】指大清王朝。
③ 【原文】t'ien。

131

高主宰；上帝即理①、次序之理、命也、运也。

"然而还有另一派，我们认为这派代表的是中国多神论，代表国教中的古旧的观念，如在《周礼》②（Chau Li）（公元前1100年周朝之礼仪）中呈现出来的，其回答如下：天，冬至日之敬拜者，天之神③，天之神明是也，此天之神，天之神明，即上帝，至高主宰是也。"④

因此，文惠廉博士在宣告他所相信的宋学并不代表国教之古旧的观念之后，他对那个权威的认知和他所得出的上帝并非 God 这个观点之间有个巨大的矛盾。然而，好在他那么做了。于是就有个机会可以显出他所求于的那些作者的做法是不当的。我希望借着下面这段评述，可以将此显明：

（一）我同意文惠廉博士的这个看法，他说朱熹以及许多宋朝其他作者和后代人，似乎是都竭力阐释宇宙之受造和管理并没有一位人格化的、独立的、属灵的存在（spiritual Being）、创造者和掌权者的介入，换言之，都没有 God 的干预。

（二）这些作者，在阐释由太极，即大极点、理，即次序之理、

[17]

---

① 【原文】li。
② 【译注】《周礼》又称《周官》或《周官经》，是儒家《十三经》之一，相传为西周时期周公旦著述，先秦典籍不见征引，全书的定型是在战国时期，从书名来看应该是记载周代官制的书籍，但内容却与周代官制不太相符。因秦皇焚书缘故，汉初时并无此书，西汉河间献王刘德以重金购得《周官》古文经后，献给了朝廷，深藏于秘府，"五家之儒莫得见焉"。汉代原称《周官》，西汉刘歆始称《周礼》，王莽时，《周官》才更名《周礼》，置博士授业，内容被公开，刘歆弟子杜子春，设私校传《周礼》之学，贾逵、马融、郑玄等竞相研习，郑玄之作注。《周礼》一书称得上善本又通行易得的版本是阮元《十三经注疏》中的汉郑玄注、唐贾公彦疏的《周礼注疏》和清孙诒让《周礼正义》。《周礼》与《仪礼》、《礼记》，合称"三礼"。
③ 【原文】t'ien ch'i shin。【译注】天之神这种国教的记述十分可疑。
④ 【译注】译者并未找到相应的原文，译文据英文直译。

道①，即至理（the supreme Reason）、以及气②，即源始之气质（the primordial substance or vapour）创造和治理的时候，犯下了和无神论者一样的错误，欧洲有很多思想家已陷于无神论之中，而且现今有很多思想家依旧如此。不单是在中国，God 之名被偏颇地要么阐释为理（reason）、要么阐释为命（fate）、要么就阐释为自然律令（the order of nature）。现如今，有非常多的作家和思想家，比如英格兰作品《创造之遗迹》③的作者，还有法国的 M. 奥古斯特·孔德④，他从祂的宇宙中将 God 驱逐出去，这和 700 年前中国理学家试图从宇宙中驱逐祂的做法如出一辙。

（三）这些名称像洗牌一样："次序之理"、"太极"、"至理"，它们当中剩下的那个用来替代帝或上帝，如在经典作品中的那样，那个名称要么仅仅是个语言游戏（a piece of verbal jugglery），要么就是人们即刻会摒弃的逻辑障眼法（logical legerdemain）。比方说，当有人说："上帝将道德属性赐予人"，或说"天，造了地上的人，将他们抚养成为王子和传道者，来担当上帝的仆役"，这些智者告诉我们说，唯一的意思就是依据永远适用于事件的次序之理——命——运——即是如此（《辩护文》，第 34 页）。还有什么会比那种解释还要愚蠢、还要荒诞不经吗？朱熹的自我品鉴力往往胜过他的哲学，在许多文章中，他的话说得倒真像是一位一神论者。

（四）太极的构造与次序之理、理和上帝是同义的，太极这种表

---

① 【原文】Taou。
② 【原文】K'e。
③ 【译注】原文为 the Vestiges of Creation，该书全名应为 Vestiges of the Natural History of Creation（《创造自然史之遗迹》），于 1844 年在英国出版，作者是罗伯特·钱伯斯（Robert Chambers）。他在书中先于查尔斯·达尔文（Charles Robert Darwin, 1809 年~1882 年）提出了"人类可能是由灵长目动物进化而来"的思想。
④ 【译注】奥古斯特·孔德（Isidore Marie Auguste François Xavier Comte, 1798 年~1857 年），法国著名的哲学家，社会学、实证主义的创始人，孔德创立"人道教"，并成立了具有宗教色彩的"实证主义学会"，著有《实证主义教程》（Cours de Philosophie Positive, 1835 年）。

133

达，只在经典中见过一次。这个词出现的唯一篇章是孔子所作的《易传》，这点在前文已经引述过。这个词从未在《四书》（the Four Books）中使用过，也从未用于《诗经》、《书经》①（Shoo - king）、《礼记》②（Le - ke）、《春秋》③（Chun - tsew）。根据马礼逊博士提供的编年表，我们根本没有证据证明太极在孔子（即主前 500 年左右）之前、伏羲（八卦的推演者）之后的 2500 年内一直都通用。此外，孔子的话只是说，"易有太极，是生两仪，两仪生四象，四象生八卦。"动词"生"（produced）并不具有主动性，它只是暗示发展次序的优先性。让宇宙变成今天这个模样的每种形态变化之初，是太极，或曰大极（the great extremity）；出于太极的，是两仪，或曰异物（the different kinds of matter），天地从异物中生成；出于两仪的，演化为四象，四象生出八卦。

【18】

---

① 【译注】即《尚书》。《尚书》是儒家经书之一，是一部先秦文献汇编，内容上起尧、舜，下至春秋时期的秦穆公，以上古及夏、商、西周君臣讲话记录为主。孔颖达说："尚者，上也，言此上代以来之书，故曰尚"，马融说："上古有虞氏之书，故曰尚书。"《纬书》记载古代《尚书》凡 3240 篇，至孔子删定为 120 篇，遂被儒家列为经典之一。《尚书》又分成《古文尚书》与《今文尚书》。历代研究、注释《尚书》的著作极多，汉孔安国传唐孔颖达正义的《尚书正义》，梅鷟作《尚书考异》，阎若璩作《尚书古文疏证》，惠栋作《古文尚书考》都堪称传世之作。清代学者孙星衍历时二十余年完成《尚书今古文注疏》，广泛汲取前人考订成果，摒弃 25 篇伪作，将篇目重新厘定为 29 卷。近人曾运乾先生的《尚书正读》和牟廷先生的《同文尚书》亦是不错的读本，顾颉刚先生的弟子刘起釪先生的研究著作《尚书校释译论》算是集大成。
② 【译注】《礼记》，是儒家经书之一，所收文章是孔子的学生及战国时期儒学学者的作品。汉朝学者戴德将汉中后期刘向收集的 130 篇综合简化，一共得 85 篇，称为《大戴礼记》，后来其侄戴圣又将《大戴礼记》简化删除，得 46 篇，再加上《月令》、《明堂位》和《乐记》，一共 49 篇，称为《小戴礼记》。《大戴礼记》至隋、唐时期已散逸大半，现仅留传 39 篇，而《小戴礼记》则成为今日通行的《礼记》。《礼记》不仅是一部描写规章制度的书，也是一部关于仁义道德的书籍。其中最有名篇章，有《大学》、《中庸》等，并且《大学》与《中庸》被朱熹选入"四书"并做集注。
③ 【译注】《春秋》本指先秦时代各国的编年体史书，但后世不传，传之唯鲁国《春秋》。按杜预《春秋左氏传序》说："《春秋》者，《鲁史记》之名也。"《周礼》有《史官》："掌邦国四方之事，达四方之志。"这是指天子的史官而说，以载述"全国之史"。《汉书·艺文志》记载为春秋作传者共五家：《左氏传》三十卷、《公羊传》十一卷、《穀梁传》十一篇、《邹氏传》十一卷、《夹氏传》十一卷。其中，《邹氏传》和《夹氏传》今已不存。（译按：以上注释多出自顾荩臣的《经史子集概要》。）

第一章　中国人认识真神，他们的宗教就是一神教

根据这种阐述，太极表明的可能是在首次创造之前的状态或时间；——这就是 12 世纪宋哲之前的人对太极所作的判断。在前面的一条注释中已经说过，唐代的作品中有本文所谈论的问题——"夫有必始于无，故太极生两仪也，太极者无称之称，不可得而名，取有之所极，况之，太极者也。"① 这种解释出自晋（Tsin）朝（A. D. 260 年~416 年）的一位作者②。唐代的辑录者附加了本书第 12 页中的注释，"太极谓天地未分之前，元气混而为一。"③ 直到第 12 世纪，没有任何人对这个术语做出新的解释，理学④的创始人周濂溪⑤（Chow Leen‑ke），在太极前加了一个"无极⑥（Woo‑keih）。在"太极"（the grand limit）之前，他安置了"无极"（the illimitable），就如在马若瑟专论元朝王申子⑦（Wang Shin‑tsze）的文中见到的，对这个词语，王申子认为，"己具个生生不穷之理，虽无象可象，无

---

① 【原文】"Existence must begin from non‑existence, therefore the T'ae‑keih produced the two figures. T'ae‑keih is the designation of what cannot be designated. It is impossible to give any name to it. We consider the fact that all existences have a terminus, and call this the grand terminus."【译注】语出《周易正义》，现行本与理雅各引用版本句读不同，"夫有必始于无，故太极生两仪也。太极者，无称之称，不可得而名，取有之所极，况之太极者也。"
② 【译注】即韩康伯（335 年~385 年前后），名伯，字康伯，颍川长社（今河南长葛西）人，东晋玄学思想家。康伯自幼聪明，家酷贫，史称"康伯清和有思理，留心文艺"，历官豫章太守、吏部尚书、领军将军，著有《周易系辞注》。
③ 【原文】"T'ae‑keih signifies the condition or period before heaven and earth were divided, when the original vapoury matter was formless and one."
　　【译注】语出《周易正义》。
④ 【译注】materializing school。
⑤ 【译注】周敦颐（1017 年~1073 年），原名敦实，字茂叔，号濂溪，传为三国名将周瑜二十九世孙。道州营道县（今湖南道县）人，北宋官员、理学家，北宋理学创始人。其学说是孔子、孟子之后儒学最重要的发展，在中国思想史上影响深远。《宋史·道学传》记载："两汉而下，儒学……几至大坏。千有余载，至宋中叶，周敦颐出于舂陵，乃得圣贤不传之学，作《太极图说》、《通书》，推明阴阳五行之理，命于天而性于人者，了若指掌。"
⑥ 【原注】○此所谓，无极而太极也。（译按：原文首字阙。）
⑦ 【译注】王申子，字巽卿，邛州（今四川邛崃）人，隐居慈利州天门山，垂三十年成《春秋类传》和《大易缉说》二书。

135

名可名，然其理则至极而无以加也。"①

（五）当宋朝哲人将上帝与"太极"、"次序之理"和"理"相混淆的时候，他们将我翻译的 spirit 和文惠廉博士的 god 当作是阴阳（yin and yang）之作为——阴阳是"主动-受动的第一实体"（active-passive primordial substance）——与理协同，又从属于理。如果上帝只是理的另一种称呼，那么神就是那个理的一个随从了，它在那个理之下，低于理。如果上帝仅仅是无情的、不动的次序之理，那么神也就只能是运行中的阴阳了。是文惠廉博士而非他的论敌，被埋于一切美妙事物的废墟之下，而他却在其中欣喜若狂。我们坐在废墟之上，为 God 掌管统摄之理（a presiding reason）；他则位于其中央，为 god 伸归质料（for god expanding and contracting matter）。

对这种主张的证据，我不会深入讨论，而是消化对《中庸》(The Invariable Mean) 的评论，该评论收录于《本义汇参》②（Pun-e Hwae tsan）一书中，在拥有这本书的大多外籍汉学学生中，我领悟了这些评论。经典③的第十六章被分为三部分。第一部分，如麦都思博士翻译的，写着"子曰：鬼神之为德其盛矣乎。视之而弗见，听之而弗闻，体物而不可遗。"④ 这里所说的鬼神是指谁呢？程颐⑤告诉我

---

① 【译注】原文英文为：an efficacious or inexhaustible Reason, which no image can represent, which no name can designate, which is infinite in all respects, and to which nothing can be added.
② 【译注】即《朱子四书本义汇参》，清王步青撰。王步青，清朝经学家、理学家。字罕皆，号己山，别称己山先生，江苏省镇江府金坛县（今属常州市金坛市）人，生于清圣祖康熙十一年（1672年），卒于高宗乾隆十六年（1751年），年八十岁。性冲澹，长身玉立，以文名。步青工文，然覃心正学，著有《己山文集》10卷，别集4卷，又有《朱子四书本义汇参》45卷，又有《维扬书院约》、《王氏宗规》、《敦复堂古文稿》等著述。
③ 【译注】此处指《中庸》，该句语出《中庸·鬼神之为德第十五》。
④ 【原文】"Confucius said. How widely extended are the actings out of the *kwei-shin*. In endeavouring to observe them, we cannot see them; in attempting to listen, we cannot hear them; and yet they enter into all things without exception."【译注】语出《中庸·鬼神之为德第十五》。
⑤ 【译注】原文为 One of the Chings, 指二程之一说的话，而这句话是程颐说的，故此译为程颐，语出朱熹《中庸章句》。

们说:"鬼神,天地之功用,而造化之迹也。"① 另一位学者张子厚②(Chang Tsze‐how)的注释,说:"鬼神者,二气之良能也。"③即指阴阳。最后,理学之集大成者朱熹宣称:"愚谓以二气言,则鬼者阴之灵也,神者阳之灵也。以一气言,则至而伸者为神,反而归者为鬼,其实一物而已。"④

但或许有人会说,本篇的主题是不断发生在自然界中的形质的变化与转换。因此,我们进入到本章的另一部分。"使天下之人齐明盛服,以承祭祀。洋洋乎!如在其上,如在其左右。"⑤ 此处,向鬼神献祭是论述的主题,即中国人敬拜的一切 spirits(灵体),或如文惠廉博士所坚持的,中国人的所有 gods(神祇)。下一部分包含了一篇来自《诗经》的引文,是关于神俯瞰我们人类的,甚至是俯瞰我们的密室和隐蔽的居所。"诗曰:'神之格思,不可度思!矧可射思!'"⑥因此,在本章中,孔子说鬼神是当下自然界中的常变之象,为祭祀的对象,而且是"万千灵明",他们"行于地上",并查验人的作为。[20]

---

① 【原文】"The *kwei‐shin* are the energetic operations of heaven and earth, and the traces of production and transformation." 【译注】语出朱熹《中庸章句》。
② 【译注】即张载。张载(1020 年~1077 年),字子厚。北宋陕西凤翔郿县(今陕西眉县)横渠镇人,世称横渠先生。他是程颢、程颐的表叔,北宋五子之一,理学家、哲学家。他是理学中关学的开创者,也是理学的奠基者之一。明代沈自彰把横渠的著作编为《张子全书》,共 15 卷(内附录一卷)。内容包括《西铭》、《正蒙》、《经学理窟》、《易说》、《语录钞》等哲学论著。
③ 【原文】"The *kwei‐shin* are the easily acting powers of the two breaths of nature."
【译注】语出张子厚《正蒙•太和篇第一》。
④ 【原文】"I would say, if we speak of the two breaths (or vapoury matters), that *kwei* is the efficaciousness of the *Yin*, and *shin* is the efficaciousness of the *Yang*, but if we speak only of one breath, then when it advances and expands, it is shin, when it recedes and reverts, it is kwei. In fact they constitute but one material thing."
【译注】语出朱熹《四书章句集注》之《中庸章句》集注。
⑤ 【原文】"While causing each man in the empire to be properly adjusted, and purified (within), and arranged in suitable apparel (without), in order to offer the accustomed sacrifices, they are expandingly spread abroad, as if over the heads, and as if on each side of the worshippers."
【译注】该句语出《中庸•鬼神之为德第十五》。
⑥ 【原文】"The approaches of the *shin* cannot be ascertained; how then can we tolerate negligence?"
【译注】该句语出《诗经•大雅•抑》,又见于《中庸•鬼神之为德第十五》。

中国人关于神与灵的观念
The Notions of the Chinese concerning God and Spirits

他慨然总结道:"夫微之显,诚之不可掩,如此夫。"① 人们可以看到,第一部分所说的灵媒(the spiritual agency),是如何被宋哲误解为"第一实体"(primordial substance)之伸归的。他们毫无顾忌地用同一方式来处理其他部分,以下将从《四书通》②(Sze-shoo T'ung)、《四书章句集注》③(The Perspicuous Explanation of the Four Books)的摘录中将其显明。以本章结论中的"诚"为起始。

"四书通——诚者,中庸一书之枢纽,而首于此章见之。汉儒皆不识,诚字,宋李邦直始谓不欺之谓诚,徐仲车谓不息之谓诚,至程子则曰无妄之谓诚。朱子又加以真实二字,诚之说尽矣。《六经》言诚,自商书始,书但言鬼神享人之诚,而中庸直言鬼神之诚,其旨微矣。鬼神者造化阴阳之气,诚者所以为造化,阴阳之理也。实有是理,则实有是气,其体甚微,其用甚显。夫鬼神无形无声,于天下之物,如之何其体之;于天下之人,如之何其使之。显然一至诚之不可掩如此也。凡物之始终,莫非阴阳合散之所为。而阴阳合散,莫非真实无妄之理。后世此理不明,有黩鬼神于佛老,而竟为淫祀。以邀福者,

---

① 【原文】"How great is the manifestation of their abstruseness! Whilst displaying their sincerity, they are not to be concealed."
【译注】语出《中庸·鬼神之为德第十五》。
② 【译注】元代胡炳文撰。此书以赵顺孙《四书纂疏》及吴真子《四书集成》来阐释朱子的绪论。而尚有与朱子之说相悖者,因重为刊削,并附以己说,撰成此编。
③ 【译注】《四书章句集注》是集《大学》、《中庸》、《论语》、《孟子》,是一部儒家理学的名著,为宋代朱熹代表性的著作。

一何怪诞不经至此哉。"①

这段长篇引文有几方面很重要。它发展了"诚"的概念，与屡次提到的"次序之理"是一个意思。然而，这个术语仅以一种简明而本然的意思，即以"人之诚"出现在《六经》（six classics）之中，但作者会在《中庸》中提到它，孔子把这个词当作"奥义"（recondite signification）。但经过汉代和以后十多个王朝，即自孔子以后的16个世纪中，这个词都没能为人深入理解，直到宋哲的兴起。还不止如此。从这段文字中，我们还可以获知灵体（spirits）的一般含义同于佛老（the Buddhists and Taouists）对灵体的理解，也就是说他们和我们一样，也认为灵体是一种无形的、主动的、有能力的存在，直到这些宋哲打破这一局面。作者宣称这个含义荒诞不经，但这种荒诞不经全都是他自己的想法，他认为它们只不过是主动–受动的第一实体的伸归，或说仅仅是气的伸归。我并不是说这些哲人总是一贯使用鬼神和神这种观念。他们前后不一，在尝试阐释至高之灵——

---

① 【原文】"Sincerity is the hinge of the entire book of the *Chung - yung*, and we find it for the first time in this chapter. *The scholars of the Han dynasty were all ignorant of its meaning.* Le Pang - chih of the Sung dynasty first explained it as meaning 'freedom from all deception.' Seu Chung - keu explained it by 'ceaselessness.' Afterwards, the philosopher Ching said that it meant 'no falsehood.' Choo He added that it meant 'truth and reality' — and thus the meaning of the word was exhausted. In the six *king*, this word 'sincerity' first occurs in the *Shoo - king* in the book of *Shang*, but it is there only said, The *kwei - shin* enjoy the sincerity of men? The *Chung - yung*, however, speaks of the sincerity of the *kwei - shin*; — the meaning of which is recondite. The *kwei - shin* are the producing and transforming active - passive primordial substance; sincerity is the principle of order, according to which the active - passive primordial substance produces and transforms. Let there really be this principle of order, then there is this primordial substance — of nature very recondite, but action very manifest. The *kwei - shin* have neither form nor sound — how is it that they enter into every thing under heaven? How is it that they cause each man in the empire to be properly adjusted, &c.? Plainly it is, because the impossibility of this one thing — perfect sincerity — to be concealed is so great. The beginning and ending of all things is invariably caused by the union and dispersion of the active and passive primordial matter, which union and dispersion again are certainly from the principle of order, true and sincere, without falsehood. *After ages did not understand this principle, but took the idea of the kwei - shin from the Buddhists and Taouists, and so proceeded to the practice of superstitious sacrifices in order to solicit happiness. To such monstrous, strange, and unclassical practices could they come!*"

上帝——品性的时候,他们也前后不一。但令人非常惊讶的是,文惠廉博士和其他几位怎么会自鸣得意于无神论者对祂的解释呢,就更不必说对神荒唐而孜孜不倦的研究了。如果从通篇来看,在我们查考汉语中与 God 相对应的名称的时候,尽管文中说到它们只表示"太极"、"理"、"次序之理",但 God 即便不取至高主宰这个意思,也不【22】应该用 spirit 来指代,所争辩的只是哪个词表示二气的聚合与离散、出于外和行于内吗?这便是我们的 God 吗?

(六)理学家的思考从未影响中国宗教的建立,也没有影响民众的信念。根据他们的自述,他们的信条是在当时盛行的思维方式基础上新创的,而且自从朱熹出版他那卷帙浩繁的著作以来,尽管一些有学之士可以在他们的研究中思考他关于上帝和神神秘化的论述,但无论在朝野大臣中还是在广大民间,前者依旧作为"真正的"**神**,后者依旧作为"真正的"灵。这个证明已经在《中国宗教》的展示中列举过了,与文惠廉博士引自刘应和马礼逊博士的表述不同。撇开宋哲的学说,在上述评论之后,我敢再说一次,文惠廉博士所诉诸的学说是欠妥的。如果宋哲的学说与那些用上帝表示 God 的人是敌对的话,那么他们的学说就会与那些用神表示 God 的人士更加敌对。

诉诸于中国国教的意义

第三,为了驳斥上帝就是真 **神**这个主张,文惠廉博士诉诸于两种对中国国教的阐述,一种是出自刘应的,一种是出自马礼逊博士的,并附以多种自己的评述与解说。

"从他们的记述中,"他说,"没人会认为中国人是真**神**的敬拜者;我们也不该这样想,而在读过这些记述之后,我们可能会反对这种看法:国君与同他一起参与敬拜的人,对我们基督徒称为 God 的这位存在浑然无觉。"

诚然,如果他们的记述是真的,我和其他同僚就必须放弃对这部分我们所坚持的依据。但他们实在是大错特错。而我对他们的责任也不小。因着他们的缘故,就必须以契合的资料考察中国宗教,我发现了一些让我始料不及的证据,这让我非常高兴,让我确信绝大多数中国人并不缺乏对 God 的认知。

我想,我们主题的这一部分是最为重要的。文惠廉博士也会这么想。他手头上的这两种描述一直保留到最后,并以这两种描述确定他之前所得出的结论。实际上,他从刘应那里得到的建议是最好的——

"中国人确实先于其他民族关切并准确地记录了它们的历史。除了我们通常所说的历史之外,对于万事万物,他们还做了详尽的历史记述,在这些记述当中,宗教首当其冲。

"每个王朝都有其宗教史。因此,只要不是徒然地质疑他们的经典作品和分列的篇集,便不难从历史中、从每个王朝关于宗教既定的观念中收集资料,并最终确定中国人的宗教是否是真**神**的宗教。" 【23】

每个人必定都会承认这个建议是好的,而且如果证据决定着传教士的分歧和争端,那么接下来的这个忠告就必定会以某种方式解决这场争端。让我用两种评论来介绍我在那样做的时候发现的结果。

首先,读者要牢记,问题恰恰不是文惠廉博士引用刘应的话来确

141

中国人关于神与灵的观念
The Notions of the Chinese concerning God and Spirits

定中国人的宗教是否是真 神①的宗教。我不再提那个问题了。我的论点是中国人有对真 神的认知，而且他们所敬拜的至高存在（the highest Being）与我们所敬拜的其实一模一样。但是，他们不单单是敬拜祂；除了敬拜祂之外，他们还敬拜多种存在，他们对 God 的认知与许多迷信及荒唐的想法连在一起。文惠廉博士如何回答这一问题呢？罗马天主教是真 神的宗教吗？他极有可能会说：不是，他们有的只是极度的败坏。有一个与中国人的宗教相似的问题，我对这个问题的回答也是一样的。我不是去证实它，但我确信其中有对真 神的认知与敬拜。

其次，阐明中国人的宗教，看似是一项永无休止的工作，就如中国王朝历史（二十个多个朝代，四千多年）中记述下来的。其实不必那么辛劳地去查考每一个朝代的内容，因为任何一个王朝在许多方面都可以代表其他王朝。

"别以为，"紧接着刚才的引述，刘应说道，"当今中国人的宗教不同于古代中国人的宗教，因为即便宗教一代代地在地点上、时间上和形式上有所革新，但其原则性的事却都依旧遵循古代仪式而践行。当今（Nowadays），如同在其他时代一样，他们祭天，祭地，祭河，祭祖等等。如今（Now‐a‐days），古代很多仪礼仍在使用，除少数人以外，这些人已经从漫无目的中转变了，但人们认为他们不赞成古代传统，连与此相关的看法都不同。"他补充道，"诚如我们已经说过的，有必要废除向五帝（five Shang‐Tes）献祭，大明王朝已经废止了向五帝献祭，而如今的大清王朝正一步步地跟随着前者，继承先统。"

---

① 【原注】刘应的文本是，"…de decider enfin si la religion des Chinois est la religion des adorateurs du vrai Dieu." 有个致命的疏漏不幸地出现在他的引文中。文惠廉博士忽视了 "des adorateurs"。这个疏漏在此不会造成很大伤害。但在其他地方，就会让人觉得非常遗憾了。

142

第一章　中国人认识真神，他们的宗教就是一神教

　　因此，我们的路径就明晰了，我会从《大明会典》① 中引出一些祈祷文和赞美诗，并附带一些注释，这些注释将会传达出中国人宗教的正确观念是什么，而且会在其中专门说说那位存在，祂在中国是敬拜的至高对象。之后，我会在其他几点中，认真思考一下明朝对之前朝代的敬拜所作出的改变。

【24】

　　中国民间的宗教敬拜主要是祭祀。但没有出现与其有关的挽回祭②（propitiation）概念。在祈求与感恩的同时，他们会奉献，而奉献仅

---

① 【原文】The Collected Statutes of the Ming Dynasty.
② 【译注】"挽回祭"，是基督教信仰中极为重要的一个概念，其涵义是说，**神**愤怒，要因为人的献祭、祷告、认罪与立约，得到平息，**神**便不再追讨人的罪恶与过犯。在《圣经·旧约》中，挽回祭常用于赎罪祭与赎愆祭有关的事上，比如《圣经·旧约·利未记》5:16~18，"他要为在圣物上的疏忽赔偿，另外加五分之一，把这些都交给祭司。祭司要用赎愆祭的公绵羊为他赎罪，他就蒙赦免。若有人犯罪，在任何事上犯了一条耶和华所吩咐的禁令，他虽不察觉，仍算有罪，必须担当自己的罪孽。他要牵羊群中一只没有残疾的公绵羊，或照所你所估定的价值，给祭司作赎愆祭。祭司要为他赎他因不知道而无意中所犯的罪，他就蒙赦免。"14:19~20，"祭司要献赎罪祭，为那从不洁净中得洁净的人赎罪，然后宰燔祭牲，祭司要把燔祭和素祭献在坛上，祭司要为他赎罪，他就洁净了。"挽回祭常用在与平安祭及赎愆祭有关的事上，如《圣经·旧约·以西结书》45:15~17，"从以色列水源丰沛的草场上，每二百只羊中要献一只羔羊。这可作素祭、燔祭、平安祭，来为民赎罪。这是主耶和华说的。……王的本分是在节期、初一、安息日，就是以色列家一切的盛会，奉上燔祭、素祭、浇酒祭。他要献上赎罪祭、素祭、燔祭和平安祭，为以色列家赎罪"。挽回祭常以动物的血来代表生命，献于祭坛上，以便成为以色列百姓的挽回祭，如《圣经·旧约·利未记》17:11，"因为动物的生命是在血中。我把这血赐给你们，可以在祭坛上为你们的生命赎罪；因为血就是生命，能够赎罪。"《圣经·旧约·出埃及记》29:33，"他们要吃那些用来赎罪之物，好承接圣职，使他们分别为圣。外人不可吃，因为这是圣物。"在《圣经·新约》中，人类的罪恶，使其在**神**的面前受刑罚，因为**神**的忿怒与咒诅，直接的临到人类身上，唯有借着**基督**的救赎，才能够在**神**的面前称义，如《圣经·新约·罗马书》1:18, 28，"原来，**神**的愤怒从天上显明在一切不虔不义的人身上，就是那些行不义压制真理的人。……他们既然故意不认识**神**，**神**就任凭他们存扭曲的心，做那些不该做的事"。3:25~26，"**神**设立**耶稣**作赎罪祭，是凭**耶稣**的血，借着信，要显明**神**的义；因为祂用忍耐的心宽容人先前所犯的罪，好使今时显明祂的义，让人知道祂自己为义，也称信**耶稣**的人为义。"因为全人类都得罪了**神**，以致**神**的愤怒与刑罚临到人类，唯一能使**神**消除他的怒气与处罚，就是借着祂自己所预备的挽回祭——**耶稣基督**，如《圣经·新约·约翰一书》1:18，"**神**差祂独一的儿子到世上来，使我们借着祂得生命；由此，**神**对我们的爱就显明了。不是我们爱**神**，而是**神**爱我们，差祂的儿子为我们作了赎罪祭；这就是爱。"**耶稣基督**来到世界的目的，就是要成为人类的大祭司，为罪人的罪献上挽回祭，如《圣经·新约·希伯来书》2:17，"所以，祂凡事应当与祂的弟兄相同，为要在**神**的事上成为慈悲忠信的大祭司，为百姓的罪献上赎罪祭。"《圣经·新约·约翰一书》2:2~3，"祂为我们的罪作了赎罪祭，不单是为我们的罪，也是为普天下人的罪。我们若遵守**神**的命令，就知道我们确实认识祂。"

143

仅是出于责任与感恩。不同的朝代中，祭祀一直被划分为三个等次——大祭、中祭和小祭①。明朝初期，在第一等级敬拜之下的，是郊祭②，向皇室宗祖③献祭，向社稷献祭④，向神农氏⑤献祭。紧随最末的献祭之后，祭祀降为第二等级的敬拜，它还包含向山神河神献祭，向前朝英主献祭，向孔子献祭，向旗纛⑥献祭，自嘉靖⑦（Kea-tsing）以来，又祭日月，祭天地之神。向所有其他灵明献祭都属于第三等级或最低等级的祭祀。明朝，还有历朝历代，大祭的第一项侍奉一直都是郊祭或其他祭祀。我说到这项侍奉时既用了单数，也用了复数。人们认为最重要的部分是两至日的郊祭：在冬至日，专为统辖于天的冬藏之力（the presiding Power）献祭；在夏至日，向让土地生发

---

① 【译注】《周礼·天官·酒正》有云："凡祭祀，以法共五齐三酒，以实八尊。大祭三贰，中祭再贰，小祭一贰，皆有酌数。"郑玄注："大祭，天地；中祭，宗庙；小祭，五祀。"
② 【译注】《礼记·郊特牲》曰："郊之祭也，迎长日之至也。"
③ 【译注】原文为 the Imperial Ancestors。
④ 【译注】原文为 the spirits presiding over the land and grain。直译为："掌管土地与谷物之灵明"。《周礼·小宗伯》云："掌建国之神位，右社稷，左宗庙。"社稷即国家。"社"指土地神，"稷"指谷类作物粟，亦指农作物之神后稷。故此处译为"社稷"。
⑤ 【译注】原文为 the inventor of husbandry。直译应为"农耕的发明者"，农耕的发明者即神农氏。故此处译为"神农氏"。神农氏，汉族神话人物，有文字记载的出现时代在战国以后。被世人尊称为"药王"、"五谷王"、"五谷先帝"、"神农大帝"等。华夏太古三皇之一，传说中的农业和医药的发明者，他遍尝百草，教人医疗与农耕。也因为这两项重要贡献，为掌管医药及农业的神祇，不但能保佑农业收成、人民健康，更被医馆、药行视为守护神。传说神农氏的样貌很奇特，身材瘦削，身体除四肢和脑袋外，都是透明的，因此内脏清晰可见。神农氏尝尽百草，只要药草是有毒的，服下后他的内脏就会呈现黑色，因此什么药草对于人体哪一个部位有影响就可以轻易地知道了。后来，由于神农氏服太多种毒药，积毒太深，终致身亡。有关"三皇五帝"的内容，详见本书第49页（原页码）注释。
⑥ 【译注】原文为 the standard。在《大明会典》中，有一篇向旗纛之神的祈祷文：——"皇帝遣具官某致祭于旗纛之神，维神之灵，实壮威武，适当岁暮，礼宜时祀。敬陈牲醴，神其鉴之，尚享。"参本书158~159页（原页码）。
⑦ 【译注】嘉靖，出自《尚书·无逸》中"嘉靖殷邦"之语。嘉靖（1522年~1566年）是明世宗的年号。明世宗朱厚熜（1507年~1567年），明朝第十一位皇帝，明宪宗庶孙，明孝宗之侄，明武宗堂弟，兴献王朱祐杬次子。由于武宗死后无嗣，因此张皇太后（明武宗的母亲）和内阁首辅杨廷和决定，由近支的皇室、武宗的堂弟朱厚熜继承皇位。嘉靖四十五年（1566年）驾崩，终年六十岁。庙号世宗，谥号钦天履道英毅圣神宣文广武洪仁大孝肃皇帝，葬于北京明十三陵之永陵。

第一章　中国人认识真神，他们的宗教就是一神教

之力①（同一种力）献祭。然而，有时郊祭会增加为四项，甚至是六项；而在其他一些时候，这些郊祭被归结为一项。当郊祭被一分为二或一分为多的时候，无人否认最大的郊祭即冬至日的郊祭，要在京城南郊，圜丘坛②上向上帝献祭。我们只能在那个场合献上祷告，并以赞美为祭，以此来认识中国人所思量的那位存在是谁。

一篇向上帝的祈祷文

向上帝之灵献祭的方法是借着祷告，以下是祈祷文的格式，直到嘉靖十七年，出现了一个变化，很快我就会让人注意到这个变化："仰惟玄造兮，于皇昊穹；时当肇阳兮，大礼钦崇。臣惟蒲柳兮，蝼蚁之衷；伏承眷命兮，职统群工。深怀愚昧兮，恐负洪德；爰遵彝典兮，勉竭微衷。遥瞻天阙兮，宝辇临坛；臣当稽首兮，祇迓恩隆。百辟陪列兮，舞拜于前；万神翊卫兮，以西以东。臣俯伏迎兮，敬瞻帝　【25】

---

① 【译注】原文为 the same Power as causing the earth to bring forth and bud。
② 【译注】原文为 a round altar。圜丘坛，是皇帝冬至日祭天的地方，故又称"祭天台"、"拜天台"。始建于明嘉靖九年（1530 年），按照南京式样建造，用蓝色琉璃砖砌成。清乾隆十四年（1749 年）扩建，栏板、望柱改用汉白玉，坛面铺石用artic青石。坛为露天三层圆形，象征天。古代把一、三、五、七、九单数称为"阳数"，又叫"天数"，而九则是阳数之极。所以，圆丘的层数、台面的直径、墁砌的石块、四周的栏板均用天数，表示天体至高至大。坛圆形三层，最高一层台面直径是九丈，名"一九"；中间一层十五丈，名"三五"；最下一层二十一丈，名"三七"。第一层台面中央嵌一块圆形石板，叫"天心石"。站在天心石上高呼，回音很大，好似一呼百应。四周围绕有九重石块，第一圈是九块扇形板，为一重；第二圈十八块，为第一圈的倍数，尔后依次按九的倍数递加，至第九圈为八十一块，称九重。每层四面有台阶，各九级。一层栏板七十二块，二层一百零八块，三层一百八十块，共三百六十块，正合周天三百六十度。

145

中国人关于神与灵的观念
The Notions of the Chinese concerning God and Spirits

御；愿垂歆鉴兮，拜德曷穷。"①

在这篇祈祷文中，我们发现中国的皇帝——在他自己的观念中，万民皆臣服于他，他乃人中之龙（the greatest of men）——在上帝面前则俯伏于地，承认他所受的重大信任、他所执掌的巨大政权皆由祂而来，他是祂的奴仆，尽管他自觉不配蒙其垂青。用上帝替换 God 之名，一方面所有言及祂的事都是真的，另一方面所有帝王言其己身的事都极为令人钦佩。然而，在这个祷告中有个特别之处，我希望这个特别之处能引起人们的注意：在上帝和其他所有的神，或是像我译这个词为 spirits，在二者之间要做个区分。他们是祂的护卫和随从。就如万千圣者伴随耶和华从巴兰山而来（《申命记》33:2②）——又如在万千使者中，祂自显己身于西奈山上（《诗篇》68:17③）——所以中国人也相信，当上帝降临，接纳由帝王所献上的敬拜时，祂有万千灵明随之而来。祂不是其中之一，尽管祂是"一位灵"。

这个特别之处，在我接下来呈上的一篇出色的文章中会非常明晰。嘉靖十七年，他在敬拜上帝的称呼上引入一个变化。在先前的统

---

① 【原文】"To Thee, O mysteriously-working Maker, I look up in thought. How imperial is the expansive arch, (where Thou dwellest.) Now is the time when the masculine energies of nature begin to be displayed, and with the great ceremonies I reverently honour Thee. Thy servant, I am but a reed or willow; my heart is but as that of an ant; yet have I received Thy favouring decree, appointing me to the government of the empire. I deeply cherish a sense of my ignorance and blindness, and am afraid lest I prove unworthy of Thy great favours. Therefore will I observe all the rules and statutes, striving, insignificant as I am, to discharge my loyal duty. Far distant here, I look up to Thy heavenly palace. Come in Thy precious chariot to the altar. Thy servant, I bow my head to the earth, reverently expecting Thine abundant grace. All my officers are here arranged along with me, joyfully worshipping before Thee. All the spirits accompany Thee as guards, (filling the air) from the East to the West. Thy servant, I prostrate myself to meet Thee, and reverently look up for thy coming, O Te. Oh that Thou wouldest vouchsafe to accept our offerings, and regard us, while thus we worship Thee, whose goodness is inexhaustible!"
【译注】文出《明史·卷六十二·志第三十八·乐二》。
② 【译注】《圣经·旧约·申命记》33:2，"他说：耶和华从西乃来，从西珥向他们显现；从巴兰山发出光辉，从万万圣者中来临，从祂右手向他们发出烈火的律法。"
③ 【译注】《圣经·旧约·诗篇》68:17，神的车辇累万盈千；主在其中，好像在西乃圣山一样。

第一章　中国人认识真神，他们的宗教就是一神教

治时期，祂作为昊天（Haou T'een）的附名——昊天上帝（Haou T'een Shang - Te），"上帝居于光耀之天；"嘉靖改昊天为皇天（Hwang T'een）——皇天上帝（Hwang T'een Shang - Te）。"上帝居于至高之天。"这种称号上的改变或许难以称之为革新。我们关于中国人敬拜的最早描述中——舜①（Shun）的敬拜——提到过上帝并无任何附名。其次，在经典中我们发现皇上帝（Hwang Shang - Te），皇天，昊天上帝还有其他一些变化。嘉靖采纳的这种形式已为当今的大清王朝②奉行。做出这种改变之际，两至日献祭的仪礼开始施行，祷告诗和赞美诗开始颂唱，其中奉献上升到非常高的位置，读者很快就会感受到这点。典礼的前六天，皇帝以及列位臣工，在圜丘坛前献上我提过的祷告文。其文如下：

【26】

"大明嗣天子御名谨文移告于大明之神。

夜明之神。

五星列宿周天星辰之神。

云雨风雷之神。

周天列职之神。

五岳五山之神。

五镇五山之神。

基运翔圣神烈天寿纯德五山之神。

---

① 【译注】舜，传说中的远古帝王，五帝之一，姓姚，名重华，号有虞氏，史称虞舜。相传他的父亲瞽叟及继母、异母弟象多次想害死他：让舜修补谷仓仓顶时，在谷仓下纵火，舜手持两个斗笠跳下逃脱；让舜掘井时，瞽叟与象却下土填井，舜掘地道逃脱。事后舜毫不嫉恨，仍对父亲恭顺，对弟弟慈爱。他的孝行感动了天帝。舜在历山耕种，大象替他耕地，鸟代他锄草。帝尧听说舜非常孝顺，有处理政事的才干，把两个女儿娥皇和女英嫁给他；舜为四部落联盟首领，经过帝尧多年观察和考验，舜以受帝尧的"禅让"而称帝于天下，国号"有虞"。舜登天子位后，去看望父亲，仍然恭敬敬敬，并封象为诸侯。

② 【译注】原文为Tartar dynasty，直译应为"鞑靼王朝"，清王朝为女真族建立，汉人蔑称清人为"鞑子"，根据the present，因此译为大清王朝。

147

中国人关于神与灵的观念

The Notions of the Chinese concerning God and Spirits

四海之神。

四渎之神。

际地列职祇灵。

天下诸神。

天下诸祇。

戊戌太岁之神。

十月神将直日功曹之神。

郊坛司土之神。曰、朕祇于来月朔旦、躬率臣民、上尊皇天上帝泰号。仰高玄九重、预告于诸神众祇。烦为朕运尔神化。昭尔灵显。通朕微衷于上帝。祈赐允鉴之慈。

享朕钦荐之号。为此文告。

[27] 　　神宜悉知。谨告。"①

---

① 【原文】"A. B., the inheriting Emperor of the Great Illustrious dynasty, has seriously prepared a paper to give information to //The spirit of the Sun (lit. the great light); // The spirit of the Moon (lit. the nightly light), // The spirits of the five planets, the constellations of the zodiac, and of all the stars in all the heaven; //The spirits of the clouds, the rain, wind, and thunder; // The spirits which have duties assigned them throughout the whole heavens; //The spirits of the five hills — the mountains; //The spirits of the five hills — the guardians; // The spirits of the five hills, Ke‑yun, Tseang‑shing, Shin‑lëe, T'een‑show, Shun‑tih; //The spirits of the four seas; //The spirits of the four great rivers; // The intelligences, which have duties assigned to them upon the earth; // All the celestial spirits under heaven; //All the terrestrial spirits under heaven; // The spirit presiding over the present year; //The spirit ruling the tenth month, and the spirits over every day; // And the spirit in charge of the ground about the border‑altar; —On the first day of the coming month, We shall reverently lead our officers and people to honour the great name of Shang‑Te, dwelling in the sovereign heavens, looking up to that nine‑storied lofty azure vault. Beforehand, we inform you, all ye celestial and all ye terrestrial spirits, and will trouble you, on our behalf, to exert your spiritual influences, and display your vigorous efficacy, communicating our poor desire to Shang‑Te, and praying Him mercifully to grant us His acceptance and regard, and to be pleased with the title which we shall reverently present. // For this purpose we have made this paper for your information. // All ye spirits should be well aware of it. Ye are seriously informed."

【译注】文出《大明会典·卷之八十二》。

一切神作为仆役

在上文中，我们可以看到，皇帝是如何向神说话的，正如他向其臣民所做的那样。在他向上帝的所有陈辞中，他自称为臣①，"奴仆或臣民"，但他却以权威性的朕②向其臣民说话，这与英文中的 WE③ 是一样的。他实则为百神之主④，只有对上帝，他才承认他的卑微和顺服。这篇文献应该会解决上帝和神之间的差异这一问题。从资料中，我们看到皇帝敬拜一神，许多其他的属灵存在都在祂之下，从属于祂。话不能再确定、再精确了。上帝在敬拜者面前凸显其独一性。有种变化出现在向祂陈述的通用格式中。随着这种改变，皇帝到祂面前来做什么？他为了亲近祂而准备，通过呼求神的中保（the mediation）——不是一个，也不是几个，而是所有天地之灵明。谁能当面告诉我们，上帝仅仅是其中一位神？在祂与神与人之间划出一条宽宽的分界线，就如在《圣经》中、在 God 和其他存在之间划一条线，宣称祂是一位 spirit，但却高举祂超于万有——无论是灵（spirits）还是人。

这些颂歌用在敬拜仪式中，前文中宣告的是这些仪式的引言，现在我就将这些颂歌引述出来。这种颂歌出现在很多诗章中，现在作为颂词与祷文。我已深思熟虑过，我会连同每首颂唱诗歌的背景一起，全部列出。我希望读者记住，要公正地审视中国人的敬拜，不一定非得拿他们的敬拜与新教简单的仪礼作对比。但他必须愿意将自己的心

---

① 【原文】shin。
② 【原文】Chin。
③ 【译注】国王、女王或教皇自称的时候用 WE。
④ 【原文】their lord。

149

中国人关于神与灵的观念
The Notions of the Chinese concerning God and Spirits

【28】连同用在祭坛上的圣香和燔祭、还有陈设饼带到所罗门的圣殿。让他也想想有时出现在犹太人敬拜当中的舞蹈吧，还有歌者和演奏者，各种各样的献祭，以及从土产中献给主的初熟的果子。①

几篇向上帝的祈祷文

曲一：迎帝 神（中和之曲）②

于昔洪荒之初兮，混蒙。五行未运兮，两曜未明。其中挺立兮，有无容声。神皇出御兮，始判浊清。立天立地立人兮，群物生生。③

曲二：升册表（元和之曲）

帝辟阴阳兮，造化张。神生七政兮，精华光。圆覆方载兮，兆物康。臣敢只报兮，拜荐帝曰皇。④

---

① 【译注】在《圣经》摩西五经中有很多奉献要求以色列民将初熟的土产或果子献给耶和华 神。亦可参见《圣经·旧约·尼希米记》10:35，每年我们又将地上初熟的土产和各样树上初熟的果子，都奉到耶和华的殿里。
② 【译注】译者直接引述《大明会典·卷之八十二》对应之文的篇名及内容，下同。
③ 【原文】Of old in the beginning, there was the great chaos, without form and dark. The five elements had not begun to revolve, nor the sun and the moon to shine. In the midst thereof there existed neither form nor sound. Thou, O spiritual Sovereign, camest forth in Thy presidency, and first didst divide the grosser parts from the purer. Thou madest heaven; Thou madest earth; Thou madest man. All things with their re‑producing power, got their being.
④ 【原文】O Te, when Thou hadst separated the Yin and the Yang (i. e. the heavens and the earth), Thy creating work proceeded. Thou didst produce, O Spirit, the sun and the moon and the five planets, and pure and beautiful was their light. The vault of heaven was spread out like a curtain, and the square earth supported all on it, and all things were happy. I, Thy servant, venture reverently to thank Thee, and, while I worship, present the notice to Thee, O Te, calling Thee Sovereign.

曲三：奠玉帛（休和之曲）

帝垂听兮，义若亲。子职庸昧兮，无由申。册表荷鉴兮，泰号式尊。敬陈玉帛兮，燕贺洪仁。①

曲四：进俎（豫和之曲）

大筵弘开，欢声如雷。皇神赐享，臣衷涓埃。大鼎炮烹，肴馐馨裁。帝歆兮，兆民之福。臣感恩兮，何如幸哉。②

【29】

曲五：初献（寿和之曲）

大高降恩鉴，微情何以承。臣愚端拜捧瑶觥，坚寿无极并。③

曲六：奏祝（景和之曲）

帝皇立命兮，肇三才。中分民物兮，惟天遍该。小臣请命，用光

---

① 【原文】Thou hast vouchsafed, O *Te*, to hear us, for Thou regardest us as a Father. I, Thy child, dull and unenlightened, am unable to show forth my dutiful feelings. I thank Thee, that Thou hast accepted the intimation. Honourable is Thy great name. With reverence we spread out these gems and silks, and, as swallows rejoicing in the spring, praise Thine abundant love.
② 【原文】The great feast has been set forth, and the sound of our joy is like thunder. The Sovereign Spirit vouchsafes to enjoy our offering, and my heart feels within me like a particle of dust. The meat has been boiled in the large caldrons, and the fragrant provisions have been prepared. Enjoy the offering, O *Te*, then shall all the people have happiness. I, Thy servant, receiving Thy favours, am blessed indeed.
③ 【原文】The great and lofty One vouchsafes His favour and regard; all unworthy are we to receive it. I, His simple servant, while I worship, hold this precious cup, and praise Him, whose years have no end.

151

帝陪。庶永配于皇穹哉。①

曲七：亚献（太和之曲）

群生总总兮，悉蒙始恩。人物尽囿兮，于帝仁。群生荷德兮，谁识所从来。于惟皇兮，亿兆物之祖真。②

曲八：终献（永和之曲）

宝宴弘，玉几凭。琼液升，乐舞翻，协气凝。民物礽，臣衷蹇蹇兮，报无能。③

曲九：撤馔（咸和之曲）

---

① 【原文】When Te, the Lord, had so decreed, He called into existence heaven, earth, and man. Between (heaven and earth) He separately disposed men and things, all overspread by the heavens. I, His unworthy servant, beg His (favouring) decree, to enlighten me His minister — so may I for ever appear before Him in the empyrean.
② 【原文】All the numerous tribes of animated beings are indebted to Thy favour for their beginning. Men and things are all emparadised in Thy love, O Te. All living things are indebted to Thy goodness, but who knows from whom his blessings come to him. It is thou alone, O Lord, who art the true parent of all things.
③ 【原文】The precious feast is wide displayed; the gemmeous benches are arranged; the pearly wine is presented; — with music and dances. The spirit of harmony is collected; men and creatures are happy. The breast of His servant is troubled, that he is unable to express his obligations.

太奏既成，微诚莫倾。皇德无京，陶此群生①。巨细幪帡，刻小臣之感衷兮，囷罄愚情。实弘涵而容纳兮、曲赐生成。②

【30】

曲十：送帝 神（清和之曲）

---

① 【原注】"陶此群生。"与中国人谈论 God 的时候，这似乎是一种最受人喜爱的方式。文惠廉博士从朱熹作品的那一章中引了许多文字，其中有两篇引文最长，很不幸的是其中一篇引文中间有部分内容被他忽略了。那段文字是，"可可问：'大钧播物，还是一去便休，也还有去而复来之理？'曰：'一去便休耳，岂有散而复聚之气！'"［译按：语出《朱子语类·卷一·理气上》，理雅各的英文为：K'o - ke asked, When the great Framer sowed (the seeds of) things, did He go out once and then cease? Or did He go and come repeatedly? I answer, He went out once, and then ceased. How should there have been an exhaustion of energy, and then a recollection of it?］在《康熙字典》钧（Keun）这个字下面，我将之译为 Framer（构造者），有人问我们贾谊的一篇文章［译按：指贾谊的《鹏鸟赋》，文中有言："云烝雨降兮，纠错相纷；大钧播物兮，坱圠无垠。天不可虑兮，道不可与谋；迟速有命兮，焉识其时？"］，贾谊是汉文帝（A. C. 174 年～151 年，译按：理雅各此处的记录有误，汉文帝生于公元前 202 年，卒于公元前 157 年，公元前 180 年即位，在位 23 年）间的政治家，将大钧（Ta - keun）或构造者解释为天。贾谊的记载出现于《汉书》第 27 卷。那篇文章会让人想起可儿的问题：大钧播物，坱圠无垠。［译按：理雅各的英文为：Framer sowed the seeds of things, atoms scattered abroad without limit.］唐朝初期的一位作家颜师古（Gan Sze - koo）附了一条评论，"今造瓦者谓所转者为钧，言造化为人，亦犹陶之造瓦耳。"［译按：颜师古（581 年～645 年），字籀，出生于京兆万年（今陕西西安）。齐国门侍郎颜之推之孙，唐代经学家、历史学家。贞观四年（630 年）唐太宗诏颜师古于秘书省，考定"五经"，确定楷体文字，撰成《五经定本》，房玄龄诸儒对此书大加论议，师古"辄引晋、宋已来古今本，随言晓答，援据详明，皆出其意表，诸儒莫不叹服。"后奉太子李承乾之命注释《汉书》。颜师古注《汉书》时，曾指出二十七卷本"非今所有家语"。理雅各引述的评论选自颜师古注释的《汉书·卷四十八·贾谊传第十八》，理雅各的引文全句为："万物回薄，震荡相转。云烝雨降，纠错相纷。大钧播物，坱圠无垠。"颜师古注释为如淳曰：'陶者作器于钧上，此以造化为大钧也。'应劭曰：'其气坱圠，靡有限齐也。'师古曰：'今造瓦者谓所转者为钧，言造化为人，亦犹陶之造瓦耳。坱音乌朗反。圠音于黠反。'］那些话不禁会让人想起许多《圣经》中的篇章，如《以赛亚书》中的"耶和华欤，尔乃我父，我若泥涂，尔若陶人，为尔甄造。"［译按：《圣经·旧约·以赛亚书》64:8，"耶和华啊！现在你仍是我们的父！我们是泥，你是陶匠。我们都是你亲手所造的。"］还有一处造人的记载，"耶和华上帝抟土为人，嘘气入鼻，而成血气之人。"［译按：《圣经·旧约·创世纪》2:7，"耶和华 神用地上的尘土造人。"］

② 【原文】The service of song is completed, but our poor sincerity cannot be expressed. Thy sovereign goodness is infinite. As a potter, hast Thou made all living things. Great and small are sheltered (by Thy love). As engraven on the heart of Thy poor servant, is the sense of Thy goodness, so that my feeling cannot be fully displayed. With great kindness Thou dost bear with us, and, notwithstanding our demerits, dost grant us life and prosperity.

153

礼诋册荐兮，皇神垂享。万舞毕举兮，九成已行。帝赐洪庥兮，大我家庆。金鸣玉振兮，声锽锽。群像环佩兮，响玎珰。神人交贺兮，赞帝皇。宝称泰号兮，曷有穷量。永固高厚兮，宰御久常。微臣【31】顿首叩首兮，攸沐恩光。①

曲十一：奉燎（熙和之曲）

瑶简拜书兮，泰号成。奉扬帝前兮，资离明。珍币嘉肴兮，与祝诚。均登巨焰兮，达玄清。九垓四表兮，莫不昂瞻。庶类品汇兮，悉庆洪名。②

文惠廉博士说，"这和证明上帝是 God 相去甚远，（严格意义上来说③，）从所有对他的评论来看（据我目前所知的），他甚至连造物主④都称不上。我恳请理雅各博士特别注意一下这种说法。"我敢说文惠廉博士不会复述那个说法了。我们看到，那么一丁点儿的考究已经充分显明他的主张是无根无据的。用准确的资料探求知识，那么其

---

① 【原文】With reverent ceremonies the record has been presented, and Thou, O Sovereign Spirit, has deigned to accept our service. The dances have all been performed, and nine times the music has resounded. Grant, O Te, Thy great blessing to increase the happiness of my house. The instruments of metal and precious stones have given out their melody. The jewelled girdles of the officers have emitted their tinklings. Spirits and men rejoice together, praising Te, the Lord. While we celebrate His great name, what limit can there be, or what measure? For ever He setteth fast the high heavens, and establisheth the solid earth. His government is everlasting. His unworthy servant, I bow my head, I lay it in the dust, bathed in his grace and glory.

② 【原文】We have worshipped and written the Great Name on this gem – like sheet. Now we display it before Te, and place it in the fire. These valuable offerings of silks and fine meats we burn also, with these sincere prayers, that they may ascend in volumes of flames up to the distant azure. All the ends of the earth look up to Him. All human beings, all things on the earth, rejoice together in the Great Name.

③ 【译注】原文为 proprie。

④ 【译注】原文为 Demiurge。这个词在诺斯替教、摩尼教和其他宗教中，是指创造了物质世界的神明，有时也被视为罪恶的创造者的神明；而在柏拉图哲学中，是那位将物质世界从混沌中创造出来的神明，而并非**基督**信仰中创造世界的那位造物主。

他任何反对用上帝表示 God 的观点都会被剔除。

让人们不偏不倚地思量一下这些圣咏（sacred songs）中的描述吧，我对那种回答毫无顾虑，那种回答又会回到这个问题，"中国人所敬拜的那位，祂是谁？"我们在《耶利米书》中读到，"当告民曰：非造天地之上帝，必亡于天地间。"① 但上帝不在其中。祂造天、造地、又造人②。祂是万有真正的父。祂的事工中满有祂的慈爱③。祂是至高者④，祂的权柄永无穷尽⑤。祂的年岁永无止境⑥，祂的良善没有限量⑦。万千灵明和众人都在祂的掌管之下。他们因祂而欢喜快乐，他们赞美祂的大名⑧，尽管他们不能企及祂的智慧（comprehension），因为祂的智慧是取之不尽用之不竭的，是无法测度的⑨。这便是中国人所坚信的，并且是在其至敬至虔的行为中向上帝的宣告。我相信基督教世界都会同意我的说法，"这位 神就是我们的 God。"

有没有一种对上帝的称谓与此处说到的祂是不一致的吗？有些人

---

① 【译注】《圣经·旧约·耶利米书》10:11，"那些不是创造天地的神明，必从地上、从天下被除灭！"
② 【译注】《圣经·旧约·创世纪》第 1 章和第 2 章，尤其是 1:1，1:26~27 和 2:7。
③ 【译注】《圣经》中述说耶和华 神的慈爱的经文有很多，如《圣经·旧约·诗篇》145:17，耶和华一切所行的，无不公义，一切所做的，都有慈爱。
④ 【译注】《圣经》中述说耶和华是至高的 神的经文有很多，如《圣经·旧约·诗篇》97:9，因为祢－耶和华至高，超乎全地；受尊崇，远超万神之上。
⑤ 【译注】《圣经》中述说耶和华 神的权柄的经文有很多，如《圣经·旧约·诗篇》145:17，祢的国是永远的国！祢执掌的权柄存到万代！耶和华一切的话信实可靠，祂一切的作为都有慈爱。
⑥ 【译注】《圣经》中述说耶和华 神的直到永远的经文有很多，如《圣经·旧约·诗篇》90:1~2，主啊，祢世世代代作我们的居所。诸山未曾生出，地与世界祢未曾造成，从亘古到永远，你是 神。
⑦ 【译注】《圣经》中述说耶和华 神的良善的经文有很多，如《圣经·旧约·诗篇》86:5，主啊，祢本为良善，乐于饶恕人，以丰盛的慈爱对待凡求告你的人。
⑧ 【译注】《圣经·新约·启示录》5:11~13，我又观看，我听见宝座和活物及长老的周围有许多天使的声音；他们的数目有千千万万。大声说："被杀的羔羊配得权能、丰富、智慧、力量、尊贵、荣耀、颂赞。"我又听见在天上、地上、地底下、沧海里和天地间一切所有被造之物，都说："愿颂赞、尊贵、荣耀、权势，都归给坐在宝座上的那位和羔羊，直到永永远远！"
⑨ 【译注】《圣经》中述说耶和华 神的智慧的经文有很多，如《圣经·旧约·诗篇》147:5，我们的主本为大，大有能力，祂的智慧无法测度。

155

说我和其他一些人正在怂恿人将 God 当成偶像敬拜，他们这样说，
[32] "至高主宰和造物者"创造了他们。那些人告诉我们说，"他不过是个中国的朱庇特①"。这似乎是一声难以止息的呐喊。我与他们同去罗马的朱庇特山②，那里有朱庇特像，他端坐在宝座③上，一手执雷电，一手握权杖。4000多年的历史中，中国人可曾造出过一位上帝之像？他们从未造过。我读了一些我的论敌的书，有希腊文的，也有拉丁文的，其中谈到了朱庇特的出生、统治、战争、淫欲和死亡。经过他们的查考，在中国卷帙浩繁的典籍当中，中国人有写过一句话来确定某物与上帝相似吗？他们还没那么做过。我敢说，他们也不能那么做。

论上帝之自有

但这并未表明中国人所宣称的上帝就是自有的（self-existent）。这点仍旧可能成为祂是真 神这一结论的障碍。假设在许多词句中有个命题，它指向未知的结果，而我认为从我提出的篇章中自然会得出这个结论，即上帝是自有的。祂先于天、地、人而存在④。祂造天、造地、造人。祂统管万有。祂的年岁没有穷尽。文惠廉博士告诉我们

---

① 【译注】朱庇特（Iuppiter），是古罗马神话中的众神之王，相对应于古希腊神话的宙斯。他掌管天界，以好色著称，奥林匹斯的许多神明和许多希腊英雄都是他和不同女人生下的子女。他以雷电为武器，维持着天地间的秩序，公牛和鹰是他的标志。
② 【译注】又名卡匹托尔山，是古罗马的七山丘之一。
③ 【译注】原文为 curule chair，是古罗马最高级官员坐的软垫凳。
④ 【译注】参见《圣经·旧约·诗篇》90:1~2，主啊，祢世世代代作我们的居所。诸山未曾生出，地与世界祢未曾造成，从亘古到永远，祢是 神。

说中国人相信有"长生之道"①，即理和气②，次序之理和先存之物。但我们已然在上帝所在之处③见到这理的替代者不是别的，而是宋朝哲人可怜的神秘主义。这是④错谬的哲学奇想，所谓的中国式奇想，亦即中国的宗教，也是中国人的常识，应予摒弃。他们对无望、无意、无为之理⑤一无所知；他们承认这位颁布律令、造化万有、统辖万有的上帝。无神论者有提供给文惠廉博士一条自有的次序之理了吗？皇帝和臣民则提供给我这位自有之 God。

《出埃及记》6:2~3 说，"上帝谕摩西⑥曰：我为耶和华，昔我显现于亚伯拉罕⑦、以撒⑧、雅各⑨，称吾名为全能之上帝，未尝称吾名为耶和华。"⑩我以绝对的信心接纳这一亘古就有的宣告。亚伯拉罕、以撒、雅各，并未借着耶和华——这位自有者——这个名称认识 God。但他们认识真神。谁能确定他们不认识那位自有者呢？然而，

---

① 【译注】原文为 eternally existing principles。
② 【译注】原文为 le and k'e。
③ 【译注】原文为 in the room of Shang-Te。
④ 【译注】原文为句首两词为 It it，显然是排版有误，译者根据上下文判断，原文应为 It is。
⑤ 【译注】原文为 the unwishing, unplanning, nothing-doing le。
⑥ 【译注】摩西，是在《圣经·旧约·出埃及记》中所记载的公元前13世纪时犹太人的民族领袖。按照《圣经·旧约·出埃及记》的记载，摩西受耶和华之命，率领被奴役的希伯来人逃离古埃及前往一块富饶的应许之地。在经历40多年的艰难跋涉，他在就要到达目的地的时候就去世了。在摩西的带领下，希伯来人摆脱了奴役的悲惨生活，学会遵守犹太律法，并成为历史上首个尊奉一神的民族。其生平事迹详见《圣经·旧约·出埃及记》。
⑦ 【译注】亚伯拉罕，原名亚伯兰，是耶和华从地上众生中所拣选并给予祝福的人。同时也是希伯来民族和阿拉伯民族、闪族的共同祖先。根据犹太人的传统记载，亚伯拉罕是拿鹤的孙子、他拉的儿子，其生平事迹详见《圣经·旧约·创世纪》11~25章。
⑧ 【译注】以撒，是《旧约·圣经·创世纪》中的人物，亚伯拉罕的原配撒拉所生的唯一儿子，以扫和雅各的父亲。以撒在原文中的意为喜笑。亚伯拉罕100岁，撒拉90岁的时候，耶和华神对亚伯拉罕有子的许诺令撒拉"因为我和我主都老了"就"笑了"，当孩子出生时，她说神使她喜笑。其生平事迹详见《圣经·旧约·创世纪》。
⑨ 【译注】雅各，后来改名为以色列，是《圣经》里的一名族长，名字意思为"抓住"。他曾用"一碗红豆汤"骗取了哥哥以扫的长子名分，为舅舅拉班劳动超过二十年，以换取妻子拉结。在他与天使摔跤后，被改名为以色列。其生平事迹详见《圣经·旧约·创世纪》。
⑩ 【译注】和合本修订本译文为，"神吩咐摩西，对他说：'我是耶和华。我从前向亚伯拉罕、以撒、雅各显现为全能的神；至于我的名耶和华，我未曾让他们知道。'"

157

这条重要的真理尚未清楚地出现他们的心间让他们知晓，也没有从其他所有关于 God 之真理中分别出来，成为那些真理的根基。他们一直都没有自觉地按着这条真理称呼过祂。但这条真理一直与中国人同在。他们显然认识真 神。我引述过的一首颂歌，人们可以假设它是《创世纪》第一章的组成部分。而就我目前所知道的，他们还没有清晰地领会祂自有这个属性。他们关于上帝的种种观念意味着他们并不理解祂自有的属性。他们将这个观念放在心中，

【33】让它萦绕在心间。当晨曦从高天临到他们时，便会揭示——别无新物，只有未被感知之物①。成为器皿②，激发中国人认识至高者，这是传教士的福分，而且传教士会向他们每个人证明，就像摩西受差遣向以色列的子民所做的那样，"那自有的上帝差派我到你们这里来。"③

我问过是否有一些文章在论述上帝的时候，所采用的方式与以往提出内容所采用的方式不一样，或许会有这类文章存在。我还会进一步问是否有一些文章，其中说到万有都归因于上帝，也归因于任何其他存在，这类文章也可能会有。人们理所当然地认为，引文可以是关于朱庇特的事，包括颂扬朱庇特，就像我们在中国典籍中发现的所有颂扬上帝的事一样，但却比至高《圣经》中对 God 的描述略逊一筹。与他们神明有关的文章也是如此，这些神明出自印度文学。但有两点让中国人可以从其他所有异教民族当中脱颖而出，就是他们对上帝的表述前后是始终如一的，他们从未把任何其他存在推举到近乎于 God 那个位置上。祂始终如一——祂是创造者、至高主宰，祂是圣洁的、

---

① 【译注】《圣经·旧约·传道书》1:9，"已有的事，后必再有；已行的事，后必再行。日光之下，并无新事。"又，英国经验主义哲学家乔治·贝克莱（George Berkeley，1685 年~1753 年）有个著名的哲学命题，"存在即被感知"。
② 【译注】《圣经·新约·提摩太后书》2:21，"人若自洁，脱离卑贱的事，必作为贵重的器皿，成为圣洁，合乎主用，预备行各样的善事。"
③ 【译注】参见《圣经·旧约·出埃及记》3:14。

公义的、良善的。而且没有谁曾与祂"同等或是仅次于"祂。祂所向披靡。如果中国人不常像希腊人和印度人那样涌发诗意般的敬虔，那是因为那种做法有悖于他们实用的、中庸的①本性。但他们并未贬低上帝（the Deity）。他们从未把祂当成与他们一样。他们没有宗派——让一位"宇宙之主"如咸绪奴②（Vishnu）对抗另外一位宇宙之主如湿婆（Shiva）。现在中国人的宗教和 4000 年前的一样，我并不是说它是一种纯粹的一神教，但它确实是一种一神教，还有他们所敬拜的 神，我们从祂的属性得知和我们所敬拜的是同一位，就像祂欣然用许多途径向我们启示祂自己一样。

上帝和神之间的分别，几篇对大明之神、天神和地神的祈祷文

这点我在第 27 页③中已经强调过了，即中国人认为上帝既有别于灵明（spirits），也有别于人（这些存在同样也是祂的仆人），这是我们理解中国宗教观念的重点所在，我还提出一个翻译 Elohim 和 Theos 的论题。让我用引述过的诗篇或颂歌中的第十篇，再次深入地阐释一下这个问题吧。在那些诗歌中，上帝被称为"至高之灵"（Sovereign Spirit），但随后又说，"神人交贺兮，赞帝皇。"任何一位敬拜 God 的基督徒都可以引用这句话，这非但没有混淆上帝和神，反而将祂从他

---

① 【译注】原文为 unenthusiastic，译为非热情的，非激情的，可译为"中和的"，此处译者译为"中庸的"。
② 【译注】又译毗瑟奴或毗湿挐，是印度教三大主神之一，印度教中的守护神。在印度教的神学中，婆罗摩（Brahmā，即梵天）为创造之神，宇宙之主；咸绪奴（Vishnu）为是宇宙与生命的守护神；湿婆（Shiva）乃是三只眼的破坏之神（鬼眼王）。三者皆能自由变化，在印度诸神中处于最高位置。作者在本书的第三章较为详细地介绍印度的各种神祇。
③ 【译注】指原页码。

中国人关于神与灵的观念
The Notions of the Chinese concerning God and Spirits

[34] 们当中清晰地分别出来。事实上，中国人不断地说到神是从属于上帝的一类存在，他们认真地侍奉祂。这种话已经变得老生常谈，"上帝之下有万千灵明，他们受天道以查人心，犹如在帝皇之下有众多臣子，他们都受王道以辖万民一样。"这件事在历朝历代的仪礼侍奉的祷告中广为人知。对大明之神（the spirit of the Sun）的陈述出现在《大明会典》中，现引述如下：

"嗣天子御名谨昭告于大明之神。惟神、阳精之宗。列神之首。神光下照、四极无遗。功垂今昔。率土仰赖。兹当仲春、式遵古典、以玉帛牲醴之仪、恭祀于神。伏惟鉴歆、锡福黎庶。尚享。"①

人们会想起，大明之神是这些神祇中的第一位，嘉靖授命大明之神作为他与上帝的中保。在这些神祇当中，大明之神实际上位居首位，是他们的"头"。有没有更加确切地表明中国人敬拜的上帝与诸神之间的差别呢？大明之神其实只是个神（shin）——至高无上之神②；中国人不再将祂与其他神相混淆，我们也不再将 God 混淆为其他 spirits。我觉得这个话题基本不需要再附加解释了。然而，一些向天神（T'een‑shin）或是天之神（spirits of Heaven）的祷告，还有与地神（Te‑k'e）或地之神（spirits of Earth）的关系，显示出它们正是

---

① 【原文】"A. B., the inheriting Emperor, seriously makes a notification to the spirit of the Sun. Thou, O spirit, art the chief of all the masculine essences; thou art *the head of the various shin*. Thy light shines down (on this lower world), and nothing within the four ends of heaven is hid from it. From ancient days thy meritorious services have been continued to the present; the whole earth looks up and depends on thee. Now, it is the second month of spring; in accordance with the ancient statutes, with gems, silk and animals, I respectfully offer a sacrifice to thee, spirit, and, bowing, desire thee to regard and accept it, and to give happiness to all the people. Mayest thou enjoy this."
【译注】文出《大明会典·卷之八十三》。
② 【译注】此处英文为 the sovereign, the infinite, 但其与至高无上之真 **神**迥然有别，这里所指的只是一种神祇。

160

第一章　中国人认识真神，他们的宗教就是一神教

为那一目的而设的。而且，就像之后所证明的那样，天神这个词可能用于 God，这些祷告会显明这个词用得合宜。这些祷告出自于《大明会典》第 51 卷。第一首是向天神祷告。

"嗣天子御名致祭于云师之神。雨师之神。风伯之神。雷师之神①。惟神、职司云雨。兴布风雷。赞辅上帝。功施生民。今农事告成。以牲醴庶品菲帛之仪、用修报杞。惟神鉴之。尚享。"②

第二首是向地神祷告。

"嗣天子御名致祭于五岳之神。五镇之神。基运山之神。翔圣山之神。神烈山之神。天寿山之神。纯德山之神。四海之神。四渎之神。京畿天下山川之神。惟神、钟灵③毓秀。主镇一方。参赞大化、功被于民。今农事既成。以牲帛醴。齐之仪、用修报祭。神其歆哉。

---

① 【原注】这里说说汉语的措辞吧："云师之神，雷师之神，等等。"云师、雨师、风伯，还有雷师，都是中国人敬拜的对象。但如果 shin 被翻译成 "神祇"，我们便受它们的差遣，到另外四位存在——云师之神及其仆役——那里。shin 在此只能是 "灵"；在这些祷告、这些敬拜的行为当中，并无其他所指。当然，如果曾有 "神祇，诸神" 的意思，那就应该有所指。但实则没有。
② 【译注】A. B., the inheriting Emperor, offers a sacrifice to The spirit of the Cloud – master; The spirit of the Rain – master; The spirit of the Baron of the winds; And the spirit of the Thunder – master: —it is your office, O spirits, to superintend the clouds and the rain, and to raise and send abroad the winds and the thunder, as ministers assisting *Shang – Te*. All the people enjoy the advantages of your services. Now the toils of husbandry are reported to be completed, and with animals, wine, fruits, and coarse silks, I have prepared this grateful sacrifice. Regard it, O spirits. May you enjoy this. 【译注】文出《大明会典·卷之八十五》，下同。
③ 【原注】马礼逊说，"天赐天赋谓之钟灵。"我据此翻译，但并非直译（译按：原文为拉丁文 *ad-literam*，意为"照字面解释"），以此显明依赖于神的观念是如何贯穿于汉语的。

161

【36】尚享"①

第三首还是向天神祷告。

"吉日良辰。祀典式陈。景云甘雨、风雷之神。赫赫其灵。功著生民。参赞元化。宣布苍仁。爱兹报祀。鉴斯藻苹。"②

那些即是天神——帝皇敬拜之对象,乃是 spirits。想用这个词来表示 God 是徒劳的。由它指代的存在,只能是上帝的仆役。祂才是万有的"创造者",是万有的"源头"。

中国人不拜形质之天

根据一些重要的证据,人们主张上帝即是真神,这些证据现在已经摆在读者面前了。通过这些古典著作和一些特别语句的讨论,我

---

① 【译注】A. B., the inheriting Emperor, offers a sacrifice toThe spirits of the five mountains; The spirits of the five guardian – hills; The spirit of the hill, Ke – yun; The spirit of the hill, Tseang – shing; The spirit of the hill, Shin – lee; The spirit of the hill, T'een – show; The spirit of the hill, Shun – tih; The spirits of the four seas; The spirits of the four great rivers; And the spirits of the Imperial domain, and of all the hills and rivers under heaven; —It is yours, O spirits, with your heaven – conferred powers, and nurturing influences, each to preside as guardian over one district, as ministers assisting the great Creator, and thus the people enjoy your meritorious services. Now since the business of the husbandman is completed, with animals, silk, and wine, I have prepared this grateful sacrifice. Be pleased with it, O spirits. May you enjoy this.

② 【译注】On this fortunate day, at this good time, the sacrifice has been set forth in accordance with the statutes. O ye spirits of the bright clouds, and the sweet rain, of the wind and the thunder, how vigorous are your efficacious powers, and all people alive are benefited by your services. Ye are ministers assisting Him who is the original Creator, dispensing the love of Him who dwells above the azure vault. Now, I present a grateful sacrifice. Regard these poor offerings. (*lit.* water plants.)

们已经证明了中国人真正敬拜的是什么。我们诉诸于王朝的史料。对我而言，这个结果让我们很感恩，感谢 神为了自己未尝不显出证据来①，以此改变并使人类家族中的多数人都信服。一些持反对观点的小范围讨论将会进一步展开这些证据，这些反对观点会指向已经确立的结论。即便有人可能会提出貌似有理的依据来质疑这个结论——如果可以在汉语作品中发现一些表达方式，这些表达方式不会轻易地被当作与上帝的描述和谐一致②，就如上所述——在使用这个术语的时候，可能有很少内容会成为我们信仰的绊脚石。要求异教徒的文学作品与《圣经》一致是绝无可能的，而常常力求让不信基督的人关注《圣经》中对上帝的不同表述，这样处理多不合理啊！没必要以这种方式为中国的宗教进行辩护。许多外国人否认上帝是真 神，对于这些不同的观点，人们将会看到，我们并没有为了寻求令人满意的答案而越过那些本有之意（its own expounders）。

首先，文惠廉博士说，"对至高主宰的敬拜是敬拜'广袤之天'。很明显，上帝恰恰就是这'广袤之天'，祂以至高主宰之名受人敬拜。"（《辩护文》第41页）这个异议更为详尽地记录在卫三畏③博士的《中国总论》（*Middle Kingdom*）第二卷第233页上，"有三个等次

[37]

---

① 【译注】参见《圣经·新约·使徒行传》14:17。
② 【译注】原文为 reconcileable，疑印刷错误，该词应为 reconcilable。
③ 【译注】卫三畏（Samuel Wells Williams，1812年~1884年），19世纪传教士，汉学家，语言学家。卫三畏出生于美国纽约州的由提卡，就读于特洛伊的伦斯勒理工学院。1833年6月15日，20岁的卫三畏受美国公理会差会派遣，前往中国广州，负责印刷。1837年乘马礼逊号去日本，这成为一次打开美日贸易的非正式尝试。从1848年到1851年编辑《中国丛报》。1853年，他作为翻译参加马休·佩里（Matthew Calbraith Perry，1794年~1858年）远征日本的行动。1855年任美国驻华专员署（广州）秘书，次年完成英粤字典《英华分韵撮要》。第二次鸦片战争时期任中美谈判签订《天津条约》的美方副代表，要求中国对基督徒宽容。1860年任美国驻华公使馆（北京）临时代办，1876年10月25日退休。1877年他返回美国，任耶鲁大学汉学教授，成为美国第一个教汉学的教授。1881年2月3日担任美国《圣经》公会主席。1884年2月16日病逝。著有《中国总论》一书。1875年，他在中国将《创世纪》和《马太福音》译成日文，但尚未出版，手稿即被烧毁。

中国人关于神与灵的观念
The Notions of the Chinese concerning God and Spirits

的祭祀——大祭的对象只有四种,即天(tien),诸天(heavens)或称为皇天(Imperial concave expanse)的天(sky);地(ti),大地,与国号同享尊荣;太庙(tai-miau)或先祖太庙,其中列有先王之位;最后是社稷(shie-tsik),或说是土神和谷神,历朝历代专门的守护神。这四位由当今圣上置于同列,是由天(显为形质之天)而来的强有力之明证。"①

严谨地书写并处理关于中国大祭的内容,并不容易。卫三畏博士告诉我们,第三种受拜的对象是"先祖太庙"。他的意思是坚定地说中国人要向宗庙——木、石、砖、镀金、磁瓦之建筑——献祭吗?看似中国人将这一对象与其他对象——比如天,摆在同等位置上,将它真的设想为中国人所仰慕的"皇天"。实际上,这是一种奇怪的揣测,甚至中国人自己几乎都不会这样揣测。皇祖太庙(The Imperial temple of ancestors)可能是非常华美的建筑,可能胜过水晶宫和阿拉丁②王宫,但如果把它想象成与闪烁的天体、群星与高天、荣耀的苍穹一样,那便是本末倒置(a sad perversion of taste)了;中国人也就不会觉得自己有罪了。他们就不会再向太庙献祭,而向先祖之灵献

---

① 【译注】理雅各这段译文的原文如下:There are three grades of sacrifice—The objects to which the great sacrifices are offered are only four; viz. tien, the heavens or sky called the Imperial concave expanse; ti, the earth, likewise dignified with the appellation Imperial; tai-miau or the great temple of ancestors, in which the tablets of deceased monarchs are placed; and lastly the shie-tsik, or gods of the land and grain, the special patrons of each dynasty. These four objects are placed on an equality by the present monarchs, which is strong presumptive proof that by tien is now meant the material heavens. 现有的《中国总论》中译本(陈俱译,陈绛校)相应的译文为,"祭品分为上、中、下三等,总称'供品'。上等祭祀对象有四个:'天',就是'皇天';'地',也因皇上的称号而受到尊崇;'太庙',就是祖先的庙宇,放置本朝历代皇帝的牌位;'社稷',就是土地和谷物之神,是每个朝代的特别庇护者。代表这四个大对象的牌位由当今皇帝放在同等的位置,这是可以推定的有力证明,这时候'天'意味着有形的天。"(中译本718~719页,上海古籍出版社,2014)。理雅各引用的译本是1847年的第一版,而中译本用的是1883年作者的修订本,或因此缘故,译文略有差异。

② 【译注】阿拉丁(Aladdin),意为"信仰之尊贵",是中古阿拉伯广为流传的一则故事,也称为阿拉丁与神灯,出自《天方夜谭》。

第一章　中国人认识真神，他们的宗教就是一神教

祭，太庙乃为先祖之灵而设。于是推论也就合情合理了，当中国人以类似于献祭的方式向天述说时，他们所指的并非是"形质之天"，而是指向那至高存在，根据《圣经》，祂的宝座安定在天①。

但我们不可脱离形质上的推理。宋朝哲人杨复②（Yang Fuh）说，"天帝一也。星象非天，天固不可以象求也。以象求天，是何异于知人之有形色、貌象，而不知其有心君之尊也?"③

---

① 【译注】《圣经·旧约·诗篇》11:4，耶和华在祂的圣殿里，耶和华在天上的宝座上；祂的眼睛察看，祂的眼目察验世人。
② 【译注】杨复，复字茂才，号信斋，福安甘棠杨畚人，朱熹弟子。著有《丧祭礼》，《仪礼图》等。
③ 【译注】Heaven and Te indicate one Being. The stars and constellations are not Heaven. Heaven must be no means be sought for in what is visible. In what does he who seeks for Heaven in material appearances, differ from a person who knows that a man has a body, colour, and form, but does not recognize the honourable sovereign mind? 引自元朝历史学家马端临《文献通考·史部·别史杂等·卷六十八·郊社考一》。理雅各引文有断章取义之嫌（加重下划波浪线为译者所加，乃作者引文），原文如下：杨氏曰："愚按程、朱二先生之言，则天帝一也。以一字言，则祀天、禘帝之类；以二字言，则格於皇天、殿荐上帝之类；以四字言，则惟皇上帝、昊天上帝之类；以五字言，则皇天上帝、皇昊天上帝之类；以气之所主言，则随时随方而立名，如青帝、赤帝、黄帝、白帝、黑帝之类。其实则一天也。是以前乎郑康成，如郑众、如孔安国注《书》，并无六天之说；郑康成后出，乃分为六天，又皆以星象名之，谓昊天上帝者北辰也，谓五帝者太微宫五帝座星也。夫在天成象，在地成形，草木非地，则星象非天，天固不可以象求也。以象求天，是何异于知人之有形色、貌象，而不知有心君之尊也? 况又附以纬书，如北辰曰耀魄宝之类，缪妄不经，莫此为甚！且郑於此章注云：'皇天上帝亦名昊天上帝'。既已知其为一矣，及考《月令》季夏、季冬两处有皇天上帝之文，郑氏又析而为二，以皇天为北辰耀魄宝，以上帝为太微五帝，随意曲说，前后乖违，以此释经，有同儿戏，是以王肃群儒引经传以排之。至晋泰始初，始合六天为一，而并圜丘於郊，似矣，然又谓五帝非天，而用《家语》之文，谓太皞、炎帝、黄帝、五人帝之属为五帝，则非也。夫有天地则有五行、四时有五行四时则有五帝，帝者，气之主也。《易》所谓'帝出乎震'之类是也。果以五人帝为五帝，则五人帝之前，其何司四时者乎? 郑则失矣，而王亦未为得也，夫祀天、祀五帝，皆圣人制礼之条目，非如郑氏分天以为六也。天犹性也，帝犹心也，五帝犹仁、义、礼、智、信之心，随感而应者也。是故'四圭有邸，以祀天、旅上帝'。祀天专言天者，尊天之辞也；有故而祭则曰'旅'，所以听命于帝，以主宰言之也。'王祀昊天上帝，则服大裘而冕，祀五帝亦如之。'昊天上帝者，天之大名也；五帝，分王於四时者也；祀五帝于四郊亦如之，所以致四时生物之功也。圣人制礼之条目，各有深意，其实则一天也。"

165

中国人关于神与灵的观念
The Notions of the Chinese concerning God and Spirits

【38】　　近来，有一部敌基督作品的手稿寄送到身在广东的合信①医生手里，该作品挑衅他和他的中国助手，并让他们回复。这部手稿出于几人之手，手稿中有一处，他们非难一篇基督徒的小手册，说到："又说，苍苍之天，并无主宰之权。谢天者，必要写何姓何名，上帝方得知之。此乃愚人之见，非读书人为也。夫天之一字，总而言之，如今之称，圣上不敢直呼其名矣。"②

　　上述阐释与康熙及其宫廷学士所赞许的极为一致，"郊祭之时，祭物定非献于形质、吾辈双目可视之天，乃向天地万有之主宰所献；唯出于敬虔，唯倾注于其崇伟，吾辈时而不敢妄呼其名，而以'至高之天'、'仁慈之天'、'独一之天'称之，犹谈及帝皇，避言帝皇，吾辈时以'陛下'、'吾皇'称呼之。然此等荣耀之名可有异，一物

---

① 【译注】合信（Benjamin Hobson，1816年~1873年），英国传教士、医生。1816年1月2日生于英国北安普敦郡威尔佛特村，1835年伦敦大学医学院毕业。1839年被伦敦会派往中国澳门为驻澳门教会医院的传教医师。1843年被派往广州，在广州西关外金利埠创办惠爱医馆，施医舍药。1855年在广州用汉语著作《博物新编》介绍西方自然科学知识，又著《全体新伦》介绍人体生理学和人体解剖学。1856年10月，第二次鸦片战争爆发，合信的惠爱医馆被民众焚毁，他本人避难上海。在上海他与艾约瑟（Joseph Edkins，1823年~1905年）合作翻译英文科学技术书，先后著《西医略论》、《妇婴新说》、《内科新说》等医学书籍，由上海墨海书馆出版。合信用汉语著的医学书，在中国广泛流传，并被翻译为日文、韩文。他在1847年与马礼逊的女儿结婚。他来华行医学二十余年，"活人无算"（王韬语）。1859年回国，两袖清风，"家居况味肃然，门可罗雀"（王韬语）。1873年2月16日，合信病逝于英国伦敦西顿哈姆区。
② 【译注】You say, 'The high azure heaven has no ruling governing power.' When we say, 'Thank Heaven,' you require that we should write plainly the surname and name of the Being, or that we say Shang-Te, and then you will understand us. But these are the views of a stupid man. No man who has read books would write thus. To explain summarily the word Heaven—it is used just as we speak of the Emperor, calling him His Sacred Highness, and not daring directly to speak out his name.

定一名。"①

最后，在驳斥那种认为上帝只是指形质之天的责难中，我提到了嘉靖的祷告与颂歌。在那里，上帝是至高之灵，是崇高者，是天地之造物主。在中国人说到天佑、天治、天谴（Heaven protecting, ruling, and punishing）的时候，他们所指的并非形质之天，和我们以同种方式使用这个术语的时候所表达的一样。这是一种《圣经》许可的言辞方式——赐福之救主祂自己并未鄙弃这种用法。

他们不将皇室宗祖与上帝置于同等位置

第二，文惠廉博士对上帝本真之神性（the true Deity of *Shang* -

---

① 【原注】参见附录雷慕沙的《中庸》译文，那里有这篇满文的原文。【译注】雷慕沙，（Jean Pierre Abel Rémusat，1788 年~1832 年），近代著名的汉学家，1788 年 9 月 5 日出生在巴黎。因懂得汉语、蒙古语和满语而驰名。在当时的法国，这些语言鲜为人知。1817 年雷慕沙翻译出版了《四书》中的《中庸》（法文标题为 L'Invariable Milieu, Ouvrage moral de Tsèu - Ssê, en Chinois et en Mandchou, avec une version littérale Latine, une traduction Franaise, et des notes, Paris, 1817, 法文标题中记明《中庸》系子思著的讲述道德的著作，该版本刊载有汉文本、满文本、拉丁文译本和法文译本，并附有一些注释，在 1817 年于巴黎出版）一书。雷慕沙著有《汉文简要（中国语言文学论）》（Essai sur la langue et la littérature chinoises, 1811 年）、《中国人的外语学习》（De l'Étude des Languese étrangères chez les Chinois, 1811）、《鞑靼语研究》（Recherche sur les langues tartars, 1820 年）、《汉文文法纲要：古文与官话纲要》（Les élémens de la grammaire chinoise, 1822 年）、《法显论佛教诸国往来关系》（Relation des royaumes bouddhiques de Fahien, 1836 年）等，除上述译《中庸》之外，还译有《太上感应篇》（Le livre des récompenses et des peines. Traduit du Chinois aves des éclaircissemens, 1816 年）、《玉娇梨》（部分，Yu Kiao Li, Les deux cousines, 1814 年）、《老子》（部分，Lao - tseu, 1823 年）等。正文相应的英文为：At the border sacrifices, the sacrifice is assuredly not addressed to the material and sensible heaven, which our eyes see, but to the Master of heaven, earth, and all things; only out of reverence and respect, and in consideration of His sublimity, we sometimes do not dare to call Him by His true name, and then we call Him, 'Supreme Heaven,' 'Beneficent Heaven,' 'inimitable Heaven,' just as in speaking of the Emperor, to avoid saying Emperor, we sometimes use the expressions, 'under the steps,' 'the supreme court,' &c. However these denominations of honour may differ, they only designate one and the same object.

中国人关于神与灵的观念

Te）提出一种反对看法，论到清朝（the present dynasty）的敬拜时，麦都思博士有如下的话：

【39】
"清朝帝王于冬至日献大祭，高升祭坛于京都南郊圜丘坛之上，三层高台之端，或荣耀之首位，为上帝或帝设圣坛；设皇祖之位于其左右；然陪从之神祇，诸如大明之神、皎月之神、众星之神、云师之神、风伯之神及雨师之神等，皆列于第二层，以中等祭物献之。当献祭，上帝之圣坛奉于至高坛上，圣香弥漫上腾，帝皇致敬神或帝灵；尔后，帝皇登台，于上帝及皇祖之位前，三跪九叩①献圣香，依次而行：帝皇步于皇祖列位之前，备于高坛两侧，行三跪九叩之礼，献圣香。携祭物行同礼，先献于上帝圣坛，后献于皇祖之坛。祭毕，奏乐，送帝神，圣坛入宗庙，如初。"②

---

① 【译注】三跪九叩礼是针对天、地、君（皇帝）、师、父，行礼者双膝跪地下三次，磕九个头，这是最敬重的行礼方式。此礼似源于《周礼》，《周礼》有九拜之说，《周礼·春官·太祝》："辨九拜，一曰稽首，二曰顿首，三曰空首，四曰振动，五曰吉拜，六曰凶拜，七曰奇拜，八曰褒拜，九曰肃拜，以享右祭祀。" 时至明初，明太祖简化各种烦琐的礼仪。遣使至蕃国安南时，该国王对香案及诏书行五拜礼，并跪香案前，三上香，俯伏，实即五拜三叩之礼。清朝定鼎中原之后，以三跪九叩的拜天之礼，取代明朝的五拜三叩之礼。满清定制，除了要对天子要行三跪九叩之礼以外，朝贡之国觐见君王时，亦须行此大礼。

② 【译注】本段英文为：At the great sacrifice by the rulers of the present dynasty, at the period of the winter solstice, an altar is elevated at the southern side of the Capitol, of a round form, three stories high, the top of which, or the principal place of honour, is intended for the shrine of *Shángtí* or *Tí*; having the shrines of the Imperial Ancestors arranged on the right and left hand; while those of the attendant *shin*, such as the spirits presiding over the sun, moon and stars, clouds, wind, and rain, are placed on the second story, and are honoured with medium sacrifices. When the sacrifice is to take place, the shrine of *Shángtí* is escorted to the high altar; and while the fumes of incense are ascending, the emperor greets the approach of the shin or spirit of *Ti*; after which he ascends the steps, and in the presence of Shangti and of the imperial ancestors, offers incense with three kneelings and nine prostrations: this done, he goes towards the shrine of the imperial ancestors, arranged on each side of the high altar, and offers incense with three kneelings and nine prostrations. The same ceremonies are gone through with regard to the offerings, which are first presented before the shrine of *Shángtí*, and then before those dedicated to the Imperial Ancestors. When the service is completed, the spirit of *Tí* is escorted on its departure by music, and the shrine conducted to the temple, where it is deposited as before.

168

"有人会说",文惠廉博士又说,"对皇祖的敬重与对上帝的敬重一样,只是将优先次序让给上帝而已。皇祖被高升至与上帝同等的高度,和上帝一样,他们也受献圣香和'三跪九叩'之礼。对'统辖万有之神'这位自有者来说,如果皇帝有一些、哪怕只是稍稍有所认知的话,他还会把他的列祖列宗,仅仅是那位自有者所之造物,升到与祂同等、同享尊荣的位置上吗?"

与由冬至日仪礼得出的结论相反,我注意到那项侍奉只对上帝。大祭前三日,皇帝修祖庙,求其列祖"面见帝,取悦于其灵"①。因此,皇祖只能作为随从的身份出现,借此显出他们的从属位置,但他们的位置却高过一切神。

论到"三跪九叩",这套礼节已为在世的皇帝所接受。仙逝之灵所受的更少么?对,上帝不受这一套,因为中国人知道,行为才是表达敬意最深邃的方式。无论是在世的人,还是仙逝的人,我都不反对向他们行这种"三跪九叩"之礼②,但一个人在另一个人面前躬身屈膝,和在 God 面前所行的一样,这并不能证明他就混淆了 God 与人,也并不因此就证明了他认为 God 没有人伟大。我见过一个马来的聚会者,他在他们的首领面前卑躬屈膝,匍匐而行,尽管在首领与安拉之间,他们做出了重要的区分。这种仪式显示出行礼之人丧失了自由,【40】

---

① 【原注】配帝侑神。马礼逊解释汉字"侑"为"协助;伴随;在筵席旁助兴。""侑食"为"侍奉贵宾。"他解释"配"为"伴;同伴;般配;结为同伴。""配享"为"与天地、与上帝至高神同享祭礼;中国皇帝死后被奉若神明。"马礼逊博士在此毫不犹豫地称上帝为至高神,尽管他在记述国教的时候,文惠廉博士引用过他的话,但他并不乐意让祂过于为"物",而他对"配享"的解释是不准确的。他所提及的神明化,是先皇钦定的,在向上帝献大祭的时候,应该有人受邀"助兴",在大祭中,上帝理应受如此之尊崇。
② 【译注】基督徒普遍都认为不应该向人向物行跪拜、叩首之礼。

丧失了真正宗教信仰所给予人之灵的尊严①,但不能由此证明,在理论上他对至高存在就没有适宜的观念。

此外,在许多样式上,实际向皇祖所献之祭都逊于向上帝所献的大祭。在所献之物中,并未献上珍宝。在祖庙中,奏乐七次;在郊祭上,奏乐九次。向先祖所献的祷文以常用的墨书写;向上帝的祷文则以朱砂(Vermillion)书写。在"太和殿"(Great Harmony)中,那些随着圣香和丝绸所献上的祷文乃为郊祭而献;在"中和殿"(Middle Harmony)中,他们以许多其他祭祀中的同种物品向祖庙献祭。其他相似献祭的差异之处可见收于《大清会典》② 中论"祭祀通例"(Sacrifices in general)的那一章。看似它们是些无关紧要的事物,但那些事物在宗教仪礼中并非微不足道,关于这点,可以从《出

---

① 【译注】原文为 erect spirit,直译是指挺拔的灵。erect 多形容实物,是"竖直的、笔直的"意思,此处是形容人的一种状态,大概和我们汉语说的"因为有钱,所以腰杆儿直"的"直"是一个意思,结合上下文,权且译为"灵的尊严"。

② 【译注】原文为 the collected statutes of the present dynasty,present dynasty 指大清王朝,因此是《大清会典》。《大清会典》是康熙、雍正、乾隆、嘉庆、光绪五个时代所修会典的总称,它是按行政机构分目,内容包括宗人府、内阁、吏、户、礼、兵、刑、工六部等等职能及有关制度。清代13朝300年间共编有会典5种,兹分别简述其纂修经过如次:康熙朝会典。典册原名《大清会典》,创修于康熙二十三年(1684),告成于二十九年(1690),由大学士伊桑阿、王熙任总裁。起崇德元年(1636),迄康熙二十五年(1686)。全书共162卷。雍正朝会典,原名同前,续纂于雍正二年(1724),告成于十年(1732);由大学士尹泰、张廷玉任总裁。起康熙二十六年(1687),迄雍正五年(1727)书成,共250卷,卷增于前三分之一。乾隆朝会典,续修于乾隆十二年(1747),告成于二十九年(1764),由履亲王允祹,大学士傅恒、张廷玉任总裁。起雍正六年(1728),迄乾隆二十三年(1758),展至二十七年(1762),特旨增辑者,不拘年限。既成,分为《清会典》100卷,《清会典则例》180卷。嘉庆朝会典,再辑于嘉庆六年(1801),告成于二十三年(1818),由大学士托津、曹振镛任总裁。起乾隆二十三年(1758),迄嘉庆十七年(1812),展至二十三年(1818)。书成,分为《清会典》80卷,《清会典事例》920卷,目录8卷;《清会典图》132卷,目录2卷,总计1140卷。会典卷数略减于前而事例大增于前,图别为卷。光绪朝会典,增辑于光绪十二年(1886),告成于二十五年(1899),由大学士昆冈、徐桐任总裁。起嘉庆十八年(1813),迄光绪十三年(1887),至二十二年(1896)。全书分为:《清会典》100卷,目录1卷,《清会典事例》1220卷,目录8卷,《清会典图》270卷,总计1599卷。卷数视嘉庆朝略有增减。

埃及记》30:22~38①论述膏油和乳香的内容中获知。对主而言，这些组成都是神圣的，无论谁私制调和膏油还是圣香，都必从他的民中剪除。

但最后，我们聆听向上帝所献的祷词，并从其中获知中国人对祂的观念，那时就让我们也以同种方式听听他们用在祖庙中的祷词吧。无论皇帝是否将其先祖与上帝置于同等位置，我们都能从中得到答案。以下祷词选自《大明会典》的第52卷和第54卷。

一、"思皇先祖。耀灵于天。源衍庆流。繇高逮玄。玄孙受命。追远其先。明禋世崇。亿万斯年。"②

二、"显兮幽兮。神运无迹。驾驭逍遥。安其所适。其灵在

---

① 【译注】《圣经·旧约·出埃及记》30:22~38，耶和华吩咐摩西说："你要取上等的香料，就是五百舍客勒流质的没药、二百五十香肉桂、二百五十香菖蒲，和五百桂皮，都按照圣所的舍客勒；再取一欣橄榄油，以做香的方法调和制成圣膏油，它就成为圣膏油。要用这膏油抹会幕和法柜，供桌和供桌的一切器具，灯台和灯台的器具，以及香坛、燔祭坛和坛的一切器具，洗濯盆和盆座。你要使这些分别为圣，成为至圣；凡触摸它们的都成为圣。要膏亚伦和他的儿子，使他们分别为圣，作事侍我的祭司。你要吩咐以色列人说：'你们要世世代代以这油为我的圣膏油。不可把这油倒在别人身上，也不可用配制这膏油的方法制成同样的膏油。这膏油是圣的，你们要以它为圣。凡调和与此类似的膏油，或将它膏在别人身上的，这人要从百姓中剪除。'"耶和华吩咐摩西说："你要取香料，就是拿他弗、施喜列、喜利比拿，这些香料再加纯乳香，每样都要相同的分量。你要用这些加上盐，以配制香料的方法，制成纯净又神圣的香。要取一点这香，捣成细的粉，放在会幕中的法柜前，就是我和你相会的地方。你们要以这香为至圣。你们不可用这配制的方法为自己做香；要以这香为圣，归于耶和华。为要闻香味而配制同样的香的，这人要从百姓中剪除。"
② 【原文】I think of you, my Sovereign ancestors, whose glorious souls are in heaven. As from an overflowing fountain run the happy streams, such is the connection between you and your distant descendants. I—a distant descendant—having received the decree (of Heaven), look back to you, and offer this bright sacrifice to you, the honoured ones from age, for hundreds of thousands and myriads of years. 【译注】文出《大明会典·卷之八十六》，下同。

171

中国人关于神与灵的观念
The Notions of the Chinese concerning God and Spirits

【41】天。其主在室。子子孙孙。孝思无斁。"①

三、"于皇我祖。陟降在天②。清庙翼翼。禋祀首虔。明神既留。

---

① 【原文】Now brightly manifested, now mysteriously hid, the movements of the spirits are without trace; in their Imperial chariots, they wander about, tranquil wherever they go. Their souls are in heaven, their tablets are in the apartment. Their sons and grandsons remember them with filial thoughts untiring.

② 【原注】"陟降在天",语出《诗经》(The Book of Odes)。[译按:《诗经》中并无此句。但《诗经·周颂·访落》中有这样的话,"绍庭上下,陟降厥家。"另,清圣祖康熙二十七年(公元1688 年)为孝庄文皇后升祔太庙礼成祭告的祭文中,有这样的话,"颂曰:于皇大清,继天昭祚,孝治克光,明命熠煜。惟文太后,肇啓历数;功德懋隆,三朝永固;龙驭忽退,普天孺慕。岁在戊辰,孟冬升祔;命大鸿胪,先我中部。明明皇帝,陟降在天;邱被桥畤,俎豆万年。刘公至上,肃事孔渊,筮吉辛卯,事被乃䌈。将愉穆穆,神歆告虔。"]原文是篇有名的词章。文王(Wan)之子周公(Chow-kung)是《周礼》的作者,《易经》大部分也由他所作,他向成王[Shing。译按:周成王,姬姓,名诵,西周第二代君主。周成王继位时年幼,由周公旦辅政,平定三监之乱。周成王亲政后,营造新都洛邑、大封诸侯,还命周公东征、编写礼乐,加强了西周王朝的统治。周成王与其子周康王统治期间,社会安定、百姓和睦,"刑错四十余年不用",被誉为成康之治。夏商周断代工程将周成王在位时间定为前 1042 年至前 1021 年。]提出以其祖父为榜样。他说道,"文王在上,于昭于天。周虽旧邦,其命维新。有周不显,帝命不时。文王陟降,在帝左右。"[译按:语出《诗经·大雅·文王》,理雅各英译文为,Behold the king Wan in the realms above, how brightly does he shine in heaven! —The king Wan is ascending and descending in the presence of Te.]这些是公元前 11 世纪的人对死者的观念,有意思的是,这些篇章不断地用于历朝历代的祖庙祷告中。对于《诗经》的这段话,评注者说,文王既没,其神在上[译按:理雅各英译文为,When king Wan was dead, his spirit "was on high"],又说,以文王之神在天,一升一降,在上帝之左右,是以其子孙蒙其福泽,而君有天下。[译按:语出朱熹《诗经集传》,"盖以文王之神在天,一升一降,无时不在上帝之左右,是以子孙蒙其福泽,而君有天下也。"理雅各英译文为,The spirit of the King Wan being in heaven, and ascending and descending in the presence of Shang-Te, therefore, his descendants enjoyed the advantages of his happiness, and ruled over the empire.]此处如此直截了当地用神这个词表示 spirit,而文惠廉博士还要坚持翻译为"神祇,诸神"吗?他还主张所有传教士都必须用这个词来表示 God 吗?对于周公所言,我们有些出色的评论,这些评论出自朱熹。"又如云:'文王陟降,在帝左右。'如今若说文王真个在上帝之左右,真个有个上帝如世间所塑之像,固不可。然圣人如此说,便是有此理。"[论鬼神。译按:语出《朱子语类·卷三·论鬼神》]是什么"理"呢?难道这位哲人没看见在信赖世俗形质之神和诉诸于抽象之理之间有个中间状态吗?假设是文王之灵在天,那么他能不以上帝是灵这个简明的观念为根基吗?他已经基于此念了。他能救脱自己,还有那些疲于书写、诵读人生大限篇章的人,次序之理那些篇章同于世间万有,因为无学识的言辞会使忠告暗淡无光。

172

寝祐静渊。介福绥禄。锡胤绵绵。以惠我家邦。于万斯年。"①

四、致明朝奠基者。

"繄中夏之遘艰兮污膻群。皇天厌乱兮、眷求大君。降锡元命兮、挺生圣神。惟我太祖兮、首出人伦。一戎衣奄四海兮、为帝王真。"②【42】

五、致明朝奠基者。

"皇祖受命兮辟乾坤。驱逐异物兮复中原。陈常时夏兮佑元元。克配彼天兮、功高业尊。寅荐册宝兮、鉴我曾孙。"③

无须忧虑上述祷词会因为某一目的服务而被选用。这些祷词只作为祖庙献祭的范本。有人会觉得这些祷词相当拙劣,我不会为此做任何辩护,这些祷词证明了我引证过的观点,即向皇祖敬拜献祭时,并未将其置于与上帝同等位置。相反,因着祂的恩惠,先祖被召而有皇权之位。祂随从己意④高升他们,让他们世世代代侍奉祂,现如今,

---

① 【原文】How Imperial are ye, my ancestors, who ascend and descend in heaven! Truly elegant is the temple; very respectful have been the sacrifices. May your intelligent spirits continue to abide, then will the shrines be profoundly tranquil, and great happiness and prosperity will be given to your descendants uninterruptedly, to bless my family and country for ten thousands of years.

② 【原文】When the middle land was full of distress, and the flock of the people was troubled. Imperial Heaven was displeased with the confusion, and graciously sought for a great prince. He then sent down and conferred His great decree, and caused to be born a man of sage and spiritual endowments. Then, O high ancestor. Thou appearedst above all other men. Thou donnedst once thine armour, and gottest possession of all within the four seas, becoming the true ruler and king.【译注】文出《大明会典·卷之八十八》,下同。

③ 【原文】Our Imperial ancestor having received the decree (of Heaven), he opened the empire as out of chaos. Driving away all noxious things, he restored the Middle land. Displaying to the country the constant virtues, he assisted the people. Thus was he able to stand in the presence of Heaven, his merits being so high and honourable. Respectfully has the record been presented. May he regard me, his great grandson.

④ 【译注】参见《圣经·旧约·诗篇》115:3,但是,我们的 神在天上,万事都随自己的旨意而行。

他们的灵魂①（souls）与祂同在高天。他们的灵魂（spirits）在祂的面前游走——陟降——因而，他们能够出现在后裔为其所设的祭祖仪式②中。他们甚至被人认为是其后裔的护佑者，能够赐福他们打下的、治理的江山。尽管如此，皇权统治的延续并不依赖于他们本身，乃在乎上帝的旨意，祂会注视身在王位之上的统治者的行为③。如果统治者行得公义，那么王位将会坚定稳固；如果他们转向邪恶，那么

【43】祂就会从他们手中夺走王位④，赐给另一家族。之后，建国者的宗祠将会慢慢进入前朝子民的所在地，他的尊位（his worship）将会降为第三等次或更低等次。他的灵会与伏羲、神农（Shin-nung）、尧⑤（Yaou）、舜及所有其他不同时代中的尊者一同受人敬拜，"奉天明命，相继为君，代天理物，抚育黎黔。"⑥

---

① 【译注】关于灵魂的问题颇为复杂，基督教信仰中灵魂体是截然不同的概念，而我们中国人常常将灵魂不分，而且还有魂魄一说。在英文中也有不同的词汇，比如 spirit，soul，ghost。译者在未有专论之前，权且将"soul"译成"灵魂"。

② 【译注】原文为 the filial services. 直译为"关于孝顺的仪式"。

③ 【原注】《华夏经典》和其他作品中都充斥着这种说法，但我没见过有比"孔子家语"中说得更清楚的话。在"执辔"那章，就是论到政府的那章，圣贤代明君而言，其"法盛，其德厚，故思其德，必称其人，朝夕祝之，升闻于天，上帝俱歆用永厥世而丰其年。"反面的图景则描述昏君，"其法不听，其德不厚，故民恶其残虐，莫不呼嗟，朝夕祝之，升闻于天，上帝不蠲，降之以祸罚，灾害并生，用殄厥世。"【译注】语出王肃《孔子家语·卷六·执辔第二十五》。

④ 【译注】以色列民王国的历史即是如此。参见《圣经·旧约·列王记》和《圣经·旧约·历代志》。

⑤ 【译注】尧，伊祁姓，陶唐氏，名放勋，起初被封于陶，后迁徙到唐（今临汾和襄汾），所以又称唐尧，中国传说历史中的人物，是五帝之一。传说出生于"三阿之南"。《史记·五帝本纪》记载：帝喾有两个儿子挚和放勋；帝喾死后，以其年龄最大的儿子挚继承帝位，为帝挚。尧好学而能干，十三岁时就受命辅佐帝挚。帝挚才干平庸，未能妥善管理国家。而尧仁慈爱民，明于察人，治理有方，盛德闻名天下。于是各部族首领纷纷背离帝挚，而归附于尧。帝挚也自觉不如尧之圣明，终于在继位九年以后，将帝位禅让于尧。

⑥ 【原文】have received the illustrious decree of Heaven, to follow one another as sovereigns, and, on behalf of Heaven, to administer the government, to protect and nourish the people. 【译注】语出"明正德十一年（1516年）祭文"，原文为："维正德十一年，岁次丙子，八月庚戌朔，越十八日丁卯，皇帝遣延安府同知臣刘贵致祭于黄帝轩辕氏曰：昔者奉天明命，相继为君，代天理物，抚育黔黎，彝伦攸叙，井井绳绳，至今承之。生民多福，思不忘而报，兹特遣使，赍捧香帛，祗命有司，诣陵致祭，惟帝英灵，来歆来格。尚享！另，"明世宗嘉靖十年（1531年）御制祭文"、"明世宗嘉靖三十一年（1552年）祭文"、"明穆宗隆庆四年（1570年）祭文"中皆有此语。

第一章　中国人认识真神，他们的宗教就是一神教

文惠廉博士断言皇帝高升其列祖列宗与上帝同享尊位、同获尊荣，他的论断和许多其他处理中国事务的冒失鬼一样，结论过于草率，他反对上帝是真神的看法也因此而起，因而其结论也会跌落于尘埃。

五位次等的上帝

对那个结论的第三种异议可能是出于刘应在第 23 页中的陈述，在明朝以前，还有另外五帝（five other Shang‑Tes），也同样受人虔诚地敬拜，他在另一处说，"仅仅因着理学家的看法"才中断了向五帝献祭。那种陈述实际上是他自己确定为有效的，他所用的那种方式，我用极短篇幅就可以搞定。五帝仅仅是上帝的"助手"①。"他们分管天之五方，年之五季，分管五行，因而分担至高上帝之重担。"②所以，五帝（five deities）当中，我们只服侍上帝。像其他所有中国人所敬奉的神或灵一样，这五帝都臣服于祂、服役于祂。五帝与其他神祇之间仅有的差异在于，他们真的被人奉若神明。人们将 God 之大名也赋予他们使用。就如 *Elohim*，不再只属于 *Elohim* 祂自己，也由其他存在所用一样，此处的上帝，也不再只属于上帝祂自己了，也供其他存在使用。假设刘应陈述的是真理，那么他对证明上帝为真神而引述的论据非但不会产生真正影响，反而坚定了那种证明，进一步而言，上帝之名除了用于配得这一名称的存在之外，何以用于通指其他神祇呢。

然而，五帝这一主题很值得认真探讨。撇开这个主题，就不能理

---

① 【原注】Coadjuteurs。
② 【原注】Outre le souverain Shang‑Te, qui préside à tout le Ciel, il y a encore cinq autres Shang‑Te qui président séparément aux cinq Régions du Ciel, aux cinq Saisons de l'année, & aux cinq Elémens, partageant ainsi le fardeau du souverain Shang‑Te.

175

【44】解"国教"的历史了,而且,在我多次引用《大明会典》的时候,我关心的是借着理学家的看法,国教主权不再受到人们对敬拜仪式革新之指责的辖制了。

大明皇族确实对前朝传承下来的宗教仪式做了一些改变。明朝的历史学家并非不愿承认这一事实,他们还愿意为这个事实辩护。他们告诉我们,他们所摒弃的敬拜是什么样的敬拜,而且是出于何种原因才摒弃那种敬拜的。我们得说,大明建国之初(公元 1366 年①),有两个团体②受命考察一切与礼乐有关的科目,按着他们的提议,"凡所谓天皇太乙、六天、五帝之类,一切革除"③。他们坚信这些祭祀

---

① 【译注】理雅各此处记述有误,明朝建朝时间为 1368 年。
② 【译注】指礼、乐二局,即中书省暨翰林院和太常司。
③ 【原文】"all sacrifices to the heavenly sovereign T'ae‑yih, the six heavens, and five *Tes*, were entirely abolished."【译注】语出《明史·卷四十七·志第二十三》,其上下文为:"《周官》、《仪礼》尚已,然书缺简脱,因革莫详。自汉史作《礼志》,后皆因之,一代之制,始的然可考。欧阳氏云:'三代以下,治出于二,而礼乐为虚名。'要其用之郊庙朝廷,下至闾里州党者,未尝无可观也。惟能修明讲贯,以实意行乎其间,则格上下、感鬼神,教化之成即在是矣。安见后世之礼,必不可上追三代哉。"明太祖初定天下,他务未遑,首开礼、乐二局,广征耆儒,分曹讨论。洪武元年,命中书省暨翰林院、太常司,定拟祀典。乃厘叙沿革之由,酌定郊社宗庙仪以进。礼官及诸儒臣又编集郊庙山川等仪,及古帝王祭祀感格可垂鉴戒者,名曰《存心录》。二年,诏诸儒臣修礼书。明年告成,赐名《大明集礼》。其书准五礼而益以冠服、车辂、仪仗、卤簿、字学、音乐,凡升降仪节,制度名数,纤悉毕具。又屡敕议礼臣李善长、傅巘、宋濂、詹同、陶安、刘基、魏观、崔亮、牛谅、陶凯、硃升、乐韶凤、李原名等,编辑成集。且诏郡县举高洁博雅之士徐一夔、梁寅、周子谅、胡行简、刘宗弼、董彝、蔡深、滕公琰至京,同修礼书。在位三十余年,所著书可考见者,曰《孝慈录》,曰《洪武礼制》,曰《礼仪定式》,曰《诸司职掌》,曰《稽古定制》,曰《国朝制作》,曰《大礼要议》,曰《皇朝礼制》,曰《大明礼制》,曰《洪武礼法》,曰《礼制集要》,曰《礼制节文》,曰《太常集要》,曰《书》。若夫厘正祀典,凡天皇、太乙、六天、五帝之类,皆为革除,而诸神封号,悉改从本称,一洗骄诬陋习,其度越汉、唐远矣。又诏定国恤,父母н斩衰,长子降为期年,正服旁服以递而杀,斟酌古今,盖得其中。永乐中,颁《文公家礼》于天下,又定巡狩、监国及经筵日讲之制。后宫罢殉,始于英宗。陵庙嫡庶之分,正于孝宗。暨乎世宗,以制礼作乐自任。其更定之大者,如分祀天地,复朝日夕月于东西郊,罢二祖并配,以及祈谷大雩,享先蚕,祭圣师,易至圣先师号,皆能折衷于古。独其排众议,祔睿宗太庙跻武宗上,徇本生而违大统,以明察始则以昏眊终矣。当时准顺之臣,各为之说。今其存者,若《明伦大典》,则御制序文以行之;《祀仪成典》,则李时等奉敕而修之;《郊祀考议》,则张孚敬所进者也。至《大明会典》,自孝宗朝始集纂,其于礼制尤详。世宗、神宗时,数有增益,一代成宪,略具是焉。今以五礼之序,条为品式,而随时损益者,则依类编入,以识沿革云。"

第一章　中国人认识真神，他们的宗教就是一神教

是建立在夏商周（Hea, Shang, and Chow）三代旧的仪礼之上而强加于人的，三代只知两大郊祭，名曰祭天祭地。他们说，"自秦立四畤，以祀白、青、黄、赤四帝。汉高祖复增北畤，兼祀黑帝。至武帝有雍五畤，及渭阳五帝、甘泉太乙之祠，而昊天上帝之祭则未尝举行，魏、晋以后，宗郑玄①者，以为天有六名，岁凡九祭。宗王肃②者，以为天体惟一，安得有六？一岁二祭，安得有九？虽因革不同，大抵多参二家之说"③。根据这段记述，对五帝的敬拜始于秦朝（Tsin），

---

① 【译注】郑玄（127年~200年）字康成，北海高密（今山东省高密市）人，东汉经学家，为汉尚书仆射郑崇八世孙，东汉经学大师、大司农。少时习《易经》、《公羊传》，有"神童"之称，十八岁任乡啬夫，晋为乡佐，北海国相杜密十分器重他。永寿三年（157年），荐入太学，攻《京氏易》、《公羊春秋》及《三统历》、《九章算术》，师从京兆第五元先、陈球（《后汉书·郑玄列传》），又从张恭祖学《古文尚书》、《周礼》和《左传》等。延熹三年（160年），与卢植同拜马融为师，学习古文经学，又尝游学于幽、并、兖、豫诸州。游学归里之后，复客耕东莱，聚徒授课，弟子达数千人，终为大儒。后因党锢之祸起，遭禁锢，杜门注疏，潜心著述。郑玄博通今文经学，以古文经学为主，兼采今文经说，遍注群经，乃为汉代集经学之大成者，世称"郑学"。建安五年（200年）春，梦见孔子对他说："起，起，今年岁在辰，来年岁在巳。"官渡之战时，被袁绍逼迫下随军而行，到元城（今河南省大名县境）病危，至六月病逝。著有《天文七政论》、《中侯》、《毛诗笺》、《三礼注》等也。
② 【译注】王肃（195年~256年），字子雍，东海郡郯（今山东郯城西南）人。三国魏儒家学者，著名经学家。曾遍注群经，对今、古文经意加以综合；以其深厚的文化底蕴，借鉴《礼记》、《左传》、《国语》等名著，编撰《孔子家语》等书以宣扬道德价值，并以身为司马昭岳父之尊，将其精神理念纳入官学，其所注经学在魏晋时期被称作"王学"。主要官衔为中领军，加散骑常侍。由于他的卓著功勋和特殊地位，死后被追赠为卫将军，谥称景侯。
③ 【原文】"It was the family of Tsin," they say, "which erected four altars to offer sacrifices to the White, Green, Yellow, and Red Tes. The founder of the Han dynasty adopted the practice, and even added the northern altar for the worship of the Black Te, and at length, in the time of the emperor Woo, there were the five altars in Yung, the sacrifices to the five Tes in Wei-yang, and to T'ae-yih at Kan-tsuen, and the sacrifice to Shang-Te dwelling in the expansive heavens was altogether neglected. In the dynasties of Wei and Tsin and subsequently, they sometimes followed the authority of Ch'ing Heuen, holding that Heaven has six names, and that there are nine annual sacrifices, and sometimes that of Wang Suh, holding that there is but one Heaven, and that it is ridiculous to say there are six, and but two annual sacrifices instead of nine. Thus they now agreed with one another, and now they differed, but generally speaking, they often mixed together the sayings of the two schools."【译注】语出《明史·卷四十八·志第二十四》，译者据《明史》改正理雅各译文错漏之处。

177

中国人关于神与灵的观念
The Notions of the Chinese concerning God and Spirits

秦朝气数终于始皇帝①（Che‑hwang‑te）之手，他焚烧古籍和史志，献②奴隶给道教术士（Taouist superstitions），随后对五帝的敬拜为哲人郑玄（Ch'ing Heuen）支持，他以"有六天"、英灵（the great spir‑
【45】it）居于人人心中、被尊为王者（帝）甚至被尊为"至上王者（上帝）"为依据。于是问题就来了，"曾设计出这些敬拜条目来质疑明朝君王的人是理学家吗？他们要以此废止敬拜吗？"因此，我们可以从刘应的记述中做出判断，脱离真理将一无所获。我诉诸于唐代史学家，他们早于宋代无神论者整整四个世纪。他们对中国古代宗教败坏的描述，较之以前引述过的，更加强而有力。

"自周衰，礼乐坏于战国而废绝于秦。汉兴，六经在者，皆错乱、散亡、杂伪，而诸儒方共补缉，以意解诂，未得其真，而谶纬之书出以乱经矣。自郑玄之徒，号称大儒，皆主其说，学者由此牵惑没溺，而时君不能断决，以为有其举之，莫可废也。由是郊、丘、明堂之论，至于纷然而莫知所止。《礼》曰：以禋祀祀昊天上帝。此天也，玄以为天皇大帝者，北辰耀魄宝也。又曰：兆五帝于四郊。此五行精气之神也，玄以为青帝灵威仰、赤帝赤熛怒、黄帝③含枢纽、白帝

---

① 【译注】即秦始皇。秦始皇（前259年～前210年），嬴姓，名政，秦庄襄王之子，出生于赵国首都邯郸。唐代司马贞在《史记索隐》引述《世本》称其为赵政，但仍有争议。后世俗称嬴政或秦王政，自称"始皇帝"。他十三岁即位，先后铲除嫪毐与吕不韦，并重用李斯、尉缭，三十九岁时统一六国建立秦朝，五十岁出巡时驾崩，在位三十七年。秦始皇是中国历史上第一个采用君主专制制度及推行中央集权、也是中国历史上第一个使用皇帝称号的君主。统一天下后推行多项政策，例如书同文、车同轨、统一度量衡等对后世影响深远的政策及典章法制，对中国历史产生深远的影响，奠定了中国两千余年政治制度基本格局，他被明代思想家李贽誉为"千古一帝"。同时，秦始皇在位期间亦进行多项大型工程，包括修筑长城、阿房宫、骊山陵等，加上暴政令人民徭役甚重，致使秦朝在他死后迅速灭亡。
② 【译注】原文为 doating，疑印刷之误，应为 donating。
③ 【译注】黄帝，为《史记》中的五帝之首，远古时期中国神话人物。其父亲少典为有熊国君，黄帝本姓公孙，因居轩辕之丘，故号轩辕，长居姬水，后改姬姓，国于有熊（今河南新郑），又称有熊氏。中国历代皇帝多为黄帝设庙祭拜等来取得象征的统治正当性。根据《山海经》，炎帝在阪泉之战败给黄帝，之后蚩尤纠集炎帝的部属与涿鹿与黄帝战，败给黄帝。

178

白招拒、黑帝汁光纪者，五天也。由是有六天之说，后世莫能废焉。"① 【46】

实际上及至唐代，他们都不能"废此言"，也不能让它在后世存在。与重复再三的反对主张相反，那种宗教败坏之风依然盛行，现如今或多或少一点点地修正了，直到最终由明朝皇室将其废除，中国历史黑暗的时代已成为过去，它又恢复了远古时代的简约和真理。

在出版于雍正②（Yung-ching）四年（公元1726年）的《省轩考古类编》③中，五帝的敬拜经过不同时代得到发展，被自汉代以来的

---

① 【原文】When the Chow dynasty was in its decline. Rites and Music became corrupted amid the contending states, (A. C. 300 年~240 年), and perished at last under Tsin. When the Han dynasty arose (A. C. 200 年), the portions of the six King that remained were ail full of errors and confusion; scattered about and perishing, false passages were introduced, and all the scholars united to amend and digest them. They explained the sentences with their own ideas, without being able to ascertain the true meaning, and then appeared the books of divination, to increase the confusion. The disciples of Ch'ing Heuen gave him the title of great scholar, and all followed the sayings of their master. In consequence, students were utterly deceived and lost, and the princes that arose, unable to determine the various disputes, allowed what they found established to remain unaltered. From this time the discussions about the border sacrifice on the round altar, and the hall of Intelligence became a chaos, and no one knew where to stop (in his rash assertions). In the Ritual (of Chow), it is said, 'They employed a pure sacrifice to sacrifice to the *Shang-Te* of the glorious heavens' —that is, to Heaven, but Heuen understood that it was the heavenly sovereign, the great ruler, Yaou-pih-paou, dwelling in the north pole star. The Ritual also says, 'They sacrificed to the five Tes in the four borders' —that is, to the spirits of the essential breath of the five elements, but Heuen made them to be the Green *Te*, Ling-wei-gang; the Red *Te*, Tseih-p'eaou-noo; the Yellow *Te*, Shay-kew-new; the White *Te*, Pih-chaou-kew; the Black *Te*, Heih-kwang-ke; —five heavens. From this originated the saying that there were six heavens, which after ages were not able to put away.
【译注】语出《新唐书·卷一十三·志第三》，译者据《新唐书》改正理雅各译文错漏之处。
② 【译注】雍正帝（1678年~1735年），爱新觉罗氏，讳胤禛，清朝康熙帝第四子，为清兵入关以来的第三位皇帝，1722年至1735年在位，年号"雍正"。雍正帝在位时期，置军机处加强皇权、火耗归公与打击贪腐的王公官吏等一系列政策，对康雍乾盛世的延续具有重大作用。
③ 【原文】Examination of antiquity. 【译注】《省轩考古类编》，通行本凡十二卷，清柴绍炳著。柴绍炳，(1616年~1670年)，字虎臣，号省轩，浙江仁和人。工于诗文，于"西泠十子"中最为著名。自天文、舆地、历法、礼制、乐律等等无不精通。明亡，隐居南屏山，康熙时诏举隐逸之士，巡抚范承谟将荐之，力辞不就。著有《省轩文钞》、《诗钞》、《考古类编》等。

179

史学家谨慎地删减,直到它在国家最宏大的宗教仪式中寻得一席之地。白青黄赤四帝一个接一个地由秦朝的继任者设立。黑帝为汉朝的建国者添加,如明朝的历史学者上文所述。但在汉文帝①(Wan)之前,向这四帝献祭都不是国之大礼。这一点在《通鉴纲目》②(General Mirror of History)中清晰地言明,该书已由冯秉正③翻译,就是众所周知的《中国通史》④。汉文帝在位 15 年(公元前 166 年),他首次向这些神

---

① 【译注】汉文帝刘恒(前 203 年~前 157 年),汉高祖第四子,母薄姬,汉惠帝之庶弟。西汉第五位皇帝(前 180 年~前 157 年在位),在位 23 年,享年 47 岁。葬于霸陵(在今陕西省西安市灞桥区白鹿原东北角)。其庙号太宗,谥号孝文皇帝。
② 【译注】全名是《资治通鉴纲目》,是朱熹生前未能定稿的史学作品,其门人赵师渊于樊川书院续编完成,凡 59 卷。该书属于诠释性著作,起自周威烈王五十二年(公元前 403 年),止于五代后周世宗显德六年(公元 959 年),乃据司马光《资治通鉴》、《举要历》和胡安国《举要补遗》等书,本儒家纲常名教,简化内容,编为纲目。纲为提要,仿《春秋》,目以叙事;仿《左传》,用意在于用《春秋》笔法,"辨名分,正纲常"。
③ 【译注】冯秉正(Joseph–Francois–Marie–Anne de Moyriac de Mailla, 1669 年~1748 年),字端友,1703 年 6 月 16 日抵达澳门,然后转赴广州,在那里学习汉语和中国习俗。冯秉正先后为康、雍、乾三位皇帝效劳。康熙皇帝欲使满语传世久远,曾命人将中国正史译为满文。由于冯秉正精通满、汉语言,又熟悉中国古籍暨其风习、宗教、历史,尤其善于考据,故康熙皇帝命令冯秉正将同一史书再译为法文。冯秉正以《通鉴纲目》一书为主,再博采其他史书以补充,对明清两代的事迹,尤为详细。此书编撰历时六年,他所翻译的《中国通史》七卷本终于于 1730 年完成,1737 年陆续寄至法国,1775 年至 1785 年间陆续在巴黎印刷出版。
④ 【译注】原文为法文"Histoire de la Chine"。《中国通史》全名为《中国通史或译自<通鉴纲目>的中国编年史》。此书所据主要是朱熹的《通鉴纲目》,《通鉴纲目》所缺的上古史和清雍正以后的部分,采自《尚书》、《明史纪事本末》等书补充。康熙年间,皇帝罗致若干专家,花了数年时间,将朱熹的《通鉴纲目》译成满文,并于康熙三十一年(1692 年)付梓印刷。冯秉正汉文、满文造诣精深,读毕此书,便有意将此书迻译为法文。尔后,由耶稣会士和法国方面的支持,冯秉正以满文为底本于 1735 年前后将该书成功译为法文,取名《中国通史或译自<通鉴纲目>的中国编年史》。冯秉正并未全译《通鉴纲目》,而是摘译。1737 年译手稿寄到法国,但由于种种原因,法国学者弗雷菜为此书的出版努力没有成功,手稿被束之高阁。1775 年,时任巴黎阿森纳尔图书馆馆长格鲁贤教士(Abbé Jean Baptiste Grosier, 1743 年~1823 年)经多方努力,该书终于可以陆续出版,到 1780 年出版第十一卷(清史卷),历时五年,此后又出版了第十二卷(索引、附录),1785 年格鲁贤将自己的作品《中国概述及中国人的法律、风俗、习惯、科学和艺术全志》作为《中国通史》的第十三卷印行,至此《中国通史》全书出齐。直至今日,此书依然是西人译自中国古籍的唯一中国通史。(摘引许明龙教授文章"关于冯秉正的《中国通史》中的清史部分"。)

明①行郊祭之礼。这段史实被记述下来，随后又附有如下记载，"天一而已，而曰有五帝焉，非古也，自是郊祀五畤不可胜书矣。"② 再往后，我们又见到，"文帝，谦恭之君，初无所溺，而乃始为五帝之祀，夫帝一而已，安得有五？况异时纷纷祠祀，实昉于此。"③

有人会说这些是当代的评论，评论于明朝引入的礼仪革新之后。如果除了引述唐代历史学家的话之外，不需援用任何其他引文的话，那么那个主张就显得空泛而无意义了。然而令人欣慰的是，人们能够知晓汉文帝把只属于上帝的尊荣也赋予五帝，结果他受到其过失的严重警戒。文帝是受到著名方士新垣平④（Sin Hwan‐p'ing）的教唆才

【47】

---

① 【原注】夏四月，帝如雍，始郊见五帝，汉兴至此，天子方亲郊。
【译注】《汉书·文帝纪第四》的记载稍有不同，十五年春，黄龙见于成纪。上乃下诏议郊祀。公孙臣明服色，新垣平设五庙，语在《郊祀志》。夏四月，上幸雍，始郊见五帝，赦天下。修名山大川尝祀而绝者，有司以岁时致礼。"文帝何以献郊祭？可能出于以下缘故，"十四年冬，匈奴寇边，杀北地都尉卬。遣三将军军陇西、北地、上郡，中尉周舍为卫将军，郎中令张武为车骑将军，军渭北，车千乘，骑卒十万人。上亲劳军，勒兵，申教令，赐吏卒。自欲征匈奴，群臣谏，不听。皇太后固要上，乃止。于是以东阳侯张相如为大将军，建成侯董赫、内史栾布皆为将军，击匈奴，匈奴走。春，诏曰：'朕获执牺牲、珪币以事上帝宗庙，十四年于今。历日弥长，以不敏不明而久抚临天下，朕甚自愧。其广增诸祀坛场、珪币。昔先王远施不求其报，望祀不祈其福，右贤左戚，先民后己，至明之极也。今吾闻祠官祝釐，皆归福于朕躬，不为百姓，朕甚愧之。夫以朕之不德，而专乡独美其福，百姓不与焉，是重吾不德也。其令祠官致敬，无有所祈。'"
② 【原文】"Heaven is only one. To say that there are five Tes, is contrary to antiquity. From this time, the border sacrifices on the five altars cannot be enumerated."
③ 【原文】"The emperor Wǎn was a modest and respectful sovereign, who sank into no vicious courses during the former part of his reign, and yet he was the first to offer sacrifice to the five Tes. Now there is but one Te; how can there be five? Moreover, the sacrifices so confusedly offered in future times, were in fact consequent on this act of his."
④ 【译注】新垣平是西汉汉文帝时期的一个方士，因靠骗术骗取汉文帝的信任，后又被揭发，被灭门三族。《史记·卷十·孝文本纪》有如下记载，"十五年，黄龙见成纪，天子乃复召鲁公孙臣，以为博士，申明土德事。于是上乃下诏曰：'有异物之神见于成纪，无害于民，岁以有年。朕亲郊祀上帝诸神。礼官议，毋讳以劳朕。'有司礼官皆曰：'古者天子夏躬亲礼祀上帝于郊，故曰郊。'于是天子始幸雍，郊见五帝，以孟夏四月答礼焉。赵人新垣平以望气见，因说上设立渭阳五庙。欲出周鼎，当有玉英见。十六年，上亲郊见渭阳五帝庙，亦以夏答礼而尚赤。十七年，得玉杯，刻曰'人主延寿'。于是天子始更为元年，令天下大酺。其岁，新垣平事觉，夷三族。"

181

一步步如此的。那个傲慢无礼之徒激怒了廷尉张释之①,于是张释之告他欺君罔上,雷孝思从一本《回忆录》中摘录了下述内容,"有人说有五帝,我敢说没有什么比捏造上帝之灵这事儿更愚蠢的了。实际上,自古以来,所有智者、所有被视为国家之主宰的人,都会由于他们卓尔不凡的智慧而享有声誉,他们知道只有一位上帝,祂显赫出众,万有皆依赖于祂,国家的一切益处皆源于祂,向祂献祭,乃是皇帝之责任、皇帝之惯例,这是确凿无疑的,等等。"②这篇史志递交不久,新垣平即被处死,然而此恶行仍在延续,因其获得了皇上的批准。汉武帝③(Woo)一摄政,便离开文帝之道,在原有的敬拜之上又加添了一些新的偶像崇拜,自此致命的败坏从宗教仪礼中全然去除之前,1200多年已然流逝。

因此,通过历史记载我们可以看到,像敬拜上帝一样敬拜五帝肇始于汉文帝(公元前166年)的革新,高举对五帝的敬拜,其合理原因首先由后汉学者郑玄妄然提出,郑玄活跃于汉桓帝(Hwan)(公元152年~173年④)年间。因他发现有"六天",每一种"天"应当有一帝来统摄。这个主题可以很容易得到进一步阐明。有个证据会让这点极为可信:汉朝以前的中国宗教和中国古典文学,都根本就不知道

---

① 【译注】原文此人为Wang,但历史记载新垣平事发后被文帝革职,交予廷尉(官名,秦朝设置,为九卿之一,掌刑狱,相当于今天的检察长,也就是文中所言的 the chief of the Censors)张释之(生卒年月不详,字季,西汉南阳堵阳人。曾事汉文帝、汉景帝二朝,官至廷尉,以执法公正不阿闻名)审问。所以,此处译者将Wang改译为张释之。
② 【原注】参阅雷孝思之《易经》,第二卷,第411页。
③ 【译注】汉武帝刘彻(前157年~前87年),汉朝第七位皇帝,其母为关陇人孝景王皇后。他于七岁时册立为太子,于十六岁登基,在位达五十四年,是清朝康熙帝以前在位最长的中国皇帝。他雄才大略,文治武功,功绩显赫,和秦始皇被后世并称为"秦皇汉武",被评价为中国历史上最伟大的皇帝之一。汉武帝晚年穷兵黩武,对人民造成了相当大的负担,而且他性情反复无常而迷信多疑,致使巫蛊之祸的发生。征和四年,汉武帝在轮台下道《罪己诏》,重拾文景之治时期的与民生息的政策,为后来的昭宣中兴奠定基础。
④ 【译注】汉桓帝刘志(132年~168年),东汉第十一位皇帝(146年~168年在位),他是汉章帝曾孙,河间孝王刘开之孙,蠡吾侯刘翼之子,在位二十一年。

有五帝一说。我们看到的这些敬拜对象是出于道教,从道教中还衍生出许多思辨对象。

读者会看到唐代历史学家引用《周礼》而得出这样的结果,"祭五帝于四郊"。本段以及另外一两段引自《周礼》的话,仅作为显明夏商周三代(公元前 2142~前 243 年)的资料来认识那类存在。我想,以下的思考足以证明它们令人不满意,这些思考可能还会对致力于研习中国人之观念的人别有用途。

一、《周礼》不能与其他公认的经典并列。《易经》、《诗经》和《书经》,对五帝这个主题都是缄默不言的。《四书》——孔子和孟子①的思想录——也是如此。《周礼》无疑是一部非常古老的作品,汉代有人将其整理为现有的形式。还有一些篇章与真正的经典不一致,无论哪里与那些经典不同,还是哪些篇章不被那些经典支持,我们都不能对那些陈述附以太多权威性。②

二、有时候,有人会以孔子的权威性来证明,在他的那个时代,五帝在中国人中享有盛名,但证据中所引用的篇幅在最璀璨的真理之光下,那些神祇不过是道教方士的发明而已。《孔子家语》③(Family Sayings)题为"五帝"的那一章,门人季康子(Ke K'ang‑tsze)问五帝于孔子,说,"'旧闻五帝之名,而不知其实,请问何谓五

【48】

---

① 【译注】孟子(前 372 年~前 289 年)名轲,邹国(今山东邹县)人。东周战国时期儒家代表人物,孟子曾仿效孔子,带领门徒游说各国,但不被当时各国所接受,退隐之后,与弟子一起著述。孟子之弟子万章与其余弟子著有《孟子》一书,其学说出发点为性善论,提出"仁政"、"王道",主张德治。南宋时朱熹将《孟子》与《论语》、《大学》、《中庸》合在一起,并称"四书"。孟子继承并发扬了孔子的思想,成为仅次于孔子的一代儒家宗师,有"亚圣"之称,与孔子合称为"孔孟"。
② 【原注】参见雷孝思和他人对他们《易经》的译本所作的绪论。
③ 【译注】《孔子家语》是中国古代记述孔子思想和生平的著作,其内容是自汉朝以前到汉朝早期不断编纂而成,后来王肃对其进行整理,凡二十七卷,现存十卷。

183

帝？'孔子曰：'昔丘也闻诸老聃①。"②孔子在此承认，他对五帝的认知并非源于中国古代的经典，而是源于道家学派的创始人。

三、在《周礼》本身的记载中，五帝都迥异于上帝。文中并未讲五帝是谁，但五帝明显远远低于祂。在《省轩考古类编》第46页中提到，以下话语中对五帝得出一条定论，"若周礼五帝之祀，此主五方而称帝，犹易云帝出乎震，天子称君，诸侯亦称君，名虽从同，

---

① 【译注】即老子。老子，生卒年不详，姓李名耳，字聃。中国春秋时代思想家，著有《道德经》，是道家的经典之一。他的学说后被庄周、杨朱等人发展，后人奉之为道家学派之宗师。《史记·老子韩非列传》："老子者，楚苦县厉乡曲仁里人也。姓李氏，名耳，字聃，周守藏室之史也。"《史记正义》："老子，楚国苦县厉乡曲仁里人也。姓李，名耳，字伯阳。一名重耳，外字聃。身长八尺八寸，黄色美眉，长耳大目，广颡疏齿，方口厚唇，日月角悬，鼻有双柱。周时人，李母怀胎八十一年而生。"早期的道士认为老子是太清神之下。唐武宗时，老子被定为是三清尊神之一太上老君的第十八个化身。

② 【原文】"I have long heard their names, but do not know who they really are." Confucius replied, "Formerly, I heard about them from Laou-tan."【译注】语出王肃《孔子家语·卷六·五帝第二十四》。理雅各只引述了部分，现após全文引出："季康子问于孔子曰：'旧闻五帝之名，而不知其实，请问何谓五帝？'孔子曰："昔丘也闻诸老聃曰：'天有五行，水火金木土，分时化育，以成万物。'其神谓之五帝。古之王者，易代而改号，取法五行，五行更王，终始相生，亦象其义。故其为明王者而死配五行，是以太皞配木，炎帝配火，黄帝配土，少皞配金，颛顼配水。"康子曰："太皞氏其始之木何如？"孔子曰："五行用事，先起于木，木东方万物之初皆出焉，是故王者则之，而首以木德王天下，其次则以所生之行，转相承也。"康子曰："吾闻勾芒为木正，祝融为火正，蓐收为金正，玄冥为水正，后土为土正，此五行之主而不乱称曰帝者，何也？"孔子曰："凡五正者，五行之官名，五行佐成上帝而称五帝，太皞之属配황，亦云帝，从其号。昔少皞氏之子有四叔，曰重、曰该、曰修、曰熙，实能金木及水，使重为勾芒，该为蓐收，修及熙为玄冥，颛顼氏之子曰黎为祝融，共工氏之子曰勾龙为后土，此五者，各以其所能业为官职。生为上公，死为贵神，别称五祀，不得同帝。"康子曰："如此之言，帝王改号于五行之德，各有所统，则其所以相变者，皆主何事？"孔子曰："所尚则各从其所王之德次焉。夏后氏以金德王，色尚黑，大事敛用昏，戎事乘骊，牲用玄；殷人用水德王，色尚白，大事敛用日中，戎事乘翰，牲用白；周人以木德王，色尚赤，大事敛用日出，戎事乘骣，牲用骍。此三代之所以不同。"康子曰："唐虞二帝，其所尚者何色？"孔子曰："尧以火德王，色尚黄，舜以土德王，色尚青。"康子曰："陶唐有虞后，殷周独不配五帝，意者德不及上古即，将有限乎？"孔子曰："古之平治水土，及播殖百谷者众矣，唯勾龙氏兼食于社，而弃为稷神，易代奉之，无敢益者，明不可与等。故自太皞以降，逮于颛顼，其应五行，而王数非徒五而配五帝，是其德不可以多也。"

184

而实异，非即昊天上帝之谓也。"①

四、《礼记》的第三章②被称为《月令》（Yue‐ling），其中专门记录了皇帝一年十二个月间的行为，记述由接受献祭的五帝组成，孟春之月，帝大皞③（T'ae‐haou），孟夏之月，帝炎帝④（Yen），季夏行春令，帝黄帝（Hwang），孟秋之月，帝少皞⑤（Shaou‐haou），孟冬之月，帝颛顼⑥（Chuen‐heuh）。这五帝有五神与其相连，名曰句芒（Kow‐mang）、曰祝融（Chuh‐yung）、曰后土（How‐toe）、曰

【49】

---

① 【原文】"As to the five Tes mentioned in the Ritual of Chow as being sacrificed to, they are the beings called Te, who preside over the five cardinal points, in accordance with what the Yih‐king says, 'Te causes things to issue forth under the Chin diagram.' The emperor is called Sovereign. The princes of the various states are also called Sovereigns. But though the names are thus the same, the realities (denoted by those names) are different. (Those Tes) are not He who is called 'Shang‐Te of the glorious heavens.'"
② 【译注】理雅各此处描述与现今的《礼记》编排不同，现今的《礼记》的第三章是《檀弓上》，第六章才是《月令》，不知理雅各采用的是哪个版本。
③ 【译注】传说中的上古帝王，即伏羲氏。《左传·昭公十七年》："大皞氏以龙纪，故为龙师而龙名。"
④ 【译注】炎帝，号神农氏、连山氏，是传说中中国上古时代的天下共主。相传其为姜姓，烈山氏，因以火德王，故称炎帝。《史记·五帝本纪》正文引《帝王世纪》说："神农氏，姜姓也，母曰任姒，有蟜氏女登为少典妃，游华阳，有神龙首，感生炎帝。"炎帝的传说与五德终始说及图谶相关，包括苗族、羌族等百越诸族皆以炎帝为先祖。
⑤ 【译注】少皞，皞又作"昊"、"皓"、"颢"，又称青阳氏、金天氏、穷桑氏、云阳氏，或称朱宣。相传少皞姓己，名挚（亦作质、鸷），为黄帝之子，生于穷桑（今山东省曲阜北），建都于曲阜。传说他能继承太皞的德行，故称少皞或小皞。
⑥ 【译注】颛顼是中国历史中的一位传说人物，为五帝之一。父亲是昌意，昌意相传是黄帝与嫘祖的次子，封于若水，娶蜀山氏之女昌仆为妻，生颛顼。颛顼性格深沉而有谋略，十五岁时就辅佐少皞，治理九黎地区，封于高阳（今河南杞县东），故又称其为高阳氏。黄帝死后，因颛顼有圣德，立为帝，居帝丘（今河南濮阳），时年二十岁。传说在黄帝晚年，九黎信奉巫教，崇尚鬼神而废弃人事，一切都靠卜来决定，百姓家家都有人当巫史搞占卜，人们不再诚敬地祭祀上天，也不安心于农业生产。颛顼为解决这问题，决定改革宗教，亲自净心诚敬地祭祀天地宗祖，为万民作出榜样。又任命南正重负责祭天，以和洽神灵。任命北正黎负责民政，以抚慰万民，劝导百姓遵循自然的规律从事农业生产，鼓励人们开垦田地。禁断民间以占卜通人神的活动，使社会恢复正常秩序。颛顼生子穷蝉，是舜的高祖。据说他在位七十八年，活到九十八岁逝世，葬于濮阳。春秋战国时的楚王为其后裔，屈原自称为帝颛顼之后，"帝高阳之苗裔兮，朕皇考曰伯庸。"（《楚辞·离骚》）

185

蓐收（Juh‑show）、曰玄冥①（Heuen‑ming）。这五帝是谁？他们与汉代国家宗教仪式中占显要地位的那些神祇一样吗？

对这个问题的回答必然是否定的。他们的名称不同。在这儿，我们有大皞、炎、黄等；在那儿，我们有灵威仰、赤熛怒等。人们用一种最为神秘的精炼（mystical refinement）方式来消除差异。有五位天帝（T'een‑Tes），或天王（Heavenly Rulers）和与他们相关的神，有五位人帝（Jin‑Tes），或人王（Human Rulers）和与他们相关的神②。根据清朝注疏者的结论，天王是大皞、炎、黄、少皞和颛顼，对应的人王是伏羲、神农、轩辕③（Heen‑heuen）、金天④（Kin‑t'een）和

---

① 【译注】《礼记·月令》，孟春之月，日在营室，昏参中，旦尾中。其日甲乙。其帝大皞，其神句芒。其虫鳞。其音角，律中大蔟，其数八。其味酸，其臭膻，其祀户，祭先脾……孟夏之月，日在毕，昏翼中，旦婺女中。其日丙丁。其帝炎帝，其神祝融。其虫羽。其音徵，律中中吕。其数七。其味苦，其臭焦。其祀灶，祭先肺。蝼蝈鸣，蚯蚓出，王瓜生，苦莱秀。天子居明堂左个，乘朱路，驾赤骝，载赤旂，衣朱衣，服赤玉，食菽与鸡。其器高以粗……季夏行春令，则谷实鲜落，国多风欬，民乃迁徙。行秋令则丘隰水潦，禾稼不熟，乃多女灾。行冬令，则风寒不时，鹰隼蚤鸷，四鄙入保。中央土，其日戊己。其帝黄帝，其神后土。其虫倮。其音宫，律中黄钟之宫。其数五。其味甘，其臭香。其祀中霤，祭先心。天子居大庙大室；乘大路，驾黄马，载黄旂，衣黄衣，服黄玉。食稷与牛，其器圜以闳……孟秋之月，日在翼，昏建星中，旦毕中。其日庚辛。其帝少皞，其神蓐收。其虫毛。其音商，律中夷则。其数九。其味辛，其臭腥。其祀门，祭先肝。凉风至，白露降，寒蝉鸣，鹰乃祭鸟，用始行戮。天子居总章左个，乘戎路，驾白骆，载白旂，衣白衣，服白玉。食麻与犬，其器廉以深……孟冬之月，日在尾，昏危中，旦七星中。其日壬癸。其帝颛顼，其神玄冥。其虫介。其音羽，律中应钟。其数六。其味咸，其臭朽。其祀行，祭先肾。水始冰，地始冻，雉入大水为蜃，虹藏不见。天子居玄堂左个，乘玄路，驾铁骊，载玄旂，衣黑衣，服玄玉。食黍与彘，其器闳以奄。"
② 【原注】人王当然就是帝了；与他们相关的神只是臣。
③ 【译注】即黄帝。
④ 【译注】即少皞。

高阳①（Kaou‑yang）。在《易经》中"帝出乎震"，他们说是指大皞，即指所谓的天王，而不是指人王伏羲，但在郑玄提出灵威仰以及其他四位所谓的天王之后，《月令》中的五帝就必然会降到人王的位置上，人们认为这五帝与伏羲等其他四位皇帝相同②。

没有必要更加详尽地再探究五帝了。在已经说过的内容中，读者大概能判断出我所主张的观点是更有可能的，即中国古典文学中并没有五帝，五帝是道教的产物。刘应对五帝的陈述已被证明是大错特

[50]

---

① 【译注】即颛顼。关于三皇和五帝分别指谁，十分混乱，《大戴礼记》、《尚书》、《史记》、《战国策》、《吕氏春秋》、《资治通鉴外纪》等说法均有所不同。根据雅各所采用的名称和顺序，他采用的是《尚书》关于三皇五帝的说法。《尚书·序》中对三皇五帝如此说，"伏羲、神农、黄帝之书，谓之'三坟'言大道也。少昊、颛顼、高辛、唐、虞之书，谓之'五典'，言常道也⋯昊，胡老反。少昊。金天氏，名挚，字青阳，一曰玄嚣，己姓。黄帝之子，曰女节。以金德王，五帝之最先。颛音专。项，许玉反。颛顼，高阳氏，姬姓。黄帝之孙，昌意之子，母曰景仆，谓之女枢。以水德王，五帝之二也。高辛，帝喾也，姬姓。喾，口毒反。母曰不见。以木德王，五帝之三也。唐，帝尧也，姓伊耆氏。尧初为唐侯，后为天子，都陶，故号陶唐氏。帝喾之子，帝挚之弟，母曰庆都。以火德王，五帝之四也。虞，帝舜也，姓姚氏，国号有虞。颛顼六世孙，瞽瞍之子，母曰握登。以土德王，五帝之五也。"因此，三皇是：伏羲（太昊）、神农（炎帝）、轩辕（黄帝亦称有熊氏）；五帝是：少昊金天氏、颛顼高阳氏、帝喾高辛氏、帝尧陶唐氏及帝舜有虞氏。童书业先生《春秋史》中的描述是，据本书说：最古有盘古氏，他是一位天地开辟时的神人。盘古氏之后有三皇，三皇之后有五帝；这三皇五帝是哪些人，异说纷纭。最古的说法：三皇是天皇、地皇、泰皇。五帝是黄帝、颛顼、帝喾、尧、舜。最普通的说法：三皇是天皇、地皇、人皇。五帝是伏羲、神农、黄帝、唐尧、虞舜。"（第1页，上海古籍出版社，2010年8月）

② 【原注】在最后，"等次低但却稳固"，我们接触到了刘应的最后主张：在《易传》中，古代的阐释者把帝说成是伏羲，一位辅助上帝（Shang‑Tes）的人。但古代的阐释者却没有那么说过。这种观点是随着郑玄发明五位新的天帝而产生的，一直延续到第十二世纪末。许多中国作者已经揭露出这种观点的荒谬性。唐代的孔颖达问道，有多少人王可以践行属于帝的事呢？另一位学者问道，倘若五帝就是五位古代君王的话，那么五帝存在之前，谁掌管四时呢？关于《易经》中帝是五位天帝之一这种说法，就如同没有根据的格言一样。古代典籍告诉我们有关五位天帝、五位人帝、还有帝的事儿很少，典籍中所谈到的是，祂不单单是一时的掌管者，而且是四时的掌管者。祂并非五中之一，而是浑然一体，在万物之内做工。根据最古老的、最伟大的现代注释者的观点，我们必须坚信，祂是"主，是造化者，是天地之主宰。"五帝中有三位，即太昊伏羲、炎帝神农和黄帝轩辕作为医术之祖，在春季和冬季接受人的献祭。有大臣为此目的受命管理献祭事宜。这一场合会有一篇长长的祷告词，在《大明会典》第57卷中有记载。风闻他们的愈人之术只是一种途径，借此途径，"灵所以赞帝生德"。"皇帝希望"他们将发挥他们的神妙作用和属灵的侍奉，来保持"我等"身体健康。他还恳求他们让疾病远离他的子民，带领他们进入"慈爱长生之地，"——"以永上帝之恩。"

错。明朝以前所有朝代中所敬拜的五帝非但不是上帝，而且在汉朝以前，就根本没有人那样敬拜过五帝。与理学家没有反对五帝这种说法不同，唐代的历史学家（我还引用了其他朝代的历史学家）着重谴责因敬虔地敬拜五帝而腐化了的古代敬拜。如果可能的话，我提出的这些评述会让这点比以前更明了，即上帝屹立于中国宗教之中，"没有与祂匹敌的或是仅次于祂的"，天上地下只有这独一的掌权者。

中国人在两至日献祭侍奉上帝

关于祂的这种观点，还有第四种也是最后一种反对的看法。文惠廉博士以下面这种方式极力主张：

"论到被称为郊祭（Kiau）的古代祭祀，人们会问，郊祭是只为了敬拜'昊天'（the expansive heavens）、敬拜'至高主宰'而设的吗？其他存在或事物都不许与祂同享郊祭吗？答案是：昊天、至高主宰自古以来从未出现在中国人当中，对于这点，历史学家告诉了我们那种显著的差异。根据《易经》中的陈述，地与天衍生万物，因此它们一起作为'万物之父母'，因而最大的祭祀一直也献于地，如同献于天，二者之间唯一的区别是，夏至日祭地于国之北郊，而冬至日祭天于国之南郊。对上天更多的顺从无疑表现在这些细微的差异中，但不会超过中国人都同意的父大于母这种看法。"

这种异议可以用一种更为简练的话来加以表述。夏至日祭地，中国人不将地——无论我们将它当作一种象征还是视其为一个栖息之

第一章　中国人认识真神，他们的宗教就是一神教

地——升到与天同等的位置上吗？从一种巨大的、人格化的统摄智慧（one great personal superintending Intelligence）中，难道此二者不会引领我们设想有两种统摄宇宙的力量，或至少是双重统摄宇宙的力量吗？

对这种异议现在有个明确的回应：上帝这位存在对两种祭祀同样关注。在众多权威中，我们有孔子作为明证。在《中庸》里，他说过一句很有名的话，"郊社之礼，所以事上帝也。"① 这是麦都思博士的译文，几乎与所有中国注疏者都一致。但是，如果有人选择坚信，借着社（shay）我们便可以知晓是向掌管土地之灵献祭的话，我就不会介入有关这个主题的任何争辩了。在那种情形中，郊（Keaou）代表所有由皇帝施行的最大规模的宗教礼仪，于是，结论依然是：上帝是独一存在（the one Being），皇帝代表其子民在两至日向祂敬拜。

在《四书章句集注》②中，有对这篇内容的阐释，我们只引述，"冬至，祭天于圜丘，夏至，祭地于方泽。所以祀上帝，而将其崇天

【51】

---

① 【原文】"The ceremonies of the celestial and terrestrial sacrifices are those by which men serve Shang-Te."【译注】本句上下文背景为："子曰：武王、周公其达孝矣乎。夫孝者，善继人之志，善述人之事者也。春秋，修其祖庙，陈其宗器，设其裳衣，荐其时食。祖庙之礼，所以序昭穆也。序爵，所以辨贵贱也；序事，所以辨贤也；旅酬下为上，所以逮贱也；燕毛，所以序齿也。践其位，行其礼，奏其乐，敬其所尊，爱其所亲，事死如事生，事亡如事存，孝之至也。郊社之礼，所以事上帝也；祖庙之礼，所以祀乎其先也。明乎郊社之礼，禘尝之义，治国，其如示诸掌乎。"

② 【译注】《四书章句集注》是一部儒家理学名著，为宋代朱熹所著。其内容分为《大学章句》（1卷）、《中庸章句》（1卷）、《论语集注》（10卷）以及《孟子集注》（14卷）。朱熹首次将《礼记》中的《大学》、《中庸》与《论语》、《孟子》并列，认为《大学》中"经"的部分是"孔子之言而曾子述之"，"传"的部分是"曾子之意而门人记之"；《中庸》是"孔门传授心法"而由"子思笔之于书以授孟子"。四书上下连贯传承而为一体。此书是朱熹倾注毕生心血之作，他至临死前一天还在修改《大学·诚意章》的注，诚如他自己所说"毕力钻研，死而后已"。然批驳者亦有之，如明末清初的毛奇龄反对朱熹理学，曾撰《四书改错》批评《四书集注》，书中首句便谓"四书无一不错"，罗列朱熹《四书》注释的错误达451条。

189

礼地之诚敬,以答其生成之德也。①"对这两种仪式,我想有人会引导我们加上下面这种意思。形质之天地乃是 God 之大作②。对它们的创造者,天地以不同的声音向人发声,全然和谐而又多方证明③。当我们思索天的时候,我们满怀敬畏之情;我们受感敬畏祂、尊崇祂,天是祂的宝座④。当我们思索地的时候,我们浸润在祂的慈爱之中。柔情似水般地流入我们的灵魂,我们甘愿爱祂,祂以恩典为年岁的冠冕⑤。对我们而言,天代表着祂的神权;地代表着祂的圣爱。前者教导我们神权高于父权;后者告诉我们圣爱大于母爱。借此二者,我们上达于祂,执掌王权,成为守望者,即以存在之身份进入我们对祂的侍奉中,作为敬畏、慈爱、敬虔与慷慨等诸要素。我们天性中有种强烈的本能也会促使中国人产生那种敬拜,他们借着冬夏两至日的献祭寻求而得。无论何时,他们离成功总是那么遥远,只有那位心灵之鉴察者(the Searcher of hearts)才知道,但我不能转离不去思索他们的努力,我们的本性中若是缺乏寻求 God 的那份渴望与感动,就不能直接与祂接近,但我们的本性一直在找寻接近祂的路径。自然界的方式都是十分匮乏的。中国人已经选择了其中最好的方式。但愿不久那些

[52]

---

① 【原文】"There are the ceremonies of the Keaou and Shay. At the winter solstice, the emperor sacrifices to heaven, on the round mound; at the summer solstice he sacrifices to the earth on the square pool. Thus service is performed to *Shang - Te*, and the emperor takes the sincerity and reverence, wherewith he pays honour to heaven, and respect to the earth, to acknowledge His goodness, in engendering and maturing (the productions of nature)."
② 【译注】《圣经·旧约·创世纪》1:1,起初,**神**创造天地。
③ 【译注】《圣经·新约·罗马书》1:19~20,**神**的事情,人所能知道的,原显明在人心里,因为**神**已经向他们显明。自从创造宇宙以来,**神**的永能和神性是明明可知的,虽然看不见,但借着所造之物就可以了解看见,使人无可推诿。
④ 【译注】《圣经·新约·马太福音》5:34~35,但是我告诉你们:"什么誓都不可起。不可指着天起誓,因为天是**神**的宝座。不可指着地起誓,因为地是祂的脚凳;也不可指着耶路撒冷起誓,因为耶路撒冷是大君王的京城。"
⑤ 【译注】《圣经·旧约·诗篇》65:11,祢以恩典为年岁的冠冕,祢的路径都滴下脂油。(本引文出自汉语《圣经》和合本译本。)

方式可以由祂取代，因为祂是道路，也是真理和生命①，祂是以马内利②，祂是 神－人③，祂是独一中保④。

孔子的原话应该是摆在我们面前问题的最终答案。在中国两大宗教仪式中，他们所敬拜的是两种存在呢，还是只是一位呢？他们最伟大的圣贤告诉我们说中国人只敬拜一位。我们屡次接受上帝这个词的定义也有这层意思，"上帝，天地之主宰也。"祂不仅仅是天之主宰，也是地之主宰，因此就如我们在嘉靖皇帝的祷告中所见到的，天上的灵与地上的人都在祂里面欢喜快乐，赞美祂的大名。在这里我可以说，对中国学者而言是否应该在只夏至献祭，还是一个悬案（a moot point）。与此相反的论据是基于记载在《书经》中的最早宗教敬拜记录，其中讲到舜（公元前2230年）的时候说，"舜献祭与上帝"；支持两种祭祀的论据主要是基于《周礼》的一些篇章，《周礼》成书时间较晚，其权威性也稍逊一筹。嘉靖以前，明朝的皇帝将两种祭祀合二为一。嘉靖借助二程和朱熹的观点，将祭祀一分为二。这是宋朝理学对明朝宗教的唯一影响，我对此已经探讨过。而有些宋朝哲人却热诚地为一祭辩护。胡五峰⑤（Oo Woo‐fung）就反对两种祭祀，因为

---

① 【译注】《圣经·新约·约翰福音》14:6，**耶稣**说："我就是道路、真理、生命；若不借着我，没有人能到父那里去。"
② 【译注】《圣经·旧约·以赛亚书》7:14，因此，主自己要给你们一个预兆，看哪，必有童女怀孕生子，给祂起名叫以马内利（就是 神与我们同在的意思）另有8:8，又有《圣经·新约·马太福音》1:23，说："必有童女怀孕生子，人要称祂的名为以马内利。"（以马内利翻出来就是"神与我们同在"）。
③ 【译注】《圣经·新约·罗马书》1:3~4，论到祂儿子－我主**耶稣基督**，按肉体说，是从大卫后裔生的；按神圣的灵说，因从死人中复活，用大能显明他是 神的儿子。
④ 【译注】《圣经·新约·提摩太前书》2:5，因为只有一位 神，在 神和人中间也只有一位中保，是成为人的**基督耶稣**。
⑤ 【译注】胡宏，字仁仲，号五峰，崇安（今福建崇安）人，胡安国之子，湖湘学派创立者，人称五峰先生，生于宋徽宗崇宁元年（1102年），卒于宋高宗绍兴三十一年（1161年），他的理学思想对宋代理学的形成和发展具有承上启下的作用。主要著作有《知言》、《皇王大纪》和《易外传》等。

中国人关于神与灵的观念
The Notions of the Chinese concerning God and Spirits

两种祭祀看似是"家有二主"。明代一位作家魏庄渠①（Wei Chong-keu）论到，天地一气，如人百骸一体。上帝乃天之主宰，人心亦身之主宰，主宰岂容有二？②很有意思的是，我们从中国作家的笔下发现他们那样表达关于独一真神的真理，而且这些真理又引领他们对某些敬拜表达不满，虽然那些敬拜并不否认真理，但会让真理变得晦暗不明，从而使人不再关心探究真理的本义了。

【53】　在夏冬两至日的献祭中，我已经证明了既没有否认上帝的同一性，也没有否认上帝的主权，现在我以一段有关当今清朝（the present dynasty）在两宗庙中举行宗教庆典的简要记述来结束这个主题，这段记述选自格鲁贤③的《中国通志》（Description de la Chine），"如今北京有两座重要的宗庙，就是天坛和地坛，他们都在都城内。在这些宗庙的构造中，中国人用了所有高贵典雅、壮丽宏大的物品。传统礼仪要求皇帝在他所有的宫殿中都不能使用那种华美珍贵、富丽堂皇的建筑风格。这条律令扩展到所有装饰及其应用的条例当中，如瓶饰、器具，甚至乐器的使用。用于祭祀音乐中的有笛、鼓、琴、瑟，不仅比宫廷中演绎地更加巧妙、更加完美，而且制造乐器的材料也比

---

① 【译注】魏校（1483年~1543年），字子才，号庄渠，南直隶苏州府昆山（今属江苏）人。著有《大学指归》、《周礼沿革传》、《六书精蕴》、《春秋经世》、《经世策》、《官职会通》、《庄渠遗书》等书。

② 【原文】Heaven and earth were one material creation, just as the various bones make up the one body of a man; *Shang-Te* was the Lord and Governor of heaven just as the soul is the Lord and Governor of the body, and it was not possible that there should be two Lords and Governors.

③ 【译注】格鲁贤（Abbé Jean Baptiste Grosier, 1743年~1823年），法国人，修道院长，是卢浮宫圣路易的议事司铎，后又在珍宝库中任国王兄弟蒙西埃的图书馆馆长。1775年，他买下了收藏于里昂原耶稣会士图书馆中的冯秉正《中国通史》的手稿，于1775年~1784年间与豪特拉耶合作出版了十二卷。1785年，格鲁贤为《中国通史》出版了1卷补遗，即第13卷，其中包括《中国概述及中国人的法律、风俗、习惯、科学和艺术全志》（即《中国通志》）。《中国通志》第一卷讲述中国分省地理、少数民族、属国、自然条件、气候物产，第二卷讲述中国的政府、法律、宗教、风俗习惯、经济生活、文学、艺术和科学。出版之后，该书在大众中取得了很大成功，在同一年就再版并被译作英文和意大利文。格鲁贤接着又对这卷补遗作了补充，从而形成7卷本的第3版，自1818年起陆续出版。

第一章 中国人认识真神，他们的宗教就是一神教

官中的御用乐器更为珍贵，此外，在构造规格上也要更大一些，这样才能配得上真理，才配用于天坛之中，人们只有在那里才能听到优美华贵的中国音乐。两座宗庙都同样献给上帝，不同的只是名称。人们在其中一个宗庙中敬拜的是永生之灵（*The eternal Spirit*）；在另一宗庙里，敬拜的是世界创造者与护佑者之灵（*The Spirit, the Creator and Preserver of the world*）。"

在上面的探讨中，我给读者列出证据中的几个要点，据此我坚持认为中国人的上帝就是华夏经典中所谈到那位存在，也是华夏民族敬拜了 4000 多年的那位存在，祂就是真 神，而且我还会竭尽全力去迎战那些形形色色的反对这一结论的主张。严格来说，根据已经提出的观点不能称中国的宗教为多神教。中国的宗教承认有一位完满的存在，这位存在高于万有，祂是宇宙的创造者和掌权者。中国人的宗教并未将祂与其他存在混为一谈。也并未将祂的荣耀，即祂的大名，赋予他者（another），也没有把对祂的颂赞归于雕刻的偶像。《中国忆纪》①中第一篇文章的作者把中国宗教描述为"一些人迷信自然神论"②，这确实没与真理脱节，尽管文章的措辞比我的要柔和得多。中国人的自然神论与一些迷信有关，主要是对诸神的敬拜和对祖先

---

① 【译注】原文为法文 "*Memoires concernant les Chinois*"。理雅各此处说的应该是 "*Memoires concernant l'Histoire, les Sciences, les Arts, les Moeurs, les Usages, etc. des Chinois: Par les Missionnaires de Pékin*（16 volumes, Paris, 1776 年 ~ 1814 年）"（《北京传教士关于中国历史、科学、艺术、风俗、习惯之见闻录》，凡 16 卷，1776 年至 1814 年巴黎出版），该书作者是钱德明。钱德明（Jean Joseph Marie Amiot, 1718 年 ~ 1793 年），字若瑟，1718 年 2 月 8 日生于法国土伦，1749 年 12 月 29 日从洛里昂乘船出发赴华，并于 1750 年 7 月 27 日抵达广州，次年 8 月进京。他本人为天文学家和作家，1761 年任法国在华传教区的司库，1779 年 11 月 18 日，他出任法国在华传教区会长，1793 年 10 月 9 日死于北京。他能用汉文、法文以及满文、蒙文等文字著书立说，是一位罕见的多才多艺的传教士汉学家，是入华耶稣会士中最后一位大汉学家。钱德明著作等身，如《满蒙文法满法字典》、《汉满藏法五国文字字汇》、《中国历代帝王纪年》、《纪年略史》、《孔子传》、《四贤略传》、《列代名贤传》、《孙吴司马穰苴兵法》、《中国古代宗教舞蹈》、《中国学说列代典籍》等，最有名的当属他编撰的《北京传教士关于中国历史、科学、艺术、风俗、习惯之见闻录》。

② 【译注】原文为法文，"*Une Deisme avec quelques superstitions*"。

193

的敬拜。

对 *spirits* 的敬拜

对前一点，让我们来说说真理与谬误混在一起的情况。除了人和 God 以外，中国人还承认有其他属灵的存在（spiritual beings），他们认为这些属灵的存在是 God 的仆役（agents），是"祂的臣仆，行祂所喜悦的"。到目前为止，中国人还是对的，但他们的这种信仰却与许多愚蠢的幻想连在一起。缺乏启示的指引，他们就与各处的属灵守护者居住在一起；他们把守护的职分分给太阳、月亮和群星，分给所有自然物，每座小山大山，每条溪流江河，还有保护他们的外邦人。他们还拜所有这些灵明（spirits），并向它们献祭。《圣经》是多么值得关注啊，《圣经》断言有属灵的存在，这些属灵的存在是耶和华的【54】臣仆，但祂不会滋养它们的色欲之心，也从不允许它们在人与 God 之间往来。《圣经》中很少对某一类具体的属灵存在进行描述，但这对中国人而言却是极为自然的。就如米该亚的异象，在《历代志下》18：18～22①那里说到，有一个灵，是站在耶和华跟前的，耶和华坐在宝座上，天上的万军侍立在祂左右。又如在《撒迦利亚书》第六章也有这种异象，"天使曰：此乃四天神，恒侍于天下之主侧，今已

---

① 【译注】《圣经·旧约·历代志下》18：18～22 记载：米该雅说："因此你们要听耶和华的话！我看见耶和华坐在宝座上，天上的万军侍立在祂左右。耶和华说：'谁去引诱以色列王亚哈上基列的拉末去阵亡呢？'这个这样说，那个那样说。随后有一个灵出来，站在耶和华面前，说：'我去引诱他。'耶和华问他：'用什么方法呢？'他说：'我要出去，在他众先知的口中成为谎言的灵。'耶和华说：'这样，你去引诱他，必能成功。你出去，照样做吧！'现在，看哪，耶和华使谎言的灵入了你的这些先知的口，并且耶和华已经宣告要降祸于你。"

194

第一章　中国人认识真神，他们的宗教就是一神教

出矣。"① 但这些经文将我们约束在所揭示的内容上，而且对那些与存在有关的事，《圣经》不许我们加添什么信息②，那些存在比我们要老，能力比我们要大③，他们绝不允许我们与全能、全知、全在之 God 建立关系，因为这种关系会被介入其中的天使遮蔽起来。在《启示录》的最后一章④中，有位天使拒不接受约翰⑤的跪拜，那位天使告诉约翰说他仅仅是个仆人，并指引约翰敬拜 God。在《圣经》中，天使是 God 的仆役，行使所托付给他们的特殊使命⑥。他们并不是行使一般职责的灵，并不是作为 God 与人之间的中保。他们与中国人同在，因而中国人向他们祷告，要么就是接受他们的敬拜；尽管中国人公然表示对那些灵明的敬拜本应属于 God 的，但那仍是愚蠢，仍是谬误，仍旧是罪。

---

① 【译注】《圣经·旧约·撒迦利亚书》6:5，"天的四风，是从全地之主面前出来的。"文中的"风"，当译为"灵"，新美国标准本《圣经》该节经文为，These are the four spirits of heaven, going forth after standing before the Lord of all the earth。
② 【译注】《圣经·旧约·申命记》4:2，"我吩咐你们的话，你们不可加添，也不可删减，好叫你们遵守耶和华－你们 **神** 的命令，就是我所吩咐你们的。"又有该卷书的 12:32，《箴言》30:6，《启示录》22:18~19。
③ 【译注】《圣经·新约·彼得后书》2:11，就是天使，虽然力量权能更大，还不用毁谤的话在主面前告他们。
④ 【译注】《圣经·新约·启示录》21:8~9 记载：这些事是我约翰所听见、所看见的；我既听见、看见了，就在指示我的天使脚前俯伏要拜他。他对我说："千万不可！我与你和你的弟兄众先知，并那些守这书上言语的人，同是作仆人的。你要敬拜 **神**。"该卷书的 19:10 有同样的记载。
⑤ 【译注】约翰，**耶稣**十二门徒之一。传统上认为，约翰是《圣经·新约》中《约翰福音》、三封书信和《启示录》的执笔者，被认为是**耶稣**所爱的门徒，他的父亲是西庇太，母亲是撒罗米，还有一位兄弟叫雅各，也是使徒，而且是第一位殉道的使徒。约翰的希伯来文意思是"耶和华是仁慈的"。
⑥ 【译注】《圣经·新约·希伯来书》1:14，天使岂不都是服役的灵，奉差遣为那将要承受救恩的人效力吗？

195

中国人关于神与灵的观念
The Notions of the Chinese concerning God and Spirits

论先祖及先贤

中国人的第二大迷信就是敬拜他们的先祖之灵和仙逝的先贤之灵。前者在华夏经典中被描绘为一种重要的义务，叫孝顺。"子曰：孝子之事亲也，居则致其敬，养则致其乐，病则致其忧，丧则致其哀，祭则致其严，五者备矣，然后能事亲。"① 但就如现实中存在的，对他们的敬拜多于对他们的孝顺与情感。人们希望那些仙逝之人能够帮助活着的人。人们把他们当作属灵的力量向他们祷告、向他们献祭，或许这样就可以从他们那儿得到庇佑与恩惠。我们在明朝宗庙仪式中的祷文里就可以看到这一点。所以，敬拜祖先就成了一个陷阱，一块绊脚石，虽然祖先并没有被称作是神（Gods），但他们却在中国人心目中占有一席之地，而这一席之地本应只属于God。

同样，敬拜先贤也应该受到谴责。适当的追忆是蒙福的。每个民族都应该记住他的恩人和为世界增光添彩的人，任何人都应该敬重每一个国家中促进人类发展的人，这些人促进人类进步，以身作则，通过帮助和教诲改善了我们人类种族。但为逝者建造宗庙，向他们献上祭物，恳求并祈望他们的帮助，这些行为都是建立在非理性基础之上的，与**神**之道的教导相悖，陷入其中的人，其结果有百害而无一利。

---

① 【原文】"The service," said Confucius, "which a dutiful son renders to his parents is comprised in the following points: —In his ordinary intercourse with them, he must manifest the utmost respect; in nourishing them, he must exhibit the utmost pleasure; when they are sick, he must show the greatest sorrow; in mourning for their death, he must omit no expression of grief; in sacrificing to them, he must display the utmost solemnity. When these five points are all observed, a son fulfills his duty to his parents."【译注】语出《孝经·纪孝行章第十》，全文是："子曰：孝子之事亲也，居则致其敬，养则致其乐，病则致其忧，丧则致其哀，祭则致其严，五者备矣，然后能事亲。事亲者，居上不骄，为下不乱，在丑不争，居上而骄，则亡。为下而乱，则刑。在丑而争，则兵。三者不除，虽日用三牲之养，犹为不孝也。"

中国宗教的第一次败坏

古代中国的宗教首肯这些迷信元素是在什么时候，我回答不了。有些罗马天主教（the Roman Catholic）的作家已经确定，中国人对神的敬拜出现在黄帝统治时期，马礼逊估测黄帝统治的时间要早于基督时代2600多年；但对这个主题，我还不能从中国的典籍中获取什么信息。把五经（five King）当作正史资料，我们会发现中国宗教在舜那个时代就已经败坏了，舜的统治开始于公元前2230年。舜登基，"肆类于上帝，禋于六宗，望于山川，遍于群神。"① 如果我们相信注疏者的话，那么六宗就是"四时、寒暑、日、月、星、水旱。九州岛名山大川、五岳四渎之属，皆一时望祭之。群神谓丘陵、坟衍、古之圣贤，皆祭之。"② 这段话作为早期的宗教敬拜的记载呈现在我们面前，内容基本与现今风行于世的宗教敬拜一样。"我不认为"，文惠廉博士说，"传统对舜有过多的描述。"实际上，我们惋惜的不是对他的记载过多，而是对传统混淆了敬拜其他存在和敬拜至高 神表示惋惜，我们只发现了这个证据，就是挪亚③家族中有些人迁徙到中国，这个家族很容易犯错，

---

① 【译注】语出《尚书·舜典》，理雅各英文为：he offered the corresponding sacrifice to Shang‑Te, presented a pure offering to the six honoured objects, looked towards and worshipped the hills and rivers, while he universally included the host of shins. 这句话的引文背景为："舜让于德，弗嗣。正月上日，受终于文祖。在璿玑玉衡，以齐七政。肆类于上帝，禋于六宗，望于山川，遍于群神。辑五瑞。既月乃日，觐四岳群牧，班瑞于群后。岁二月，东巡守，至于岱宗，柴。望秩于山川，肆觐东后。协时月正日，同律度量衡。修五礼、五玉、三帛、二生、一死贽。如五器，卒乃复。五月南巡守，至于南岳，如岱礼。八月西巡守，至于西岳，如初。十有一月朔巡守，至于北岳，如西礼。归，格于艺祖，用特。五载一巡守，群后四朝。敷奏以言，明试以功，车服以庸。"
② 【译注】语出《尚书正义》，汉孔安国传，唐孔颖达正义。
③ 【译注】挪亚，其事迹记载于《圣经·创世纪》中。挪亚是拉麦的儿子，他活了950岁。他按着 神的旨意修建挪亚方舟。方舟建好之后，大洪水来临，毁灭了那个时代的人，除了挪亚一家八口之外，人类全被毁灭。挪亚有三个儿子，闪、含、雅弗。

197

与和挪亚家族中离他们原先所在之地更近的那些人一样。

人们一般接受这种观点,在大洪水①之前,偶像崇拜盛行于"人的儿女"当中,该隐②的后裔首先发展出星象敬拜③,或是敬拜天使(heavenly host)④。大洪水过后,人们那么快就背离了纯正的神学(the pure theology),这纯正的神学必定是挪亚教导他们的。黑尔士⑤【56】说,"宁录⑥,僭主,第一个推翻父权管制的人,也是第一个引入星体偶像的人,他死后,其国民将之奉若神明。"根据通用的编年史,宁录与舜处于同一时代。亚述王朝由宁录于公元前2229年建立。从《圣经》中,我们还知道亚伯拉罕的先祖侍奉别神⑦,他的祖父拿鹤⑧生于公元前2151年,大约只比中国皇帝舜晚了80年。大洪水之后幸存的挪亚家族中,第一批进入中国东北部地区的人一定很早就离开那里了;为什么我们会在他们当中寻找信仰败坏这件事上出错呢?那些

---

① 【译注】参见《圣经·旧约·创世纪》第7、8章。
② 【译注】该隐,亚当与妻子夏娃所生的儿子,后来该隐因为嫉妒弟弟亚伯而把亚伯杀害,受到上帝惩罚,从此颠沛流离。参见《圣经·旧约·创世纪》第4章。
③ 【译注】原文为zabianism,意为the idolatrous worship of the stars,权且翻译为"星象敬拜"。
④ 【原注】参见黑尔士的《年代学分析》,第四卷,第三页。
⑤ 【译注】威廉·黑尔士(William Hales,1747年~1831年),爱尔兰神职人员和科学作家。他生于爱尔兰的科克,1764年进入都柏林三一学院,毕业后留校,并成为东方语言系教授。1788年后,他辞任教授,担任爱尔兰Killeshandra教区牧者,并在那里度过余生。著有《纪年新考》(A New Analysis of Chronology,1809年~1812年)三卷本,这也是他最著名的作品,耗时20年写就,他尽可能地使用第一手资料,该书涉及了整本《圣经》的年表。此外,他还著有《督查者,或民间智慧文学选及爱尔兰文学探踪》(The Inspector, or, Select Literary Intelligence for the Vulgar and Irish Pursuits of Literature,1799)、《循道宗教义考》(Methodism Inspected,1803年~1805年)、《天主教统绪教理书信论集》(Letters on the Tenets of the Romish Hierarchy,1813年)等。
⑥ 【译注】宁录,《圣经·旧约·创世纪》中的人物。《圣经》对宁录仅有3次记载,《圣经·旧约·创世纪》10:8~12,《圣经·旧约·历代志上》1:10和《圣经·旧约·弥迦书》5:6。宁录是古实的儿子、含的孙子、挪亚的曾孙,称"他为世上英雄之首","他在耶和华面前是个英勇的猎户",并表明他是大洪水之后第一个建国者,在示拿地建了巴别、以力、亚甲、甲尼,在亚述建了尼尼微、利河伯、迦拉、利鲜。
⑦ 【译注】《圣经·旧约·约书亚记》24:2记载:约书亚对众百姓说:"耶和华-以色列的 神如此说:古时你们的列祖,就是亚伯拉罕和拿鹤的父亲他拉,住在大河那边事奉别神。"
⑧ 【译注】拿鹤,《圣经·旧约·创世纪》中的人物,挪亚子孙,闪的后代,西鹿之子,亚伯拉罕的祖父。

第一章　中国人认识真神，他们的宗教就是一神教

人离开他们的弟兄，但在他的弟兄当中还有类似的害群之马，这些人继续逗留在挪亚和闪①曾经出入的示拿地一带区域，在他们当中极有可能会出现败坏信仰的事。对传统中为数不多的有关舜的记载，文惠廉博士疑惑不解，这可能与上述那些族长有直接关系。②

---

① 【译注】闪，《圣经·旧约·创世纪》中的人物，挪亚的长子，弟为含和雅弗；闪是希伯来所有子孙的祖宗，相传为闪米特人的祖先。他曾与父母、两个弟弟、妻子和弟妻们共八人进方舟，避过洪水灭世。后来，**神赐福给挪亚和三子**，并以彩虹立约。据《圣经·旧约·创世纪》记载，闪有五个儿子，以拦、亚述、亚法撒、路德和亚兰，其中亚法撒是闪在洪水以后两年、一百岁时生的。闪之后继续活了五百年，并生了其他儿女。犹太人世界观中，世界由亚、非、欧三洲组成，挪亚三名儿子即为黄、黑、白种人的祖先。

② 【原注】在此，人们难免会受到一个极为复杂主题的困扰，就是中国编年史的可信度。舜统治元年，冯秉正确定的年代是公元前 2255 年，马礼逊博士确定的年代是公元前 2230 年。根据人们普遍接受的编年史，巴别塔之后的大分散发生在公元前 2230 年。因此，同年在"地被划分"这件事上，我们发现，在中国舜继承尧（Yaou）之位，尧作王治国百年，其统治年间，其下有十二位官长，他们出身贵族，掌管天文、音乐、训导民众等等。很明显，中华民族的先祖一定是先于法勒从挪亚后裔中分离出来的一脉。但从大洪水到大分散之间，仅有 113 年。从挪亚方舟中出来的，有他的妻子、他的儿子和儿媳妇，总共只有八口人（译按：《圣经·新约·彼得前书》3:21，"就是那些从前在挪亚预备方舟、神容忍等待的时候不信从的人。当时进入方舟，借着水得救的不多，只有八个人。"）。如果其中一个儿子和儿媳妇立即离开他们向东行，很难想象他们会发现从亚美尼亚穿越中间沙漠通往山西（Shen‑se）边界的道路，在那里，他们用一个多世纪的时间生儿育女，并建立政府和科学文化。我想，那种事不会发生。那我们该不该怀疑中国早期的历史记述呢？这些历史记述不该受到怀疑。有人可能还会否认有不同地质构造和地质时期。人非得当面见到才信。人不会服从于启示的因素而忽略这些问题，或只是像对待寓言一样来处理这些问题。已故的爱丁堡主教罗素博士在他的《神圣历史与世俗历史的关联》（Connexion of Sacred and Profane History）中说道，"白泽仁（Pezron）告诉我们，中国的耶稣会宣教士实际上必须回到罗马，申请许可使用《七十士译本》的纪年法，好让那个国家中的一些贤达人士（the scruples of the better‑informed）满意。"众所周知，现在的《圣经》中从创世到亚伯拉罕出生这段世界编年史的差异非常大，在《七十士译本》里也是如此，而且还更多，从创世到**基督**降生，根据希伯来《圣经》文本，是 4004 年，但根据《七十士译本》，则是 5507 年。假设《七十士译本》的编年史在其他背景中被证实了，那么舜的统治时间就出现在公元前 3277 年，或是大洪水过后 1015 年，这样舜就会与亚伯拉罕的父亲他处于同一时代。那个年代，中国会有个有秩序的国度存在，但不会比同时出现在埃及的国度更好。根据同一编年统绪，从大洪水到法勒的时间是 531 年。巴别塔之后，可能有一次人口大迁徙，有些人迁徙到中国东北部地区，并适应当地生活，这并非不可能，在那种情况下，我们发现那是舜的统治年代，中间已经经过了四个半世纪的时间。有个问题值得考究，就是汉语《圣经》采用哪种编年法。有位善于写作编年史的人说，"让人认真研究一下埃及、亚述或中国的历史吧，哪怕是研究一下天文学，那么他就会立即面临一些事实，带着纯粹历史性真理的印象，会直接与希伯来编年简史产生冲突。这样，他不就自然而然地得出这个结论来了吗？即启示是建立在摒弃合理正当的研究之上的。启示真理只有在放弃历史真理的时候才能成立吗？"（史密斯《神学年鉴》，第 99 页。）

199

【57】　还有另外一种看法，这种看法可能与中国人早期宗教信仰败坏这种说法相反。破坏中国宗教信仰的迷信这么快就进入到基督教会中了！《新约》非常明晰地宣告，在 God 与人之间只有一位中保；这个警戒就是用来提防人敬拜天使的。可还没过四个世纪，敬拜殉道者和敬拜圣徒的事便开始盛行了，米兰的安波罗修①宣告说，我们应该向守护我们的天使祷告，不久之后，向天使祷告就被广泛地敬拜天使取代了。摆在我们面前的这个事实，即敬拜除 God 以外的其他存在渐渐地渗入到基督教会当中，发生在使徒之后不到三个世纪的时间之内，尽管有使徒教导的统绪，尽管有越来越多确定的文字书写，我们仍会对这一事实深表遗憾，但我们不必对古代中国改变了的灵（the *modified* spirit）与英雄崇拜感到惊讶。我加重了"改变了的"这个限定性术语。中国人并未将 God 的名赋予日月和其他天体，以及自然界中的各种不同事物，也没有（除了少数几个可疑的事例之外）将 God 的名赋予他们所敬重的英烈与先贤。他们并未将这些实体与独一真神混淆。他们与罗马天主教一样，都是敬拜偶像的人，但我们不能称他们为多神论者，而应该将多神论者这个名称用于其他人。

中国宗教与罗马天主教的类比

实际上，中国宗教和罗马天主教会之间的相似性非常明显，我们只能依据罗马异教信仰纲要被所谓的基督教会采纳这个事实来对其作出阐释。

---

① 【译注】圣安波罗修（Sanctus Ambrosius, Ambrose, 约 340 年～397 年），天主教译为圣盎博罗削，米兰主教，4 世纪基督教最著名的拉丁教父之一。他也是天主教会的公认四大圣师（Doctor of the Church）之一。

在对异教徒、天主教和基督教会的规划中，对这些敬拜对象作出区分之后，针对第二条德·罗尼①说，"他们佯装敬拜至高 神、耶和华、天地之掌权者，除此之外，他们还有各式各样的低等神祇，有男神有女神，他们像敬拜God那样敬拜这些神祇；女神（*Diva*）或圣玛丽亚②（*Sancta Maria*），即天之女皇和圣 神之母；他们将圣彼得③（*Divus Petrus*）、圣保罗④、圣约翰、圣

---

① 【译注】托马斯·德·罗尼（Thomas De Laune，约1633年~1685年）生于爱尔兰的科克郡，早期他是为天主教徒，1650年前后，经科克郡浸信会的主要创立者爱德华·里格斯的教导而成为基督教徒，并于1660年搬到伦敦，与伦敦特定派浸信会（London Particular Baptist community）建立联系，并与一位浸信会传道者的女儿结为连理。晚年，因宗教与政治问题锒铛入狱。1685年，德·罗尼连同家人和出版商莱富生死于纽盖特监狱。他著有《良知谴责之动力》（*Compulsion of Conscience Condemned*，1683）、《非国教徒之诉求》（*A Plea for the Non-Conformists*，1684年）和《托马斯·德·罗尼苦难记》（*A Narrative of the Sufferings of Thomas De Laune*，1684年）。
② 【译注】天主教对耶稣生母的称呼。
③ 【译注】彼得（Petrus，天主教译为伯多禄或伯铎，正教译为裴特若，1年~67年），耶稣所收的十二使徒之一，初代教会的核心人物之一。天主教会认为他建立了罗马教会，是罗马教会的第一位主教，也就是第一任教宗。基督新教则认为罗马教会多半不是彼得建立的，他甚至不一定去过罗马，罗马主教成为众教会之首、被奉为教宗乃是第五世纪以后逐渐建立的传统。彼得是加利利海边的一位渔夫，本名西门，由兄弟安德烈带领认识耶稣。耶稣给他改名为矶法，即亚兰文"磐石"的意思，翻译成希腊文就是彼得。彼得跟随耶稣后，认出耶稣是 神的儿子，他是耶稣最亲近的门徒之一，《四福音书》中对十二门徒的记载以彼得最多。耶稣被捕以后，他失去信心，别人问他是否是耶稣的门徒，他三次否认，正如耶稣预言的一样。耶稣复活以后，他的信心重新得到坚固。耶稣升天以后，他开始讲道，传讲耶稣是基督的福音，并带领教会。他有两封书信被收入《圣经·新约》。按照教会传统说法，他后来在尼禄逼迫基督教的时候到了罗马，不久殉道，按照他自己的要求被倒钉十字架而死，因为他认为自己不配像耶稣一样钉十字架。
④ 【译注】保罗（Paulus，天主教译为保禄，约3年~约67年），本名扫罗（Saul），又称大数的扫罗（Saul of Tarsus），他是基督教早期最具有影响力的传教士之一，基督徒的第一代领导者之一，被奉为外邦人的使徒。在诸多参与基督教信仰传播活动的使徒与传教士之中，保罗通常被认为是在整个基督教历史上最重要的两个人之一，并且是史上最伟大的宗教领导者之一。《圣经·新约》的书卷约有一半是由他所写。自三十几岁到五十几岁，他在整个罗马帝国的早期基督教社群之中传播基督的福音，他一生中至少进行了三次漫长的宣教之旅，足迹遍至小亚细亚、希腊、意大利各地，在外邦人中建立了许多教会，影响深远。

201

多马①、圣司提反②（St. Stephen）、圣安德烈③等等当作他们的守护神或仲裁者，为这些人修建庙宇，设立祭坛，献上盛宴；还给予异教神祇以种种尊敬，让他们的名字存留在每个礼拜的每一天中，礼拜天，礼拜一、礼拜二、礼拜三、礼拜四、礼拜五、礼拜六；他们还将天上的守护神和女神用于不同节期、不同城市、家族、制度、病者身上，如神明（Divus）或圣尼古拉斯④用于水手；圣文德兰⑤（St. Windoline）用于牧者；圣施洗约翰⑥用于农夫；圣抹大拉的马利亚⑦

---

① 【译注】多马（Didymus，天主教译为多默），又称底土马（意即"双生子"），**耶稣**十二门徒之一。有关他资料不多，对他的叙述集中在《圣经·新约·约翰福音》中，其最广为人知的是在《圣经·新约·约翰福音》20:24~25，他怀疑**耶稣**复活，表示要摸到他的伤口才相信确有其事，而**耶稣**亦显示了其身上的伤痕证实自己复活。在看到活着的**耶稣**后，他宣告对**耶稣**的信心，史称"多马的疑惑"。本书第130页（原页码），理雅各即引述此事。

② 【译注】司提反（Stephanus）现通译为史蒂芬，生卒年不详，是早期教会的七位执事之一，后于民间大行神迹，但因民众反对，最终殉道，其殉道事迹被记载于《圣经·新约·使徒行传》第6章、第7章中。

③ 【译注】安德烈（Andreas，天主教译为安德肋），**耶稣**十二门徒之一，被普世教会称为首召者，他是西门彼得的弟弟。相传在希腊被钉X型十字架而死。公元10世纪中期，据说有数件安德烈的圣物被带到苏格兰，安放在今天的小镇圣安德鲁斯，安德烈从此成为苏格兰的主保圣人。

④ 【译注】圣尼古拉斯（Saint Nicholas，字意为"人民的胜利"，约270年~343年）基督教圣徒，米拉城（今土耳其境内）的主教。他被认为是给人悄悄赠送礼物的圣徒（即圣诞老人的原型，也因此成为典当业的主保圣人）。圣尼古拉斯生于吕基亚一座希腊殖民城市帕塔拉，他从年轻时就全力投身于基督教的宗教活动，后成为米拉城的主教。

⑤ 【译注】圣文德兰（St. Windolene），生年不详，公元352年，她被罗马军兵砍死，是早期殉道者之一。

⑥ 【译注】施洗约翰是基督教中的一个重要人物。施洗约翰曾在约旦河中为人施洗礼，劝人悔改，也为**耶稣**施洗，故得此别名。他因为公开抨击当时的犹太王希律·安提帕斯及其妻希罗底而被捕入狱并被处决，其事迹可参阅《圣经·新约·路加福音》第1章、第3章和第7章。

⑦ 【译注】《圣经》中关于此人的记述不多，《圣经·新约·路加福音》第8章开篇对她有少许描述。因天主教教皇格里高利一世在一次复活节布道中声言，抹大拉的马利亚和那娼妓是同一个女人，从此抹大拉的马利亚便与妓女结下"不解之缘"，但《圣经》中从未这样记载过。

用于名妓；圣胡伯①用于猎户；圣克里斯宾②用于鞋匠等等。城市、乡镇、家族以及有形之神则不计其数；圣乔治用于英格兰；圣丹尼斯用于法国；圣马可③用于威尼斯等等；神明几乎都用来表示每种疾病；此外还有神力（god-making power），就是教皇和主教有的那种权力，凭借这种权力可以随其所愿地将死者封为圣徒，并为他们设立宗庙、圣坛、等次和节期。"

这个描述中几乎每一点都适用于中国宗教。至高 神也是"天地之掌权者"；中国人承认有一位王母娘娘（a Queen of heaven），但却没有给她加上圣 神之母那种名号。中国人也为许多圣徒和杰出人士建造了宗祠，设立了祭坛，献上盛宴。同样，也有保守他们的在天之灵，用于不同节期、不同城市、家族、制度、以及病者，皇帝将权柄分给那些在天之灵，并且随己意分派他们到宗祠、祭坛以及盛宴。所有这些圣徒和杰出人士以及在天之灵，如果我们愿意，我们就可以称他们为中国的神祇或是低等的中国神祇。但中国人自己却不这么叫。他们以专有名称来称呼他们。他们从未像有人贬损 Elohim 那样将他们的名字来贬损 God。因为他们没那么做就否认他们没有那种名称，这就有些奇怪了；如果没有多神论就不会有一神论。从他们敬拜的众多存在（在敬拜中不断提说这些存在的从属位置）这个事实中找出一个证据，来证明他们所仰慕的那位至高存在不是独一真 神，这对

---

① 【译注】天主教设立的猎人守护神。据说胡伯青年时，酷爱打猎。某年**耶稣**受难瞻礼，众人都到堂里去，胡伯一人独往树林打猎。他遇到一头野鹿，一路穷追不舍，那头鹿突然转身。胡伯看见鹿的双角间有一尊苦像，不由目瞪口呆。他听见一个声音对他说："胡伯，假如你不归向天主，将来一定堕入地狱。"胡伯连忙跪下。那声音又命令他去找梅司德利主教圣邦培，邦培会指导他怎样修德行善。胡伯去见圣邦培，弃俗修道，晋升铎品。后来，他亲往各地传教，劝化异教徒归正。胡伯于 727 年 5 月 30 日逝世。在去世后，他被天主教会封为狩猎者的主保圣人。

② 【译注】罗马神话中的鞋匠之神。

③ 【译注】马可又名约翰，表兄是巴拿巴，巴拿巴信主之后奉献了家产，专心从事福音工作，马可也曾随同巴拿巴和保罗传道，因半途而废，不为保罗所喜，多年后因奋力于福音，又为保罗称赞。

中国人关于神与灵的观念
The Notions of the Chinese concerning God and Spirits

我来说同样也有些奇怪。

但已经举出很多作为创造者的上帝必定是 God——严格意义上的 God①——的正面证明了。我对这个事实的看法是毫无疑问的,我确保自己在思考中华帝国道德境况的时候,可以更自由地表达(breathe)。中华民族是人数最多的民族。尽管我们承认其人口数量的最高估算——三亿六千万人——是如此地幅员辽阔,但其人口不会比比利时或英格兰的人口更稠密。中华民族历史悠久。从舜登基到现在②有 4080 年。人类中得有多少人生死于这个帝国中啊!一代代人,没有一个人在心中思想过 God,也没有一个人在嘴上述说过 God 的名就步入坟墓,一想到这个,我的心就会战栗畏缩。这个民族不可能没【59】有对 God 的认知却还能屹立得如此长久。如今,在中国的宗教观念中、在道德准则下、在理政原则上,其本质都和三千年前的一般不二。在过去两百年中,中华民族屈从于鞑靼③部落,实则是服从于理政者的道德力量与智慧力量。被征服的希腊④却俘获了凶猛的征服者,这个例子在最东边的这片土地上更好地实现了。而且,中国人从印度接受佛教,却拒绝了其中所有的粗鄙内容。让中国的道德形态与罗马帝国的道德形态比一比吧。中国的宗庙不是低劣的淫欲之地。中国民众的聚集没有角斗士那样的表演和游戏。我不想称颂中国人的德行,也不想将这个民族作为楷模展示给其他民族,但中国却在这个星球上的异教国度中占有一席之地。中国幅员辽阔,人口众多,其礼仪、其民众在品格上较其他东方国家居民有其优越性,所有这些都是事实,我不能将这些事实与中国人自古以来就不认识 God、并且将来

---

① 【译注】原文为 God *proprie*。
② 【译注】1852 年,清文宗咸丰二年。
③ 【译注】鞑靼人是指蒙古族和突厥族,这里作者说的实际上是清朝皇族,所以应该是满族,而非鞑靼。
④ 【译注】指罗马在军事上征服希腊,语出贺拉斯的诗句:"*Graecia capta ferum uictorem cepit et artes intulit agresti Latio*"。罗马在军事上虽然征服了希腊,但在文化上反而被希腊所征服。

第一章　中国人认识真神，他们的宗教就是一神教

依然如此这个假设调和。当我想起所多玛和蛾摩拉何以从地上被除去的时候，因为在他们当中找不出十个义人①；当我想起以色列和犹大何以从应许之地被击散的时候，因为他们离弃 God，为自己铸造偶像，敬拜天使，侍奉巴力②；当我想起埃及人、亚述人、波斯人、希腊人和罗马帝国何以兴起，又何以道德败坏，之后又何以被击打、被除灭——当我想起这些事的时候，当有人告诉我说中华帝国崛起、壮大而且依然存在，但他们的语言中却没有一处显示有 God 这个现象的时候，坦白说我不愿承认这种现象，而据我所探究到的，这一现象实际上并不存在，而是恰恰相反，中国人对 God 有很多认知，他们并没有将属于祂的荣耀赋予任何其他存在，为此我非常高兴。中国人的宗教是一神教，这是一种与他们悠久的社会生活息息相关的事。我相信中国人的宗教与其长治久安息息相关，这与其他学者和思想家所认定的因素关联不大。中国地理位置的特殊性对保护中国不受四邻侵扰贡献颇多。中国的孝顺原则、中国的教育体制让很多精英（the best

---

① 【译注】参见《圣经·旧约·创世纪》第18章。18:20~33，耶和华说："所多玛和蛾摩拉罪恶极其严重，控告他们的声音很大。我要下去察看他们所做的，是否真的像那达到我这里的声音一样；如果不是，我也要知道。"二人转身离开那里，往所多玛去；但亚伯拉罕仍然站在耶和华面前。亚伯拉罕近前来，说："祢真的要把义人和恶人一同剿灭吗？假若那城里有五十个义人，祢真的还要剿灭，不因城里这五十个义人饶了那地方吗？祢绝不会做这样的事，把义人与恶人一同杀了，使义人与恶人一样。祢绝不会这样！审判全地的主岂不做公平的事吗？"耶和华说："我若在所多玛城里找到五十个义人，我就为他们的缘故饶恕那整个地方。"亚伯拉罕回答说："看哪，我虽只是尘土灰烬，还敢向主说话。假若这五十个义人少了五个，祢就因为少了五个而毁灭全城吗？"祂说："我在那里若找到四十五个，就不毁灭。"亚伯拉罕又对祂说："假若在那里找到四十个呢？"祂说："为这四十个的缘故，我也不做。"亚伯拉罕说："求主不要生气，容我说，假若在那里找到三十个呢？"祂说："我在那里若找到三十个，我也不做。"亚伯拉罕说："看哪，我还敢向主说，假若在那里找到二十个呢？"祂说："为这二十个的缘故，我也不毁灭。"亚伯拉罕说："求主不要生气，我再说一次，假若在那里找到十个呢？"祂说："为这十个的缘故，我也不毁灭。"耶和华与亚伯拉罕说完了话就走了；亚伯拉罕也回到自己的地方去了。最终两城当中唯有罗得夫妇和两个女儿逃出，但罗得的妻子因未听 神的吩咐回头看，立时变成盐柱，而罗得的两女儿最后在山洞中将父亲灌醉，分别和父亲同房生了孩子，就是后来的摩押和亚扪两族。参见《创世纪》第19章。
② 【译注】可参见《圣经·旧约·列王记下》第17章全章。

men）从政，他们对保存政制形态、抑制无政府的运动贡献很大；如同盐保其自身不败坏、不分崩离析，孝顺原则和教育体制在中国历史和当代也让中国人坚持一神的教义而不败坏、不分崩离析。

一神教与中国长治久安的关系

前面的篇章以中国国教的发展和仪礼，特别是以皇帝践行的仪礼为主。但已然提出的关于上帝和神的几种观点以及二者之间的相互关系，是盛行于民间的主流观点。在传教士中，这是一件极具争议的事。有些人说上帝只是神当中的一位，在呼召人们用心敬拜上帝的时候，这些神仅仅被理解为他们提到的并受他们尊崇的存在中的一位。他们当然尊崇上帝，但他们对祂和其他存在之间做了显著的区分，这在他们的书中已经显明。我们可以诉诸于这些内容来证实许多传给他们的源于《圣经》中与祂有关的教导。但根据我与中国人的交谈和论理的经验，可以说他们并没有把上帝与神混为一谈。就这个主题，我可以写满20页与不同阶层之人的谈话记录。对我而言，他们一直认为神与上帝是不同等次的，神在上帝之下。我经常会问，"上帝和神，二者谁更大？"答案总是"上帝更大。"他们还经常说，"二者怎能相提并论呢？神只是上帝的仆役。"这是自天子以至庶民以及所有阶层的人的共同信仰，错谬之处只能通过教导他们关于 God 之管制这些正确观点加以矫正，祂的能力是"没有限量的"[①]，祂创造万有并

[①]【译注】参见《圣经·新约·约翰福音》3:34，神所差来的说 神的话，因为 神所赐给祂的圣灵是没有限量的。

在万有之内①，然而祂可以以神为仆役，即以群灵为仆役②，祂所行的，我们不曾知晓③，我们不用拜倒在神面前，也无须以任何方式侍奉他们。

民间对 God 的通识

为了支持我刚刚陈述过的经验，我只提供别人的两个见证。第一个见证出于由维多利亚主教④发表的一篇报告，报告记述了他在 1850

---

① 【译注】参见《圣经·新约·以弗所书》4:6，一 神－就是万人之父，超越万人之上，贯通万有，在万有之中。
② 【译注】参见《圣经·旧约·诗篇》103:21，你们行祂所喜悦的，作祂诸军，作祂仆役的啊，都要称颂耶和华！又有 109:91，天地照祂的典章存到今日；万物都是祢的仆役。
③ 【译注】参见《圣经·旧约·传道书》3:11，神造万物，各按其时成为美好，又将永恒安放在世人心里；然而 神从始至终的作为，人不能测透。
④ 【译注】即施美夫会督。施美夫（George Smith, 1815 年～1871 年，或译史密大、四美、司蔑，因为当年译名欠统一缘故）是英国圣公会来华传教士，香港圣公会首任会督（主教，1849 年～1865 年），亦是香港的首任教育部门长官，及多家由教会开办学校的校长。1815 年 6 月 19 日，施美夫出生于英格兰西南部森麻实郡的惠灵顿。1837 年获牛津大学学士学位（1843 年获硕士学位，1849 年获博士学位），1839 年按立为会吏，1840 年按立为牧师。不久他加入英国圣公会的海外差会 Church Missionary Society，成为一名传教士。1844 年 9 月 25 日，施美夫和麦丽芝牧师（Thomas Mc. Clatchie, 1813 年～1885 年）抵达香港，他们是最早来华的两位英国圣公会传教士。他们对通商口岸进行考察后，确定浙江宁波为该差会在中国的传教中心。由于健康原因，他被迫返回英国，1847 年出版了他在华期间的《考访纪》。施美夫 1850 年 3 月 29 日再次抵达香港，致力于传教及教育工作，并担任圣保罗书院之首任校长。他在香港的期间，亦有到亚洲其他国家地区传教。1864 年，施美夫离开香港回到英国定居，次年从主教职位退休，1871 年 12 月 14 日于英国 Blackheath（当时属于肯特郡，今属伦敦）家中病逝。他被誉为是香港现代教育的先驱。著有《中国：未来与过去》（China, her future and her past：Being a charge delivered to the Anglican clergy in Trinity Church, Shanghai, 1854）、《中国通商城市考访纪》（A narrative of an exploratory visit to each of the consular cities of China, and to the islands of Hong Kong and Chusan：On behalf of the Church Missionary Society, 1847）、《日本十周》（Ten weeks in Japan, 1861）、《中英关系两篇讲演录》（Our National Relations with China：Being Two Speeches Delivered in Exeter Hall and in the Free-Trade Hall, Manchester, 1857）等著作。

年 12 月采访了福建巡抚① (the Governor of Fuh‑keen)。论到那八种主张 (eight positions)，"阁下的主张清晰明确"，其中第一种主张是"上帝传递到中国人心中不是偶像的观念，也不是一位神明 (Shin‑ming) 的观念，而是一位世界万有之主宰者的观念；祂与西方民族的 God 天主 (T'een‑choo) 是同一位。"第二个见证出于今年 1 月我从美国传教士那儿收到的一封信。他说：

"今天，有个中国人来拜访我，他在美国住了 15 年，刚刚回国。在美国期间，他走访过美国各州，四次航海去利物浦，学了不少英文。看上去他是位有品鉴力的人。他从美国带回来的信，对他的诚恳与正直予以高度评价。他经常参加教会的聚会，鉴于他没机会受到全面的文学教育，所以我所说的，他不都明白。在我们的谈话中，我问他，在美国你认识 God 了吗？

"是，我认识了。他们向 God 祷告，我去教会的时候，我也在心里祷告。

"那你知道 God 是谁吗？

"祂在天上，祂创造了万有。"

---

① 【译注】徐继畬（1795 年~1873 年），字松龛，又字健男，号牧田、松龛先生，室名退密斋，山西代州五台县人。徐继畬于清乾隆六十年（1795 年）出生在山西五台县东冶镇，徐继畬从小便受到较为良好的家庭教育，并且曾经师从高鹗等名人。道光六年（1826 年），徐继畬考中进士，被选为庶吉士，四年后成为翰林院编修，之后不久又成为陕西道监察御史。后得幸面见道光，徐继畬应对答如流，深得皇帝欣赏。道光十六年（1836 年）十月，他开始担任广西浔州府知府。道光二十二年（1842 年），徐继畬任两广盐运使，随即升任广东按察使。次年，迁福建布政使。道光二十六年（1846 年），升任广西巡抚，然而还未上任，就被改授福建巡抚。当时正值闽浙总督刘韵珂因病乞假，徐继畬便代理闽浙总督，和外国人交往加密，了解到很多国外的各种情报，为此编著《瀛寰志略》打下基础。咸丰元年（1851 年），徐继畬因为"身膺疆寄，抚驭之道，岂容毫无主见，任令滋扰"的理由被革职并召回北京，接受咸丰帝的当面问询。与咸丰帝对答完毕后，咸丰帝评价他为朴实，但终因言官弹劾势重，被降职为太仆寺少卿。次年（1852 年），吏部追查徐继畬在巡抚任内逮捕罪犯延迟一事，徐继畬因此被彻底罢官，回到故里。咸丰六年（1856 年）他被平遥超山书院聘为书院山长。同治四年（1865 年），徐继畬被重新起用，任总理各国事务衙门行走并管理同文馆。之后又任太仆寺卿，授二品顶戴。同治八年（1869 年）告老辞官，并于同治十二年（1873 年）在家中去世。

第一章　中国人认识真神，他们的宗教就是一神教

我拿了一份《马可福音》的复本，让他告诉我汉语里的哪个文字与他在美国认识的 God 是一个意思。他指的是上帝，而且强调说，"上帝即 God。"然后，我告诉他有六七十个从英国和美国来到中国的人，他们学了中国话和汉字，但他们不能在表示 God 的汉字或术语上达成一致，或说是最接近 God 的意思这个术语上达成一致。有人说是上帝，有人说是神。他回答说，"上帝的意思是 God，祂创造天地万有。神的意思都是指好人死了升天。神并不是上帝的意思。上帝无父无母①，永远长存。"这个人的话让我坚信中国人用上帝，就如美洲印第安人用"良善之灵"（Good Spirit）表达他们对创造者的观念一样，他并未通过书写启示的帮助，而是从形质的造化中获得了这个观念。

进一步而言，并非所有的中国人都敬拜上帝，只有皇帝敬拜上帝，因而其他人若传讲上帝并呼召中国人侍奉祂，就触犯了国法。要么向上帝献祭，要么就是侍奉祂，必须得在这两者之间做个区分。所有人都应该侍奉祂，顺从祂，尊崇祂，向祂祷告。但只有皇帝才可以行两至日的大祭之礼。在此，中国宗教族长制的起源清晰地印证了这点。犹如亚伯拉罕是他的家族中的族长和大祭司一样，因此中国的皇帝既统治他的子民，又在大祭坛前为民众和自己向上帝献祭。在《孟子》中出现过这样的话，"虽有恶人，齐戒沐浴，则可以祀上帝"②，我想在一般意义上是说"向上帝"，注疏者说这是圣贤鼓励恶人悔改他们的恶行、寻求向善的意图，因为如果他们从善了，上帝便会接纳他们。因此，皇帝扮演其子民大祭司的角色，这根本并不妨碍我们以上帝之名向民众传讲 God 之国度的全备真理。我们并没有督促

---

① 【译注】参见《圣经·新约·希伯来书》7:3，他无父、无母、无族谱、无生之始、无命之终，是与神的儿子相似，他永远作祭司。
② 【译注】语出《孟子·离娄下》，孟子曰："西子蒙不洁，则人皆掩鼻而过之。虽有恶人，齐戒沐浴，则可以祀上帝。"原文英文为：the ugliest person, if he fast and bathe, may offer sacrifice.

209

他们去献祭。皇帝自己接受福音之后,他会停止具体的侍奉。在对这一祭的认知上,君臣将会合而为一,借着这一祭,**基督**已使他们全然成圣①。

道教的几位上帝

但有人曾说,尽管中国国教承认只有一位上帝,但道家学派已将上帝这一名称赋予他们所敬拜的几位存在,所以我们所传讲的内容必然会引起误解。文惠廉博士提到一些事例,其中传教士在传讲上帝之后,他们惊异地发现,聆听者将其理解为道教的神祇之首②,

---

① 【译注】参见《圣经·新约·希伯来书》10:11~14,所有的祭司天天站着侍奉 神,屡次献上一样的祭物,这祭物永不能除罪。但**基督**献了一次永远有效的赎罪祭,就坐在 神的右边,从此等候祂的仇敌成为祂的脚凳。因为祂仅以一次献祭,就使那些得以成圣的人永远完全。
② 【原注】一些关于道教神祇极为错误的观念正在盛行,这些观念不仅是错的,而且还自相矛盾。举例来说,在1851年的"央格鲁-中国日历"中(译按:"日历"原文为 Calender,研光机。疑印刷之误,据上下文应为 Calendar,历法,日历)记述中国主要节日那部分内容下面,这样说道,"二月九日,一月初九,玉皇上帝(Yuh-hwang Shang-Te)之诞辰;此乃道教之至高神明。"同一页靠下的部分,我们发现,"三月十七日,二月十五天,老君(Lao-kiun),生。道教的主神是——三清(San-tsing, three pure ones),——上帝,低于三清的至高帝,万千神祇和圣人也低于三清。"在这些评论中,我们期望从一位知名的中国学者那儿发现正见。但相反,我们最先发现的却是其自相矛盾之处。一方面,作者告诉我们说,玉皇上帝是道教的至高神祇,紧接着,又说他们主神叫"三清",而上帝——我领悟到上帝等同于玉皇上帝——仅在三清之下。其次,我们发现还有个大错。玉皇实则是低于三清的,而上帝恰恰不是,因为三清之首是上帝自己。他的全名出现在《搜神记》(Sou-shin Ke)中,在道教人士看来,这是一部最为寻常的作品,"妙无上帝,自然元始天尊。""The infinitely mysterious Shang-Te, the

玉皇（Yuh-hwang）。那些事例与这种情况非常相似。传教士只能说，"玉皇不是上帝。你那么称呼他，但他却不配那个名号。真正的上帝叫耶和华。"犹太先知必须如此宣告 Elohim 之名，将 Elohim 从巴

self-existing source and beginning, the Honoured one of heaven"，上帝不可能低于祂自己。在一些大道观中，三清之像——这位无限神秘的上帝列于正中——在正厅（the principal hall），而玉皇居于其后，只占圣坛一席之地。上面提到的那部作品，附带了对玉皇生辰的记述，承其父位，顺从父命，尔后上腾，尊奉为圣，最后有两句引人注目的话，"帝临玉阙，统神人悉在钧陶。""*Te* dwells in the gemmeous palace; all *shin* and men are made by him, as by a potter."真理何处不发光啊！神和人并非造物者与受造者关系。神和人，以及所有与帝相关的，对其造物主而言，都是被造之物。此处的帝，即是玉皇，无须为此诧异，因为道教相信天神下凡（avatars）或这些至高神下凡成人，那种下凡成人既是皇天（Heuen-t'een）下凡，也是玉皇上帝（Yuh-hwang Shang-Tes）下凡。文惠廉博士说，"在我们所知道的经典著作中，中国人并非处处都提到神或上帝的起源；相反，没有断言上帝自有永有（the self-existence or eternity）的文章，也没有断言任何其他存在自有永有的文章，这些存在被归为一类，统称为神。"（《辩护文》第41页）在刚才的引文中，我们已经提出了神起源的记录。他们像人一样，都是由帝创造的受造者。有人或许会说，《搜神记》不是经典著作，它只是详述了一些为大众喜好的观念而已。中国人所相信神是受造者中的一类，这也是所有随意将这点与犹太教、伊斯兰教和罗马天主教混淆的人欣然承认的。对于少数新教传教士来说，让他们反对那种信念，让他们决意将一群受造者归于独一造物主之列，是多么荒诞不经啊！在引用上帝（Shang-Tes）和鬼神（kwei shin）受造那段话的时候，文惠廉博士可能忽略了刘应的一句话，对此，我很惊异。在《易经评述》（Notice of the Yih-king）的结尾处，刘应说道，"据其弟子见证，朱文公（朱熹）说，著名哲人张南轩，（《性理大全》L. 54）说，'太极即理，万物之理，生天生地，成鬼神成帝，此非其他，而为周敦颐之理——'太极动静而生二物'（译按："太极动而生阳，动极而静；静而生阴，静极复动。"）'"读到此篇，我热切地翻到该书的第54卷，仔细考察一番，但在其中我并没有发现朱熹和张南轩所说的话。然而，非常幸运，我在《性理大全》（Pandects）第一卷第74页中看到了原文。证人并非张南轩，张南轩在第73页中对另一主题了提供了证词，那个证人是Too San yang（译按：译者未能查到此人为谁，故只转述英文原文，他日若有机会得知此人并再版本书，再行更正）。该文如下："（文公）又曰：生天生地，成鬼成帝，即太极动静生阴阳之义。"人们将会看到，刘应的译文处理得相当随意。该文言及鬼，而并未言及鬼神，言及帝，而并未言及那几位上帝（Shang-Tes），更少谈到上帝，言及成鬼成帝，最终都未言及他们的受造。上帝不能被当成帝，因为在朱熹的理学中，太极和上帝等同。或许五帝应该显示在我提出的文章中，但两位中国夫子说，应该将五帝读作"成鬼成帝"——"completing the *kwei*, the completing the *shin*."如果这么读的话，应该就与朱熹理学中的太极、阴阳、鬼神之间关系一致了。如此，就不会有类同了。

211

力、基抹①和冠以上帝之名的其他假神当中分别出来。

【63】　最近，罗马天主教一些有威信的神父和皈依者也被当作例证，用来说明上帝之名以这样的方式使用，会产生被中国人误解的危险。我完全可以想象到，为何前者在失去这个术语用法的前提下，还乐意引导新教徒一定要采纳那个词，该词虽然无效，但却源于教皇的典章。事实上，他们的皈依者所引述的仅仅证明了那个术语的正当性。他们当中有人写到，"皇天上帝和玉皇上帝都是鬼魔之名。上帝这两个字，虽然在儒家士大夫（the literary sect）中受人尊崇，但鬼魔已经盗用其名了。"② 这个说法是对的，他提到的两个神祇就是鬼魔，即 daimones。但我们已然看到，在儒家士大夫和国教中，上帝这两个字不仅仅是值得称颂的，而且祂还是真 神之名。即使鬼魔窃取了这两个字，我们还会将之收回，将这个名称只归给祂，因这名称本属于祂。

如果不用上帝表示 God，我们便会失悯于民

【64】　最后，我想说，如果我们放弃用上帝表示 God，我们便会失悯于华夏子民。如果我们用神向他们传讲，那么那个术语必定会与次等（inferiority）这个观念联在一起。如果我们用天主向他们传讲，以此

---

① 【译注】基抹（Chemosh）是摩押人（Moab）崇拜的太阳神，该名称也与"火"有关。《圣经·旧约·列王记上》第11章记载，所罗门王为摩押人可憎的神基抹、和亚扪人可憎的神摩洛（Moloch），在耶路撒冷对面的山上建筑祭坛，惹怒 神耶和华，最终导致统一王国分裂为以色列国和犹太国。

② 【原注】维多利亚主教致信给不列颠和外国《圣经》协会，信中论及汉语《圣经》。附注，参见本章附录注释二。

和上帝这个名称相区分，那么我们就成了传讲外邦鬼神的人了（the setters forth of a strange god）①，就是他们先祖一无所知的一种存在，这种存在对他们也是一无所知，而且从不关怀他们。转译原文术语 *Eloah* 和 *Theos*，也会产生同样的恶果。我们必须得有一个名称，这个名称不是空泛毫无意义的，也不会对写在他们心间②的 God 之律法毫无影响，这一名称可以为耶和华做见证，也与来自他们灵的见证和谐一致。这个名称就是上帝，我相信再没有其他术语了。自古以来，人们就用这个词表示 God，表示造物者、统治者和宇宙万物之掌权者：进一步向他们揭示祂的品性，特别让他们知晓，祂曾经怎样在**基督**里叫世人与祂自己和好，而对人的罪过既往不咎③，这是我们现在的恩惠与职责。

---

① 【译注】参见《圣经·新约·使徒行传》17:18，还有伊壁鸠鲁和斯多亚两派的哲学家也与他争辩。有的说："这胡言乱语的要说什么？"有的说："他似乎是宣传外邦鬼神的。"这是因保罗传讲**耶稣**与复活的福音。英王钦定本《圣经》（KJV）是，Then certain philosophers of the Epicureans, and of the Stoicks, encountered him. And some said, What will this babbler say? Other some, He seemeth to be a setter forth of strange gods: because he preached unto them Jesus, and the resurrection.
② 【译注】参见《圣经·新约·哥林多后书》3:3，而你们显明自己是**基督**的书信，借着我们写成的。不是用墨写的，而是用永生 神 的灵写的；不是写在石版上，而是写在心版上的。
③ 【译注】参见《圣经·新约·以弗所书》2:11~22，所以，你们要记得：从前你们按肉体是外邦人，是"没受割礼的"；这名字是那些凭人手在肉身上"受割礼的人"所取的。要记得那时候，你们与**基督**无关，与以色列选民团体隔绝，在所应许的约上是局外人，而且在世上没有指望，没有 神。从前你们是远离 神 的人，如今却在**基督耶稣**里，靠着祂的血，已经得以亲近了。因为祂自己是我们的和平，使双方合而为一，拆毁了中间隔绝的墙，而且以自己的身体终止了冤仇，废掉那记在律法上的规条，为要使两方借着自己造成一个新人，促成了和平；既在十字架上消灭了冤仇，就借这十字架使双方归为一体，与 神 和好，并且来传和平的福音给你们远处的人，也传和平给那些近处的人，因为我们双方借着祂，在同一位圣灵里得以进到父面前。这样，你们不再是外人或旅客，是与圣徒同国，是 神 家里的人了，被建造在使徒和先知的根基上，而**基督耶稣**自己为房角石，靠着祂整座房子连接得紧凑，渐渐成为在主里的圣殿。你们也靠祂同被建造，成为 神 借着圣灵居住的所在。

附录

注释一： 刘应、马若瑟和雷孝思

刘应有过度渲染中国人的习惯，他夸张地描摹中国人的情感。另外一位天主教传教士，白晋①神父指责刘应，说他通过阐明基督教的基要原则与《易经》的基要原则一样来谄媚康熙皇帝之子。刘应的答复是，他说过那样的话，但不是关乎宗教，而是关乎道德的。在我读过他的著作中，没有哪一本很好地评价了中国人的观念，情形恰恰相反。在附于德·埃贝洛《东方学目录》（*Bibliotheque Orientale*）的中国评注里，从其中一些评论中我们发现多个事例均属此类，其中下面两个可以当作范例。

"中国人"，他说，"除了用天来表示 God 之名以外别无他名，这就是他们不认识 God 的一个明证。"当今的情况表明，中国人不加区分地用天和上帝这两个词，就像我们用天和 God 那样。和我们一样，他们也强烈地驳斥这种责难：他们把天当作他物（anything else），而不是当作在天之 God。

刘应又说，"中国人赋予皇帝以天子（T'een-tsze）之名，天子意

---

① 【译注】白晋（法语：Joachim Bouvet，1656 年~1730 年），一作白进，字明远，原名若阿基姆·布韦，耶稣会法国传教士。白晋出生于法国芒市，1678 年加入耶稣会，1684 年受法王路易十四选派出使中国传教，出发前被授予"国王数学家"称号，入法国科学院为院士。同行者有洪若翰、刘应、塔夏尔、李明和张诚。1685 年 3 月 3 日，使团自布雷斯特起航，途经暹罗时，塔夏尔被暹罗国王留用。其余五人于康熙二十六年（1687 年）抵达浙江宁波。次年入北京，白晋与张诚被康熙留用，白晋为康熙讲授欧几里得几何。康熙四十七年（1708 年），白晋、雷孝思等传教士，奉帝命测绘中国地图，汇成全中国总图。康熙五十六年（1717 年），赐名为《皇舆全览图》。

指上天之子（the Son of Heaven）。他们以天为父，以地为母，以日为兄，以月为姊。"针对他的这种表述，我也从卫三畏博士的《中国总论》里引一句话，"国外许多作家用很多荒唐的名号来称呼皇帝，称其为日月之兄弟（Brother of the Sun and Moon）、众星之孙（Grandson of the Stars）、万王之王（King of Kings）等等，但那种表述并不为中国人所知。"如果卫三畏博士的表述是对的，就如我所相信的那样，那么他对中国事务的影响，就与权威人士刘应的影响迥然不同了。

没有哪位罗马天主教传教士比皮耶·德·马若瑟留下更多的汉语遗作了。他的《汉语札记》（*Notitia Linguae Sinicse*）是一部极具价值的著作，很难用更好的词汇来描绘这部作品了。上海有位朋友，很友善地帮我翻译了下文，文字出于《对宋君荣①〈书经〉译文初探》的第一章，并以"论宇宙的生成"②为题。

"罗必（Lo-peih）③说他从《易经·大传》④（Ta-chuen）中得知，'天地有其端'，之后他说，'若说天地，更该论人。'《序卦》⑤【65】（Su-kwa）非常清晰地说到世界的起源，'有天地，然后有万物；有

---

① 【译注】宋君荣（Antoine Gaubil，1689 年~1759 年），法国盖拉克城人，18 世纪来华的法国耶稣会传教士。撰有《成吉思汗及蒙古史》、《大唐史纲》、《中国纪年论》及未刊的《蒙古史关系类考》、《历史地理考》、《书简》，并将《诗经》、《书经》、《礼记》和《易经》等翻译成拉丁文。
② 【译注】原文为法文 De la Naissance de L'Univers。
③ 【原注】罗必，宋朝作家。我还会多次引用他的话。宋朝于 954 年建朝，终于公元 1279 年。【译注】理雅各此处说法有误，宋朝 960 年建朝。此外，该作者应为罗泌，而且理雅各对此人的英译也不统一，此处为 Lo-peih，下文则是 Lo-pi。译者下文中对理雅各书中的汉语保持不变，特此说明。罗泌（1131 年~1189 年），字长源，号归愚。南宋吉州庐陵（今江西吉安）人。生于宋高宗绍兴元年，自少力学，精于诗文，无意于仕途。乾道年间，著《路史》四十七卷，曾亲自到炎帝陵考察。另著有《易说》、《六宗论》、《三汇详证》、《九江详证》等。
④ 【原注】《易经》，是中国保存至今所有的文献中，最古老、最晦涩难解、也是最有价值的一部著作的名称。他们称之为《大传》的作品是一篇文论，分为两部分，附在《易经》篇末，通常认为是由孔子著述。
⑤ 【原注】《序卦》是《易经》中的另一篇文论，篇幅较小，也为孔子所作。

万物，然后有男女；有男女，然后有夫妇，云云。'这种宇宙起源说与摩西所说的并无不同，摩西说 God 先创造天地，尔后创造万物，最后创造第一个男人和女人。①

"在《系辞》②（Hi-tse）中，人们发现这些词：'易（Y）有太极；是生两仪（the couple I）；两仪生四象（four images）；四象生八卦（eight symbols）'。八卦、四象、两仪，都用短线③来标记，以此成《易经》，但因这些线本身太神秘了，我们必须竭力以求其意。"

"罗必（Lo-pi）解释《系辞》，他说'太极'是太一（the great Unity），是太易（the great Y），易无质无形，一切有质有形之物皆出于无质无形之易。古人云，'太极有三；一即三，三即一'。《淮南子》④（Hoai-nan-tse）又云，'夫无形者，物之大祖也；无音者，声之大宗也。其子为光，其孙为水。'⑤ 回到罗必的解释，他以倍（Pi）来表示字仪（I）⑥，两仪，他们不说二（eull, two），而代之以两（leang），因为二会表示先后，而两只表示相连（mutual conjunction）。编年志的辑录者将此篇从《系辞》中提取出来，置于该文集之首，因为他们认为此处提到的是世界的起源，太极只是分化之前的

---

① 【译注】参见《圣经·旧约·创世纪》第1章。
② 【原注】《系辞》是罗必对前述《大传》的称呼。
③ 【原注】这些线或断或连，这些便是所谓的阴阳。
④ 【原注】他之所以被称为淮南王，是因为他是淮南地之王。其王宫是学士会馆（an Academy of Savants），他与众学士究察太古（the most remote antiquity），因而其作品极不寻常，文风甚好。
【译注】《淮南子》，又名《淮南鸿烈》、《刘安子》，刘向校定时名之"淮南"，是西汉淮南王刘安及其门客李尚、苏飞、伍被、左吴、田由等八人仿秦吕不韦著《吕氏春秋》集撰的一部著作。
⑤ 【译注】语出《淮南子·原道训》。原文英文为：The being which has neither form nor sound, is the source whence have sprung all material beings, and all sensible sounds; that light is his son, and water his grandson.
⑥ 【原注】这个词一定不能与一（Y 或 Ye）混淆，一表示整体，这个字则不同。

形质，**孔安国**①及其他几位明确地说：两仪将物分为清与浊、细与糙、天与地；之后这些物合成，生出四象，或四种主要的类别（four principal kinds），然后又以同种方式生出八卦，两两一对，衍生出六十四卦，通常来说，它代表构成宇宙万物的所有元素。先不去考察这种解释正确合理与否，我要探求的是太极究竟从何而来，太极被界定为混沌之物，而且我还发现那个理（reason）向最贤达的中国哲人证明了太极并非自生。著名的**周濂溪**②（Tcheou-lien-ki）用了几个重要的字开创了他论述太极的宏图，'无极而太极'③，**王申子**④用刚才的引文断言周濂溪的意思与孔子的意思一样，'易有⑤太极'。王申子说，'字易，非指《易经》，吾等须知，厥初未有太极、两仪之先，已具个生生不穷之理，虽无象可象，无名可名，然其理则至极而无以加也。'⑥在太极之上，周子安置了一个无限无界的存在物，在两个词语之间，他插入助词而（eull），用来表示先后，显明太极不在先，而只在后，因为没有这种区分，他就没必要在无限和有限之间放这个助

【66】

---

① 【原注】孔安国是汉代声誉卓著的注疏家。他是孔子的第八代后裔（译按：实为孔子第十一代后裔，是孔子十世孙孔忠的次子）。他在墙壁的洞中发现了《周官》（译按：汉景帝子鲁恭王刘余，拆孔子旧居以扩建宫殿，于墙壁中发现许多书简，全用科斗文书写，有《尚书》《孝经》及《论语》等儒家经典，称古文经，亦称壁经。孔安国发扬其义，为之注释为传，为《古文尚书传》）。孔安国晚年著有《论语训解》、《古文孝经传》、《孔子家语》等书，成为古文尚书学派的开创者），并评注该书，著述一篇有名的序言（译按：即《尚书·序》）。汉朝起止时间为公元前209年至公元190年（译按：实为公元前202年至公元220年）。
② 【原注】周濂溪生活于宋朝。他是二程的老师，也是众多宋朝文人的夫子，他们宣称遵从他的教导。
③ 【译注】语出《太极图说》，原文英文为：There was a being without limit, and afterwards there was the great extreme which is Tai-ki.
④ 【原注】王申子，元朝人，1279年~1333年。他的作品中，有对《易经》非常出色的评注。
⑤ 【原注】"yeou"这个词通常被看做助动词"to have"（有），但它恰当地表达出了"being"（在），而且在主动语态中，是"to give being"（赋予存在）的意思。
⑥ 【译注】原文英文为'Y or unity, has given existence to the great extreme.''The character Y,' says Vang-chin, 'does not here mean a book named Y, but we must know that at the beginning, while as yet there was no great Extreme, even then there existed an efficacious and inexhaustible reason (or cause), which no image could represent, which no name could designate, which was infinite in all respects, and to which nothing could be added.'

217

词了。王申子也这么说。陆象山①（Lou‐siang‐chan）也说，周濂溪理解的无极（Vou‐ki），与前文引述过的孔子所说的易是一个意思。李子②（Lie‐tse）将他所说的太易（Tai‐y）从太初（Tai‐tsou）和太始（Tai‐chi）中区分开来，'太易者，未见气也；太初者，气之始也；太始者，形之始也。'③ 实体与形质有个开端，这个开端只能是空无一物的太一。

"在《说卦》④（Choue‐koua）那章中，我们读到这些话，'帝出乎震'⑤，原文用震（Tching）这个词，震是《易经》八卦之一，指东和西。之后经过其他七卦，而成言乎艮（Ken），艮指山。大多数释经者一致认为此处所讨论的主题是指世界的创造，许多欧洲人也认为宇宙是在春天被造的。

Haudalios, *prima nascentis origine mundi*,

---

① 【原注】陆象山，宋朝人，他与朱熹有几次论辩。【译注】即陆九渊。陆九渊（1139年～1193年），字子静，抚州金溪（今江西省金溪县）人，汉族江右民系。南宋哲学家，陆王心学的代表人物。因讲学象山书院（位于江西省贵溪县），世称"象山先生"。陆九渊的思想接近程颢，偏重在心性的修养，他认为朱熹的"格物致知"方法过于"支离破碎"。陆九渊是"心学"的创始人，其主张"吾心即是宇宙"，"明心见性"，"心即是理"，重视持敬的内省功夫，即是所谓的"尊德性"。朱熹言"理"，侧重于探讨宇宙自然的"所以然"，陆九渊言"理"，则更偏重于人生伦理，明代王阳明赞赏陆九渊的学说，使得陆九渊的"心学"得以发扬，因此学界称之为"陆王"学派，实际上王阳明是心学的集大成者。
② 【原注】李子是位非常久远的哲学家，是关尹子的学生，他在沙漠中生活了40年。
③ 【译注】语出《易纬·乾凿度》。原文为："夫有形生于无形，故太易者，未见气也；太初者，气之始也；太始者，形之始也；太素者，质之始也。气形质具而未分解，故说混沌。"原文英文为：When these was only Tai‐y, the great unity, there was not as yet any matter. Tai‐tsou is the first instant and the great beginning of the existence of matter; Tai‐chi is a second instant, and the first moment when matter assumed form.
④ 【原注】《说卦》是《易经》篇尾一篇短文的名称。
⑤ 【译注】理雅各的原文是：The *Ti* or the Lord began to go out by the east，直译为，"帝始出于东方。"《说卦》的原文是"帝出乎震"，是指主宰大自然生机的元气使万物出生于震，而震"象征东方和春分"，与原意英译文意同。

Illuxisse dies, aliumve habuisse tenorem
Crediderim; ver illud erat, ver magnus agebat.
Orbis, &c. ①

"朱熹②(Tchu‐he)曰,'帝者,天之主宰;'上言帝,帝出,后万物生,朱熹又说,'万物之随帝以出入也.'胡炳文③(Hon‐ping‐ven)说'万物生成之序也.然孰生孰成之,必有为之主宰者,故谓之上帝.'这就是为何原文称其为'帝者,主也'的缘故了.《易经》以类似的方式说'天造'(Tien‐tsao),另一处说,'大人造'(Ta‐gin‐tsao);对此,钱一本④毫不犹豫地说:'太一,造天、地、人,化万物.'之后,有创造之天,有受造之天,因太一创造天、造化万有,因此太一一定不是受造之天,而是'万有之本源'.《礼记》⑤曰,'有形有象之天乃无形无象天之表征'⑥,就如有形之太极乃无形之太极、太易元初之象.

【67】

---

① 【译注】本段引文系刘应对《易经》的译文,但译者未能查到是哪段原文,故此未能列出,他日若有机会查证原文并再版本书,再行增补.
② 【原注】朱熹就是著名的朱文公,如果我们可以信赖一些学者的话,那么朱熹就是中国最伟大的无神论者;我顺便说说,我在这位哲人身上所见到的是他的无神倾向不亚于苏格拉底和柏拉图;而且他是一位不提供任何证据的无神论者.
③ 【原注】胡炳文,元朝人,他评注过《易经》.
④ 【原注】钱一本,明朝人,明朝的起止时间是1333年到1628年(译按:实为1368年到1644年).他写了两本优秀的作品,一本名曰《像象》,一本叫《像抄》.(译按:第一,理雅各拼写钱一本的名字有误,他拼写为Tsien‐ki‐sin;第二,钱一本的两本著作分别为《像象管见》(九卷)、《像抄》(六卷))
⑤ 【原注】《礼记》是礼仪汇集之名,由汉儒编辑而成;尽管未被学者奉为经典,但该书中有许多杰出的论述.
⑥ 【译注】原文英文为: the material and visible heaven is the symbol of the invisible heaven,汉语因译者尚未查到出处,为译者自英文直译.

219

"许慎① (Hiu - chin) 解易字,他说,'惟初太始,道立于一,造分天地,化成万物。'这个解释清晰精准,既然理造分天地,既然天造万物也是对的,那么天 (Tien) 字就一定有两种意思,时而是指受造之天 (the work),而更多情况是指造化之天 (the artificer)。《说文》② (Choue - ven) 称道 (Tao) 为太一。先皇向这位灵献祭,祭典因主 **神** 而献。《道德经》③ (Tao - te - king) 曰,'道生一,一生二,二生三,三生万物'。④

---

① 【原注】许慎,汉朝人,他撰写了一部辞书,名曰《说文》,在《说文》里,他给予每个字以解析和恰当的意思。他为我们存留了许多传统。【译注】许慎(约58年~约147年),字叔重,东汉汝南召陵(现河南省漯河市召陵区)人,有"五经无双许叔重"之赞赏。他是汉代有名的经学家、文字学家、语言学家,是中国文字学的开拓者。他于公元100年(东汉和帝永元十一年)著《说文解字》,是中国首部字典。许慎曾担任太尉府祭酒,师从经学大师贾逵。他历经二十一年著成的《说文解字》,归纳出了汉字五百四十个部首。另著有《五经异义》、《淮南鸿烈解诂》等书,已失传。
② 【译注】《说文解字》简称《说文》,是一部中国东汉许慎编著的文字工具书,全书共分540个部首,收字9353个,另有"重文"(即异体字)1163个,说解共用133441字,原书分为目录一篇和正文14篇。原书现已失落,但其中大量内容被汉朝以后的其他书籍引用,并有北宋徐铉于雍熙三年(986年)校订完成的版本(称为"大徐本")流传至今。宋以后的说文研究著作多以此为蓝本,例如清朝的段玉裁注释本。
③ 【原注】《道德经》是一部极其古老而深邃的书。由与孔子同时代的老子编成。人们称他为太上老君,因为人们说他在其母腹中八十一载。《老子》这部作品共81章。【译注】即《老子》。原为思想家老子的著作,中国春秋战国时期道家学派奉为创始典籍。老子所著言道德之意的上下篇,原文上篇《德经》、下篇《道经》,后改为《道经》在前,《德经》在后。最初的《老子》并没有分章节,到了汉代河上公将其分为八十一章,至此遂成定论。《德经》在前是谓先修自身心意;《道经》是谓以身心精进,在体悟道之所传。
④ 【原注】为了弄明白这些词,我们必须将道理解为至高之理,道中有三,得将它从三中抽离出来。生 (seng) 这个字,重复了四次,意指生成,以便使这个通称词顺应每个具体的物种产生;他们说到道生一 (tao - seng - y) 的时候,即说是理生一 (reason produce one),人们必定都会承认此理先存于一、二、三,因为理并非一、二、三,而是在本质上理囊括了一、二、三。而说到二生三,一生二,一 (one) 或第一 (first) 除了至高之理为其本质之,就别无其他起源了,这充分说明了道生一。之后,一生二就容易理解了;二 (two) 在此并非意指二 (two),而是指第二 (second)。接着是二生三,不是指单单第二 (second) 生了第三 (third),此处的意思是指第一 (first) 和第二 (second) 一起生了第三 (third);所有这些,评注者都说过了。庄子 (Tchouang - tse) 说得更妙,"一与言为三(译按:理雅各引言有误,庄子原话为:"一与言为二,二与一为三。自此以往,巧历不能得,而况其凡乎!故自无适有以至于三,而况自有适有乎!无适焉,因是已");最后,三生万物,并不意味着单单三 (the third) 独自生化万物;而是三 (San) 者共生万物。

220

第一章 中国人认识真神，他们的宗教就是一神教

"有个古老的传统，这个传统与'天开于子（Tse），地辟于丑（Tcheou），人生于寅（Yn）'① 有关。'子丑寅'这三个字与一天的时间有关，时间是从夜晚十一时到清晨五时；这三个字也与一年的时令有关，子以十二月冬至日为始，对应黄道第十宫之摩羯座；丑对应一月及黄道第十一宫之水瓶座；寅对应二月及黄道第十二宫之双鱼座。中国人的纪年以不同时令开始，并有这三种符号之一为标志；这些符号被称为三正②（San-tching），就是 three Tching。中国人不但用子丑寅等字表示时辰，还表示日和年。如果我们将这三个时辰（由六个小时构成）当作创造的六天，每一天，God 会从前一天停工的地方继续他的事工；从天开（Tien-kai），我们知道有光和穹苍；从地辟（Ti-pi），我们知道地从泉源中分开，大地被太阳和群星照亮；从人生（Gin-seng），我们知道万物都像人一样，有了生气。我读了一位中国作家的话，说'太初，万物既造，便以子时为万物之源。子为万物生发之理。' 【68】

"古经③不以世界自然哲学为基而推理；它是一种很不明确的研

---

① 【译注】语出《朱子语类·卷四十五》，本为邵康节探讨宇宙演化和历史变迁之时间问题的一种历法。关于"天开于子"这一说法，在不同典籍中都有记载，比如"子时天开"，出自《洞霄图志·卷五》。又，神话小说《封神演义》开篇云："混沌初分盘古先，太极两仪四象悬。子天丑地人寅出，避除兽患有巢贤。燧人取火免鲜食，伏羲画卦阴阳前。神农治世尝百草，轩辕礼乐婚姻联……"。
② 【译注】春秋战国时代有所谓夏历、殷历和周历，这三者最主要的区别在于岁首的不同，所以称之为"三正"。周历以通常冬至所在的建子之月（即夏历的十一月）为岁首，殷历以建丑之月（即夏历的十二月）为岁首，夏历以建寅之月（即后世常说的阴历正月）为岁首。周历比殷历早一月，比夏历早两个月，由于三正岁首的月建不同，四季因此而不同。
③ 【原注】他们以经典之名（King par excellence）来称呼最好的、最古老的中国书籍：说到经，就是说一部只包含真理与美善的杰出作品；说一种教理是错谬的或是有害的，就是说它不经（pou-king）。根据中国人的记载，最古老的作品，其他所有作品均来源于此的作品是《易经》，第二部是《诗经》（The Odessa），第三部是《周经》（Chou-king）（译按：指《周礼》），讲古代君王治国之事的。还有另外两部，一则《礼记》，是礼仪汇编，一则《乐经》（Yo-king），是讲音乐的一部书。他们说这些书在国内纷争时期佚失了。

221

究。中国人直到宋朝才开始构建宇宙论体系。我们不必因他们被误导而感到奇怪;我们的古代哲人只是比他们稍好一点而已,他们见证了**赫西俄德**①的《**神谱**》②、**德谟克利特**③的世界观和**卢克莱修**④原理。同一批思索宇宙机械论的人,大部分都评注了经,都宣称遵守古代文献保存下来的重要训诲,就像认可这些经一样,他们承认有一位万有主宰,并将我们归于真**神**的所有属性都归给那位万有主宰,对于这些中国人而言,他们是幸运儿。我不该停下来去解释**邵康节**⑤(*Tchao-kang-tsie*)的元会运世说,'他认为有一大年,他称之为一元(*Yuen*),一元由十二份构成,就类似有许多月份,每一份,他称之为

---

① 【译注】赫西俄德古希腊诗人,被称为"希腊教训诗之父"。他可能生活在公元前 8 世纪,今天大多数史学家认为荷马更早。赫西俄德生活在玻俄提亚,他经常去赫利孔山,按希腊神话赫利孔山是缪斯的住地。赫西俄德自己说,有一天他在放羊时缪斯给予他写诗的本事。赫西俄德的生活细节我们今天所知甚少,它们大多来于他的诗。唯一一首被公认是赫西俄德写的长诗是《工作与时日》。《神谱》即使不是赫西俄德写的,但从风格上看,也与他的作品非常相似。今天赫西俄德的作品是研究希腊神话、古希腊农业技术、天文学和记时的重要文献。
② 【译注】《神谱》,相传是由古希腊诗人赫西俄德所写的长诗,共 1022 行,以六音部格律(Hexameter)写成,是迄今仅存的完整神谱诗,最早系统地记叙了古希腊诸神的谱系。《神谱》描述希腊神话中诸神的起源,从混沌卡俄斯诞生一直讲到奥林匹斯诸神统治世界,并在其中穿插大量关于神灵之间的正义与美好的神话。
③ 【译注】德谟克利特(前 460 年~前 370 年或前 356 年)来自古希腊爱琴海北部海岸的自然派哲学家。德谟克利特是经验的自然科学家和第一个百科全书式的学者。他是"原子论"的创始者,由原子论入手,他建立了认识论,并在哲学、逻辑学、物理、数学、天文、动植物学、医学、心理学、伦理学、教育学、修辞学、军事、艺术等方面,他都有所建树。可惜大多数著作都散失了,至今只能看到若干残篇断简。
④ 【译注】提图斯·卢克莱修·卡鲁斯(Titus Lucretius Carus,约前 99 年~约前 55 年),罗马共和国末期的诗人和哲学家,以哲理长诗《物性论》(*De Rerum Natura*)著称于世。关于卢克莱修的生平,历史学家所知甚少。
⑤ 【原注】邵康节,宋朝人,闻名于众人。他的元会运世说由其子出版,见于《性理大全》中。
【译注】邵雍(1011 年~1077 年),字尧夫,又称安乐先生、百源先生,谥康节,后世称邵康节,"北宋五子"之一,易学家、思想家、诗人。邵雍的祖先是范阳(今河北涿州)人,幼随父迁共城百源(今河南辉县)苏门山下。后居洛阳,与司马光、二程、吕公著等交游甚密。邵雍对《易经》极有研究,开拓了"象数"学的领域,他"探赜索隐,妙悟神契,洞彻蕴奥,汪洋浩博,多其所自得也"(《宋史·道学传·邵雍传》)。邵雍继承并发扬了陈抟的"周易先天图说"。宋神宗熙宁十年,邵雍卒。宋哲宗元祐中赐谥康节。邵雍与二程、周敦颐、张载,合称为"北宋五子"。著有《皇极经世》、《伊川击壤集》、《渔樵问对》等。

第一章　中国人认识真神，他们的宗教就是一神教

会（Hoei），每一会是 10800 年，一元总共为 129600 年。'通过展示这个统绪，人们希望能证明所有的中国儒士（the Chinese literati）都是无神论者，但对我而言，这个统绪证明了世间不再有上帝（a Divinity）了；进一步而言，所有的现代儒士都先入为主地受这个假设影响，但事实却并非如此。

"我很高兴读了罗必作品中论到**邵康节**的话，'其说不久即倒矣'。**丁南湖**①（Ting-nan-hou）说得更多，'此说疑点甚多'；对这一记述，他非常赞赏**方观山**（Fang-kouen-chan）的说法②，他在问了'天之形成，何以必为万年'之后，毫不犹豫地说，'大谬不然'。

"**何唐**③（Ho-tang）也坚信**邵康节**的计算'毫无根基，**邵康节**意欲从伏羲先天图中获取基础，然其却无物可依'。事实上，元会运世说仅仅是个假设，计算者将年数定为 129600 年，高于一切其他数字，并将其作为整个周期循环往复的数字；他以**尧**（Yao）的统治时期作为这个周期的中点，而这也仅仅是个假设。

"总之，要用 10800 年构造天之类的说法，就如**丁南湖**所言，这是令人难以置信的。如果发现有中国儒士吹捧**邵康节**的话，那么我们就应该用中国其他作家的推理和证据来驳斥他。"

【69】

---

① 【原注】丁南湖，明朝人，撰写史书。（译按：丁奉，字献之，号南湖。著有《五经臆言》、《通鉴节要》、《南湖留稿》、《丁吏部文选》等。）
② 【原注】方观山，即方凤。他号称观山，取自其乡名。他是明朝大臣。（译按：方凤，生卒年不详，字时鸣，号改亭，南直隶苏州府昆山（今属江苏）人。正德三年（1508 年）进士。历任御史、广东提学佥事，有《方改亭奏草》。）
③ 【原注】何唐是明朝的一位博学之士。（译按：何唐，字宗尧，号省斋。安徽桐城人，明代正德十六年进士，曾官至浙江按察使司提学副使，因不满朝廷腐败，辞官归里后以讲学为业，首开结社讲学之风。）

223

中国人关于神与灵的观念
The Notions of the Chinese concerning God and Spirits

雷孝思是位颇有名望的《易经》诠释者。1834年，他的作品在斯图加特由尤里乌斯·莫尔①编纂。第一卷中有一部分是绪论，其中有一篇针对已经出版了的华夏经典而作的极有价值的导言。《易传》中有句颇为有名的话，"帝出乎震"，雷孝思有如下注解：

"评注：'帝者，天之主宰'。王复②曰，'帝者，所造万物之主也。'针对此篇，周士（Doctor Chow）称，'孰生孰成之，必有至高主宰，故谓之帝。'在此阐明并详述原文中的每句话之后，张果老③（Chang-ko-lao）断定，'万物皆出于至高主宰，上帝。'但如果在此处引述历代所有评注者关于这大名（great name）的内容的话，那么本文就会没完没了了，在这些大名中，我们会发现帝和上帝这两个术语，同时我们还会收集所有关于上帝真实可信的古书中的话，上帝知晓万事，连最隐秘的事祂都晓得④，上帝是全能的⑤，祂全然公义⑥、惩恶扬善，祂是万有的创造者，是万有的起因，只有祂通晓万有本性等等。简而言之，关于上帝这个术语恰当的、简明的、本源的意思，在中国人那里并无任何差别。借着这个词，阐释者知晓世界之

---

① 【译注】尤里乌斯·莫尔（Julius Mohl，1800年~1876年），法籍德裔东方学家。
② 【译注】原文为 Wang-fuh，译者未查明此人为谁，故译名译者自行音译。
③ 【译注】本名张果，生卒年不详，其事迹最早见于《明皇杂录》，生平又见于《大唐新语》卷十，《新唐书·张果传》基本取材于此。武则天曾遣使欲召见之，即佯死；后人又见他居于恒山中，常倒骑白驴，日行数万里，休息时候又将毛驴折叠藏于巾箱；他曾被唐玄宗召见至京师，演出种种法术，授以光禄大夫，赐号通玄先生。中唐以后，他逐渐被神话，后来成为民间神话中的八仙之一，被称为张果老。
④ 【译注】参见《圣经·新约·哥林多前书》2:10，只有 神借着圣灵把这事向我们显明了，因为圣灵参透万事，就是 神深奥的事也参透了。
⑤ 【译注】参见《圣经·旧约·创世纪》17:1，亚伯兰九十九岁时，耶和华向他显现，对他说："我是全能的 神。你当在我面前行走，作完全的人。"
⑥ 【译注】参见《圣经·新约·贴撒罗尼迦后书》1:6，既然 神是公义的，他必以患难报复那加患难给你们的人。

224

第一章 中国人认识真神，他们的宗教就是一神教

主宰，普罗大众也同样知晓上帝是世界之主宰，无论这民众是敬拜偶像的也好，还是敬拜玉皇上帝的也罢，无论他们是犹太人，是基督徒，还是穆斯林，无论哪种情形，他们都会毫不犹豫地用这个名称来称呼真 **神**（作为出自他们宗教书籍和记录中真确的那位），称祂为万物的至高主宰，没有一位大过祂，胜过祂，没有谁可以与祂匹敌、与祂同等。因此，这些术语直接的、恰当的意思就被所有宗派、所有族群接受；它只是一个有争议的教理。显而易见的是，上帝这个名称一直是指至高主宰，但这个名称被许多①宗派误用，它可以用来表示特有教派最大的偶像，也可以用来表示不同哲人所信奉的事物的主旨和要理②，甚至如果有人真的相信那种观念的话（我们不要争论宋朝作家的观念），那么就可以用来表示理、太极和无极的观念。因而，从所有宗派都赞成 *Deus*③ 这个术语来看，圣使徒和第一批基督徒会断定他们所传讲的那位存在，被称为 *Deus*，为何（如果没有其他妨碍的话）我们基督徒不称祂为上帝呢，借着上帝这个名，根据他们不同的学派与宗教体系，所有的中国人都会认识这位至睿的存在。

"论到上帝之名，'天之主宰'（*Lord and Governor of Heaven*）、'万物之主'（*Lord of all things*）以及基督徒所用的'天主'（*Lord of Heaven*），这些表达都是同义词。因为上帝被宋朝的理学家滥用（就如一些在欧洲的人所说的）了，所以如果上帝这个词现在非常不合适，那么'天之主宰'、'万物之主'和'天主'这些表述也好不到哪里去。所有在中国的基督徒都反对用神灵（*Shin-ling*）和其他任何词语来表达 *spirit* 和 *soul*。其原因是很明显的。同一批作者在同一类书中滥用了，而且完全是错用了这些相似的术语——上帝（*Chang-ti, Shang-ti*）、主宰（*Tchou-tsai*）、天主（*Tien-tchou*）、神灵【70】

---

① 【译注】此处原文为 mauy，是该版印刷错误，应为 many。
② 【译注】原文为 the chief and first principle of things。
③ 【译注】Deus，是拉丁语里创世之 **神** 的意思。

225

中国人关于神与灵的观念
The Notions of the Chinese concerning God and Spirits

(Chin – ling)（用习惯用语）。如果 Deus，spiritus，anima 这些拉丁名称没有转译过来，那么情况可能还会好一点。因为人们总是要解释这些拉丁术语（对中国人而言这些语言是粗俗的），除了刚刚提到的那些术语之外，还有哪些其他术语如此不恰当地、不正确地使用呢，就如这些术语本身就是不适合的、不确切那样？因此，就只剩下一件事可说了，没有什么事比这件事更荒唐：用汉语阐释基督教教义是不可能的。但得出这种结论的人承认他在基本原则上已经犯了错误，因为当我们提出的原则严重有误时，我们由此得出的所有推论就都是错的。"①

---

① 【原文】"*Ti*, Imperator (ait glossa) est Coeli dominus et gubernator, *Tien – tchi – tchou – tsai*. Quid significat *Ti* (ait *Ouang – fou*), *Ti* imperator nempe rerum omnium productarum dominus. Hunc ipsum in locum ita exclamat Doctor *Tcheou*, quaerens 'quisnam has res produxit? quis eas periecit? Certe existit unus dominus et gubernator, qui hic dicitur *Ti*, imperator supremus.' Postquam quae habet hic textus exposuit recensuitque singula *Tchang – ko – lao*, ita concludit: haec omnia sunt a Supremo Imperatore *Chang – ti*. Sed actum agam infinitusque aim si omnes cos interpretes omnium aetatum magnique nominis, apud quos legitur *Ti* et *Chang – ti* significatio, appellare velim, simulque hic colligere omnes textus librorum authenticorum veterumque de Supremo imperatore *Chang – ti*, omnia vel intima sciente, omnipotente, summe justo, puniente malos, remunerante bonos, causa et auctore rerum omnium, soloque earum naturam intelligeate etc. Paucis dixero de sensu proprio obvio litteralique sensu *Chang – ti* nullam esse Sinarum inter se dissensionem, cum et interpretes per has voces intelligant mundi dominum et gubernatorem, et plebei, si idololatrae sunt, colentes idolum *Yo – houang – chang – ti*, aut si Christiani, Judaei, Muhamedani, Deum verum hoc nomine (uti legi in earum religionum libris et monumentis apud Sinas constat) appellantes Supremum rerum omnium Dominum, quo nullus major, nullus praestantior, sine pari, sine acquali, significare non dubitent. Sensus itaque immediatus propriusque ab omnibus sectis totaque gente admittitur, dogmaticus in controversia est. Unde liquet nomen *Chang – ti* significare etiam nunc supremum Imperatorem, sed male adhiberi a multis sectis, puta ad maximum propriae sectae idolum; puta ad quod praecipuum habent varii Philosophi primumque rerum principium, aut etiam, si ita placet (ne disputemus de opinione scriptorum sub *Song – tchao*), de *Li*, ratione de *Tai – ki*, *Teou – ki* termino sine termino commentum. Ut ergo ex omnium sectarum consensu in vocem Deus tanquam propriam Sancti Apostoli ipsique primi Christiani conclusere latine Deum quem praedicabant, esse appellandum; quidni eum (si nihil aliud obstat) appellare potuerunt Christiani nostri *Chang – ti*, quo nomine a caeteris omnibus Sinis Ens summe excellens, juxta propriam unicuique religionem scholamque, intelligitur. Nominis quidem *Chang – ti* voces velut synonjmae snnt *Tien – tchi – tchou – tsai*, *Ouan – ou – tchi – chou*,

第一章 中国人认识真神，他们的宗教就是一神教

注释二：一篇中国人论述独一至高上帝的译文

以下篇章，我承蒙广东合信医生的恩惠。合信医生住在离广东一天路程远的地方，他喜欢精读罗马天主教人士编纂的文献手稿。我故意不提他所居住的那个村镇。他们家族四代都是天主教徒。那些文献有些是对赞成基督教皇帝的记述，还有一些是文人的论集，这些论集揭示了中国人的信念与罗马天主教的信仰是和谐一致的。其中有几篇诗作。下文据称是出自于朱宗元①（Choo Tsung-yuen）之手，朱宗元是浙江（Che-keang）省鄞（Kin）县人氏，中会元，会试前三甲之榜首。当有些人以天主教神父的权威反对用上帝表示 God 的时候，令人高兴的是，论及等次和品格时人们会发现，中国天主教将那些作品视若珍宝，视之为他们所领受的实实在在的真理。

Tien-tchou, coeli Dominus rectorque, omnium rerum dominus, coeli dominus, quibus vulgo fideles utuntur. Verum si vox Chang-ti ab abusu (ut dixere nonnulli in Europa) philosophantium sub Song-tchao omniaque materialia facientium jam inidonea est, consequens est non meliores esse voces Tchou-tsai, Tien-chou, nec quascunque alias Chin-ling et ad sinice appellandum spiritum, animam et Y ab omnibus Christianis tritas. Ratio evidens est; nam iidem qui proferuntur scriptores et in iisdem omnino libris non solum voce Chang-ti sed et vocibus Tchou-tsai, Tien-tchou, Chin-ling (ut utar illorum formula) abusi sunt, omninoque depravarunt. Nec si illi ad nomina latina Deus, spiritus, anima etc. evadent, quidquam efficient. Urget enim semper necessitas haec latina (apud Sinas barbara) sinice explicandi, per quas enimvero voces sensu proprio clariores magisque usitatas, quam Tchou-tsai, Tchou, Chin-ling? at ineptae sunt et illicitae. Superest itaque unum dicendum, quo nihil absurdius: Sinicam doctrinae Christianae expositionem esse impossibilem; eo autem devenire, nihil aliud profecto est quam fateri se in principiis errare, nam ut male posuimus initia, sic caetera sequuntur." 有心的读者会感觉到这条注解并非完美无瑕，但我觉得最好是将其付梓出版，就如莫尔（Mohl）印制的那些作品一样。

① 【译注】朱宗元（1609年~?），卒年不详。字维城，浙江鄞县人。他是中国华东最早的天主教徒，是西学东渐的先驱之一，顺治五年中举人。

中国人关于神与灵的观念
The Notions of the Chinese concerning God and Spirits

【71】　"郊社之礼，所以事上帝也。"①

　　"帝不有②二，则郊社之③专言帝者，非省文也。夫上帝者天之主也，为天之主，则亦为地之主。故④郊社虽异礼，而统之曰事上帝云尔。今夫国家之礼，莫重于祭，而后世之悖礼，则莫乱于祭，尤莫乱与天地之祭，分天与地而二之，又复份天而五之。于是举一切怪诞不经之属，咸以为祸福之柄，而圭壁牲牷之祭，殊不知天地特两大形体耳，固灵非觉之体，而能歆人祀也，有生之者，有制之者，形气可区为两，主宰不可区为两。"⑤

　　"古人知始造万物者唯上帝，日起化育者惟上帝，临下有赫者惟上帝，降殃降祥者惟上帝，吾何所事哉，事上帝已尔，吾何以事上帝哉，以郊社之礼事之已尔。"⑥

---

① 【原文】"The ceremonies of the celestial and terrestrial sacrifices are those by which men serve *Shang-Te*."（译按：语出《礼记·中庸》。）【译注】在巴黎法国国家图书馆中，有一部中国浙江天主教徒朱宗元的作品，名为《郊社之礼所以事上帝也》。
② 【译注】有些人的引文此处无"帝不有二"。
③ 【译注】有些人的引文此处无"之"。
④ 【译注】有些人的引文此处无"故"。
⑤ 【原文】"There are not two Tes. When the text speaks simply of *Te*, in connection with both the celestial and terrestrial sacrifices, there is no elliptical mode of expression. Now, *Shang-Te* is the Lord of heaven. Being the Lord of heaven, He is also the Lord of earth. Therefore, although the celestial and terrestrial sacrifices are different ceremonies, it is said equally of them both, that by them men serve *Shang-Te*. Of all the ceremonies practised in the empire, there are none more important than sacrifices. None, however, have been more perverted and confused by after ages, and of all sacrifices this has happened to none more than to those to heaven and earth. Heaven and earth have been separated, and considered as two. Heaven again has been divided, and considered as five. From this there have arisen many strange, nonsensical and unclassical practices. It has been thought, that so many different beings had the power of causing happiness and misery, and they have been sacrificed to with precious stones (the *kwei* and *peih*), and with animal victims. But heaven and earth are only two material bodies, and not intelligent beings, which could enjoy the sacrifices of men. They have a Producer; they have a Director. That which has form and is material may be divided into two, but Lordship and Governing cannot be divided into two."
⑥ 【原文】"The ancients knew that it was *Shang-Te*, who made all things in the beginning; that it is *Shang-Te*, who daily sustains all nurturing influences; that it is *Shang-Te*, who descends to men in majesty; that it is *Shang-Te*, who visits with calamities and with blessings. Whom should we serve then? We should serve *Shang-Te*, and Him alone. How should we serve *Shang-Te*? We should serve Him with the celestial and terrestrial sacrifices, and with those alone."

第一章　中国人认识真神，他们的宗教就是一神教

"夫论达孝而及上帝，盖谓人之事帝，犹子之事亲也，然郊之礼，夫人而知为事上帝也。社之礼，而亦为事上帝何？上帝者，无所不在，亦无所不主，在天则为天之主，在地则为地之主，在人身则为人身之主，在万物则为万物之主。虽日月运行，而一寒一暑，水土交成，百谷蕃植，各有鬼神为运动护守。然皆受上帝之命而行者也，亦倚上帝之能而动者也，则不必当为鬼神报，而应当为上帝报也。"①【72】

"至一之为帝，使郊有一帝，而社又复有一帝，是二之也，试问此二帝者，其智勇才能，均敌而无差乎？抑或大小不齐乎？其间凡为阴阳变化之事，必相咨度而后行乎？抑各出其号令乎？夫天地为属一帝挢，捴故一施一生，莫不顺气而应，若各自为帝，则如两君分域而处，其政教号令，亦不相属，何以岁序功成百物哉？"②

"且至尊之为帝，即一为至尊，二即为次尊，可以序进而较，犹为

---

① 【原文】"Confucius proceeds from discoursing of the universally acknowledged filial piety (of Woo and Chow‑kung) to speak of *Shang‑Te*, indicating that men's service of *Te*, is like the service which a son renders to his father. As to the celestial sacrifice, men know that in it *Shang‑Tes* is served, but how does it appear that He is served also in the terrestrial sacrifice? *Shang‑Te* is present everywhere, and there is nothing over which He does not rule. Speak of heaven, He is the Lord of heaven. Speak of earth, He is the Lord of earth. Speak of the persons of men, He is the Lord of the persons of men. Speak of all things, He is the Lord of all things. Although the revolutions of the sun and moon, causing heat and cold, and the admixture of earth and water, causing the abundant growth of all the kinds of grain, are occasioned by the moving power and guardianship of spirits, yet these all act as they receive the commands of *Shang‑Te*, and for their movements are dependent on His power. Men ought not to give thanks to the spirits; they ought to give thanks to *Shang‑Te*."

② 【原文】"*Te* is a perfect One. If there be one *Te* contemplated in the celestial sacrifice, and another contemplated in the terrestrial, this makes two *Tes*. I would ask, are there two *Tes*, equal in knowledge, strength and ability, without any difference? or, Are they unequal, the one great and the other small? In all the changes and transformations taking place of the *Yin* and *Yang*, must they first consult between themselves? or, Does each of them issue his own orders? Heaven and earth are the workmanship of one *Te*, and therefore every forth‑putting of His power, and every consequent production, happen in perfect obedience to His energy. If there were two *Tes*, it would be like two sovereigns occupying a divided territory. Their government, instructions, and orders, being different, how could there be the seasons of the year, and the regular production of all things?"

229

中国人关于神与灵的观念

The Notions of the Chinese concerning God and Spirits

【73】 失尊，夫上帝之悬乎百神，其视大恨相去人主，尚不啻千万也。①

"则郊社之礼，所用之物异，所行之地异，而所以事之则不异也。然既郊事之，而又于社事之，何也？盖各就其功用昭明之处，而加礼以报焉？高明上覆，我得以蒙其光㫋者，上帝功用之着于天者也。沈厚下载，我得以享其美利者，上帝功用之着于地也。则郊以答生天之德，而社以答生地之德也。"②

"今夫谷者，地之产也，而先王祈谷于郊，不祈于后土，则郊社之统为事上帝也，明矣。是故生人皆当事帝，而天子则以郊社之礼，代人事帝。太上而降不得用享之礼以事帝，而各得以其身心事帝，犹祀亲也。若因郊社不同，而疑所事有异，亦可因礿、祀、蒸、尝，其礼不同，而疑所事有二亲哉。"③

---

① 【原文】"Moreover, *Te* is supremely honourable. But only One can be supremely honourable. A second is honourable only in a secondary degree. How can there be this comparison of degrees, which would take away from the honour? The difference between *Shang – Te* and the various spirits, is more than a thousand, yea than ten thousand times the difference between a Sovereign and his great ministers."

② 【原文】"The things used at the two sacrifices are different; the places where they are performed are also different; but the service is not different. How is it then that the service is performed on the two occasions? The ceremonies are regulated by the different services rendered by the two objects, and thanks given accordingly. The high and bright heaven covers us above; we receive its light and shelter; —this is the manifestation of what *Shang – Te* does for us, given by the heavens. The deep and broad earth supports all on it; we enjoy the beautiful advantages which it yields; —this is the manifestation of what *Shang – Te* does for us, given by the earth. Thus, in the celestial sacrifice, thanks are given to *Shang – Te* for His creation of heaven, and in the terrestrial sacrifice, thanks are given for the creation of the earth."

③ 【原文】"Grain is the production of the earth. Now, the former kings prayed for grain at the celestial sacrifice, and not from the Empress earth, which makes it clear that in the celestial and terrestrial sacrifices the service is equally to *Shang – Te*. Therefore all living men ought to serve *Shang – Te*, and the Emperor on their behalf serves Him by these two sacrifices. No one below the highest can serve *Te* with these ceremonies, but every man can serve Him with his body and his heart as he sacrifices to his parents. If it be doubted, that because the celestial and terrestrial sacrifices are different, there are different beings served by them, then, because the seasonal sacrifices of the ancestral temple are different, it may be doubted whether there are not different sets of parents."

第二章

Elohim 与 *God* 都是关联术语。 最精准的汉语术语上帝是真 神的进一步证明

第二章　*Elohim* 与 *God* 都是关联术语。　最精准的汉语术语上帝是真神的进一步证明

确定 God 是否是关联术语的意义

在前一章中，我已经竭力证明了对"中国人是否认识真 神"这 【74】
个问题应当予以肯定地回答。对于这个问题，倘若有人觉得我做得不
错，那么大多数人就会倾向于这种说法：向中国人讲论 *God* 并将《圣
经》译成汉语，我们就应该用上帝那个术语表示 神（the Divine）之
名，无论是言谈还是书写，他们都用那个术语表示祂。然而，始终会
有些人反对那个结论，文惠廉博士便是其中之一。他要求 *God* 之名应
当以"一个独立的"——"一个独立通称"（an absolute generic appel-
lative）——术语来翻译，尽管我已经令他满意地证实了中国人用上
帝这一名称表示的那位存在（the Being）被当作真 神，但他依然拒
绝用这个词来翻译 Elohim 和 Theos。

另一方面，如果已经证明过的论据给他及其他人留下的印象比给
我留下的印象还要浅（slighter），他们还要继续否认上帝就是真 神的
话，那么我就会依然坚持这个词语是汉语中所能找到的最佳词语，以
这个词语翻译 Elohim 和 Theos 来作为反对文惠廉那种观点的重要原
因——是因为它是一个关联术语（a relative）而不是一个"独立通
称"术语（an "absolute generic appellative" term），它表示一种关联，
这与希伯来文 Elohim 和我们的词语 God 所表示的一模一样（very
same）。

文惠廉博士承认，如果我的几个原始术语（the original terms）的
观点是正确的话，那么他诉诸于神来作为译文的结论便是无效的。我
承认，如果他对此观点是正确的话，那么我诉诸于上帝来作为译文

233

的结论便是无效的。因此，我接下来的论述就尤为重要了。并未要求中国人以哪种知识来表述它的优势。一方面，人们通常都认为神是个独立通称术语。另一方面，人们又普遍都认为上帝这个名称是个关联术语。为了判驳二者之一，就唯有判定 Elohim 和 Theos，或是我们的英文词 God。这些词都是独立通称术语吗？尽管用神翻译这些词并不一定对，但用上帝翻译这些词就一定是错误的。它们都是关联术语吗？对于这些词来说，在汉语中尽管可能会有一种比上帝更好的表述，但用神表述这些词就一定是错误的。

文惠廉博士认为 God（我无须一直罗列 Elohim 和 Theos，免得文辞繁冗）是一个"独立通称"术语（《辩护文》，第 66 页）。而我坚【75】信这个词是关联术语；我随即就会切入这个问题。

它并非通用术语

从文惠廉博士的陈述中略去这个词的称谓（*appellative*）就会使这一问题简化。人们称呼某个称谓是关联词（*A relative*）的次数可能和称其为通用术语（*a generic term*）的次数一样多。我们在这点上是一致的。某种称谓（*An appellative term*）只是对一个普通术语（*a common term*）的另一种称呼。理查德·惠特利[①]说，"仅就其本性和特征而论，人们对某物的描述，可能同样用于其他物体，那么那个物体的意思要么就不充分，要么就不全面，而且它的意思得用一个普通

[①]【译注】理查德·惠特利（Richard Whately，1787 年~1863 年）是英国修辞学家、逻辑学家、经济学家和神学家，他也担任都柏林爱尔兰教堂大主教。著有《逻辑学原理》（*Elements of Logic*，1826）、《修辞学原理》（*Elements of Rhetoric*，1828）、《基督的国度》（*The Kingdom of Christ*，1841）等。

第二章　*Elohim* 与 *God* 都是关联术语。最精准的汉语术语上帝是真神的进一步证明

术语来表示；比如'树'，'城市'，'国家大臣'。"① 论到这里所举出的事例，没有人会否认"树"是通用术语，"国家大臣"是关联术语；但二者都被当作是普通术语（common or appellative terms）的范例。

撇开通称（the word appellative），我们只须讨论这个术语的性质（description），用"通用独立"术语来驳斥它是"关联"术语这种主张。首先，我会选取文惠廉博士对它记述中的前一个要素来说明为何我会否认 God 是个通用术语（a generic term）。

人们将通用术语理解为某一种类的名称。它们是由众多从属于其下的个体——可以是许多不同的物种——所组成。人们将普通名称赋予其中的每个个体。没有一个个体会比其他个体对这个名称享有更多或更少的权利。有个单词叫"狗"。有成千上万种动物通过这个名称而广为人知，在《自然史》②（Natural History）中，还有狼、豺和狐狸等。所有不同种类的犬科动物，其中任何一种，以及包含在这些不同族群当中的所有动物的任何一种，都会以真实得体的方式用通用术语来命名。又如"树"这个词。用这个词可以称呼多少个树种啊，可以称呼多少棵树啊！人们不可能从其中选出任何一棵树——假设是最华贵的英格兰橡树，或者是最古老的黎巴嫩雪松——并且只用树这个名称来称呼它。作为通称，这个词必定包含许多个体，就等于说人们要将其当作所象征或所暗含的本性或属性的一部分来加以考虑。那么我要问，God 这个名称是那种通用术语吗？是否有许多存在之物分有同一本性或属性，而所有这些本性或属性与这个存在之物所包含的

---

① 【原注】《逻辑学原理》，卷二，第五章，第一节。
② 【译注】应该是指法国布封的《自然史》。乔治-路易·勒克莱尔，布丰伯爵（Georges - Louis Leclerc, Comte de Buffon, 1707 年～1788 年），法国博物学家、数学家、生物学家、启蒙时代著名作家。布丰在博物学上的作品包括《论自然史的研究方法》（Discours sur la manière d'étudier et de traiter l'histoire naturelle, 1749）、《地球论》（Théorie de la terre, 1749）和《自然史》（Histoire naturelle, générale et particulière, 1749 年～1788 年：原定出版 50 卷，生前出版了 36 卷，布丰死后由拉塞佩得出版了 8 卷）。该书包含了当时欧洲所有有关自然界的知识。

中国人关于神与灵的观念
The Notions of the Chinese concerning God and Spirits

全都一样吗？用现在流行的话来说，理性和宗教对此予以否定地回答——"有倒是有，但只有一位，就是永活的真 神。"

但既然情形如此，我们当如何述说某类神祇呢？我们有希腊的诸神和罗马的诸神。为了澄清这个问题，文惠廉博士专门区分了这个词正当地（properly）应用和不正当地（improperly）应用。"在本质上，"他说，"只有一位 God，复数只存在于多神论者的臆想当中；在正当地使用的时候，God 这个词专指 Jehovah（耶和华），把这个词归【76】为一类是不正确的，这一词类的存在完全归咎于多神论者的错谬'见解。'（《辩护文》，第 45 页）我不会停下来对他的这种说法提出任何反对见解，但他之后的话中有个假设，我必须将这个假设当作严重的误导，并且我恳请读者注意这一点，因为有个基于这一假设的问题会让它在当下整个主题中难以确定。文惠廉博士说，"我觉得，无论这些存在之物被当作是真实的还是虚构的，都改变不了这个词的属性，这个词是这一类别的通名（common name）。"这个事例绝非是这里所假设的那种情况。如果所有存在之物都是真实的，或者说所有存在之物都是虚构出来的，那么我就同意存在之物与虚构之物（existence and non-existence）二者之间的差异不会影响到这个通名的属性。但事实却是——神是真实的，而其他所有的神祇都是虚构的。倘若神祇全都是真实的，那么 God 这个名称就会像通用术语"树"一样，可以正当地归属于该类别中的每位神祇。倘若他们全都是虚构的，那么这个词就会像通用术语"仙灵"（fairy）一样，可以正当地归属于臆想之物这个类别中的每个个体。但实际的情形却是，这个术语并非通用术语。它只属于一位存在，怎么能将这个术语用于其他存在来改变其真正的性质、根本的属性呢？我们怎么能用一个通用术语——即一个"独立通用"术语——否认它所指代的那个类别存在呢？如果真是那样的话，那么对我而言，我们同样也可以说 6+5=9 也是真的了。

那么，我当怎样阐明这个词一般用法的实际情况呢？回答这个问题，

第二章 Elohim 与 God 都是关联术语。最精准的汉语术语上帝是真神的进一步证明

我需要首先陈述我所坚信它是一个关联术语而非独立术语的原因。

它并非独立术语，而是关联术语

对于 God 是独立术语还是关联术语这个问题，文惠廉博士引述了惠特利大主教的话来反对我对那些术语的说法，但我仍然坚持我那些说法。惠特利说，"当任一物体被当作整体的一部分、被视为整体的相关部分，或对另一部分而言，它被当作更复杂的思考对象的一部分时，表达这个意思的名称就被称作是关联的（Relative）；而与关联术语（Relative – term）相对的是独立术语（Absolute）而言的；将某个物体当作整体，与任何物体的部分无关，或是与同它有别的任何部分无关。所以，'父'、'子'、'骑士'、'官长'等都是关联词语；作为复合体（complex object）父子（Father – and – Son）等词语的每个部分；单独地命名同一物体，可以称之为'人'、'生物'等等。"①为了进一步阐述这种区分，所以会有——当我谈到"一棵树"的时候，在我脑中就有某个独立物体的观念——某种作为整体的自在之物，没有任何其他物体与其关联。相反，"父"这个词唤起某种关联物体的观念——某个存在之物与其他存在之物相联，因此会受到那种关联的特定称谓（the particular designation）。让我们正在探讨的这个词也来接受这个定义的检测吧。对此，我扪心自问。当我思想上帝（the Supreme Being）为耶和华（JEHOVAH）的时候，我知道呈现在我的头脑中的祂是独立的、自有的（He is in Himself），我认为祂浑然一体，没有与祂关联的任何部分，而当我思想祂为 神（GOD）的时候，【77】

---

① 【原注】《逻辑学原理》，卷二，第五章，第一节。

237

在我脑中，祂是与其他所有的存在之物有关联的——那些存在之物在那位存在当中生活，在其中延续，——他们（我自己也是其中之一）与祂交往。于我而言，那是诉诸于知觉的结果，我只会进一步展示我的判断有通用语言（*language in general*）类比作为支持，有一些重量级的权威人士的认可。因而，其真实性会以所有人心照不宣的——但却是肯定的——见证作为保证，还会由众人之中一流人士（*the first of men*）详尽而清晰的见证作保。

I. 我坚持认为 God 是关联术语，这个观点有语言类比作为支持。God 的用法是按着关联术语的用法；这与独立通用术语的用法截然相反。

惠特利评论说，"根据其实际存在，任何一个物体在数量上被认为是单一可数的时候，这个物体的指称就被称作是单数的；比如'这棵树'、'伦敦市'等。"① "这棵树"、"伦敦市"这种表达都是单数词（*singular terms*）；它们指物体在数量上是可数的。但"树"和"市"本身却是通用名词。为了让其指谓个体——从它们各自的类别中指出某一棵树、某一座城市——的某种情形中，要用指示代词（*demonstrative pronoun*）"这"，而另一种情形中，则要用限定性的描述，"伦敦的"。不这样限定范围，就没有一个通用术语可以用作单数词——即用来指谓某一种存在之物。一个关联术语无须受那种设定的任何限制。它可以独立存在，或是与另一个名词是同位语关系，表示某个单一的个体。比如，我们会说，"爸爸在叫你"、"主叫你来"、"敬爱的维多利亚女皇"、"国王约翰签署了《大宪章》"、"华盛顿将军降服康华里②总督于约克郡。"而独立通用术语却不能这样使用。

---

① 【原注】《逻辑学原理》，卷二，第五章，第一节。
② 【译注】康华里（Charles Cornwallis, 1738 年~1805 年），即查尔斯·康沃利斯，第一代康沃利斯侯爵。英国军人及政治家。曾参加七年战争，美国独立战争期间出任北美英军副总司令，一开始取得多场战役的胜利，但最终在约克镇围城战役遭到大败，尔后率军投降。1802 年代表英国与法国的拿破仑签订《亚眠和约》。1805 年，康华里抵达加尔各答后身体因病不适，不久即病逝印度，遗体于当地安葬。

语言上不允许有这些表述，"树动枝摇"（*Tree waves its branches*）、"河流入海"（*River rolls its waters to the sea*）、"人类约翰曾是卑鄙的"（*Man John was base*）、"亚历山大大帝驯服战马布塞法勒斯"①（*Horse Bucephalus was subdued by Alexander*）。阐明这种构造上的不同并不难。这是由于两类词汇词性上的迥然不同。通用名词属于多数（*many*）。没有限定性词或限定词组的帮助，它是不能用于单数（*one*）的。但关联术语其本身就有一种限定性的力量。一族只有一父、一家唯有一主、一国独有一君。这些术语指谓的关系足以限制其自身。一个儿子无须对另一个人用"我的"（*my*）来指他的父亲，或是用"我们的"（*our*）、"这位"（*this*）、"那位"（*that*）、"此乃"（*the*）。这个名称只表示那个单一个体。现在 Elohim 和 God 与关联术语的这种用法一样。打开我们的英文《圣经》或是希伯来文《圣经》，第一节经文向我们宣告："Elohim——God——创造天地。"这个词不可归为通用术语之列，我们必须将其视为关联术语。

【78】

语言类比证明其关联性以及对文惠廉主教种种异议的答复

对我来说，没有什么比语法中的这一特点更加直白明了的了，也没有什么比对这个问题的语法应用更加令人确信的了，在汉译《圣经》时，这个问题让传教士之间出现分裂，令人非常不快。然而，详述这一问题还是有必要的，因为文惠廉博士仍在竭力地对种种事实以

---

① 【译注】亚历山大大帝的战马。据说在亚历山大 12 岁的时候，菲利普国王以 13 塔兰特的重金购得一匹叫"布塞法勒斯"的黑马。"布塞法勒斯"的寓意是强大而坚定。这匹马性子暴烈，所有骑上马背的勇士全被摔了下来。后来，布塞法勒斯成了亚历山大的忠诚坐骑，与他征战四方，直到在今天的巴基斯坦与印度"象兵"作战时战死。

239

及与我们之间的矛盾进行辩驳,他以一种诚挚之情来彰显他是何等真切地宣告,他和与他相对的立场是水火不容的。

首先,他未能看清诸般事实——真正的用法——我是因此为这个术语的关联分类进行辩护的。他引用了一些语法书作者的话,并且说,"专有名词(*Proper nouns*)以限定性的方式指称存在之物(*beings*),因而无须任何标识来指明用于其上的特殊个体。相反,普通名词(*Appellative nouns*)(关联性的或是独立性的)对同类中所有的个体都是通用的(*common*),当我们希望将它们用于某个单一个体的时候,或是用于这个类别中的某些个体的时候,或是最终用于这一整个类别的时候,以具体的标识来标记这些不同的用法是有效的。"(《辩护文》,第54页)最后一句中的"关联性的或是独立性的"是文惠廉博士自己加上去的话,用来标注那段引文对当下这个主题是有效的。他的引文是说普通名词在用于单个个体的时候,必须得有个特殊的标记附随着这些单一的个体。在这种通用名词的情形中这是真实的——必定为真。但在关联名词的情形中就不一定为真了。语法学家很可能只有通用名词,恰当点说,只考虑通用名词。文惠廉博士可能还会让他来书写关联词汇。因此,在论辩中他便错失重点,还忽略了这个事实,即我主张通过翻译 God 这个词,可以让我们找到一个关联术语。

同样,在他处理 man 这个词在应用时的特殊性上也是很明显的。有条语法规则说,"当一个名词表示由不同个体组成的整个物种的时候,定冠词用于名词之前,比方说,狮子(*The lion*)是最强壮的动物。"① 这条规则的唯一例外就是 man 这个词的用法,一般情况下这个词之前可以不用加冠词,比如"人有过而招祸"②。所以允许有多种

---

① 【原注】《艾伦和克伦威尔语法》,第135页。
② 【译注】语出《圣经·旧约·约伯记》5:7,人生在世必遇患难,如同火星飞腾(引文出自和合本)。英王钦定本的译文为"Yet man is born unto trouble, as the sparks fly upward."

第二章　*Elohim* 与 *God* 都是关联术语。最精准的汉语术语上帝是真神的进一步证明

一样的用法，关于语法形式，一个关联名词允许——也就是说，它可【79】
以作为论题的主语而存在，无论是单数情况还是复数情况，都可以没
有冠词，也可以有两种冠词，定冠词或不定冠词都可以。这不会让我
"对我的检测价值有丝毫怀疑"，而文惠廉博士对此却很诧异。我说
过："解释 man 是否合理地被人们称作通用名词，它何以在这种语法
应用中与其他类似的术语有所不同，并不属于我们的主题。"对此，
文惠廉博士评说道，"对理雅各博士的全部敬意中，这是件大事，这
个主题得由他来解释，倘若他愿意让他的读者对他所提出的检测有一
丝信心的话，那么他就得确定某个名词是关联称谓还是独立称谓，也
就是通称。"（《辩护文》，第53页）我所提出的检测是什么呢？就是
某个通用术语在没有冠词的情况下，或是在没有其他限定词语的情况
下不能用作单数，就是说不能用于单一可数的物体上。man 这个词在
单数情况下不用任何限定词，它作为论题的主语——"man is mortal"
（人终有一死）①。如果 man 在这句话中表示一个单一可数的物体——
假如它是单数词的话，那么我肯定可以解释这种现象，假如我办不

---

① 【原注】我关于 man 这个词的说法——"它是否合理地被人们称作通用名词"，这对文惠廉博士来说似乎极其无礼，乃至他以三个感叹号来表达他的惊讶之情。在承认其语法应用中的特殊性上，我在脑海中确实错误地提出过一个疑问，即它作为一个专有的通用术语（a proper generic term）。但那种特殊性的解决之道是什么呢？一定有一种针对它的解决方法。不能把解决方法说成是"随意而用"（use wills it so）。为什么要那样随意而用呢？这种语言现象有其成因，就如光学现象那样真实可信。有一种分类，诺德海默（译按：以撒·诺德海默 Isaac Nordheimer, 1809 年~1842 年）德国语言学家，是希伯来文的学者和教育家，著有《希伯来文语法》（*Hebrew grammar*, Vol I, 1838, Vol II, 1842)、《〈圣经〉文选语法分析》（*A Grammatical Analysis of Select Portions of Scripture, or a Chrestomathy*, 1838)、《〈传道书〉哲学》（*The Philosophy of Ecclesiastes*, 1838)) 等。称其为物质名词——"存在物之名在其最广泛的意义上，无须考虑赋予其特征的形式与构成，比如谷物、黄金、水。"这些词都作为命题的主语来使用的，它们无须冠词——"黄金是重的。"当我们说——"人终有一死"时，我们所想的是这个种族最广泛的意思，这与赋予其种族成员以特征的种种属性毫不相干。在蔬菜品类中，有些名称就有类似的用法。我们以草为例，可以说："青草布满山谷"（grass clothes the valleys），在我们的观念中它是指草本类的一般概念。对我来说，man 的用法在最广泛的意义上也无须冠词，它的用法与对其种族整体直觉的领悟有关——确信 神从一本造出万族是真理（译按：语出《圣经·新约·使徒行传》17:26)。

241

到，那么我的检测的价值便付诸东流了。但像 man 的特殊用法这种情况根本不会与这个测试起冲突。如果文惠廉博士非要造一个个别事例（a single example），其中某个通用术语无须限定性的词语就可以作为一个单数词，那么他就要迎战我的论证，并且还得推翻它。在他实现之前，我仍会坚持认为：Elohim 和 God 作为单数词在语法上的应用这一事实，显出这两个词的关联属性。

文惠廉博士同样显出他在鉴赏力上的不足，我引用一项分析并且列举了《圣经·旧约》中所有用到 Elohim 的情况，而文惠廉博士却试图对这个结论置之不理。按着那个推理过程，人们会发现 Elohim 总共出现过 2555 次。其中，超过一半的用法有关联的意思，这是清清楚楚的，无可辩驳。357 次的用法中有定冠词，722 次仅仅作为论题的主语或宾语，没有任何限定词。文惠廉博士说道：

【80】

"在理雅各博士希望我们关注这些数字之前，他应该显明那位存在（a Being）的独立名称，要么就显出某类存在之物（beings）的独立通名，但不能'直接在关联意义上'（with relative force apparent）使用，比如 Elohim 在《圣经·旧约》中的使用；否则他的数据就毫无意义可言。在有些口语中，词组'my man'和'my woman'用来表示夫妻关系（或像英文中通常所说的 man 和 wife），目前尚无一人质疑这个事实：man 这个词在这些说法中曾是一个独立的普通名词（an absolute appellative noun）。

"再举个例子：假设一位女士称她的丈夫或是称她的儿子为'my Charles'；在读她的自传的时候，我们应该也可以找到'my Charles'这个词语，它总共出现 1476 次，而 Charles 这个词单独出现只有 722 次；应该把'Charles'仅仅当作一个关联术语这种推论想成什么，它是表示丈夫呢，还是表示儿子，读者有的只是拿捏不准哪个词表示确定关系，就像理雅各博士对于 God 这个词所表示的关系拿捏不准一样。那些将 God 这个词当作是独立的普通名词的人，会发现对 God 这个词在这 1476 种情形中的应用解释起来毫无困难，而理雅各博士却说，它'直接在关联意义上一起使用'；因为那位存在的名称是独立的，它与我们有着多重关联，其中的几种关联（是值得注意的）而并非只是一种关联，是以这个词来标示的。"（《辩护文》，第 159，160 页）

我恳请读者认真标记一下文惠廉博士这里处理眼下这个论据的方式。我们当前正在探讨的是一个名词在语法上的类别。该词在 2555 个的事例当中，有 1476 个只能是关联性的意思。我们可以从这些事例当中推断说它是关联术语吗？他说——"不可以；首先显出的一定是通用术语不能那么使用"，还显示出通用术语很容易受到那种用法的影响，他从"有些口语"中举出——他不能说什么——唯一的一个例子是"my man"和"my woman"用作夫妻。这两个词在英文中是俚语。在那些说法中，它们另有其意，那些说法是什么呢？文惠廉博士举了一个截然不同的例子，而将那个推论却置于一旁。他进入某些专有名词的区域，并且说"一位女士可以称她的儿子或是她的丈夫为 my Charles。所以 Charles 就是关联名词吗？"不是——因为"my Charles"是种隐晦的表述，在这个例子中是指关联词儿子或丈夫，这是众所周知的，而且一位女士的回忆录中有 1476 次这种"my Charles"的称呼，不论是对她的儿子还是对她的丈夫，这都会是一本极为索然无味的书。文惠廉博士并不认为"my Charles"和"my God"在语法上是类似的表述；那他为何还被这两个词的比较分散注意力呢？为何他对其他的事例却一声不吭呢？像《创世纪》第一节那样的应用，还有 722 处 Elohim 独立地应用的事例。通用名词那种应用的事例，他就找不出一个来吗？在他能做到的时候，就请他拿出来吧！即便有限定性的"my"在他的"man"和"woman"这两个词之

243

[81] 前也行，为的是让它们成为单数词。还剩下 357 处 Elohim 与定冠词连用的情形，它们表达了该词单独使用时的那种意思。同样，在这种用法中与公认的关联名词类比一致，而通用词和专有称谓都不能那样使用。实际上，文惠廉博士没有考虑到这些情况。然而，这些情况照样出现在《圣经》当中。他说，"那些将 God 这个词当作是独立的普通名词的人，对 1476 种情况的解释毫无困难"，其中它是直接在关联意义上一起使用的。在满足于"*my man*""*my woman*"和"*my Charles*"那样类比的时候，他轻而易举地发现了对它们的解决之道，对此我丝毫不觉惊讶。人们可能会满足于他已阐明的其他 1079 种情况，甚至是通过那些属性相似的例子。在他说过所有的内容以及他尚未说出的内容之后，我必须宣称我所深信的，就是 Elohim 和 God 在语法上的应用证明它们是关联名词。

但第二，文惠廉博士竭力驳斥 Elohim 和 God 的用法在当下争论中的有关事实。他说：——

"如果理雅各博士答复说，'人们可以类似地解释一些关联术语'，如有冠词或没有冠词的情况；这就是为什么我们必须有一个关联性称谓的原因了：我们的回答是，汉语中没有冠词；在这方面，上帝（*Sháng tí*）和神（*Shin*）并无分别；而在英文中，他最喜爱的词语和 God 经过这个检测，却不和谐一致：他不能以'语法上的合宜'来说'上帝（*Supreme Ruler*）创造了世界'。"（《辩护文》，第 165 页）

在这段话中，对我要求用关联术语翻译 Elohim 和 Theos 的反对意见基于两个原因。首先，有人说汉语中没有冠词，文惠廉博士从这个情况中推断，通用术语也可以像关联术语那样来翻译这两个词。这个证明放入三段论中，其形式就是：通用术语要有一个冠词或有其他的

第二章 *Elohim* 与 *God* 都是关联术语。最精准的汉语术语上帝是真神的进一步证明

限定词,使它们可以表明某个个体,或说使之成为单数词。但汉语中没有冠词。因此在汉语中,通用术语和关联术语之间便无区别。然而事实却是,在这两类名词之间,汉语和其他每种语言一样都是有区别的。文惠廉博士的断言,其价值可以用另外一种方法来检测一下。像汉语对冠词一样,拉丁文也面临同样的窘境。在拉丁语中,某个通称(*a generic name*)能够单独地作为单数词吗?它能用来否定它所表示的那个种类吗?不能,但在拉丁语中,一个关联名称却可以单独存在,就像在希伯来文中或是英文中一样,无须任何限定性的虚词或述词,它都可以作为一个单数词来表示某个个体。

　　文惠廉博士反对我那个要求的另一个原因是,他认为在英文中,我最喜爱的词语和 *God* 这个词,如果用我所提出的测试来检验,便不能协调一致。上帝在译成英文时,是"*the Supreme Ruler*"而不是"*Supreme Ruler*"。对此,我的回答是上帝是个单数词。如果我从字面上①翻译它时,我就翻译它为 *God*,而当我按字意②翻译它时,我就会把它翻译为"*the Supreme Ruler*"。这个词语怎么翻译意思都是一样的,就和 Elohim 和 Ha-Elohim 传达同种意思一样,而且我们英文译者在翻译这两个词的时候,在第二种形式中基本上一直都不标记冠词。我认为文惠廉博士的异议,就是他反驳我们面前的这个问题,即关于 Elohim 和 God 的用法这个事实上,是毫无成效的。这些事实证明它们就是关联术语,而文惠廉博士以及其他人以通用词神来教导中国人只有一位 God 的时候,他们的劳作就如人"力搏,非如虚击"③一样。可能他们还会向中国人传讲只有一个人,或是传讲部分大于整体——就是部分含有属于整体但却不存在的那部分(*that a part im-*

【82】

---

① 【译注】原文为拉丁文 *ad literam*。
② 【译注】原文为拉丁文 *ad sensum*。
③ 【译注】语出《圣经·新约·哥林多前书》9:26,所以,我奔跑,不像无目标的;我斗拳,不像打空气的。

245

plies the non-existence of the whole to which it belongs)。

Ⅱ. 第二，我断定 God 是关联术语，我有显赫的权威人士支持我这一主张。当然，这种情形并不能确定它真的就是关联术语，但重要的是将它展现出来，而且还因为文惠廉博士已经陈述了我所坚持的观点与正统教义相左。而事实是，阿塔那修①、约翰·加尔文②还有成千上万的人，他们都是真理的柱石③，他们站在我这边而不是站在他那边。

在他的《辩护文》中，值得考虑的部分是引自《信经》④和《忏

---

① 【译注】阿塔那修（Athanásios Alexandrías，罗马公教称亚大纳削、阿塔拿修，298 年～373 年），又称"亚历山大的阿塔那修"或"大圣阿塔那修"，他是东方教会的教父之一。世时，任埃及亚历山大城的主教。阿塔那修被西方教会列为圣人之一。公元 367 年，在第 39 封书信（Festal Letter 39）中，他明确列出《圣经·新约》正典 27 卷，是完整的《新约》正典的最早记载。他身后著有《驳异端》、《论道成肉身》、《反驳阿里乌派》、《安东尼传》等作品。

② 【译注】约翰·加尔文（Jean Calvin，1509 年～1564 年），又译喀尔文、克尔文、卡尔文，他是法国著名的宗教改革家、神学家，更正教的重要派别——加尔文派的创始人。著有《基督教要义》（四卷）以及多卷对《圣经》的注释。

③ 【译注】语出《圣经·新约·提摩太前书》3:15，倘若我延误了，你也可以知道在 神的家中该怎样做。这家就是永生 神的教会，真理的柱石和根基。

④ 【译注】应该是指《阿塔那修信经》。《阿塔那修信经》与《使徒信经》、《尼西亚信经》、《迦克墩信经》并称基督信仰四大《信经》，被新教、公教等正统教派视为重要的信仰告白。据传《阿塔那修信经》为尼西亚教父阿塔那修所作，后由卡帕多西亚三教父（凯撒利亚的巴西尔、纳西盎的格里高利、尼撒的格里高利）整理而成。《阿塔那修信经》以诗体写成，共 44 句，分为两部分：第一部分以三位一体为主题；第二部分则强调**基督**一位二性、道成肉身及救赎。在阐述三位一体时，突破了圣子隶属圣父，圣灵隶属圣子的本体隶属论，认为圣父、圣子、圣灵在本体或本质上绝对合一，同质、同尊、同荣。同时又强调每一位格独特的属性，圣父乃是三一之根基，圣子由圣父受生，圣灵由圣父、圣子发出。在基督论上，信经则重复了《使徒信经》、《尼西亚信经》、《迦克墩信经》的信条。《阿塔那修信经》在基督信仰在本体论上达到了巅峰。《阿塔那修信经》正文译为：1 凡人欲得救，首先当持守大公教会信仰。2 此信仰，凡守之不全不正者，必永远沉沦。3 大公教会信仰即：我等敬拜一体三位，而三位一体之 神。4 其位不紊，其体不分。5 父一位，子一位，圣灵亦一位。6 然而父子圣灵同一神性，同一荣耀，亦同一永恒之尊严。7 父如何，子如何，圣灵亦如何。8 父不受造，子不受造，圣灵亦不受造。9 父无限，子无限，圣灵亦无限。10 父永恒，子永恒，圣灵亦永恒。11 非三永恒者，乃一永恒者。12 非三不受造者，非三无限者，乃一不受造者，一无限者。13 如此，父全能，子全能，圣灵亦全能。14 然而，非三全能者，乃一全能者。15 如是，父是 神，子是 神，圣灵亦是 神。16 然而，非三 神，乃一 神。17 如是，父是主，子是主，圣灵亦是主。18 然而，非三

第二章 *Elohim* 与 *God* 都是关联术语。 最精准的汉语术语上帝是真神的进一步证明

悔录》①中的内容,他以此来说明有"一种确定的本性,有种神圣的力量,我们称之为 God"——对所有这些,我都真诚地表示赞同。在"导言"中我就说过,关联词表示一种物的存在,该物与其所表示的内容有一种关系。关联名词比通用名词更为具体。惠特利说,"当一种观念源于任一物体所代表的意思,而那种意思又表示为与那个物体有关,或是与那个物体相连,此时那个观念就用一个具体术语来表示。"所以,文惠廉博士的所有引文全都显明:正教人士坚信有种神圣的本质是无目的的,当他一遍又一遍地说道"仅仅是个关联术语"的时候,他在求助于一个欺骗性战术②,这与他假设所有的正统观念都支持他同属一类。"仅仅是个关联术语"或许是——我不知是什么,一座没有根基的房屋,一棵无根之树,一条无源之水,一个无父

主,乃一主。19 依**基督**真道,我等不得不认三位均为 **神**,均为**主**。20 依大公教,我等亦不得谓 **神**有三,亦不得谓主有三。21 父非由谁作成:既非受造,亦非受生。22 子独由于父:非作成,亦非受造;而为受生。23 圣灵由于父和子:既非作成,亦非受造,亦非受生;而为发出。24 如是,有一父,非三父,有一子,非三子,有一圣灵,非三圣灵。25 且此三位无分先后,无别尊卑。26 三位乃均永恒,而同等。27 由是如前所言,我等当敬拜一体三位,而三位一体之 **神**。28 所以凡欲得救者,必如是而思三位一体之 **神**。29 再者,为求得永恒救赎,彼亦必笃信我等之主**耶稣基督**成为人身。30 依真正信仰,我等信认 **神**之子我等之主**耶稣基督**,为 **神**,又为人。31 其为 **神**,与圣父同体,受生于诸世界之先;其为人,与其母同体,诞生于此世界。32 全 **神**,亦全人,具有理性之灵,血肉之身。33 依其为 **神**,与父同等,依其为人,稍逊于父。34 彼虽为 **神**,亦为人,然非为二,乃为一**基督**。35 彼为一,非由于变**神**为血肉,乃由于使其人性进入于 **神**。36 合为一:非由二性相混,乃由于位格为一。37 如灵与身成为一人,**神**与人成为一**基督**。38 彼为救我等而受难,降至阴间,第三日从死里复活。39 升天,作于全能 **神**父之右。40 将来必从彼处降临,审判活人死人。41 彼降临时,万人必具身体复活。42 并供认所行之事。43 行善者必入永生,作恶者必入永火。44 此乃大公教会之信仰,人除非笃实相信,必不能得救。

① 【译注】《忏悔录》乃奥古斯丁著述,是一本以祷告手法所写的自传,当中描写早期奥古斯丁归信时的内心挣扎与转变经历。原名"Confessions",古典拉丁文本作的"承认、认罪"解,但在教会文学中,转为承认 **神**的伟大,有歌颂的意义。全书共十三卷,以内容言,可分为两部分,卷一至卷九,是记述他出生至三十三岁母亲病逝的一段历史;卷十至卷十三,即写出作者著述此书时的情况。

② 【译注】原文为法文 ruse de guerre。

247

之子。如果我说"仅仅是个通称术语"的话，我就得说明原因，因为用它来表述那种概念，那种概念只是那类个体当中一个极不充分的概念。再者，并没有与通称术语相对应的本质（essence）。坚信世界即实体，是唯实论者（Realists）的痴人梦魇。只有个体词才真正具有与之相应的存在物（existing things）。一个类别中有多少个个体，就有多少本质在其中，乃至如果 God 是个通用术语的话，那么每种所谓的存在物就真的该存在了，而 Jehovah（耶和华）只是其中之一，然而祂却说，"余而外，不可别有上帝。"① 实际上，我也说过"God 并不意味着那种本质，也不表示关于 Jehovah 的任何存在物"，现在我仍旧坚持这种言论。God 这位存在的本性是什么；祂的本质特征是什么；祂存在的状态是怎样的；祂是什么②；——如果我们可以获知这些事，那么占卜问卦（interrogate the trigram itself）就徒劳无获了。我们的查考必须跻身于关于 God 的知识的宝藏之中，必须寄托于祂的话语以及祂的事工之上。用已故的查默斯③博士的话说——"根据人类理解力的一条基本原理，我们相信上帝是实体（a substratum for the Deity），人是实体（a substratum for man），宇宙是实体（a substratum for the universe），但我们不能去幻想我们的生命，除了知道它们仅仅存在以外，我们对它们还能知道些什么呢，我们不知道这三种不加修饰的实体，它们是如何像几何定义那样成为推理之基础的。"④

[83]

---

① 【译注】语出《圣经·旧约·出埃及记》20：3，"我是独一的 神，除我以外，别无他 神。"；另见《圣经·旧约·申命记》6：4。
② 【译注】原文为拉丁文 qualis est in se。
③ 【译注】查默斯（Thomas Chalmers，1780年～1847年），苏格兰大臣，神学教授，政治经济学家，是苏格兰自由教会和苏格兰教会的领袖，他被誉为"十九世纪苏格兰最伟大的牧师"，此人著作繁多，涉及宗教、政治、经济、外交、道德、法律等诸多领域。
④ 【原注】论"摩尔的历史哲学"，北不列颠评论。

第二章　*Elohim* 与 *God* 都是关联术语。　最精准的汉语术语上帝是真神的进一步证明

God 是关联术语这种主张已由犹太人、霍斯利主教、查诺克、马太·亨利、加尔文、柯纳普和以撒·牛顿爵士的观点证实

在支持 *God* 是关联术语这种观点的权威人士当中，犹太人首当其冲，我敢说他们都会异口同声地见证用 *God* 来称呼 Elohim 是审判者，是有权柄的王者。"根据他们①的教导"，加尔文说，"一切对 *God* 的称呼只是祂的名号而已，唯独 *Jehovah* 这无法用言语形容的称呼才表明他的本质。"② 然而，文惠廉博士可能会说，犹太人会因为他们对 Elohim 的观念而不接受（coming over to）正统的基督教信仰。所以，我应该荐举几位能够代表我观点的著名神学家。

霍斯利③主教在 18 世纪的后几十年，凭借其多种批判性的工作，特别是他与索西奴派④的普里斯特利⑤先生的论辩，对真理的起因做

---

① 【译注】指犹太人。
② 【原注】《基督教要义》第一卷，第十三章，第九节。（译按：译文引自钱曜诚译本，三联书店，2010 年。）
③ 【译注】撒母耳·霍斯利（Samuel Horsley, 1733 年 ~ 1806 年），他是一位英国牧师，从 1792 年担任罗切斯特主教，此人还精通物理学和数学。1783 年，霍斯利主教与普里斯特利产生争端，因为后者否认基督教三位一体的教义。霍斯利主教因此写了一些列基督教护教文章和著作，可谓著作等身，如《圣经批判学》（*Biblical Criticism*, 1820）、《诗篇译注》（*Book of Psalms, translated with Notes*, 1815）等。
④ 【译注】索西奴派（the Socinian），该派坚持神格唯一说观点，包括否认**耶稣**的神圣性教派的拥护者。
⑤ 【译注】约瑟·普里斯特利（Joseph Priestley, 1733 年 ~ 1804 年）是 18 世纪英国神学家、反国教牧师、自然哲学家、化学家、教育家和自由政治理论家，他发表了超过 150 多部作品，如《致哲学异教徒书信集》（*Letters to a Philosophical Unbeliever*, 1780）、《基督教腐化史》（*An History of the Corruptions of Christianity*, 1782）、《神学宝库》（*The Theological Repository*, 1770 年 ~ 1773 年，1784 年 ~ 1788 年）。

249

出了出色的工作。他说，"总的来说，Elohim 这个词体现了一种关联，这是非常明显的。另外，众多圣名当中只有一种被称作 El，祂偶尔会表述为某种关联。但 El 那样应用的情形却少之又少。而 Elohim 作为真**神**的一种称呼，经常作为关联术语来使用，人们认为这种观念与那个词的意思有关是合乎情理的。然而，这并不表示二者之间有一种对等关系；在其所指代的关系当中，通常它也不作为两类词的称谓。它是更高一类词的名称。这种优越之处显然是最为独立的；对另一类词的信赖是最全备的。"将他的观点展开——Elohim 所表示的关联就是"其中含有人生幸福与健康的馈赠，以及那种馈赠的永恒性"，他接着说道——"另一方面，似乎不论他对那个词的词源解释

【84】有多荒谬，阿巴伯内尔①都已经赋予该词真正的意思，当他说'*Jehovah*'被人阐释为自在之神圣本质（*the Divine essence in itself*）的时候，Elohim 都被人理解为与外在事物之间的关联；它是 *God* 的一种称呼，这个名称与影响（*effection*）、生成、创造，以及对宇宙间万有的影响有关，宇宙因 *God* 而生成存在之物，借着 *God* 而有条不紊，各种属性因此有其活力。"②

---

① 【译注】阿巴伯内尔（Isaac ben Judah Abrabanel, 1437 年~1508 年），又名阿布拉瓦内尔（Abravanel）。他是一位犹太作家，生于里斯本。作品包括对于《圣经》的诠释和哲学论文。1508 年卒于威尼斯。
② 【原注】《圣经批判学》第一卷，第 24、26 页。霍斯利主教通过这篇文章得出 Elohim 所表示的抽象关系中含有恩赐、永生与幸福，这也是我们的救主与撒都该人论理来证明永续的存在与亚伯拉罕、以撒、雅各将来的复活。他说，"论到死人复活，**神**向你们所说的话，你们没有念过吗？他说：'我是亚伯拉罕的 **神**，以撒的 **神**，雅各的 **神**。'**神**不是死人的 **神**，而是活人的 **神**。"（译按：《圣经·新约·马太福音》22:31~32）我不关心霍斯利主教对关联的解释，我关心的是我们救主的论证是建立在 God 这个名称的关联属性之上的。一种关联中有两方。实际上不论哪一方，都暗示双方的存在。撒都该人承认 God 存在：那么他们怎能否认永续存在的列祖呢？我是怀着敬意而说的，但于我而言，在**基督**的论证中，极有可能是确认了 *Elohim*、*Theos* 和 *God* 都是关联术语。

第二章　*Elohim* 与 *God* 都是关联术语。最精准的汉语术语上帝是真神的进一步证明

在神学上论述 *God* 的属性，没有哪位英文作家比查诺克①博士写得更出色了。最初编辑他那部论述这一主题的杰出作品的人说，其中"没有一处，可以真正称他为异端"，而且，"他自己勤奋地与一些错谬抗衡，特别是索西奴派，而且是釜底抽薪（*cuts the very sinews of them*）。"他的第一篇论文是"论 *God* 之存在"，《诗篇》第 14 篇第一节，"愚顽人心里说：'没有 神'"等等。对愚顽人的这种表达，他提出了迦勒底版本（*the Chaldee version*）的"non potestas Domini"（没有 神）；并且说——"它并非 Jehovah，Jehovah 之名意味着 *God* 的本质，作为最高的、超然存在（*the Prime and Supreme Being*），而 Eloahia，这个名字意味着 神的旨意（*the Providence of God*），*God* 作为牧长（*Rector*），作为审判者。"

文惠廉博士引用马太·亨利②的话来反驳我，但对《诗篇》第 14 篇的这节经文，那位令人满意的评论者说到，"没有 *God*；他是位无神论者，没有 *Elohim*，没有世界的审判者或掌权者，没有统管人事的旨意。他们不怀疑 *God* 存在，但却质疑祂的权柄。"

我引用了加尔文这一章的话，他与我是一致的，但文惠廉博士却说我误解了那位伟大改革家的观点。因此，我就认真地考查了几篇加尔文的作品，而且我必须得重申，他对 Elohim 这个词的观点与我所倡导的完全一致。对 *God* 的描述，没有哪句话比下面这段评述更直白

---

① 【译注】司提反·查诺克（Stephen Charnock，1628 年 ~ 1680 年），是英国清教徒牧师长老，出生在伦敦的圣凯瑟琳·克里教区，著有《神之存在及属性系列讲稿》（*Discourses upon the Existence and Attributes of God*，1682）。

② 【译注】马太·亨利（Matthew Henry，1662 年 ~ 1714 年），著名清教徒，也是最伟大的解经家之一。被称为"清教徒解经王子"。其作品是清教徒《圣经》注释成就的最高峰。他的著作《马太·亨利圣经注释》，至为敬虔、简明和纯正，既具有启发性又庄重，既简洁又可信，闪耀着比喻，有丰富的类比，充满了例证，引人深思。在出版三百年后，仍在英语世界广为阅读。马太·亨利出生于不从国教的清教徒牧者家庭。敬虔的父母使马太·亨利从小便受到纯正的真理教导。他曾前往格雷律师学院学习法律。1687 年退学，接受不从国教的长老制的按立，担任切斯特的牧师。忠心牧会，并笔耕不辍。1712 年迁至哈尼克服侍。两年后，在外出服侍返回的旅途中，死于突然中风。

【85】的了,《出埃及记》第 34 章第 6 节说,"耶和华,全能之上帝,仁慈矜悯,恒忍施恩"① 等——"我们要留意摩西在这经文中两次复述耶和华的名,并借这名彰显耶和华的永恒性和自存性。之后他又提到神的属性,不是为了显明祂自在的本质,而是祂如何对待我们,好让我们对神的认识不是某种虚空异梦似的思辨,而是一种生动的体验。神在《圣经》上所启示的属性与祂在大自然中所彰显的属性一样,即慈爱、良善、怜悯、公义、审判,以及信实。因为权柄和能力都包含在'Elohim'的称号之下。"② 文惠廉博士从加尔文那里引用了两段话来支持他的主张,一段出自加尔文对《约翰福音》第 1 章第 1 节的评论,其结论是,既然道 (the Word) 被称为 神 (God),我们便无权质疑祂的神圣本质了,但我丝毫没觉得这点与他上面表述过的关于 Elohim 的观点有何矛盾之处。另一段出自《基督教要义》第一卷第十三章,加尔文在那里说道,"道始终都是 神,此后才是世界的创造者。"他的论证是道曾一直都是耶和华本性之分有者 (partaker),倘若文惠廉博士只要再向前看半页,读到下一段的中间那部分,他就会发现我在本书第 83 页中的那段引文了,即犹太人对耶和华和用于上帝其他名称的区分。在《罗马书》第 1 章表述"那便可以认识 神"的时候,加尔文说,"他们癫狂了,他们渴求知道 神是什么",并借着祂的工作进一步显明,那只是我们对祂的一种关联认知 (a relative

---

① 【译注】和合本修订本译文为,"耶和华,耶和华是有怜悯、有恩典的 神"。
② 【原注】《基督教要义》第一卷,第十章,第十一节(译按:译文引自钱曜诚译本,三联书店,2010 年,译名略做改动)。在希伯来文中,文本是这样,Yehova, Yehova El,而不是 Elohim。加尔文无疑将 El 和 Elohim 当作同义词了。我恳请读者注意我从一篇布道中引用的几句话,是在前文中写过的,这篇布道作为学院的习作,时间是 1837 年或 1838 年。"借着 Jehovah 之名,引领我们将圣者 (the Divine Being) 思量为自有者 (self-existent One),万有都本于祂,借着祂造的,又是为祂造的——祂今在、昔在,以后永在——祂无始无终,存到永远,永无穷尽。借着 God 之名,引领我们将圣者思量为一位执政者,掌权者,维系祂的所造之物,并且借着律法管理他们。"坚持 El 和 Elohim 这种观点是不可能的,我应当持久地遵循我从中国人那里接受的第一个教训,即那种语言中专门的表达曾经是神这个术语。

第二章 *Elohim* 与 *God* 都是关联术语。 最精准的汉语术语上帝是真神的进一步证明

knowledge)。如果文惠廉博士已经认认真真地比较过改革宗教作品的不同部分，那么在我们所争辩的问题上，他就不会责备我误解他的观点了。

同样的警惕会阻止他以确信自己的姿态来面对现代神学家柯纳普①。这位作者说，"关于 *God* 的最佳定义是——圣者（*the one*），所有其他存在都可以从中领会，内容如下：*God* 是至全至备者，又是其他一切存在之物的起因。"这是一个对上帝的定义，旨在理解所有对祂的本质与属性的起因问题，但这种解释附于其后，并清晰地显明了我们对 *God* 的第一认知是关联性的，而且他接下来对 Elohim 的描述显明他把那个术语当作是关联术语。"这个定义的第一句话"，我们读到，"是对 *God* 所有特性的宽泛理解，*God* 借着这些特性将自己与其他存在分别开来，这些特性诸如永恒性、必然性、独立性、自由性、意志之全备性等等。接着是该定义的第二句话，因着对其他所有存在之物（其总体即是世界）的沉思默念，有助于我们认识那位至全至备者，将它翻译出来便可以显明别无其他存在之物具有所有与之合一的完美属性。在这种观点中，*God* 不仅仅被认为是自有者（*he is in himself*），也被视为与其他存在之物有关联。——定义的第一句话，无论对习惯于抽象观念的饱学之士有多么清晰易懂，但那句话对未受教育的人而言，太先验了，太过形而上了。我们对 *God* 认知的主要部分源于我们对自然界的沉思，以及从那种沉思之中得出的结论。该定义的第二句话要比第一句话明白得多。所以在通常的教导中，我们应

[86]

---

① 【译注】阿尔伯特·柯纳普（Albert Knapp，1798 年～1864 年），德国新教神学家、诗人，受教于毛尔布龙神学院和图宾根大学。1820 年，他在费尔巴哈被按立为该教区牧师，在那里他与路德维希·霍法克（Ludwig Hofacker）的交往，对他产生了深刻的影响。1833 年至 1853 年间，作为泰克下的基希海姆（Kirchheim unter Teck，德国村落）的牧师，他每年出版一小卷诗歌集，最终汇集为《基督徒乐章集》（*Christoterpe*，1833 年～1853 年）。1836 年直至他去世，他都在斯图加特担任牧师。因为他在基督徒音乐上的贡献，他被称为教会圣诗作家。他著有《教会家园福音圣诗宝库》（*Evangelischer Liederschatz für Kirche und Haus*，1837）等多部诗歌集，对德国南部的门诺派产生长久而深远的影响。

253

中国人关于神与灵的观念
The Notions of the Chinese concerning God and Spirits

该将 God 定义为创造者，护佑者，以及万有之掌权者；因为我们基本上一直认为 God 与我们自身相关，也与我们周遭的世界相关，没有对世界的沉思，我们就绝不会获得对 God 的认知，就绝不会将祂视为至全至备者；因而定义的第一部分是后一部分的结果。"当柯纳普开始探讨 God 这位至全至备者的圣名时，他赋予第一个 Eloah 意思为 "Augustus，尊者 (the one to be revered)"。从他发现这种意思的词源那里，我不得不反驳他，但可以肯定的是受人尊敬的那位暗指尊者 (reverers)，Eloah 和 Elohim 意指与其所造之物相关的上帝，祂要求所造之物当敬拜祂。Eloah 和 Elohim 通过它们原本的意思使 God 之存在与世界相关，而非独立不相干。这便是柯纳普的信条，也是我的信条，但却非文惠廉博士的信条，为何他要举出这么一位作家来支持他所质疑的一方呢？对此，我也感到困惑不解。

借着牛顿①爵士的权威性，我竭尽所能地巩固我对 God 这个术语关联属性的观点。他已经直截了当地说过，"God 是个关联术语"，而且 "God 这个词在哪儿意思都是主 (Lord)。"他还说过，借着 God 这个词，他明白了那位存在，无限、有权能、永恒，祂是创造者。这两种主张有什么不一致吗？文惠廉博士说，"牛顿并没说这位无限的、永恒的存在，没有这种关联（与主的关系），祂就不是 God。"（《辩护文》，第 150 页）——这并不在于牛顿表达那些术语的方式，而文惠廉博士却承认那是 God 作为关联术语这种观点的 "一种正当结

[87]

---

① 【译注】通译为艾萨克·牛顿，本文中译者译为以撒·牛顿（Sir Isaac Newton, 1643 年~1727 年）。牛顿是英格兰伟大的物理学家、数学家、天文学家、自然哲学家，同时也是神学家和炼金术士。1687 年他发表《自然哲学的数学原理》(Philosophiae Naturalis Principia Mathematica)，阐述了万有引力和三大运动定律，奠定了此后三个世纪里力学和天文学的基础，并成为了现代工程学的基础。

第二章　*Elohim* 与 *God* 都是关联术语。　最精准的汉语术语上帝是真神的进一步证明

果"，那是对牛顿的指控，因此也就是对我的指控。①

文惠廉博士应该采纳下面这段话来处理牛顿的观点，坦白说，这让我很惊讶。他说：

"要答复他所依赖的那位普通的权威人士——以撒·牛顿爵士——我会从 1850 年 5 月 23 日在《德臣西报》② 上发表的对那位博士'论据'的评论中，随意引述一两段非常练达、非常出色的话。"这位评论者说到，"第三个辩护是'伟大的权威人士牛顿'。出自其《原理》③ 注释（*the Scholium of the Principia*）的引文是重点，而且引文似乎与那位博士的观点一致，但却不能得到证实。越过抽象自然科学的边界，**牛顿**就是另外一个人。在读到他对预言的揣测以及他论述'《圣经》中两处显著的讹误'（*those two noted corruptions of Scripture*）的短文时，难道那位博士感受不到这一点吗？如果在所有这些事上他都坚信**牛顿**，那么根据他自己所引述的箴言并出于理性的信念，此处他就不能同样也检验一下这位伟大的作者吗？论辨中应当诉诸于理性，而非权威（*non enim tam auctoritatis in disputando, quam rationis momenta quoerenda sunt*）"。

"但这不就是那位哲人驳斥那些相信存在寂然不动之神明的伊壁

---

① 【原注】在《钱伯斯通用词典》（Chambers' Universal Dictionary）中 神 这一词条下，对牛顿的观点有一种出色的记述和对其结果的考察。作者评论得相当出色，"在 神 这个名称（the name God）和 神 的名称（the name of God）之间应该做出一种区分。神 这个名称或是 神 这个词在希伯来文中作 *Eloah*，或是复数 *Elohim*。神 的名称是 *Jehovah*，但这个名称并不与希腊文的 *Theos*、拉丁文的 *Deus*、英文的 *God* 相对应。实际上，这些语言中都没有像 *Jehovah* 在希伯来文中那样的 神 的专用名称。"

② 【译注】《德臣西报》或《德臣报》（*The China Mail*），直译应为《中国邮报》，是香港的第二份报纸，也是香港发行时间最长、影响力最大的英文报纸。该报于 1845 年 2 月 20 日由英国资深出版商萧德锐（Andrew Shortrede）创办，并得到当时最大的鸦片商威廉·渣甸的支持，后于 1974 年停刊，前后发行了 129 年。该报的汉语名称乃得名于报纸的第二任主编德臣（Andrew Dixson），德臣富有办报经验，对华人贡献也很大，因此华人乃将其名代表该报。

③ 【译注】指牛顿的著作《自然哲学之数学原理》（*Philosophiae Naturalis Principia Mathematica*）。

255

中国人关于神与灵的观念
The Notions of the Chinese concerning God and Spirits

鸠鲁学派①教导的唯一目的吗？不就是他驳斥斯多亚学派②和其他坚信宇宙灵魂③的人的唯一目的吗？我们了解到，**牛顿**坚持的是事实的问题，而非话语应用的问题。他不愿证明 God 这个术语等同于主这个术语，但 God 就是主，就是万有的掌权者，管理着与祂自己迥然不同的万有，而古代哲人却否认这点。

"再者，在对 God 的事工沉思的注释中，**牛顿**爵士自然而然地将那位无限者视为自然界的 God，而不作为先于一切第二等次的存在之物的自有者。为建立起关联，就必须有众多物体，而那时却只有 God 存在。祂没有任何关联，这个用于祂的术语在那种情况下就不是一个关联词。**牛顿**说'一个没有权柄的存在，无论多么完美，他都不是主**神**；'没有受造物、没有臣仆（*subject*）的 God 确实存在着。如果**牛顿**写过一本关于同义词的书的话，那么他就不会只用主这个词来界定 God，而是让这个术语有关联，因为同一存在之物的另外一种称号必然蕴含着关联。"

上述关于牛顿驳斥伊壁鸠鲁学派的评论以及他可以做到的，也就是如果他写一本关于同义词的书，对于所有这些提到的内容，我无话可说。牛顿所做的就是我们所要做的。毋庸置疑，文惠廉主教提到他

---

① 【译注】伊壁鸠鲁学派（Epicureanism）是以伊壁鸠鲁的学说为基础，创建于西元前 307 年的一个哲学思想体系。伊壁鸠鲁是原子论唯物主义者，拥护德谟克利特的理论。他采信决定论，反对迷信、否认 神 的干预。伊壁鸠鲁延续了昔兰尼的阿瑞斯提普斯（苏格拉底的学生之一，较不为人所知）的论点，认为最大的善是驱逐恐惧、追求快乐，以达到一种宁静（ataraxia）且自由的状态，并透过知识免除生理的痛苦（aponia），降低欲望。

② 【译注】斯多亚学派（Stoicism），又译斯多噶学派、斯多葛学派，古希腊和罗马帝国思想流派，哲学家芝诺于西元前 3 世纪早期创立，传人有克雷安德与克吕西普；在罗马帝国，代表思想家有塞内卡、爱比克泰德与马尔库斯·奥列里乌斯。斯多噶派学说以伦理学为重心，秉持泛神物质一元论，强调神、自然与人为一体，"神"是宇宙灵魂和智慧，其理性渗透整个宇宙。个体小"我"必须依照自然而生活，爱人如己，融合于与整个大自然。

③ 【译注】原文是拉丁文 *anima mundi*。

256

第二章　*Elohim* 与 *God* 都是关联术语。　最精准的汉语术语上帝是真神的进一步证明

的"对预言的揣测以及他论述'《圣经》中两处显著讹误'的短文"不足称道。如果他或是原作者深入研读过牛顿的作品的话,他们可能就不会发现"两处显著讹误"的短文了,而是发现在一封写给某位友人的信上,写着"《圣经》中两处显著讹误的历史记述",让我来告诉文惠廉博士吧,牛顿对《圣经》(*Holy Writ*)先知书的考察,用"揣测"来命名要少于对 90% 的同一主题的论文,而且《圣经》中那两处显著讹误是《约翰一书》第 5 章第 7 节的部分和第 8 节,还有 God 这个词在《提摩太前书》第 3 章第 16 节。① 他非常清楚地知道接下来的查考证实了牛顿对前一段话的判断,因此现在从最好的《圣经·新约》批判文本中不将其视为谬理,对于第二篇文论,那些权威人士算是不偏不倚的。

【88】

对驳斥 God 是关联术语的几种特别异议的考察

可能我所做的对他有些不公,但我不禁想到他的《辩护文》中有这么一段话,因为从那段话中可能会推断出异端的迹象曾以某种方式隐藏在 God 是关联术语这种观念之下。然而,他公然向我承认——

---

① 【译注】《圣经·新约·约翰一书》5:7~8,"并且有圣灵作见证,因为圣灵就是真理。作见证的原来有三,就是圣灵,水,与血。这三样也都归于一。"(引文自和合本译本)其他英译本大都与和合本一致,而英王钦定本译本则有不同,"For there are three that bear record in heaven, the Father, the Word, and the Holy Ghost; and these three are one. And there are three that bear witness in earth, the Spirit, and the water, and the blood; and these three agree in one."(译者直译:在天上作见证的有三样,父、道和圣灵;并且这三样同归于一;同样,在地上作见证的也有三样,圣灵、水和血;这三样也同归于一。)《圣经·新约·提摩太前书》3:16,"大哉,敬虔的奥秘,无人不以为然,就是**神**在肉身显现,被圣灵称义,(或作在灵性称义),被天使看见,被传于外邦,被世人信服,被接在荣耀里。"(引文自和合本译本)《圣经·新约·约翰一书》5:7~8 的异文,学者通称为"约翰小条"(Johanniene Comma);有人在一些古抄本上发现《圣经·新约·提摩太前书》中的"**神**在肉身显现"的异文是"以肉身显现的那位"。对于这两处异文,在《圣经》鉴别学领域论争颇多。

中国人关于神与灵的观念
The Notions of the Chinese concerning God and Spirits

而且我也真心感激他在那种知识中所表现出的满足感——我在所有坚持那种观点的人当中与众不同,我欲使上帝之联合(*the unity of the Godhead*)在本质上浑然为一(《辩护文》第 152 页)。在这点上,他对他所遇到的这些神学家的认知实在太少。加尔文、查诺克、霍斯利在信仰上都是纯正的——和文惠廉博士所想的一样。关于 God 这个词的关联属性,写一大本充满着权威人士的书,这可能是件非常容易的事——许多人的权威性,他们的神学称谓都是无可指摘的。论到文惠廉博士引述所有支持他的那些人,只有两个宗派,我准备向他认输,这两个宗派就是德尔图良和沃特兰[①]。对任何其他人而言,从二人所说到的一切事中,并未显出他比亨利、加尔文和柯纳普更有权利,遑论被他称为"正统信仰尊贵的护教者"阿塔那修了。但我留下这个主题的这一部分内容。至少那些称呼作为例证足以证明我们可以稳妥地主张 God 是关联术语,而不会受到指责说我们是异端或是怯弱者了。然而,我并没有将我的事例以那些称呼为基础。我已经清晰阐述过那个结论的根据了,在进入这类一般讨论的下一步之前,对我而言,现在只剩下将各种具体的反对观点加以汇总了,文惠廉博士便是其中的反对者之一,他极力反对我那种用法。

第一,他说道:——

"理雅各博士从《里斯百科全书》(*Rees' Cyclopedia*)中非常准确地告诉我们,关联术语之间'蕴含着一种对立;所以一方因另一方的存在而存在'——那么,理雅各博士能否告诉我们:没有 God,Jehovah 便不存在的话,那什么才能存在呢?在第 5 页,他回答说,它

---

① 【译注】但以理·科斯格洛夫·沃特兰(Daniel Cosgrove Waterland, 1683 年~1740 年),英国神学家。1714 年,他成为剑桥大学抹大拉学院的老师,1722 年,他成为圣公会约克教区教长。沃特兰反对他那个时代的自由主义者。他强烈拥护三位一体的正统学说,因此写了一系列的论文,同时著有《阿塔那修信条史》(*A History of the Athanasian Creed*, 1724)。

第二章 *Elohim* 与 *God* 都是关联术语。 最精准的汉语术语上帝是真神的进一步证明

的关联词是'所造之物'。'第一个人一经出现,*Jehovah* 就将他置于与 *God* 的关联当中。'*God* 的永恒性是理雅各博士信条中的一款吗?如果是的话,那么为了与上述观点保持一致,他就也一定主张所造之物的永恒性了。在第 11 页,理雅各博士援引了古希腊哲学家的原则,'无中不能生有'①。在这个原则用于每种'质料因'②(*material cause*)的时候,无论这条教导有多么正确,理雅各博士在将其用于动力因(*efficient cause*) *God* 的时候,还能视其为真吗?在祂造化万物之先,*God* 独存之时,时间并不存在,他还会否认无中生有③吗?"

【89】

God 的永恒性乃是我的信条中的一款,而且我觉得没必要将我关于那个名称语法特征的观点加于我身,以此相信物质曾经也是永恒的。*God* 的独立之名是 *Jehovah*。过去祂一直存在。祂决意创造。祂就创造了。尔后,祂就是创造者,祂就是 Elohim 或是 God。*Jehovah* 和 Elohim 指代同一位存在(*Being*),一个名称引导我们将祂思想为祂即自有(*He is in Himself*),另一个名称引导我们将祂思想为祂与其所造的宇宙有关联。用其中一个术语,你就可以称祂为永恒、全能,以及祂的所有属性。

第二,文惠廉博士说道:——

"理雅各博士混淆了名(*name*)和实(*being*)。我们称之为 God

---

① 【译注】原文为拉丁文 ex nihilo nihilo fit。
② 【译注】质料因是源自古希腊哲学家亚里士多德提出的一个哲学概念,源于其《形而上学》的"四因说"。亚里士多德将世界上事物的变化与运动的背后原因归纳为四大类,包括质料因(Material Cause),即构成事物的材料、元素或基质,例如砖瓦就是房子的质料因;形式因(Formal Cause),即决定事物"是什么"的本质属性,或者说决定一物"是如此"的样式,例如建筑师心中的房子样式,就是房子的形式因;动力因(Efficient Cause),即事物的构成动力,例如建筑师就是建成房子的动力因;目的因(Final Cause),即事物所追求的目的,例如"为了安置人和财产"就是房子的目的因。
③ 【译注】原文为拉丁文 *ex ouk onton*。

259

的存在（*Being*）与我们以及其他存在之物有着千丝万缕的关系,当我们愿意提说这些关联的时候,我们称祂为创造者、掌权者、父等等;但这些关系并不包含在 God 这个名称之中,在这些关系存在之前,祂就是 God 了。而且从 God 与我们的关系并非一种而是多种关系这个事实当中,我们得出一个反对以任何关联术语来翻译这个词的其他证据。关联术语只能严格地、专门地用来指代某种单一的关系。惠特利博士对此的定义如下:'当任何一个物体被当作是一个观念整个复合体其中一部分的时候,被视为与整体或与另一部分有关联的时候,表达这个意思的名词就被称作是关联名词（relative）;而与关联名词相对的则是独立名词,作为表示某一对象被视为整体:所以,'父'和'子'就是关联名词,被当作复合体父子（father‐and‐son）的每个部分;同一物体在单独表述时会被称作某人（man）,等等。'

"这种观念复合体在每种新的关联中都会改变,因此,如果我们偶尔说到与同一物体维系几种关系的时候,我们就必须指出我们称谓的这些关系的主语,借着它独立的名称,就是我们称'某个对象被当作整体'的那个名称,而不是借着任何一种关系的那个名称。比方说,我们可以说,这个人是我的父亲、她的丈夫、他的叔叔等;他是个律师、商人、欧洲人、英国人等;但如果我用其中的任何一种关系的称呼来指代他的话,我们便不能阐述同个主语的所有关系。我们不能说,这位父亲是位丈夫、叔叔、律师、英国人等等。所以,在此我坚持这一点,我们不能用祂与我们之间的任何一种关系（例如,至高主宰）来翻译 God 这个词,因为任何一个关联术语都不能用来表示 God 与我们以及所有受造之物的所有关系,就如我在展示 man 这个词的时候所展示过的。所以,如果理雅各博士能够继续向我们满意地证明中国人用上帝（*Shángtí*）这个术语来指代那位存在恰恰就是被称为 God 的那位存在的话,那么就如上所述,我仍旧会反对以这个

第二章　*Elohim* 与 *God* 都是关联术语。 最精准的汉语术语上帝是真神的进一步证明

词来翻译 Elohim 和 Theos，因为上帝是个关联术语，不是这位存在的独立名称。"(《辩护文》，第 67，68 页)

此处的证明是，借着一个独立术语，多种关系可以用来表述某个个体，而这个个体恰恰不能用一个关联术语来表述。我对此的答复是，这个假设大错特错。当然，任何一个术语中只有一种关系，因此用词源学来分析，人们就会发现那种表达的不过是一种观念；但它却可以作为由其所指称的那个个体的所有称谓之基础，并广为人接受，而且在许多情形中要比祂的独立名称更加得体。我没看到为何我们不该说——"这位父亲是位律师，并且他还是个英国人，而那位父亲则是位上校，而且是美国人"，这个表达和下面这种说法一样得体，"这个人是位律师，而那个人则是中国人。"第一种表述中的所有困难出于语句的本性。那种表述并不像两个作为父亲的人来到我们面前这种表述，需要用那些称谓来加以区分。换掉这个关联术语；以"囚徒"替代"父亲"，于是这个表述就是"这个囚徒曾经是个窃贼；那个囚犯原先是个律师，还是个造假者"，这样说听起来就不会不顺。或是换掉修饰单数词语的限定词，并且替换"这位父亲"为"我的父亲"，这样说可能是一个儿子最不得体的说法了，"我父亲是英国人——我的父亲是他叔叔——我的父亲曾经是个商贾？"不但这种说法不当，就是用在以独立术语替代关联术语的情形中也不合适。有哪个儿子想用这种话当作开场白来描述他父亲，"这位人类 (*The human being*) 是我父亲？"或是让我们假设这种情形：两个法国人谈论波拿巴①的荣耀事迹。他

【90】

---

① 【译注】即下句中的拿破仑。拿破仑·波拿巴（Napoléon Bonaparte，1769 年~1821 年)，即拿破仑一世（Napoléon I），出生于科西嘉岛，十九世纪著名军事家、政治家、数学家，法兰西第一帝国的缔造者。法兰西第一共和国第一执政（1799 年~1804 年），法兰西第一帝国皇帝（1804 年~1815 年）。拿破仑于 1814 年和 1815 年两度战败并被流放。1821 年，拿破仑病逝于圣赫勒拿岛。1840 年，他的灵柩被迎回法国巴黎，隆重安葬在法国塞纳河畔的巴黎荣军院。

们不会用他的独立名称来指代他。他们会以"拿破仑"作为他们谈话的基础,但更为得体的方式,我会自然而然地想到,他们会说"圣上"。

文惠廉博士指责我的错误之处,在我来看,他太自我陶醉了。我很困惑他会这样说,"与存在相联的名称。"(the name with the being)读者必须确定我是否这么做了。我已经说过,Elohim 或 God 之名在词源上指的是一个意思。它指的是至高主宰。有所造之物为祂做见证,《圣经》也晓谕这些事。我们如此受教,祂既自有,又与我们维系着一切关系,于是根据那些观念的必然联系,这个术语就成为所有这种后天知识的表征。独立名称所表示的,实则是非常有限(small)的事物。文惠廉博士以一种随意的方式将这点强加给自己,他已经习惯于以这种随意的方式提说其他人的观点。在上文中,他说到独立名称,借着它我们称"某一对象被视为整体,"——引自惠特利,并且他用斜体①标出最后三个字,以此来显明他赋予这三个字的重要性。显然,他坚持用独立名称表示上帝(the Supreme Being),在祂所有属性当中,

"被祂全然之光耀团团萦绕。"

这就是混淆了名与实。他没有提供惠特利阐述独立术语的另一半内容。全文在前面第 76 页中引述过了,"某一对象被视为整体",是作者在《逻辑》②一书中表示一个对象自身并无单一联系,或是与任何其他物体有关联。"视为整体"这个词并非表示其全面性(comprehensiveness),而只是表示其有限性(limitedness)。它们并未扩展我们

---

① 【译注】引文原文为"an object considered *as a whole*",最后三个字是斜体,中译本对原文斜体字加着重号处理,参见"译例言"。
② 【译注】指惠特利《逻辑学原理》。

第二章　*Elohim* 与 *God* 都是关联术语。最精准的汉语术语上帝是真神的进一步证明

对物体的观念，反而是限定了我们对物体的观念。

第三①，文惠廉博士举例反驳我关于 Elohim 观点的那些《圣经》经文，他对这些经文持截然不同的观点。他说：

"诗人说，'主②为吾人所归依，万古不易兮。山岗未为尔所立，寰宇未为尔所造，自亘古迄叔季，尔为上帝，无始无终兮。'③ '诗曰：我之上帝，尔寿无疆，吾年正壮，毋使子短折兮，尔元始肇基乎地，创造乎天兮。'④ '元始有道，道与上帝共在，道即上帝。'⑤ 当福音书的作者在此告诉我们道"即上帝"的时候，理雅各博士知道他所说的道仅仅与父 神或与人保持着某种关系的意思吗？"（《辩护文》，第47页）

我想不出文惠廉博士将《诗篇》第90篇第2节开始的那两个词大写的用意何在。那两个词不属于《圣经》中的那节经文。它们属于第1节，我竭尽所能地从字面上翻译这节经文，即"*O Lord, a dwelling-place art Thou to us in generation and generation*"（主啊！祢世世代代作我们的居所），即永永远远。第2节是——"*Before the mountains were brought forth, and Thou hadst formed the earth and the land, and from everlasting to everlasting. Thou God* (El)."（诸山未曾生出，地与世界祢未曾造成，从亘古到永远，祢是 神）将这两节经文连成一节，文惠廉博士极有可能是想表明诗人从第1节到第2节延续

---

① 【译注】原文并非斜体字，但根据前面的"第一、第二"的体例，译者使"第三"与前面的体例保持一致。
② 【译注】原文英文为大写"O LORD"，下段中，理雅各以此作为驳论的开始。
③ 【译注】《圣经·旧约·诗篇》90:1~2，"主啊，祢世世代代作我们的居所。诸山未曾生出，地与世界祢未曾造成，从亘古到永远，祢是 神。"
④ 【译注】《圣经·旧约·诗篇》102:24~25，"我说，我的 神啊，不要使我中年去世。祢的年数世世无穷。祢起初立了地的根基。天也是祢手所造的。"
⑤ 【译注】《圣经·新约·约翰福音》1:1，"太初有道，道与 神同在，道就是 神。"

了同一种意思,就是表达在开始的那两个词"主啊"那种意思,并且将其大写,他猜想这个词是 Yehova,我们《圣经》中大都是那样翻译的。他在引文上犯了同样的错误,我有过许多机会指出他那种错误。这个词的希伯来文并不是 Yehova,而是 Adon,一个公认的关联术语,意思是 Lord 或 Master。根据文惠廉博士自己的证明、自己选择的例子,我们就有了一个关联名称的例子作为一个论据而被采纳,以此来高举上帝的至高称谓。关于第 2 节经文的最后几个词,"祢是**神**",人们说该词的词源是 El,意思公认为"掌权者",在用于 God 的时候,是指袘的称谓,而不是指袘的本质。我们可以翻译这句希伯来文为——"Thou art God"(祢是**神**)或"Thou art, O God."(**神**啊!祢是)。最后一种是亨斯坦伯格①的翻译,我肯定文惠廉博士会喜欢这个人,希望如我所愿,因为他的崇高立场与异端邪说及大陆理性主义者的观点相对立。他说,"如果我们以 El 作为称谓的话,那么全部思想就都毁了。"②

在我看来,引自《诗篇》第 102 篇的经文和当下的主题毫不相干。在那个情形下,为何 Eloah 就不能像《诗篇》第 90 篇的 Adon 那样使用呢?在此,我们用的希伯来词汇不是 Eloah 或 Elohim,而是 El。

文惠廉博士多次引用的一节经文是《约翰福音》第 1 节,而且他认为这节经文足以证明 God 是关联术语这种观点是错误的。"元【92】始",福音书的作者说道,"有道,道与上帝共在,道即上帝。"这节

---

① 【译注】恩斯特·威廉·西奥多·赫尔曼·亨斯坦伯格(Ernst Wilhelm Theodor Herrmann Hengstenberg,1802 年~1869 年),德国路德宗牧师和新路德派神学家,此人著作等身,主要有《旧约中的基督》(Christologie des Alten Testaments,1829 年~1835 年;2nd ed.,1854 年~1857 年)、《论摩西和埃及》(Die Bücher Moses und Aegypten,1841)、《论诗篇》(Commentar über die Psalmen,1842 年~1847 年;2nd ed.,1849 年~1852 年)。
② 【原注】亨斯坦伯格《论诗篇》,第三卷,第 124 页。【译注】原文英文为:If we take El as the predicate, the whole train of thought is destroyed.

第二章　*Elohim* 与 *God* 都是关联术语。　最精准的汉语术语上帝是真神的进一步证明

经文提供了救主神性无可辩驳的（*irrefragable*）证据，这点我是赞同文惠廉博士的；——而且，这节经文清晰有力地证明了那个至关重要的真理，其重要性不会被术语 Theos 或 God 的关联意义削弱。"元始有道"；——这句话明显与《创世纪》第 1 节经文中的措辞（*phraseology*）有关。世界开始之时，道已然存在。"道与上帝共在;"——最紧密、最全备的合一，以致到了"祂是 *God*"的程度；——没有其他存在，只有 God 自己，正如在《创世纪》第 1 节那里说到祂，"太初之时，上帝创造天地。"①《约翰福音》第 2 节经文告诉我们说"万物以道而造"②，——即是道，福音书的作者在圣灵（Holy Ghost）的感动下使之更加清晰而直白，《创世纪》中的记述让道出现在他的头脑中，而那也是他打算传讲的，他即将写下道成肉身之道，在世传道之道，以及在世受难之道，这道与《圣经·旧约》中出现的创造天地记述中的那位是同一位存在（*Being*）。他不说，"这道有神性。"他以朗吉弩斯③在摩西的叙述中所见到的同等威严、同等叹为观止的荣耀说——"道即上帝。"作为 *God*，祂除了具有属于 *God* 的属性之外，还能有何种属性呢？

对于这段话，文惠廉博士引述了一大串人名来证明这段文字中宣告的神性属乎道，这些人当中有加尔文和亨利（马太），他们关于 Elohim 的观点已经在前文第 84 页和第 85 页中说过了。如果有必要的话，还可以就着它的关联属性来显明他所罗列的权威人士所持的类似观点。在他们那样做，以及在他们以武断的方式说要那么做之间，并无矛盾之处，而是全然一致。

---

① 【译注】和合本修订本译文是，"起初，**神**创造天地。"
② 【译注】和合本修订本译文是，"万有都是借着祂造的。"这节经文是《圣经·新约·约翰福音》1:3 的经文，理雅各说是第二节，有误。
③ 【译注】历史上叫 Longinus 的人很多，理雅各此处指的极有可能是生活在公元六世纪查士丁尼一世皇帝时期的朗吉弩斯主教。

265

所以，我也思考了《圣经》中的三段经文，即文惠廉博士在这场争辩中用来颠覆我对于那个术语的观点所引证过的经文，我相信这些经文已然显明，他非但没能颠覆我的观点，反而是确证了我的观点。论到 Elohim 和 Theos 在《圣经》中的用法，我在本章中已经说了很多，在这个主题的这部分中，我不会耽搁读者太长时间。在我所做的其他几个评论中，我会提出我的基础工作，即"我希望"，文惠廉博士说，"理雅各博士已经说过他在证实 God 之名即是 Jehovah 的过程中所遇到的种种困难，假定祂是个独立术语，即是道（word），表示本质，（用他自己的话说）是 Jehovah 的存在，对我而言则想不到任何其他存在。"

假定 God 是一个通用独立术语，God 这一名称也不能被证实就是耶和华

到现在，我已经提出了为何我认为 Jehovah 作为上帝的独立名称，而不是 Elohim 或 God 作为上帝的独立名称的种种理由了。所以，我不会考虑文惠廉博士所提出的假设。

此外，他还坚持 God 是个独立通用术语。所以他用汉语中的神来翻译这个术语。神属于 God，属于宇宙间的灵体（spiritual being）。我已经证明过了，单数的神何以不能传达一种对 God 的特殊称谓，在许许多多的事例中，God（严格意义上的）在句中都是作为主语或宾语。当 Jehovah 说——"我是独一的 God"的时候，在那种情形中当 God 以一个通用的独立术语来翻译的时候，这个命题就是不真实的了。祂是 spirit，但祂并非独一的 spirit。文惠廉博士和他的朋友们要

求一些传教士收回他们所抛出的指责,因为那些传教士指责他们用神来翻译 Elohim 和 Theos 会使他们对 God 之道的翻译"为人所不齿"。我不用那个术语,但在告诉他们关于我的神圣信念的时候,即他们的翻译会让 God 之道成为一本伪经书的时候,我就必须恳请他们包容我。关于"为人所不齿"的译本文风,别让我们说些什么或是写些什么。应该好好翻译《圣经》,但 God 不会赐福一种只在文辞优美、表达有力而自命不凡的译本,假如可以传递真理的话,就好似祂经常"选世之不贵者、见弃者、人视为无有者,以废世之有者。"① 但如果一个译本抵挡真理②——如果这个译本把道放进 Jehovah 的嘴里,但却不依据事实——的话,那我们该说些什么好呢?在这点上,上述所有将我和文惠廉博士及其朋友们分别开来的不同见解,都让我觉得受到限制、让我感到忧虑。在我们之间,建起了"一道鸿沟"。我不敢请哪个中国人来读一个用独立通用术语翻译 God 的《圣经》译本。我不能遵循给异教徒传道的传教士关于 Jehovah 的话的教导,他们当中任何一个聪明人都会立即斥之为谬理,除非他对外来客的愚鲁感到震惊、感到困惑不解而呆若木鸡。

最后③,我难以理解文惠廉博士为何会因为一个代表我们 God 这个词的独立术语而忧心忡忡。我已经说过:——

"文惠廉博士相信神性的观念存在于 God 这个词当中。God 之本性是属灵的;'God 是 spirit',这是道成肉身之 God 自述的。其特别之处在于 God 已在本性上与所有其他属灵存在分别开来了,正如祂在

---

① 【译注】《圣经·新约·哥林多前书》1:28,"世上卑贱的、被人厌恶的,以及那一无所有的,为要废掉那样样都有的。"
② 【译注】参见和合本《圣经·新约·哥林多后书》13:8,我们凡事不能敌挡真理、只能扶助真理。
③ 【译注】原文并非斜体字,但根据前面的"第一、第二、第三"的体例,译者使此处与前面的体例保持一致。

《圣经》中向我们所揭示的，在祂的无限性、祂深邃的灵性本质当中，有三位一体之本质（*a Trinity of Hypostases*），或如我们英文把它们称作位格（*Persons*）。这就是独一的神性。而这种观念并不在 God 这个词当中。"

独存中的 God 意味着什么

文惠廉博士把这点描述为"一个由神性意表的特殊观念"，他还说，我已提到过的自有、全能、全知等观念全都是它的组成部分。他没记住我所说的独存中的 God——论到 God，文惠廉博士援引过惠特利的表述，按着他的表述，God 被思量为自有，祂浑然一体，独立于所有存在之物——论到 God，祂先于受造之物，或只能借着心智的努力，抽象地思量祂。如此持久的反思使我确信我的表述是对的。某种类似的观念在一部 1849 年出版的美国作品中得到全面体现，直至今年，我才在精读这部作品的时候觉得是件乐事。作者提出"独存中的 *God*"这个观点是多么与众不同、多么强劲有力啊！我乐于在我的书中转述他的原话。

"让我们竭力，"他说，"形成关于 *God* 最与众不同的观念，祂独自存在着，而且是隐蔽的。然后为了彰显祂，我们会更加明了什么才是必要的。当然，在说到隐蔽之 *God* 的时候，我们的意思是说祂先于祂创造的作为；因为诸世界都是由祂造的①，在这个观念中彰显祂。

---

① 【译注】语出《圣经·新约·希伯来书》11:3，"我们因着信，就知道诸世界是借 **神**话造成的；这样，所看见的，并不是从显然之物造出来的。"（和合本《圣经》）

隐蔽之 God，作为 spirit，只有祂自己存在。

"那么现在存于自身的 God 是谁呢？祂有外形（external form）吗？通过这外形，我们可以描绘祂吗？可以想象祂的样子？没有外形可言。祂是个不占空间的点吗？祂所占的空间没有限制吗？都不是。祂的活动与任何位移都有关吗？当然无关；位移属于有限的受造物在无限中移动。祂有可以为人所认知的颜色、声音、标识、尺度吗？没有。祂居于永恒的静寂之中，没有组成的部分，祂高于时间。如果我们不借着外在之物去认识祂，在我们不无谦恭的时候，就让我们思考祂存在的一些更为内在的品质吧。祂会像我们一样，是在作用与反作用的规律之下运作吗？绝对不像。事实上，这就是独立存在与权能的观念，祂运动不靠推动，无需支撑，祂不在作用与反作用之间（between no contrasts or antagonisms）。祂就是存在（IS），祂包罗万有。那么祂是理（Reason）吗？不是；因为对于主动的理而言，当从一物中演绎出另一物时，暗含了一种对知识的匮乏。那么，祂会深思熟虑吗？不会；因为祂可以无须思虑就可以直觉地预见到一切结局。祂探求吗？不；因为祂已经通晓万有。祂记忆吗？从不；因为记忆是唤起心灵之外的事，而心灵之外一无所有。祂相信吗？不；祂行为的德行是一种不含信仰的美德，在这点上，迥异于我们称呼的任何美德。那么，God 在哪里呢？我们用什么方法可以找到祂呢？我们用什么标识可以描绘祂呢？或是想象出祂的样子呢？祂思想吗？不，从不，这个术语只在人类的范畴内使用；因为思想对我们来说，只是延续与时间之律下的一种有限活动；除此之外，我们对它没有任何概念。祂会生发出一些新的情感来吗？如果我们能够见到这种情感出现的话，便可以向我们彰显祂存在。不会；根据我们人类的感官，情感仅仅是一种感觉的流射（a mere jet of feeling）——一种感觉刚好外化为前景（foreground），展现在众人面前；而且这种情感只在有限的自然界中

【95】才是真实的，在那种意义上，*God* 当然没有情感。"

"那么，我们该说什么呢？*God* 的何种概念形式让其仅存于自身，而且又未被彰显呢？只有祂是独立的存在（*Absolute Being*）——无限者——那位自有永有者，并未显明祂存在的任何征兆，而只是显明祂存在。

"'你会这样说，那是一种让人非常不满的、令人非常不悦的、无关宏旨的，而且实际上是一种 *God* 的错谬表征。'绝对如此！这便是我希望获知的重点所在。"①

"绝对如此！"——这个词中有这层意思，或是毋宁说这个词需要这种意思，文惠廉博士会乐于将这层意思引入汉语《圣经》中来

---

① 【原注】这段话的作者是贺拉斯·布什纳尔［译按：Horace Bushnell，1802 年～1876 年，是美国公理会牧师和神学家，著有《**基督里的 神**：发表于纽黑文、剑桥及安多佛的三篇论文》（*God in Christ : Three Discourses Delivered at New Haven, Cambridge, & Andover*, 1849)、《自然与超然：作为 神同一体系之构成》（*Nature and the Supernatural : As Together Constituting the One System of God*, 1858)、《**基督及其救恩**》（*Christ and His Salvation*, 1864)、《宽恕与律法：基于人类推理诠释之原理》（*Forgiveness and Law : Grounded in Principles Interpreted by Human Analogies*, 1874) 等著作］博士。人们会在他的一篇以 **基督里的 神** 命名的作品中找到这段文字，已经有人和我说过，这篇文章要么会令他疲意不堪，要么就由他的宣教同侪来检验，以至谴责异端邪说或是近乎异端的教导。他被宣判为无罪。所有会冠以恶名，或是在刀剑之下读 "示播列"（shibboleth）［译按：在《圣经·旧约·士师记》12 章中，基列人击败以法莲支派，幸存的以法莲人试图渡过约旦河回到本国领土，基列人夺取了渡口，阻止他们回去。为了识别并且杀死这些逃难者，基列人对每一个过河的人进行一项试验，因为以法莲人咬不真字音 h，而读 "西播列"（Sibboleth)，于是基列人就将以法莲人拿住，杀在约旦河渡口。在语言学中，"示播列" 用来区别一个人的社会或地区背景的指标，通常是指语言特征，特别是对一个词的发音，标识为说话者是否属于某一特定群体的成员。法国哲学家雅克·德里达（Jacques Derrida，1930 年～2004 年）在 1984 年西雅图的 "保罗·策兰国际研讨会" 上，发表的长篇演讲，题目为 "'示播列'：献予保罗·策兰"］的时候发不准 h 这个音的人，必定会厌恶他的书。即便如此，这部作品仍不失为一本饶有趣味的作品，尽管这位作者的某些结论我也不太满意。他的观念似乎精巧有余，品质不足，而且他的思考习惯是怀疑式的而非逻辑性的。如上所述，我完全同意他所说的独存中的 God 尚未被揭示这个观点。但《启示录》岂不是也教导我们在耶和华中三位一体之本质独立于与祂所造之物的所有关联吗？布什纳尔博士可能会否认这点。

第二章 *Elohim* 与 *God* 都是关联术语。最精准的汉语术语上帝是真神的进一步证明

取代 Elohim 和 Theos。如果他的愿望能够实现的话,那么他的《圣经》译本就会成为一个奇迹（*a phenomenon so wonderful*），以致格拉顿语（*Grattan*）在其最初的应用中浮夸而放荡,而且几乎无法充分地描述它——"一项实验设定了天浮于地,地浮于天,而且让全能之 *God* 在祂的所造之物当中成为一个宽容的天外来客",对,就是在祂的道中。

　　论到独存中的 *God*,除了知道祂存在之外,我们对祂一无所知①。根据查默斯博士的观点,借着我们构造的一条基本定律,我们相信祂就是那启示与创造之神性的基础。而且启示借着它的读者假定 *God* 存在。的确如此,即便是在关于祂的属性最玄妙的训导中,比如在"**神是灵**"这种宣告中也是如此。因此,它并未宣称将 *God* 的观念赋予人,而是将关于那种观念更为全面的信息赋予人,藉此让人纠正一些对那种观念的曲解,因为有很多人容易陷入那种曲解当中,并言明那种观念的崇高性和实践中的重要性,特别让"**耶稣基督**面上 **神**之荣耀"为世人知晓。对于 *God* 的观念引入人类心灵中的那种方式,在许多地方都已提到过了,那种方式一直暗示我们对祂的认知是关联性的,是通过沉思祂的造化之工以及对自然现象和神意的反思而获得的。有关这种本性的一段话,我在第 9 页中已经引述过了——即保罗对吕高尼人所说的一段话,得出这个结果,"然上帝善视人,雨降自天,菓生以时,赐我赢粮,喜溢于心,如是,证己为上帝矣。"② 但还有一段话更值得人注意,就是《罗马书》第一章中保罗论罪人的话,"且上帝之怒,由天而显,以警不虔不义,行恶阻真理之人。盖

【96】

---

① 【译注】这种说法类似于康德哲学中的"物自体"或"自在之物",指认识之外的,但又绝对不可认识的存在之物。它是现象的基础,人们承认可以认识现象,必然就要承认作为现象的基础的物自体存在。
② 【译注】《圣经·新约·使徒行传》14:17,"**神**未尝不为自己留下证据来,就如常行善事,从天降雨,赏赐丰年,使你们饮食饱足,满心喜乐。"

271

上帝之功用，人所可知者，显于众，是上帝示之也。"① God 是如何向他们显明的呢？以启示独存中的祂这种方式吗？不是，——而是以"自开辟以来，上帝之永能性体，目不及见，惟其所造之物，可睹而知，故人未由推诿。"② 对祂的认知是以关联的方式获得的。人对祂的认知不是直接的，不是独自获得的；而是借着"所造之物"获得的。文惠廉博士用这章第 21 节的解释来使我与他有别，"显彼既知上帝，犹不以上帝尊之谢之。"③但这并不能解释成与使徒一般性的论证相悖，应该是这样：如果是在已指明的推理之后，他就可以继续论述独存中的 God 了。

我们关于 God 观念的来源以及中国人对他们上帝观念的来源

相信现在我已经证明了我们关于 God 的认知是关联性的，而且与那个名称本身是关联术语这个事实是一致的，我会继续提出中国人的上帝是真 神进一步的证明。有一些关于我们 God 观念的来源。我打算证明同种来源也引导中国人产生那种观念并承认上帝存在。为了避免一些无谓的争论，我首先不用我的母语来陈述这些来源，也不根据我对这些来源的看法，我会用一部新近作品中的记述，这本书是

---

① 【译注】《圣经·新约·罗马书》（和合本）1:18～19，"一切不虔不义的人；**神**的事情，人所能知道的，原显明在人心里，因为 **神**已经给他们显明。"
② 【译注】《圣经·新约·罗马书》（和合本）1:20，"自从造天地以来，**神**的永能和神性是明明可知的，虽是眼不能见，但借着所造之物就可以晓得，叫人无可推诿。"
③ 【译注】《圣经·新约·罗马书》（和合本）1:21，"因为，他们虽知道 **神**，却不当作 **神**荣耀祂。"

第二章　Elohim 与 God 都是关联术语。　最精准的汉语术语上帝是真神的进一步证明

《神治之道》①（The Method of the Divine Government），由尊敬的雅各·麦克科什②（the Rev. James M'Cosh）著述，该书已为最具水准的鉴定者一致评为"卓著原创、思想健全。"

"尽管 God，"这位作者说道，"肉眼不能看见——尽管祂好像在一层面纱之后——但祂存在的这种观念会被许多团体强加于心灵之中。若非如此，对超然能力或是超然存在的理解与信靠就不会如此广泛地为人津津乐道了。拒斥来自另一领域之光的那些人，就不得不接受来自天地的另一领域的光芒。探索人心能够产生最重要观念的那些来源是件饶有趣味的事。"

"第一，有张蓝图呈现在 GOD 不同的事工当中。

"第二，人与物质世界之间有多种关联，我们称其为神圣治理中 GOD 之安排。

"第三，人类有灵魂，灵魂有知觉、智慧和良善的感情。

"第四，人有多种道德品格。

【97】

"看似这些是四种自然的来源，人类从中获得了对圣者（the Di-

---

① 【译注】该书全名是 The Method of the Divine Government; Physical and Moral，《神治之道：形质与道德》，下文均简称《神治之道》。
② 【译注】雅各·麦克科什（James McCosh, 1811 年 ~ 1894 年）是苏格兰常识学派的一位重要的哲学家。1868 年至 1888 年，他任普林斯顿大学的校长。著有《神治之道：形质与道德》（The Method of the Divine Government; Physical and Moral, 1850）、《创造中的典型与殊端》（The Typical Forms and Special Ends in Creation, 1855）、《归纳探究心之灵要义》（Intuitions of the Mind inductively investigated, 1860）、《进化论之宗教观》（Religious Aspects of Evolution, 1888）等。

273

vine Being）的观念。分别来看，从这些来源中得出的论证不全是确凿无疑的，或说不都是令人信服的；大概有人仅仅视其为建议性的，而另一些人会视其为确定性的；有人视其为 God 存在之明证，而有人会视其为某些属性之存在的一种说明。

"每一类物体提供其有限的证据。God 之有形作品提供了一些权能与技能的迹象。**神**的旨意（The providence of God）展现了一种统摄与掌控的能力。我们属灵的本性让我们拥有生命的观念、位格的观念以及属灵之 God 的观念。"

关于 God 观念之来源，我们接下来的安排不得不让读者赞许它的全然美丽与完美无瑕。现在，我要将每一部分加以细化，并展示作者的推理与中国思想家和芸芸众生的心智运动是何其相似。

我们关于 God 的观念的第一个来源是祂在不同的形质事工上的设计证据。作者说道，"一种对科学深度或细节的认知无须让人类对这个证据心怀感激。每一个观察青草与五谷萌发、观察含苞待放的花朵的人，或是对他自身机体的构造、或是对天体移动匆匆调查的人，都会将治理次序与智慧这种观念深印于心。在推理的链条上，没有什么是深奥、繁杂或是神秘的，这种推理会引领我们相信超然的智慧，而非一条与 God 之作品和那位工匠连接的单一链条。托马斯·里德①博士是这种观点的代表人物，在它逻辑形式的两个命题当中——大前提是那种设计可以从其结果中求索得出，小前提是宇宙中呈现出多种

---

① 【译注】托马斯·里德（Thomas Reid，1710 年~1796 年）是 18 世纪苏格兰启蒙运动时期哲学家，苏格兰常识学派的创始人。里德开始任教于阿伯丁大学，后到格拉斯哥大学接任亚当·斯密成为该校的道德哲学讲座教授。著有《按常识原理探究人类心灵》（Inquiry into the human mind on the principles of common sense, 1764）、《论人的行动能力》（Essays on the active power of man, 1785）、《论人的理智能力》（Essays on the intellectual power of man, 1785）。

第二章　*Elohim* 与 *God* 都是关联术语。 最精准的汉语术语上帝是真神的进一步证明

设计。"①

　　我已在前一章中列举过很多事例，在这些事例中，中国人将与他们息息相关的上帝视为自然现象的原因。所有的存在之物都被当作是祂的作品；自然界不断呈现出来的一切因果都被认为是由祂而来，并在祂的掌管之下。《易传》中有一段关于帝出的话，这段话经常被人提及，我在第 15 页中已经详细地引述过了。对我们来说，其中最基本的观念是说维系万物，一位采纳那种观念的作者在以下对它的阐述中，有个"出于自然而达于自然之 *God*"的极好例证。他说，"天之生成万物而主宰之者谓之帝，其出其入，无不寓于卦位间，彼位起于震，其即帝之出。气机于此萌动乎，继以巽也，其即帝之齐。气机于此均布乎，次巽而离，乃帝之相见于斯。气机之所宣着也，次离而坤，乃帝之致役于斯。气机之所长养也，坤之后而兑，是帝所悦之方。气机之交畅在兹矣，兑之后为干，是帝所战之处。气机之抟击在兹矣，以至次坎于干，斯帝之归藏于内。气机于是慰劳休息焉，次艮于坎，斯帝之不言所利。气机于是生克嗣续焉，则起震迄艮，而一岁之周，不循环于卦之中乎。"②

【98】

---

① 【原注】《神治之道》，导言，第一章。
② 【原文】"Heaven," says he, "in producing and perfecting all things, and ruling and governing them, is called *Te*, All His movements — whether active or more silent — find a place in the arrangement of the diagrams. The first of these is the *Chin*, which embraces the goings forth of *Te*, when the energies of nature bud forth and are moved. To the *Chin* succeeds the *Seuen*, which embraces the adjustments of *Te*, when the energies of nature are equally diffused. The next diagram is the *Le*, where we see the manifestations of *Te*, when the energies of nature are active and vigorous. The next is the *Kwan*, where *Te* makes all things serviceable, and the energies of nature are employed in the growth and nurture of all productions. From *Kwan* we come to *T'uy*, in which *Te* has complacency and delight, and the energies of nature have a joyous harmony. Next is the *Keen*, embracing the strivings of *Te*, when the energies of nature seem to be contending together. Next is the *K'an*, when *Te* withdraws his power, and the energies of nature rest from their labours. Finally, there is the *Kan*, when there is no voice of *Te*, and yet He is very influential for the good (of men). At this point, the energies of nature have completed their productions, and they are re-collected to commence their work afresh. Thus from *Chin* to *Kan*, all the phenomena of the round year are embraced within the diagram arrangement."

275

中国人关于神与灵的观念
The Notions of the Chinese concerning God and Spirits

【99】实际上一年之中的万象都已在安排之中了,但这万象之呈现莫不与祂有关,万有都是属祂的,又是借着祂造的。在《易经体注》(the Te-choo edition of the Yih-king)中,对这段话可能有些表述比上述文字更加引人注目,"帝之神运无方,物之化成有序。故以物之出入明帝之出入,即物之成终,而知帝之宰其终,即物之成始,而知帝之肇其始矣。"①

我们看到了中国人相信自然界不同部分中的通灵者(the agency of spiritual beings),但我们同样见到了这些通灵者是如何被当作是上帝之仆役的。"所拥有的能力"皆由祂所授。另一件事是值得注意的,即当中国人遭遇重大不测之时,他们会将这些次等神祇之通灵者视为上帝本身。有统管五谷之神祇,每年春季,皇帝"恭祀上帝于圜丘。仰希垂鉴,锡福烝民。俾五谷以皆登,普万方之咸赖。"② 又有掌管"明云、润雨"之神祇,但逢干旱之际,君臣自觉无助,遂呼求上苍,"维帝降康雨,施云行,登我黍稷。"③

但出自设计(design)的证据有时会说得非常直白、非常明确。麦都思博士在其《神魔通鉴》(General Mirror of Spirits and Genii)中

---

① 【原文】"The spirit of Te, pervades all things, without being limited by space, and the transformation and production of things proceed according to a regular order, so that, by their issuings and revertings, we may illustrate the issuings forth and revertings of Te. When we see things completing their termination, we know that it is Te who has managed that termination. When we see them effecting their commencement, we know that it is Te who has brought that commencement to pass."

② 【原文】the Emperor, every spring, at the great round altar, offers sacrifice to Shang-Te, as "the great Maker," and prays "that He will give happiness to the multitudinous people, by causing the five kinds of grain to grow, and conferring that which is the staff of all lands."
【译注】语出《大明会典·卷八十四》,本段原注为:嗣天子臣御名祇奏于皇天上帝,曰:候维启蛰,农事将举,爰以兹辰,敬祈洪造。谨率臣僚,以玉帛牺齐粢盛庶品,备斯明洁。恭祀上帝于圜丘。仰希垂鉴,锡福烝民。俾五谷以皆登,普万方之咸赖。但在正文中前半句并无相应的英文,故译者据正文英文引相应译文。

③ 【原文】"Te, who alone can grant prosperity, sending the rain and the clouds, to cause the various grains to grow."【译注】语出《明史·卷六十二·志三十八》。【原注】这些特征会让我们想起怀特(Watt)译本的《诗篇》第65篇中的诗句:——"云凝结为雨,乃**神**所为也。"

第二章　*Elohim* 与 *God* 都是关联术语。最精准的汉语术语上帝是真神的进一步证明

已经引出下述篇章,"大舜见七政齐平,知天明攸在。遂摄行天子之事,整理庶务。祭天地于圜丘,类告摄政之由,因仰思苍苍者天,元气昊然广大,岂无主宰司命。拟上尊号,曰昊天上帝,又曰天主大帝,适符上天之号。"①因此,他为这位存在想了一个尊称,称其为'上帝,居于赫赫之天','大帝,天之主也'——与'高天'这一称谓相应!"同一思考的逻辑活动(*The same logical exercise of thought*)出现在许多上帝被称为"大钧"的篇章之中,并且说道,"大钧播物,陶此群生"(参见第 30 页②)。有时候我们会发现一些与那种论述相反的话,设计之必然性与人类作品中的能力皆从自然造化之物中的显然设计与技能中得到证明。袁枚③,清代的一位作家,他说:"作诗如作史也,才学识三者宜兼,而才为尤先。造化无才,不能造万物。"④

【100】

这些便是我们关于 *God* 观念的第一种来源。我们觉察到,自然界不断变迁的风貌引领中国人在一位有权能、有智慧的存在之中探寻这

---

① 【原文】The great Shun, observing the equable adjustment of the sun, moon, and planets, knew that there must be a Heavenly decree. Accordingly, having undertaken to perform the duties of the Emperor, and to take charge of all affairs, he sacrificed to heaven and earth at the round hillock, and announced the circumstances in which he had undertaken the government. On that occasion, he looked above, and reflected — 'In this azure expanse of heaven, where the great ether is so bright and vast, how is it possible that there should be no Lord and Ruler, who presides over all decrees.'

② 【译注】原页码。

③ 【译注】袁枚(1716 年~1797 年),清代诗人、散文家。字子才,号简斋,别号随园老人,时称随园先生,钱塘(今浙江杭州)人,祖籍浙江慈溪,曾官江宁知县,为"清代骈文八大家"、"江右三大家"之一,文笔又与大学士直隶纪昀齐名,时称"南袁北纪"。三十八岁时,袁枚即厌恶官场生活,说"不做高官,非无福命只为懒"。休官养亲,不复为官,于金陵小仓山筑"随园"恬淡自居,收集书籍,创作诗文,悠闲度过五十年。晚年游历南方诸名山,与诗友交往。生平喜称人善、奖掖士类,提倡妇女文学,广收女弟子,著有《随园诗话》。

④ 【原文】"The making of poems is like the making of history. Three things are necessary to it — ability, learning, and discrimination, but of the three ability is the chief. The Creator without ability could not have made all things."【译注】语出蒋士铨《忠雅堂集・序》。原句为:"作诗如作史也,才学识三者宜兼,而才为尤先。造化无才,不能造万物;古圣无才,不能制器尚象;诗人无才,不能役典籍,运心灵。才之不可已也如是夫!"

277

些变迁的原因，这位存在出于自然又高于自然，祂是自然界创造者和维系者（*Author and Upholder*）。天体有条不紊地运行引导他们设想有一位至高主宰（*a Supreme Ruler*），那些天体是祂的作品，借着祂的命令，它们才得以存留。一切存在之物皆由祂而造，并且侍奉祂。整个宇宙中，没有一个生命体、没有一种事件，其开端与终结不与祂的旨意有关。

我们关于 God 观念的第二种来源是"形质世界与人的种种关联，我们称这些关联为神圣治理中 God 之安排。""观摩这些关联的时候"，麦克科什先生说，"心中越过纯粹的孤立物体与规律，甚至超越了二者之间的关系，去沉思那些 God 与其所造之物交往的重要原因。大多数人都只看后一种事实而不看另一种事实。一种对物体良好

【101】运转的深度观察（*An extended observation*）要求用一种微观的视角以及一种专注的习惯（*a habit of fixed attention*），比如不受大多数人的影响，与其说是看待这些事实，倒不如说他们是看那些无须任何细微地观察，人的感观便可以获知的显著事件，实际上是那些显著的事件迫使他们不得不关注；God 的特意关照以及祂管治上的种种约束，与其说是孤立的适应性变化（*isolated adaptations*），倒不如说是与人类种种关联中的重要起因，而这些起因又由这些适应性变化使然。一般人不习惯于剖析，他们能够追溯科学论证并深入观察，一条小径就会成为一条康庄大道。探究信仰 God 存在的原因，工商人士会以此为乐，而且你极有可能会发现那并非是对他们设计的精究，亦非对任一物体的细查，而是一项对 God 关怀他这件事的考察，是一项对从亘古到祂亲临世间之审判的考察。这种考察愈发显著，它会随着他一系列素常的想法与情感而骤然出现，并以极为有力的方式让他觉察到。"

第二章 *Elohim* 与 *God* 都是关联术语。 最精准的汉语术语上帝是真神的进一步证明

在上段话中，我已经用斜体字①标注了其中一句话，因为对我来说，那句话中包含了一条重要的真理，这条真理与证明 *God* 存在及其属性的自然神学论据有关，中国文学已经充分有力地证实过这条真理。神圣治理中 *God* 之安排是其中一个重要主题。在其中，*God* 更多地是作为掌权者和统摄者，而非作为工艺者和聪明的创造者。这和哲学家的推理有趣地一致。倘若我引用所有这些篇章来断言可以在华夏经典中发现上帝律例的话，那么我就不得不转述《书经》和《诗经》中的大篇幅的文字到我的书中来。有很少事例会充分直接地断言祂掌管着普世道德，特别是在前一章中的众多引文中更是如此。

在《书经·多方》(*Many Regions*) 这一章中，我们读到，"惟帝降格于夏。有夏诞厥逸，不言肯戚于民，乃大淫昏，不克终日劝于帝之迪。"② 有位评论者王樵③ (*Wang Tseaou*) 解释此篇时，说道，"王氏樵曰：夫日用之间，常行之理，此心之灵，若或启之，虽至愚之 【102】

---

① 【译注】中译文以着重号标出。
② 【原文】"*Te* sent down calamities on the Hea dynasty. The ruler of Hea increased his luxury. He would not speak kindly to the people, and became utterly dissolute, and lost to all intelligence. He was unable for a single day to rouse himself to follow the path marked out by *Te*."【译注】引文语出《书经·周书·多方》，理雅各引文不全，全文为："洪惟图天之命，弗永寅念于祀，惟帝降格于夏。有夏诞厥逸，不肯戚言于民，乃大淫昏，不克终日劝于帝之迪，乃尔攸闻。"
③ 【译注】应指明代抗倭英雄王樵。王樵（1521 年 ~ 1601 年），字明远，别号方麓。明正德十六年八月生，金坛县金城镇人，明臣、抗倭英雄、经学著述家。万历元年，王樵被起补浙江佥事，分沉浙西。他注重军务，训练士兵，实行严伍捕制度。倭寇侵犯浙江沿海，他带兵予以反击，击沉倭寇 4 艘战舰，因而升为尚宝卿。王樵平生好学，精通经学，著述颇丰。《明史》有云："邃经学，《易》、《书》、《春秋》皆有纂述。"他编纂《读律私笺》，著述《周易私录》、《尚书日记》、《周官私录》、《春秋辑传》、《方麓居士集》，均被《四库全书》收录。此外，他还著有《四书绍闻编》、《重修镇江府志》、《李记》、《计曹判记》、《书帷别记》、《评定周易参同契》、《老子解》、《西曹判事》等。万历二十八年十二月卒，墓葬金坛城东九里青岗墩，《明史》有传。

人，未尝无一念之明。是帝之迪人，无往不在也。"① 这段话以及评论都阐明 God 之忿怒，从天上显在一切不虔不义的人身上②，但只在祂的灵不断地努力引领他们为义的时候才显明出来。

在《诗经·正月》(*The first month*) 中，我们读到"民今方殆，视天梦梦。既克有定，靡人弗胜。有皇上帝，伊谁云憎。"③ 作者的这个问题会让我们想起亚伯拉罕的一个问题，"鞠天下者，岂不行义乎？"④ 评论者以下述方式阐明了那种情感："民今方危殆，疾痛号诉于天，而视天反梦梦然，若无意于分别善恶者。然此特值其未定之时尔。及其既定，则未有不为天所胜者也。夫天岂有所憎而祸之乎。福善祸淫亦自然之理而已。"⑤ 让读者去评论这段话中所呈现出来的神圣治理之真实性吧！不法之事，比比皆是。无辜之人身处苦痛之中。而恶人却被高举。那些现象一度困扰人心。但却"有主上帝！"在那种保障中，心灵可以得享安息。祂将显现，伸张正义。

在《诗经·大明》(*Great Brightness*) 那篇中，我们读到下面对

---

① 【原文】"In the daily business of life, and the most common actions, we feel as it were an influence exerted on the intelligence and emotions of our hearts. Even the most stupid are not without their gleams of light. This is the leading of *Te*, and there is no place, where it is not felt."
② 【译注】《圣经·新约·罗马书》(和合本) 1:18，原来 神的忿怒，从天上显明在一切不虔不义的人身上，就是那些行不义阻挡真理的人。
③ 【原文】"The people now feeling their jeopardy, look up to Heaven, as if it were regardless of them. But when the time of its determinations has arrived, no man will be able to overcome them. There is the Sovereign *Shang-Te*! Does He hate any one?"【译注】语出《诗经·小雅·正月》，全段为："瞻彼中林，侯薪猴蒸。民今方殆，视天梦梦。既克有定，靡人弗胜。有皇上帝，伊谁云憎。"
④ 【译注】《圣经·旧约·创世纪》18:25，"审判全地的主岂不行公义吗？"
⑤ 【原文】"The people feeling their jeopardy, bitterly cry out and tell their state to Heaven, and yet Heaven appears regardless, as if it would make no distinction between the good and the evil. But this happens only while the time of its determined action has not yet arrived. When that has arrived, there will not be one whom Heaven will not overcome. Is there any one whom Heaven hates that it should afflict him? Happiness to the good, misery to the bad — are settled essential principles."【译注】语出朱熹《诗经集传》卷五。

第二章　*Elohim* 与 *God* 都是关联术语。 最精准的汉语术语上帝是真神的进一步证明

武王①说的那段话，即在他加入与殷朝末代暴君开战军队的前夜，"殷商之旋，其会如林。矢于牧野，维予侯兴。上帝临女，无贰尔心。"② 这段话在下面这段评注中得到阐释，"此章言，武王伐纣之时，纣众会集如林，以拒武王，而皆陈于牧野。则维我之师，为有兴起之势耳。然众心犹恐武王以众寡之不敌，而有所疑也。故勉之曰：上帝临女，毋贰尔心。"③ 这段话总会让我想起《诗篇》第20篇的话来，"维车维马，人所赖兮，上帝之名，子则称扬之兮。"④ 亚撒⑤王的祷告也可与此相比，"顾上帝耶和华曰：尔欲援我，民之多寡，力之强弱，无不可以之克敌。我之上帝耶和华欤！求尔助我，盖我莱尔名，御斯有众，愿上帝耶和华毋许人胜尔。"⑥

【103】

无须再引述其他篇章了。福建巡抚的宣告已在本书第60页中引述过了，他的话已由中国古代和现代的所有文学作品证实过——即"上帝传递给中国人一种观念：普天之下，莫非王土。"比起下面这段由麦都思博

---

① 【译注】即指周武王。周武王，姬姓，名发，谥武，日名为珷帝日丁，西周时代青铜器铭文常称其为珷。他是西伯昌与太姒的嫡次子，其正妻是邑姜，他是西周的创建者。
② 【原文】"The multitudes of Yin are gathered like the leaves of a forest, as they are spread out there in Mǒ – yay. But we are full of spirits. *Shang – Te* is with you. Banish all doubt from your mind."【译注】语出《诗经·大雅·大明》，理雅各引文有误，原文为：殷商之旅，其会如林。矢于牧野，维予侯兴。上帝临女，无贰尔心。
③ 【原文】"When king Woo was attacking Chow, the forces of the latter were collected, numerous as the leaves of a forest, to withstand him, and pitched in Mǒ – yay. Though Woo's forces were all in high spirits with their enterprise, they were yet afraid lest his mind should be in anxiety on account of the comparative smallness of his army; therefore they animated him, saying, '*Shang – Te* is with you. Banish all hesitation from your mind.'"【译注】语出朱熹《诗经集传》卷六。
④ 【译注】《圣经·旧约·诗篇》20：7，"有人靠车，有人靠马，但我们要提到耶和华我们 神的名。"
⑤ 【译注】亚撒（～前870年）是古代中东国家南犹大王国的第三任君主，参见《圣经·旧约·历代志下》第14～16章。
⑥ 【译注】《圣经·旧约·历代志下》14：11，"耶和华啊，惟有祢能帮助软弱的，胜过强盛的。耶和华我们的 神啊，求祢帮助我们。因为我们仰赖祢，奉祢的名来攻击这大军。耶和华啊，祢是我们的 神，不要容人胜过祢。"

281

中国人关于神与灵的观念
The Notions of the Chinese concerning God and Spirits

士引自《谐声品字笺》①（*Heae shing pin tsze tseen*）这部字典中有关祂存在的推理，有哪些会比西方人的思维模式——更为公义——更加相似呢？"据《书经》所言，天绝无私意，而是垂青那些敬重他人的人；此外，任何一位皇帝都难以仰赖天条，因为它不会自始至终地护佑一家之安危。对行善之人，天赐百福，对行恶之人，天降百灾。而居其中者，仅仅是这种无差别的次序之理、自然之气，它们往复循环；但是，倘若并无至灵之真宰（*a perfectly spiritual and efficacious true Ruler*）这回事儿，那么是谁在那儿显明这些私意与公义呢？又是谁在那儿受人尊崇呢？祂的律例难以为人所信赖，而且对一家而言又无保障，但祂又赐福又降祸于万民。祂不就是我们称为皇皇之上帝的那位吗？但我们人，日常生活在 *God* 的鉴察之下，并不晓得如何培育我们的敬畏之心与警戒之心来敬畏皇天（*the Majesty of Heaven*）。当我们怀有一丝狡诈、一丝私意的时候，我们岂敢对抗天帝呢？我们岂不是极为浅薄吗？"②

[104]

我该以何种更加娴熟的方式，才能让一位传教士揭示朱熹及其追随者在原则上所犯的错误呢？我不知道。他怎样才能更巧妙地将那种"无差别的次序之理"——"既非愿望又非计划之理"以及"一种能动的源始之物"的假设置于一旁呢？这些假设，我们除了说它们荒谬之外，还能说些什么呢？我们不用它来解释众所周知的现象与事实吗？这就是那位中国作家所说的话。西方任何一位无神论者都不曾更加稳健、更为直接地引发对 *God* 的认知。

在此，我只须复述两个评论，这两个评论是对我已得出的关于 *God* 之观念的第一种来源的阐释而发的，当中国人承认在尘世的德治

---

① 【译注】《谐声品字笺》，清朝虞德升撰。《四库提要·卷四十四·经部四十四》记："其书以字韵之学向来每分为二，不相统摄，因取六书谐声之义品列字数。其法总五十七声，分三十九字，合九十六音，共千六百母，而六万有奇之字毕归之，使学者可因声以检字。盖本其父熙草创之本，而复为续成之者也。不知谐声仅六书之一，不能综括其全。故自来字书、韵书，截然两途。德升必强合而一之，其破碎支离，固亦宜矣。"

② 【原注】麦都思的《探究翻译 God 这个词的恰当方式》，第 28 页。

第二章　*Elohim* 与 *God* 都是关联术语。最精准的汉语术语上帝是真神的进一步证明

中有通灵者存在的时候，他们会谨慎地辨别他们所隶属的位置和上帝至高律例之间的差异；事出紧急的时候，大多数人都会直接呼吁上天。我手头上有本儿《感应篇》①（*The Book of Actions and their Recompenses*），在钦定版（*the Imperial edition*）中，有一篇顺治（*Shun che*）朱笔书写的序言，顺治是第一位满清皇帝②。尽管这本书是道家的一篇作品，但人们认为其基本原则却与儒家经典教义是一致的。该文引用了不同经（king）书来阐释其中的内容，引导读者从显现出的外相中汲取基本真理。该书说道，"善恶之报，如影随形。是以天地有司过之神依人犯轻重，以夺人算③。又有三台北斗神君，在人头上，录人罪恶，夺其纪算。又有三尸神，在人身中，每到庚申日，辄上诣天曹，言人罪过。月晦之日，灶神亦然。"④ 在这些话中，这些不同种类的神的归

---

① 【译注】《太上感应篇》，作者不详，中国道教善书，托称太上老君所授，是流传最广的善书。《太上感应篇》文句多取自东晋葛洪（284 年～343 年）《抱朴子》"对俗"及"微旨"两篇，全文 1277 字，分总论、善行、恶行和结论 4 部分，共列举 22 项善行，155 项恶行。《太上感应篇》为后人编写善书的典范，该书在清代与《文昌帝君阴骘文》及《关圣帝君觉世真经》合称"三圣经"。

② 【译注】原文直译应为"鞑靼皇帝"，汉人蔑称满人为"鞑子"。顺治（1638 年～1661 年），爱新觉罗·福临，清朝第三位皇帝，女真族入关后的第一位皇帝。顺治帝是清太宗皇太极第九子，六岁继位，由叔父摄政王多尔衮辅政。1644 年，李自成的农民军攻破北京。吴三桂引清军入关平叛，清军迅速占领了北京，随后攻灭了各地农民军和南明的势力，基本占领了中国的大部分疆域。顺治七年（1650 年），叔父摄政王多尔衮出塞射猎，死于滦河，十四岁的顺治帝开始亲政。顺治十八年（1661 年）正月，病逝于禁宫内，年二十三岁。遗诏传位于第三子玄烨，即康熙帝。庙号世祖，葬于清东陵的孝陵。

③ 【译注】理雅各此处，连同下行的"算"字有误，现据通行本更正。

④ 【原文】"Their recompenses follow good and evil, as surely as the shadow attends the substance. Therefore in heaven and on earth, there are spirits who are set over the faults of men, and who shorten their lease of life, according to the lightness and gravity of those faults. There are also the spirit – princes of the stars called the three *T'ae*, and of the Bushel of the North (*Ursa Major*), which are over men's heads, and record their crimes. There are also the three Body – spirits, which reside within men's bodies, and, on every fifty – seventh day, go up to the palace of heaven, to report men's crimes and faults. On the last day of every month, the spirit of the furnace does the same."【译注】语出《太上感应篇》。理雅各这段文字中漏掉一句话，原文为："善恶之报，如影随形。是以天地有司过之神依人犯轻重，以夺人算。<u>算减则贫耗，多逢忧患，人皆恶之，刑祸随之，吉庆避之，恶星灾之，算尽则死</u>。又有三台北斗神君，在人头上，录人罪恶，夺其纪算。又有三尸神，在人身中，每到庚申日，辄上诣天曹，言人罪过。月晦之日，灶神亦然。"（下划线为译者所加。）

中国人关于神与灵的观念
The Notions of the Chinese concerning God and Spirits

属得以充分地显明。然而,经典的注疏者引领人脱离天地之灵明(*spirits*),而直指上帝,引用《诗经》的话说,就是"上帝临汝,日鉴在兹。"① 关于三位灵体(*Body - spirits*),他说,"守庚申而绝三尸,语出道家,然吾以为事事行善,三尸亦必以其善上奏,虽不绝,何害?若行不善,虽绝三尸,岂能逃于天鉴乎!"②

我们关于 *God* 之观念的第三种来源是人类之魂(*soul*),魂有知觉、有智慧、有仁慈。"有份资料",这位作者说,"正是为此而作,并非作为展示证明过程的通灵者,而是作为人们沉思的对象,证明便以此为基。这一点绝不会被人遗忘,没有对人类之魂的反思冥想,就不可能产生对永生智慧之 *God* 的沉思。与反思的对象相比尽管那么渺小,但我们发现在人的魂中,最引人注目的是属灵之 *God* 的形象。倘若不考虑人类的知觉、情感和智慧的话,*God* 只会被人们设想成是自然界当中的一条机械原理,或说是一条次序之理,是高于自然的命运

---

① 【原文】"*Shang - Te* is near you, and daily surveys your conduct." 【译注】译者并未在《诗经》中查到理雅各引用的这句原话。在《诗经·大雅·大明》中有"上帝临女,无贰尔心。"在《诗经·周颂·敬之》中有"陟降厥士,日监在兹。"

② 【原文】"There is a saying of the Taou sect, 'Be on your guard on the fifty - seventh day, and you will escape the three Body - spirits,' but I think we ought in everything to do good. Then they will go up and report our good - doing. Though we should not escape from them, they can do us no harm. But if our conduct be bad, although we may escape from them, how shall we evade the inspection of Heaven?"

第二章　*Elohim* 与 *God* 都是关联术语。最精准的汉语术语上帝是真神的进一步证明

力量或发展规律（比如在谢林①那里），而不被人们当作是一个真实的、有生命的通灵者。人类拥有意识和智慧的目标是为了建立一种人格**神**（*a personal God*）。"

　　我对这些观察的真实性深信不疑，从人类灵魂到上帝智慧的品格中，我查明了中国人关于 *God* 之种种观念，在那个过程中，没有什么比探寻作者所做的推理更让我感兴趣的了。为了阐明这一点，让我给读者引述杨复和魏庄渠（*Wei Chwang‑keu*）的一些话，这些话在本书第 37 页和第 52 页已经分别引述过了。前者说，"天帝一也。星象非天，天固不可以象求也。以象求天，是何异于知人之有形色、貌象，而不知其有心君之尊也？"② 后者说，"上帝乃天之主宰，人心亦

【106】

---

① 【译注】弗里德里希·威廉·约瑟夫·冯·谢林（Friedrich Wilhelm Joseph von Schelling, 1775 年~1854 年）德国哲学家。谢林出生于 1775 年，1790 年进入图宾根大学神学院学习哲学和神学，他和黑格尔、荷尔德林是同窗好友。1792 年从哲学院毕业后，他开始研读康德和费希特，两人的思想极大地影响了青年时的谢林。1794 年，他出版了一本阐述费希特思想的文章《论一种绝对形式的哲学可能性》（*Über die Möglichkeit einer Form der Philosophie überhaupt*）。这篇文章获得了费希特本人的认可，这使得谢林在哲学界获得了一定名声。1795 年，谢林完成了他的神学学位论文，毕业后在莱比锡作过两年私人教师，在这期间他研究了数学、物理和医学，同时研读了维柯和斯宾诺莎的哲学。1798 年，年仅 23 岁的谢林受聘为耶拿大学的编外教授，讲授自然哲学和先验哲学，并写出了他的早期著作《先验唯心论体系》（*System des transcendentalen Idealismus*）。1803 年，谢林和他的妻子卡洛琳（Caroline）结婚（这件事造成了他和浪漫派的决裂），并离开了耶拿。1803 年~1806 年间，谢林任维尔次堡大学教授，由于他"好战"的性格，使得他在同僚和政府中有很多敌人。同时他的思想也开始倾向于宗教神秘主义，1804 年写了《哲学与宗教》（*Philosophie und Religion*）一书。1806 年，他移居慕尼黑，找到了美术学院院长等各种职务。1809 年，他的妻子去世，同年他写出《对人类自由本质的研究》（*Philosophische Untersuchungen über das Wesen der menschlichen Freiheit und die damit zusammenhängenden Gegenstände*）。文中他对于神秘主义的倾向更加明显，他阐述了康德哲学中对于理性和实践之间的区分，他将自由定义为对善与恶的理解力（a capacity for good and evil）。海德格尔（Martin Heidegger, 1889 年~1976 年）曾仔细研读了这篇文章并给予了高度评价，他将黑格尔对此文的诬蔑评论为"由此可见，一个伟大的思想家在根上怎么也不能理解另一个同样伟大的思想家，因为他们每个人都有自己独特的伟大之处。"1820 年~1827 年任埃尔兰根大学教授，1827 年重返慕尼黑执教，并被推举为国家科学院院长。直到 1841 年，他被普鲁士国王召回柏林，接替了黑格尔去世后留下的哲学教席。1854 年，他在前往瑞士的途中不幸去世。

② 【原文】by Heaven and *Te* are indicated one Being — that Heaven must not be sought for in what is visible — that he who seeks for Heaven in material appearances, does not differ from a person who knows that a man has a body, colour, and form, but does not recognize the honourable sovereign mind.

中国人关于神与灵的观念
The Notions of the Chinese concerning God and Spirits

身之主宰,主宰岂容有二?"① 在那部字典②中,我在第 103 页中引用过令人钦佩的推导,其中对于上帝的品格,我们读到,"帝者,天之宰也。天之主宰曰帝,身之主宰曰心。"③

与这个主题紧密相关的一些篇章,其中提到了上帝的心智、意志、律例和灵(spirit)。根据我们所拥有的自由、才智和品格,那些表述很明显是出于祂的观念。在《书经》中被称之为《汤诰》(The announcement of T'ang)的篇章中,君王对其国民说:"尔有善,朕弗敢蔽;罪当朕躬,弗敢自赦,惟简在上帝之心。"④一些事例中已经提及到上帝的律例典章。实际上,在《书经》中基本上没有出现过一个更为通用的词语。"帝之灵或上帝之灵"这种表述是极为重要的一种。其中便有祂的品格,在我们身份确认的时候,祂在,在我们品格始终如一的时候,祂也在,但祂会出现在我们属灵的自我意识中吗?在这一点上,关于上帝的汉语表达与《圣经》中关于 God 的用语惊人地一致。上帝是灵,**神**是灵。有"上帝之灵",也有" **神**之

---

① 【原文】 Shang-Te is the Lord and Governor of heaven just as the soul is the Lord and Governor of the body, and that it is not possible that there should be two Lords and Governors.
② 【译注】 即《谐声品字笺》。
③ 【原文】 "Te is the Governor of heaven; the Lord and Governor of heaven is called Te, as the lord and governor of the body is called the mind."
④ 【原文】 "If you be good, I will not dare to conceal it. If guilt rest on my own person, I will not dare to excuse myself. The inspection of those things rests with the mind of Shang-Te." 【译注】语出《尚书·汤诰》。

第二章 *Elohim* 与 *God* 都是关联术语。 最精准的汉语术语上帝是真神的进一步证明

灵",“借着祂的灵,**神**铺张穹苍",借着祂的灵,上帝妙万物。"①

我们对 *God* 之观念的第四种也是最后一种来源,用麦克科什的话说,就是人类的道德品格。借着这些道德品格,他更加理解良知。"这种良知",他说,"隶属于全人类。人类不仅拥有理解力,比如记忆、想象和判断;不仅拥有感觉(*feelings*)和情感(*emotions*),比如爱、望、惧;同样,他还拥有一种更高的才能,或者说是感觉官能(*sense*),这种能力借其自有的法则来判别心灵中每种不同的准则,并要主宰它。良知是一种稳固且强而有力的工具,它可以将 *God* 之观念传递到人们的心灵当中。我们相信借着良知本身人类可以直接思考 *God*,而不用借助于对自然的诸般缜密之考察,不论是形而下的(*material*)考察还是形而上的(*spiritual*)考察。与其说是靠着他外在所看到的一切,倒不如说是借着他内里所感受到的来引导人类相信有一位世界主宰。良知被人们说成是一位掌权者,它代表 *God*,它是一位鉴察者,借着良知,人类可以持续不断地记起他的掌权者,他的审判者。

我们关于 *God* 之观念的这种来源已经提过的,就是在第二种来源之下作为神圣治理中 *God* 的安排密切相关。在那些关系中,作者纳入

[107]

---

① 【原注】神也者,妙万物而为言者也。这几个字也出现在《易传》有关帝出的记述之后。术语妙有主动的意思,我不能援引一些注疏者加以论证。与大多数注疏者一样,雷孝思将这句话翻译为,"That which in this universe of things is most wonderful and exceeding apprehension, is spirit",但那并非是本篇文论中所说的一般意义上的灵。它是帝之灵,祂的事工已然证明。梁寅(Leang Yin)[译按:梁寅(1309 年 ~ 1390 年),字孟敬,新喻(今江西省新余县)人。著有《石门集》《周易参议》《尚书纂义》《春秋考义》《宋史略》、《元史略》《集礼》],明代最早的一位注疏者说,神即帝也,帝者,神之体,神者,帝之用。故主宰万物者也,所以妙万物者,帝之神也(Shin here refer to Te. Te is the body (the substans) of the shin; the shin is the acting out of Te. Therefore He who rules and governs all things is Te. That whereby he beautifies all things is His shin.)即是祂的灵。此处,帝和神这两个字连在一起——我想问它们哪一个可以与文惠廉博士关于独立名称的要求相匹配呢。他会用神(shin)来表示 God;但根据中国哲学家,帝乃神之体,即神之实体或神之本质。这种想法可能基于帝是"一种存在",在与帝相连的时候,它不能也那般应用于神。

287

了从亘古至今祂亲临世间的种种审判，但那是一种什么样的审判？出于 God 之权能与正义之法则一致吗？会支撑起 God 之权能吗？为了认识**神**的审判（*a providential judgment*），我们首先必须要有一种良知上的判断。我还会思考麦克科什先生的话，"建立在良知存在这个事实上，认同 God 之存在的独立证明是可能的"，而且，对当下这点更为重要的是，中国人可以从其中一种推演出另外一种，就像我们所做的那样。

关于这点，有个有代表性的事例在第 101 页王樵的评论中已经引述过了，即夏桀①因其不可救药的放荡而受罚。他说到一种施加于我们心灵之上的影响，是关乎我们日常行为之本性的，这种影响就是"帝的引领。"这种表述相当于良知的表述，我觉得这作为我们心内"God 之声音"这种说法并不罕见。实际上，我们的道德本性被描述为祂的恩赐，用来表示与上帝的关系。我们在《书经·汤诰》中读到，"惟皇上帝降衷于下民，若有恒性。"② 这些公义的原则是仁慈、

[108]

---

① 【译注】桀（？～公元前 1600 年），中国夏朝第十七任君主，亦是最后一任君主，名履癸，发之子。史书将桀描述成一个暴君：他对政事不闻不问之余，还施行暴政。《通鉴外纪》载："（桀）罢民力，殚民财。为酒池糟堤，纵靡靡之乐，一鼓而牛饮者三千人。"结果商汤起兵，《汤誓》说："有夏多罪，天命殛之"，于是桀逃到鸣条（今山西安邑）；鸣条之战，桀战败，夏朝就此灭亡，桀死于南巢之山（今安徽省巢湖市）。桀哀叹说："孤悔不遂杀汤于夏台使至此。"（《史记·夏本纪》）不久病死，后世有"殷鉴不远，在夏后之世"的说法。《史记·匈奴列传》记载匈奴是桀的儿子淳维北逃所建，"匈奴，其先祖夏后氏之苗裔也，曰淳维"。

② 【原注】The Sovereign *Shang-Te* conferred the principles of rectitude on the lower people, by obeying which they will possess an invariably virtuous nature. 在五王备旨的版本中，这段话中有一条令人印象深刻的阐述，它不会让有中国观念的学生索然无趣。——"夫人所以有仁义礼智信之性者，从何得之？乃惟皇上帝，化生万物之初，本其太极阴阳之至中者，降之民，浑然在中，不偏不倚，所谓衷也。" "Whence did man get his nature, endowed with the principles of benevolence, righteousness, propriety, knowledge, and faith? It was from the Sovereign *Shang-Te*, who, in the beginning, when He produced all things, conferred upon man that which was most perfect of the *T'ae-keih*, and the *yin* and *yang*, blended together in him, without deflection, without perverse inclination. This is what is called the moral nature." 此处太极所指的是什么，不消我说，作者已在太极和上帝二者之间做了个极为显著的区分。祂是万有之主，特别是人类道德本质之主。太极、阴阳，是器，或更确切地说是祂手中的形质。

288

公义、知礼、知识、信实,这些属性主要彰显在修整人生的五大关系当中,这五大关系就是父子、君臣、夫妻、长幼和友朋。因此,中国人的道德哲学与西方人的道德哲学是一致的,西方人对将良知视为一种显著禀赋的正当性持怀疑态度,他们反而将其视为用于行为与情感的道德赞许或道德责难的普世原理(a general principle)。然而,这并不会影响到它在魂当中是至高无上的,也不会影响人们对它的创造者(its Author)至高权柄的认知。孟子称,"存其心,养其性,所以事天也。"① 但在一种情境下,他表述为如下这种著名观点,"孟子曰:君子有三乐,而王天下不与存焉。父母俱存,兄弟无故,一乐也。仰不愧于天,俯不怍于人,二乐也。得天下英才,而教育之,三乐也。"② 【109】第二种乐的源头出现在保罗说他自己一直刻苦己身的一段话中,"我对上帝、对世人,常自励,存不亏之心。"③ 张南轩以一言总述这三乐:"君子之乐,乐其天也"④——最后一个字明显是指天赐(Heaven-given)和天性(gifted nature)。

至此,我已经考察了我们关于 God 之观念的不同来源,并且展示了自然界及神意中的同类事实是如何引导中国人有上帝之观念的。创造的观念和自有的观念都不能成为我们对 God 之观念的来源;毋宁说此二者是 God 之观念的完成。至少中国人获得了前者,这点已在前一章中充分地证明过了,但倘若其中尚未论证充分的话,那我就应该在这一背景之下继续陈述其他的论据,以此证明上帝必定是真 神。这

---

① 【原文】"it was by the preservation and nourishment of the heart and nature thus endowed that man served Heaven."
② 【原文】"The delight of the superior man lies in three things, and to be ruler over the empire is not one of them. If his parents be preserved in life, and his brothers give him no occasion for sorrow — this is one element of his delight. If he can look up to Heaven without shame, and look down upon other men, without being abashed — this is the second element of his delight. If he can get the most talented men in the empire under his influence, and teach them — this is the third element of his delight."
③ 【译注】《圣经·新约·使徒行传》24:16,"我因此自己勉励,对 神对人,常存无亏的良心。"
④ 【原文】"The delight of the superior man is to delight in his Heaven."

便是我能够为我自己智慧地探寻的唯一依据。

希伯来人、条顿人和中国人对上帝之名在本源意义上的一致性

这也只是作者的评论，我主要从他那里引述大量资料，这些论据出自他列举的 God 之观念的不同来源，它们并非都是结论式或说是近乎结论式的。如果人们清晰地发现其中只有一种来源在中国人当中得以发展，那么我想我们应该可以借着这一来源引领他们认识其他所有的来源。但这些来源没有一个让我们失望。上帝是设计者，是创造者，是掌权者，是统摄者。祂是灵（spirit），是一种人格化的智者（a personal intelligence），是良知之主。我依旧欣然承认它们是"神圣治理中 God 之安排"，它极大地影响了中国人的心智，而且与他们对上帝的观念紧密相连。但在这点上，中国人与"人类中的大多数"保持一致，并且在所拥有这个名——他们以这个名来称谓至高存在（the Supreme Being）——这一事实的具体形态上，我们有个强而有力的证据证明这两点，而这两点我老早就论证过了，此外，我们还有个有趣的心智一致的说明，它出现在人类语言和习俗多元化的一切表象之中。

上帝意指至高主宰，这在任何情况下都为人所公认。对此，犹太人告诉我们说，他们对至高存在的称呼是——Elohim——意思是"统摄者或审判者"。有种称呼叫 God，这个词稍微有点变化，它应用于【110】欧洲所有条顿族人的语言中，而且在亚细亚也有发现，至高存在之名在波斯人当中使用。其基本意思也是一样的。麦都思博士和我都自始

第二章　*Elohim* 与 *God* 都是关联术语。最精准的汉语术语上帝是真神的进一步证明

至终坚持这种观点，而且我十分欣慰地在《韦伯斯特美式英文词典》①中见到这种观点，并有如下佐证。在"GOD"这个词条下，写到："*GOD*，撒克逊语是 god；日耳曼语（G）是 gutt；德意志语（D）是 god；瑞典语（Sw）和丹麦语（Dan）是 gud；哥特语（Goth）是 goth 或 guth；波斯语（Pers）是 goda 或 choda；印度语（Hindoo）是 khoda，codam②。这个词和 *good* 在撒克逊人那里写出来非常像，于是人们就推断 God 是从祂的良善（goodness）而命名的。但在其他大多数语言中与之相应的词却并不一样，而且我相信没有以至高存在良善这种属性来命名至高存在这样的先例。极有可能的是一种观念离人类早期鄙陋的观念太过久远。除了耶和华（Jehovah）这个词之外，我还发现至高存在之名通常取自（*usually - taken*）祂的超然性或是祂的权能，而且它的意思等同于领主或掌权者（*lord or ruler*），这种称谓出自某一词根，用来表示施压或施力（*press or exert force*）。在当前这个例子中，我们有证据证明这便是这个词的意思，因为在波斯语③中，goda 用来翻译 dominus，possessor，princeps，作为同一个词的衍生词。参见《Cast. 词典》④ 第 241 页。"文惠廉博士说，"词源学对

---

① 【译注】即由美国辞典编纂者挪亚·韦伯斯特（Noah Webster, 1758 年～1843 年）于 1828 年的现代《韦氏词典》，该词典成为继英国约翰逊《英语词典》之后的经典辞书。韦氏死后，开印刷所的兄弟二人 G. 梅里亚姆和 C. 梅里亚姆买了韦家的版权，以 Merriam - Webster（梅里亚姆 - 韦伯斯特）公司的名义出版《韦氏词典》。1847 年，修订第一版印出，合订成一巨册，并配上插图；1890 年，改书名为《韦氏国际英语词典》（意即通用于英语国家）。1909 年，又改称《韦氏新国际英语词典》，并于 1934 年出了第二版。1961 年出版《韦氏国际英语词典（第三版）》。
② 【原注】我已从有识之士那里确定了 khoda 或 codam 并非印度土著术语，而是由印度的穆斯林所采用的波斯术语，印度人偶尔也会用这两个词。而梵语中却无那种词汇。人们对这个波斯词汇并无疑问。韦伯斯特提到这个词的衍生词是 *khodawan*，在《理查德森词典》中赋予了这种意思，"王，王子，领主，主人。"在《天方夜谭》中有个"Codadad and his brothers"的故事——其中以 *Codadad* 来表示 God。
③ 【译注】原文为 persic，疑为印刷之误，应该是 persia。
④ 【译注】此处，理雅各的原文是 See Cast. Lex. 241., 译者找了很多资料，无法确定"Cast."是哪个词的缩写。

291

词性和词义是一种非常不靠谱的指引——每项逻辑工作都充满了对我们的警示，因我们会受到源于词源的诡辩的误导——这全都是猜测性的，而且恐怕不会有什么其他领域，会让饱学之士如此沉溺于其中，沉醉于自己的幻想了。"或许以这种一般意义上的词源学的方式书写，很容易就可以遇见一种建立在某个具体词源上的论据，但那种过程却是不明智的，也不是通向真理之路。作为语言科学的一个分支，词源学的产生，其重要性与日俱增，它充分地驳斥了文惠廉博士对词源学轻微价值的陈述。这不都是臆测性的。实际上，一些人已经以一种错谬肆意的幻想从事对这一问题的研究了，但没有比麦考洛赫①制定的语法标准更好的了——"人们发现一个词的基本意思自始至终只提供了一把钥匙，这把钥匙诠释并协调着该词最久远的次级词义。"② 文惠廉博士可能证明了我过去对 Elohim 的推衍是错误的。如果他证明了我对该词的词源推衍是不对的，那他就应该推翻我对该词所做的所有论证。但他却以一种草率的、不正确的主张为自己辩护，他说所有的词源学都是臆测性的。他要以同种方式对韦伯斯特③关于 God 基本意思的表述也置之不理吗？很多一流的英文记者都承认，他的词典作为一部最好的英文词典，具有的非凡价值，并且还有一大串美国最有影响力的人名名单，作为他在词源学上所做的非凡价值的特别见证。我恳请我的传教士弟兄们不要急于否认这个证据，因为这个证据已经引起了中国人对我们关于至高存在一般称谓的特殊含义的关注了。显而易见，引领我们相信有一位 God 的同种思考何以引领中国人也相信存在一位上帝（SHANG-TE）。现在，我们看到上帝这个名

---

① 【译注】MacCulloch，即 John Murray MacCulloch，但译者未能查到此人详细信息。
② 【原注】《英文语法手册》，哲学的和实践的，第 123 页。
③ 【译注】挪亚·韦伯斯特（Noah Webster，1758 年～1843 年），美国辞典编纂者、课本编写作者、拼写改革倡导者、政论家和编辑，被誉为"美国学术和教育之父"。他的蓝皮拼字书教会了五代美国儿童怎样拼写。在美国，他的名字等同于"字典"，尤其是首版于 1828 年的现代《韦氏词典》。

第二章　*Elohim* 与 *God* 都是关联术语。最精准的汉语术语上帝是真神的进一步证明

称的基本意思与 God 这个名称的基本意思是一样的。这些是闪米特种族——希伯来人、阿拉伯人、迦勒底人还有其他族系的人。他们都称至高存在为 *Elohim*——掌权者，审判者。这些是条顿族的哥特人和撒克逊人，他们与波斯族联手，称上帝为 *God*——掌权者，主宰。这些是大蒙古族——成千上万的中国家族——称至高存在为帝（*Te*）和上帝（*Shang - Te*）——掌权者，审判者。这不可能是偶然的——多元却又和谐如一。声音是多种多样的，但思想却是一种。犹太人、条顿人、中国人明显是一种血统，同属一类（*one nature*）；虽然在秉性上、肤色上、习俗上不尽相同，但他们却聚在一起，在他们的共同的父亲面前（*common Parent*）成为一家。祂指定他们各自所住的疆界，其实祂和他们各自的距离一样近①。他们以同种方式认识祂，并以同种称呼向祂的耳畔呼吁，各按本心的理解呼求祂。因而我们的探索与《自然与神学的科学》（*Natural and Theological Science*）中的最重要的一个问题联系起来——这个问题就是我们种族同一性的问题，假如我没犯什么大错的话，我们的探索就会迸发出一道光，照耀在这个为众人称道的问题之上。对我自己而言，我一定会用上帝来言说中国人的　神，因为那是一个借着他们的心灵而建构的神秘来源与祂自然地联结的术语。我一定会使用这个术语，因为它是一个借着我们心灵的同构可以将他们、我自己并其他所有人建立起关联的术语。

---

① 【译注】《圣经·新约·使徒行传》24：16，祂从一人造出万族，居住在全地面上，并且预先定准他们的年限和所住的疆界，为要使他们寻求　神，或者可以揣摩而找到祂，其实祂离我们各人不远。

中国人关于神与灵的观念
The Notions of the Chinese concerning God and Spirits

除真 神之外，其他的存在对 God 这个词的一般应用

本章中，现在就只剩下对这个术语一般应用的少许考察作为我们一直探寻的本性了。这点在本书第 75 页中已经简单地提及过，但对其充分的考察却被推迟，直到提出 Elohim 和 God 是关联术语这个证据之后。现在这项工作已经完成了，假定这一点处理得还不错的话，那么比起其他在使用中应当加以限制的关联术语的类似应用时，God 【112】这个词的一般用法不会更神秘莫测——不会更加难以解释。比方说，根据政府的性质，一国中按理说应该有个总统，皇帝，或是君王什么的 。然而在乱世，许多人可能都会努力使自己拥有至高无上的权力；许多领袖会被他们各自的追随者推举为总统或是皇帝。但这种僭越并未得到授权。同样，还可能会有许多人索求同一财产的所有权，但当这些人各自的要求得以确定时，财产才会委托给他，为他所属，那时他就可以说"唯我独尊，除我之外，别无所属。"God 之名也是如此。在真理中——按理说，只有一位 God，但却"有被称为 God 的"，甚至还有许多。他们的追随者以一个称号来颂扬他们，而他们却无权享有那种称谓。他们都是僭越者——作为 *spirits*，他们真实存在着，或是只存在于那些敬拜他们的人的臆想之中。对严格意义上的 God (God proprie) 和宽泛意义上的 god (god improprie) 之区分，文惠廉博士坚信这种区分非常重要，但这样做只会使这个主题产生混乱。当他在一种"恰当的意思" (*a proper sense*) 的情况下说到这个词的时候，另一种情形中便是不恰当的了，我发现这很难遵循他的推论。我承认这个名称有正当使用和不正当使用之分。以其恰当的意思赋予那

294

第二章 *Elohim* 与 *God* 都是关联术语。最精准的汉语术语上帝是真神的进一步证明

些并未以这种称号命名的存在——这便是不正当的使用。这种不正当的应用与一个僭越者被尊为皇帝的情形一样。因而，那个称号不会获得一个新的、不正当的意思。以这一称号来称谓某位不该冠以此称号的人，这样做并不会改变这种称号的本意。皇帝这个词也一样，但他愿意如此受人称谓，或者说其他人也愿意那样称呼他，但那种皇帝就是冒牌货。

多神论的起源

我先前出版的有关多神起源的论著中，有这样的话："在人类错谬地构想其他一切存在之前，他们侍奉真 神。当人们将祂的属性赋予其他存在的时候，无论这些是真实存在的，还是虚构出来的，他们却都以祂的专属称谓来称呼那些存在。"文惠廉博士说，这种说法对他而言，只有在第一群人出现的情形中才是正确的，在那种情况下，那群人使用源初语言，但"那个主张，即'人类构想出假神之前，他们侍奉真 神'，模棱两可，如果范围再放大一些，那一主张就是错的。"他进一步说，如果我再推而广之的话，其谬见立刻就会显现出来——"在人类错谬地构想其他一切存在之前，他们侍奉真 神"，因为这就要求所有人在成为多神论者之前，都得是一神论者，而这与我们众所周知的事实截然相反（《辩护文》，第56页）。文惠廉博士向我们指出，一种语言中与我们的 God 相对应的词，如果他喜欢的话，或说与 god（神祇）相对应的词，会是普世观念（*a generic idea*）的产物吗？任何国家中的人，在他们成为多神论者之前都是一神论者，假如我不承认这个事实的话，那么我对《圣经》的信仰也就被强烈

295

【113】撼动了。使徒在致罗马人的书信中谴责了各个时代外邦人的罪①,因为他们都是多神论者。God 从未因为什么缘故离开过他们,而且沿着历史的溪流向前追溯的时候,我们抵达某个时间点,那时各个民族的祖先都与他们的族长有关,他们都受教于 God。直到建造巴别塔,天下的口音言语还都是一样的。② 人类用来表示 God 的词语与挪亚所用的词一样。或许当时多神论已经在他们中间发展起来,但这也是在一神论之后才出现的。当那世代的人语言变乱之后,他们分散在全地之上,什么时候这些不同的族群将 God 之观念从他们心中除去的呢?直到曲解了自然和神意的见证的之后,他们才因着一种敬虔之心从所有多神主义者中觉醒,然后开始谈论这样那样的神祇,那个时候他们彼此之间不能再继续强强对话了吗?不能极为奇

---

① 【译注】《圣经·新约·罗马书》1:18~32,原来,神的愤怒从天上显明在一切不虔不义的人身上,就是那些行不义压制真理的人。神的事情,人所能知道的,原显明在人心里,因为神已经向他们显明。自从造天地以来,神的永能和神性是明明可知的,虽然眼不能见,但借着所造之物就可以了解看见,叫人无可推诿。因为,他们虽然知道神,却不把祂当作神荣耀他,也不感谢祂。他们的思想变为虚妄,无知的心昏暗了。他们自以为聪明,反成了愚昧,将不能朽坏之神的荣耀变为偶像,仿照必朽坏的人、飞禽、走兽、爬虫的形象。所以,神任凭他们随着心里的情欲行污秽的事,以致彼此羞辱自己的身体。他们将神的真实变为虚谎,去敬拜事奉受造之物,不敬奉那创造物的主,主是可称颂的,直到永远。阿门!因此,神任凭他们放纵可羞耻的情欲。他们的女人把自然的关系变成违反自然的;男人也是如此,放弃了和女人自然的关系,欲火攻心,男的和男的彼此贪恋,行可耻的事,就在自己身上受这逆性行为当得的报应。他们既然故意不认识神,神就任凭他们存扭曲的心,做那些不该做的事,装满了各样不义、邪恶、贪婪、恶毒,满心是嫉妒、凶杀、纷争、诡诈、毒恨,又是毁谤的、说人坏话的、怨恨神的、侮辱人的、狂傲的、自夸的、制造是非的、忤逆父母的、顽梗不化的、言而无信的、无情无义的、不怜悯人的。他们虽知道神判定做这样事的人是该死的,然而他们不但自己去做,还赞同别人去做。
② 【译注】《圣经·旧约·创世纪》11:1~9,那时,全地只有一种语言,都说一样的话。他们向东迁移的时候,在示拿地找到一片平原,就住在那里。他们彼此商量说:"来,让我们来做砖,把砖烧透了。"他们就拿砖当石头,又拿柏油当泥浆。他们说:"来,让我们建造一座城和一座塔,塔顶通天。我们要为自己立名,免得我们分散在全地面上。"耶和华降临,要看世人所建造的城和塔。耶和华说:"看哪,他们成了同一个民族,都有一样的语言。这只是他们开始做的事,现在他们想要做的任何事,就没有什么可拦阻他们了。来,我们下去,在那里变乱他们的语言,使他们彼此言语不通。"于是耶和华使他们从那里分散在全地面上;他们就停止建造那城了。因为耶和华在那里变乱了全地的语言,把人从那里分散在全地面上,所以那城名叫巴别。

第二章 *Elohim* 与 *God* 都是关联术语。最精准的汉语术语上帝是真神的进一步证明

妙般地交往吗？这并不是人类宗教史。人类的这些记述不会与我们自然而然地从 神谕中所得出的结论有太大冲突。"最古老的民族，"约翰尼斯·冯·穆勒①说，"尽管在其他事上并未全然受到教化，但他们对 *God*、世界、永生，乃至对星体的位移，都有着完全正确的观念和认知，而对于生活便捷的诸般技艺却稚嫩得多。"② 黑尔士博士说，"最古老的异教徒的记录经受住了时间的破坏而得以幸存——存留下来的最古老残片通常都是最简单的，也是最好的，它提供了关于源初神学（primitive theology）的最受欢迎的范本，还呈现出与《圣经》（*Holy Writ*）惊人地一致，这是真的。"③

但重要的几点——在向中国人传讲真理的时候，大部分传教士必然会受到这几点的引导——是 *God* 这个词的本性和意义。假如一

---

① 【译注】约翰尼斯·冯·穆勒（Johannes von Müller，1752年~1809年），瑞士历史学家。著有《世界史》（*The Universal History*，1778年~1779年）、《瑞士史》（*Geschichten der Schweizer*，vol 1，1780）、《历史论文集》（*Essais historiques*，1780）等作品。但他的历史学著作在今天的价值体现在文学方面，主要是因为他的史学成果在今天已缺乏公信力。
② 【原注】引自索拉克的《论异教徒之自然与道德的影响》。【译注】弗里德里希·奥古斯特·哥特鲁·索拉克（Friedrich August Gottreu Tholuck，1799年~1877年），通常都叫他奥古斯特·索拉克，是德国新教神学家和教会领袖，信义宗神学家、宣道家。大学期间，他发现自己蛮有语言天赋，尤其喜爱东方语言和文学，因此他转学到柏林的布雷斯劳大学（University of Breslau）就读。在那，他加入了柏林敬虔派，并受到汉斯·恩斯特·冯·考特维兹男爵（索拉克称他是自己的"属灵之父"）和历史学家尼安德（参见本书第116页［原页码］注释）的影响。在决定献身于神学教授这份教职之前，他认同东方传教士的观点。与此同时，他也感受到德国浪漫派、施莱尔马赫和黑格尔对他的某种影响，尽管他从来没有听讲过二人深邃的哲学神学体系。21岁那年，他最终还是选择了学术事业，后来成为柏林著名的神学教授。索拉克致力研究苏菲主义，积极参与教会的复兴运动，强调人的罪恶、恩宠、《圣经》、和好，肯定基督徒的神恩生活与实践行动。他著有《论非信徒的真正仪礼》（*Die wahre Weihe des Zweiflers*，1823）、《苏菲主义，波斯人之泛神的神智论》（*Sufismus, sive theosophia Persarum pantheistica*，1821）、《有关罪及和好者的教义，或怀疑者的被圣化》（*Die Lehre Von Der Sünde Und Dom Versöhner, Oder Die Wahre Weihe Des Zweiglers*，1823）、《论异教徒之自然与道德的影响》（*Essay on the nature and moral influence of heathenism*，1822）、《罗马书评注》（*Commentary on the Epistle to the Romans*，1824）、《先知及其预言》（*Die Propheten und ihre Weissagungen*，1860）等多本著作。
③ 【原注】《纪年考析》，第四卷，第459页。【译注】理雅各引的书名是 *Analysis of Chronology*，原书全名是 *A New Analysis of Chronology*，应为《纪年新考》。

中国人关于神与灵的观念
The Notions of the Chinese concerning God and Spirits

神论在多神论之前,或论证多神论在某些情况下在一神论之前,那么我该如何向中国人传讲《圣经》中的真理呢?根据本章我所努力——而且我希望我的努力是有成效的——而建立的结论,我一定会用一个关联术语来表示 God,这个术语可以传递那种法则的意思。用一个独立的通用术语,我会建立起一个错误的体系,而且还会违反《圣经》中警戒读者的那些内容。① 我就会成为顺服信仰之路上的绊脚石。在所有情况中,我就最好不要再写一个汉字或不说一句汉语了。但用一个关联术语——以上帝这个术语,甚至用简明的帝这个术语——我就能教导所有的启示真理,而且借着 God 之恩惠与怜悯,既能拯救我自己,亦能救拔那些听我传道的人。

---

① 【译注】《圣经·新约·哥林多前书》10:11,这些事发生在他们身上,要作为鉴戒,而且写下来正是要警戒我们这末世的人。

第三章

论希腊术语 *Theos*，以及在印度和中国用于翻译《圣经》中 *God* 的几个术语

第三章 论希腊术语 Theos，以及在印度和中国用于翻译《圣经》中 God 的几个术语

Theos 是关联术语，这种主张不会受到希腊人一神论和多神论二者谁为先这一问题的影响 【114】

在前一章中，我很少提到 Theos 这个词，这个希腊词与 Elohim 和 God 相对应。这个术语的词源要比那两个术语的词源神秘得多，而且从这两个术语既定事实中确立的任何结论，都不会被人们可能会采纳的那些特有观点所撼动。

文惠廉博士的论证试图将 Theos 传递的源初观念具有多神主义性质成为可能。"荷马①、赫西俄德，还有他们同时代的希腊人，"他说，"都用 Theos 这个术语作为他们神祇（deities）的总称，根据当时的情况，他们并不在意用这个名称指代神祇中的哪一位，或是在某种独立的情形下，偶尔会用这个名称来表示宙斯②这位他们众所周知

---

① 【译注】荷马（约前9世纪～前8世纪），相传为古希腊的游吟诗人，生于小亚细亚，此人双目失明，创作了史诗《伊利亚特》和《奥德赛》，二者统称《荷马史诗》。目前没有确切证据证明荷马的存在，所以也有人认为他是传说中被构造出来的人物。至于《荷马史诗》，大多数学者认为是当时经过几个世纪口头流传的诗作的结晶。荷马被称为欧洲四大史诗诗人之一或之首，另外三人为维吉尔、但丁、弥尔顿。

② 【译注】宙斯是古希腊神话中统领宇宙的至高无上的天神，旧译丢斯。罗马神话称朱庇特（Jupiter），乃木星的名字起源。他是克洛诺斯和瑞亚的最小的儿子。相传，宙斯之父克洛诺斯推翻其父亲乌拉诺斯取得最高权力。后娶瑞亚为妻，并生下了数名子女。但因乌拉诺斯死前预言克洛诺斯必为其子所抢王位，于是一旦有婴孩出生，克洛诺斯就将他们吞入腹内。在失去了三个女儿、两个儿子以后，瑞亚不忍下一个儿子宙斯被吞，于是拿了块石头假装成宙斯。而真正的婴孩则在克里特岛产下。宙斯长大后，从父亲肚内救出兄弟姐妹，他们联合起来，一同对抗父亲与泰坦族。十多年后，他们终于战胜了父亲克洛诺斯。宙斯是奥林匹斯山之王，也是宇宙之王。当他情绪良好时，希腊上空就阳光明媚；当他流泪时，希腊就将下雨。宙斯能驱散乌云，使天空出现彩虹；但也能把黑云堆于空中，在地上刮起强风，让天空电闪雷鸣，大雨滂沱。宙斯代表了正义，他对人类的统治也是公正不偏的。当人们行善无恶时，土地就农产丰收，牛羊成群，鱼虾丰富；当人们做了恶事时，则天灾人祸将铺天盖地而来。然而宙斯并不是全能或全知的，他也可能受人欺骗。宙斯也并不单靠自己统治世界。譬如说，命运三女神协助监督人们守法，并在奥林帕斯宫殿的墙上写上每个人的命运；荷赖三姊妹则掌管和平、正义与

301

的至高存在（*highest Being*）；当哲学家从国外旅行中或是从自己的沉思中认识到曾经有个智慧的第一因（*an intelligent First Cause*）——一位迥异于宙斯的存在、一位他们不曾言说过的存在——的时候，他们一定会产生这种疑问：应当用什么名字来称呼这位存在。阿那克萨哥拉①称 Theos 为'安顿之灵，万有起因'（*Disposing mind, the cause of*

秩序，同时也主司四季变化。宙斯拥有众多的情人，其中并与多位女神和女人生下多位子孙，如阿耳忒弥斯、阿波罗姐弟、狄奥尼索斯、赫拉克勒斯等。宙斯无所不用其极、偷偷摸摸的追求外遇，其正妻赫拉多次抓奸仍无法阻止宙斯寻觅外遇，从而导致与其妻子之间无休止的争吵，常常引发激烈的冲突。赫拉既是天后也是众神之母，由于天性善妒，常费尽心机迫害丈夫的情人及其私生子。赫拉克勒斯就是其中一例，他是宙斯与安可尔墨涅的私生子，最终遭遇赫拉残酷的报复。最后，宙斯忍无可忍，用一条金链子缚住赫拉的双手，还在她的脚下坠了两个沉重的铁铐。宙斯也有一些男性情人，例如伽尼墨得斯。总之，其情感生活和人无甚区别。

① 【译注】阿那克萨哥拉（前500年～前428年），伊奥尼亚人，古希腊哲学家、科学家，他首先把哲学带到雅典，影响了苏格拉底的思想。阿那克萨哥拉是雅典政治家伯里克利的门生，20多岁时，由伯里克利带到雅典，在雅典居住了30多年（约前462年～年前432）。雅典人相信天体是众神，而阿那克萨哥拉的天文学说违背了他们的信仰，于是他被控告不敬神，可能一度收监，后由伯里克利救出，返回伊奥尼亚建校教学，享年72年。阿那克萨哥拉以"精神"的概念解释自然变化，"精神"超然独立，纯净无瑕，引发变化。他发展了色诺芬的见解，后者声称神的心灵是形成秩序的主因。太初的混沌分成冷的迷雾和暖的以太，冷雾形成水、木、石等。生命的"种子"由水载送到地，动物从湿暖的泥土中长出来。阿那克萨哥拉认为，自然界有热和冷、湿和干、白和黑等不同的"质"，每一件物件都含有各种不同的"质"，按不同比例混和，就是雪也有少许的"黑"；何种"质"占有优势，就决定物件的性质，例如比较一棵树和一座灯柱，火要更为热些、干些。变化就是各种"质"比例的变更。物件并无所谓"生成和消灭"，实际上只有结合和分解。时空是无限可分的，万物也可以无限地分割。天文学方面，阿那克萨哥拉主张机械宇宙论，了解到离心力，指出天体是借助其循环运动的速度，悬浮在空中的石头，否定天体是神的信仰。他发现太阳和星星都是赤热的石块，星星只因太遥远，热力不能传到地面；他又发现月亮是土，比太阳接近地面，上面有山岳，本身无光，月光是由太阳而来。

第三章　论希腊术语 Theos，以及在印度和中国用于翻译《圣经》中 God 的几个术语

all things)，并且由此衍生出希腊哲学家的单子①（*monadic*） theos。"（《辩护文》，第104页）可以这么说（*as much as can be*），我的看法不同于用 Theos 表示 God 的这种表述方式，因为无须理会那种表述，因而也就没必要深入探究希腊历史的种种细节。除非文惠廉博士可以证明 Theos 曾是个独立的通用术语——表示某类存在关于其自身的性质，与其他任何存在毫无关联的一种通用术语——而他对用汉语神翻译《圣经·新约》中的 Theos 这种提议毫无作为。这点，他尚未做到。如果前一章中提出的推论是正确的话，那么他就不能那么做了；在读到他的《辩护文》中处理 Theos 这个词的那些段落时，没有什么会比为了证实他的观点而求助的那些权威人士更让我惊讶的了，这些权威人士不该让他相信每种语言中对应 God 或 god 的词一定就是关联术语。比方说，已经评述过的"因为人类没有发现他们用来描绘灵性（*spirituality*）、自由意志、智慧、全能等等的那个'第一因'（FIRST CAUSE），我们便不能因此得出结论说他们对上帝（*Deity*）这个主题毫无概念"，他从莫雷尔②的作品《欧洲十九世

---

① 【译注】关于希腊哲学家的原子论或单子论，是在一些古代传统中发展出的一种自然哲学。德谟克利特（约公元前460年～公元前370年或公元前356年）将自然世界理论化为由两个基本部分所构成：不可分割的原子（Atom）和空无的虚空（Void）。依据亚里士多德引述，原子是不可构造的和永恒不变的，并且形状和大小有无穷的变化。它们在空无（Empty）中移动，相互碰离，有时变成与一个或多个其他原子相钩结而形成聚簇（Cluster）。不同形状、排列和位置的聚簇引起世界上各种宏观物质（Substance）。有人将印度耆那教的原子论认定为其开创者是茷驮摩那（Vardhamāna），在公元前6世纪提出，并将与其同时代的彼浮陀·伽旃延（Pakudha Kaccāyana）和顺世派先驱阿夷陀·翅舍钦婆罗（Ajita Kesakambala）的元素思想也称为原子论。对于印度文化影响希腊还是反之，亦或二者独立演化存在争议。

② 【译注】约翰·旦以理·莫雷尔（John Daniel Morell, 1816年～1891年），英国教育家，他的父亲是艾塞克斯郡小巴多（Little Baddow of Essex）公理会（1799年～1852年）的牧者。1833年莫雷尔在剑桥大学哈默顿学院约翰·派伊·史密新门下学习神学，1841年他又在波恩的费希特门下修习哲学和神学。1846年，莫雷尔发表《十九世纪的欧洲怀疑哲学之历史与批判》（*An Historical and Critical View of the Speculative Philosophy of Europe in the Nineteenth Century*, 1846）。除了这本书之外，他还著有《语句分析》（*The Analysis of Sentences*, 1852）、《英文文法分析基础》（*The Essentials of English Grammar and Analysis*, 1855）、《逻辑学手册》（*Handbook of Logic*, 1855）、《英文文法》（*Grammar of the English Language*, 1857）、《时代之哲学趋向》（*The Philosophical Tendencies of the Age*, 1848）、《宗教哲学》（*The Philosophy of Religion*, 1859）、《哲学片断》（*Philosophical Fragments*, 1878）等多种作品。

【115】纪的怀疑哲学》① 中引述下述内容:"没有人可以确定上古时代的人不怎么寻求 God。到目前为止,神话时代中的每件事都奇妙般地染上了神圣色彩。唯一值得注意的是,那些时代中的人主要是与自然对话;他们主要从对自然的不断沉思中,形成了自然神论(nuraina divina)的观念;从这种来源中产生的明证并不比在多神论中产生得多。我们能说这个进程就不合理吗?我认为不能。只能以其永无休止的变化来界定我们对自然的观念,在承认奥林匹斯整个统绪(hierarchy)的前提下,有什么是非自然的呢?没有!历史和现代经验已经证明了,到目前为止,在那种情况下多神主义的假设最容易为人所接受。然而,即便在这种情况下,论证中的主要部分还是源于人的心灵或人的意识。我们所拥有的信念是无从反驳的,因为它源于我们意识的基本规律,我们将周遭世界人格化的首次尝试,是我们智力形态的转换和我们个性的转换,将之转换成关于伟大的设计者或统绪设计者的观念,世界因这位设计者而造。而求助于自然的一神论证明独具特色,不过最多也就终结于造物主(Demiurgus)之上。"

根据这个表述,a god 的初始观念是对"一位设计者"的构想。这种观念是受到我们关于 God 之观念第一种来源的影响而产生的,并且与之紧密相连,就如麦克科什所提出的——这种设计(the Design)呈现在不同的创造事工当中。因着对被造之物的沉思,人们就会产生出一位造物主的想法。如果只有一位设计者,或是相信有一些等级森严的设计者,那么这个观念就是关联性的,而这种名称就是这种观念文字上的表现。

---

① 【译注】理雅各引述的英文书名为 The speculative Philosophy of Europe in the nineteenth century。该书全称应为 An Historical and Critical View of the Speculative Philosophy of Europe in the Nineteenth Century。

第三章　论希腊术语 Theos，以及在印度和中国用于翻译《圣经》中 God 的几个术语

安多弗的斯图亚特教授对 Theos 这个词的理解

因此，就 Theos 这个术语的关联属性而言，那种观点并未受到这个问题的影响，就是首次使用该词的那些人的信仰问题，无论那些人是一神论者还是多神论者。我们相信那些人属于前者，而文惠廉博士认为那些人极有可能属于后者。在这两个假设当中，那个术语都是关联性的，比如二世纪的殉道者查士丁①这样论证说，以"父"、"主"（Lord）和"主"（Master）来对其分门别类，他主张独存中的 God 不仅高于万名之上，还高于万有之上。对其词源一无所知的时候，我们

---

① 【原注】哈根巴赫的《教义史》第一卷，第96页。【译注】卡尔·鲁道夫·哈根巴赫（Karl Rudolf Hagenbach，1801年~1874年）是瑞士神学家、教会史学家。他对新教宗教改革及改革人物别有兴致。在施莱尔马赫神学思想基础上，主张启示及神学内容的客观与历史性。著有《教义概览》（Tabellarische Übersicht der Dogmengeschichte, 1828）、《神学辞典与方法论》（Encyclopädie und Methodologie der theologischen Wissenschaften, 1833）、《教义史教程》（Lehrbuch der Dogmengeschichte, 1840年~1841年）等多部著作。【译注】殉道者查士丁（Justin Martyr，约100年~166年），希腊教父。查士丁最初信奉斯多亚主义和新柏拉图主义，后改信基督教，终生以哲学家身份到处游说，为基督教信仰辩护。能够确定属于他的作品有两篇：分别写给罗马皇帝安东尼·庇乌和马可·奥勒留的《护教篇》以及与犹太人特累封的一篇对话。查士丁一生爱好哲学，承认自己"喜欢讲授柏拉图"，但又认为只有基督教才能认识真理。在他看来，基督教既是哲学又是神启。因为一方面基督教说明了一切时代的哲学问题，另一方面，为了把人类从魔鬼、多神教和不道德的威势下解放出来，基督教又是必要的启示。因此，真正的哲学是先知和使徒们的言论，即《圣经》。上帝的观念和普遍的道德观念一样是人生而就有的。但上帝自身是统一的、永恒的、非受生的、不可名状的。上帝以他的"道"（逻各斯）创造了圣子，圣子以"道成肉身"即**耶稣**；又以他的智慧（圣灵）创造了世界。查士丁对上帝的"道"进行了大量的阐述："道和上帝同在"，"太初有道"，它先于创造物；"道来自上帝"，是由上帝内心发出来的，"道"就是上帝的"内在理智"，它本身就是上帝；"道"在上帝创造万物时表现出来，是上帝创造万物的工具；"道"永恒地普照着整个世界，向所有的人启示真理。因此优秀的异教徒，例如苏格拉底、柏拉图也能部分地分享到"道"的启示；但是，"道"本身又是超自然的，人们在世界上所看到的只是一个模糊不清的"道"。完全的真理只有通过新苏格拉底，即"道成肉身"的**基督耶稣**来启示，只有坚信**基督**才能把握真正的"道"，等等。此外，查士丁还谈到了人的灵魂不死和自由意志问题，他的思想对教父哲学的形成和发展产生了深远的影响。

就不能从本世纪一位一流的《圣经》学者安杜弗的摩西·斯图亚特①——他非常值得我们学习——的笔下认出人们最初用该词指代那位存在（the Being）的时候有何种特殊关联，只能看出下述关于它的意思的一般见解。

在刊于1851年4月《北美评论》（North American Review）上的对罗宾逊②博士《新约词典》③的评论中，这位渊博的作者说到，为了向世人传讲控诉他们的真知灼见，"要么在新的含义下使用旧词汇，即是说在某种程度上是新的，要么就造一些全新的词汇"，对这些《新约》的记述者而言，有这个必要。对后面这种做法并无太多例证，而且那些词几乎都是合成词，其中不同的部分在合成词中会提供一些词义上的线索，但人们通常会诉诸前一种做法。为了展示其用法，斯图亚特博士说：——

"让我们以 Theos 和 God 开始，这是一切真正宗教的源头。在希腊经典作品中，Theos 所指的是什么？一位被奉若神明的人，半人半超人，一种权力与傲慢、残忍与野心、暴虐与败坏的综合体，一种充满了人类所有情感的存在，一个无耻之徒，更是毁灭者；一种区域性的存在，在权力上有限制、屈从于命运，毫无圣洁、毫无公义、毫无良善、毫无信实可言。如果柏

---

① 【译注】摩西·B·斯图亚特（Moses B. Stuart, 1780年~1852年），美国《圣经》学者，著有多卷本《圣经》经卷评注，如《希伯来书评注》（Commentary on the Epistle to the Hebrews, 1827年~1828年）、《罗马书评注》（Commentary on the Epistle to the Romans, 1832）、《启示录评注》（Commentary on the Apocalypse, 1845）、《传道书评注》（Commentary on Ecclesiastes, 1851）、《箴言书评注》（Commentary on the Book of Proverbs, 1852）等，此外还撰有《杂著集》（Miscellanies, 1846），并与他人编撰希伯来、希腊语法书籍。

② 【译注】此处雅各应该指的是美国《圣经》学者爱德华·罗宾逊（Edward Robinson, 1794年~1863年）博士。

③ 【译注】此处指的是爱德华·罗宾逊博士《希－英新约词典》（Greek and English Lexicon of the New Testament, 1836）。

第三章　论希腊术语 Theos，以及在印度和中国用于翻译《圣经》中 God 的几个术语

拉图①，苏格拉底②和其他一些人，比如埃斯库罗斯③或品达④，获得一种更为高尚的、更加属灵的观点，那么这些人与那些大

---

① 【译注】柏拉图（约前427年~前347年）是著名的古希腊哲学家，雅典人，他的著作大多以对话录形式记录，并创办了著名的学院。柏拉图是苏格拉底的学生，也是亚里士多德的老师，他们三人被广泛认为是西方哲学的奠基者，史称"西方三圣贤"。柏拉图生于一个富裕的贵族家庭，在家中排行第四。他的家庭据传是古雅典国王的后裔。公元前399年，苏格拉底受审并被判死刑，柏拉图对当时的政治体制彻底绝望，于是开始游遍意大利半岛、西西里岛、埃及、昔兰尼加等地以寻求知识。约公元前387年结束旅行返回雅典，并在雅典城外西北角创立了自己的学校，即著名的柏拉图学院，这所学院成为西方文明最早的有完整组织的高等学府之一，后世的高等学术机构也因此而得名，也是中世纪时在西方发展起来的大学的前身。学院存在了900多年，直到公元529年被查士丁尼大帝关闭为止。学院培养出了许多知识分子，其中最杰出的是亚里士多德。
② 【译注】苏格拉底（前470年~前399年），古希腊哲学家，和其学生柏拉图及柏拉图的学生亚里士多德被并称为希腊三哲人。他被认为是西方哲学的奠基者，他没有留下著作，其思想和生平记述于后来的学者——主要是他的学生柏拉图——和同时代的剧作家阿里斯托芬的剧作中。柏拉图的《对话》一书记载了苏格拉底在伦理学领域的贡献。依据古代的记载，苏格拉底出生于伯里克利统治的雅典黄金时期，出身贫寒，父亲是雕刻师，母亲为助产士。依据色诺芬（前427年~前355年）的《会饮篇》记载，苏格拉底曾说要将他自己的一生只贡献给最重要的技艺或职业：讨论哲学。身为雅典的公民，据记载苏格拉底最后被雅典法庭以不虔诚和腐蚀雅典青年思想之罪名判处死刑，尽管他曾获得逃亡离开雅典的机会，但苏格拉底仍选择饮下毒汁而死，因为他认为逃亡只会进一步破坏雅典法律的权威，同时也是因为担心他逃亡后雅典将再没有好的导师可以教育人们了。
③ 【译注】埃斯库罗斯（前525年~前456年），古希腊悲剧诗人，与索福克勒斯（前496年/前497年~前405年/前406年）和欧里庇得斯（前480年~前406年）一起被称为是古希腊最伟大的悲剧作家，有"悲剧之父"的美誉。埃斯库罗斯生于希腊阿提卡的埃琉西斯，逝世于西西里岛上的杰拉。他出生于一个古老的贵族家庭，很早就开始喜欢戏剧和阿加克利斯的诗。传说狄奥尼索斯在梦中亲自向他传授诗的艺术。
④ 【译注】品达（约前518年~前438年），古希腊抒情诗人。他被后世的学者认为是九大抒情诗人之首。当时，希腊盛行体育竞技，竞技活动又和敬神的节日结合在一起，品达在诗中歌颂奥林匹克运动会及其他希腊运动会上的竞技胜利者和他们的城邦。他写过十七卷诗，只传下四卷。他的诗里有泛希腊爱国热情和道德教诲；他歌颂希腊人在萨拉米之役中获得胜利；他认为人死后的归宿取决于他们在世时的行为。品达的合唱歌对后世欧洲文学有很大影响，在十七世纪古典主义时期被认为是"崇高颂歌"之典范。

307

中国人关于神与灵的观念
The Notions of the Chinese concerning God and Spirits

多数人便毫不相干，或者仅有些许关联。①荷马的《伊利亚

---

① 【原注】假设民众——大多数人——的神祇观念在此由作者阐明了，那么在单独使用 Theos 这个词（单数情况）的时候，他们就没有更高等的观念与 Theos 这个词有关联吗？在这个问题上，我更认同基督教会早期的教父和作家的见解，而不是美国教授的见解。奥利金（译按：奥利金或译俄利根，185 年~254 年），是基督教著名的神学家和哲学家。奥利金生于亚历山大港，卒于该撒利亚。他是希腊教父，更是亚历山大学派的重要代表人物之一。在神学上，他采用希腊哲学的概念，提出"永恒受生"的概念来解说圣父与圣子关系，对基督教影响至今。他的著作对基督教神学发展有很大的影响力，但是他的数项神学主张在第二次君士坦丁堡公会议中被定为异端，因此包括天主教会与东方正教会皆未将他列为圣人。以全人类的通识观念取代同类中一神的观念。（参见《尼安德教会史》，第二卷，第 304 页。）[译按：约翰·奥古斯特·威廉·尼安德（Johann August Wilhelm Neander, 1789 年~1850 年），是德国神学家和教会史学家。有多种著作传世，最著名的当属《基督教与教会通史》（Allgemeine Geschichte der christlichen Religion und Kirche, 1825~1840）。]德尔图良诉诸于灵魂的见证来驳斥风靡一时的异教学说，不是受教于学院内的见证，而是那种单纯、粗俗、野蛮的见证（Ibid）。"马西昂（译按：马西昂（Marcion，约 110 年~160 年），又译马吉安或马西安，是早期基督教的神学家，是第一位《新约》编辑者，自立马西昂派，亦是第一个被基督教会判为异端的派别。他创建了一个与罗马教会平行的教会组织，并且自封主教。《天主教百科全书》称，"马西昂份子是基督教有史以来最危险的敌人。"），尼安德说，"是唯一一位否认任何与 God 之福音有关的见证是建立在创造事工之上，或是建立在人类通识之上。所以，越是着重强调"（在驳斥这位异教徒的时候，让文惠廉博士自己去评说吧），"德尔图良也就越加详述这个见证。"这里有一些他的表述——"对 God 的感知是灵魂与生俱来的；在叙利亚、在本都（Pontus）都一样，并无分别；因为犹太人的 God 就是人类灵魂所呼求的那位。"在心灵最深邃的情感中，他们从未将他们的赞美归给假神，而是用这个词：神（GOD）！真正的 神！神啊，帮帮我。因而，他们也就不将他们的目光朝向朱庇特神殿，而是指向天。"我已经提过同样的事实，就是德尔图良在此评说的那个事实，以此作为中国人的典范，在亢奋与深沉的情感中，他们转离所敬拜的一切神而指向上帝，并呼求天。拉克坦提乌斯 [译按：拉克坦提乌斯（Lactantius, 240 年~320 年），又译拉克坦修、拉克唐修，拉克坦提乌斯精通修辞学，被誉为"基督教的西塞罗"，他是古罗马基督教作家之一，曾于古罗马高层中供职。他著有大量解释基督教的作品，博采众长，富于变化。在文艺复兴时期仍具有广泛影响力，被后人多次再版发行。其中一部即是下面引文的著作，《神圣原理》（Divine Institutes, 303~311）。《神圣原理》大约写于 311 年，仍算是护教学作品，但具有一种君临天下的恢弘内容，甚至试图把古典文化和异教事算作真理的片段或预表纳入基督教的真信中。《神圣原理》也就是"神圣的教义"的意思；全书分七卷，在批评了多神教（卷 1-2）和哲学（卷 3）之后，拉克坦提乌斯指出人的本性在于崇拜独一的真 神（卷 4）；而作为公义的根源，对 God 的虔诚还衍生出在 God 面前人人平等的公义原则（卷 5）；真正的宗教在于人的纯洁无罪，这表现为仁慈和一系列品德（卷 6）；最后拉克坦提乌斯补充了一个神学宇宙论体系（卷 7）。] 以下面的这段话准确地阐释了这个主题："如果他们的所有错谬全然出于对 God 之名的无知，那么对于人的这种亵渎（敬拜多神）也就有情可原了。但当我们看到敬奉假神的人也会常常忏悔并且宣认至高 神，因为他们不承认是对祂的敬拜，但对祂又不可能毫不知

308

第三章 论希腊术语 Theos，以及在印度和中国用于翻译《圣经》中 God 的几个术语

特》①中的神祇就属此类。这些神祇，除了朱庇特的至高无上之外，没有一个具有《圣经·新约》中的 God 所具有的道德品格或生活（physiological）品格。他们既非全能、全知，也非全在；他们并未被赋予创造大权的合法性；他们既不圣洁也不公义，既不智慧也不良善。他们甚至既非属灵的，亦非属魂的（They are not even spiritual nor incorporeal），而是由一种萃炼过的或先验的实体构成。因此，在某位《圣经·新约》作者呼求基督徒的 God，或以任何描述或陈辞来介绍祂的时候，一个希腊异教徒通常会用什么观念将祂一起加在 Theos 这个词上呢？并非每一事物对他们的心灵都是通用的，当人们第一次引用这个词、读到这个词的时候，该词只有至高无上的权柄和能力这层意思。那么，希腊人是以何种方式来领会使徒的意思呢？除了诠释之外，或说除了借助于语境中所谈到的内容和《圣经》的其他部分之外，别无他法。通过这两种方式，人们必定会获知使徒所指的一切知识。如果他们很少停下来去界定那些词的意思；那是因为他们会默认

晓，对于这种亵渎，他们想要获得怎样的宽宥呢？因为在他们或宣誓、或祈愿、或感恩的时候，他们并不称其为朱庇特，也未称其为众神祇，而是称之为 God。因而，出于本性的力量，真理冲出了他们不情愿的心怀。实际上，在百事顺昌的时候，他们也不会这样做。在他们享受着祂的恩惠的时候，他们应该赋予神圣良善之 God 以尊荣，但那时 God 却大都不在他们的记忆当中。但如果有任何沉重之窘迫临到他们身上的时候，他们就会想起 God。如果战争的恐惧肆虐，如果瘟疫横行在他们中间，如果长年累月的干旱让大地不再五谷丰登，如果风暴或冰雹打在他们身上，那时候他们就会飞向 God，向 God 寻求帮助，并祈求 God 免除他们苦难。如果谁被狂风吹到海里，那人就会呼求祂；如果谁被暴力折磨，那人就会立刻呼求祂；如果谁沦落到乞丐的境地，那么那人只会向 God 呼求，呼求他的 God 和施悯于人的独一力量。所以，除非在逆境中，否则他们谁都不会想起 God。当恐惧离开他们之后，当危险渐渐消逝之后，他们又欣然奔向神祇的殿宇，向神祇祭酒、献祭，奉神祇为王。"（《神圣原理》第二卷，第一章）这个证明让我相信，对于使徒时代的欧洲人来说，希腊词 Theos 和拉丁词 Deus 要比斯图亚特博士欣然承认的，有一种更高深的意思，我已在一条注释而不是正文中写下这些评论了，因为对于我和文惠廉博士所争论的问题，这一观点上的差异并不妨碍我引用他的评论。

① 【译注】《伊利亚特》又译《伊利昂纪》（取自书名"伊利昂城下的故事"之意），是古希腊诗人荷马的六音步长短短格史诗。故事的背景设在特洛伊战争，是希腊城邦之间的冲突，军队对特洛伊城（伊利昂）围困了十年之久，故事讲述了国王阿伽门农与英雄阿喀琉斯之间的争执。

309

读者通过勤读上下文,就可以充分地领略这些词的意思。当下这个例子中,至高无上是 Theos 这个词的初始含义,这对希腊人和基督徒都通用;但至高存在的属性和品格是需要探寻和考察的,对希腊读者来说也是后来衍生的知识。以这种源始含义作为发展基础好过创造一个全新的词汇。如果创造新词,其字面意思(*Definition immediate and formal*),用在延伸阅读中和用在上帝(*the Supreme*)品格的思考中,是毫无功效的。"

【117】　我了解到,中国大多数新教传教士都已经或多或少地从摩西·斯图亚特对《圣经·新约》不同部分所做的注释中获益。其中一些人是他的门生。对 Theos 这个词的意思,我们不能对他的观点做什么评判。他告诉我们说,存在(*The beings*)这个术语对启示作品的第一批读者所表示的,从本性上来说迥异于真神的。这些存在"既非属灵的,亦非属魂的"。他们只在权能或至高无上这个属性上与祂一致。"Theos 这个词,并非每种情况",他说,"都与众使徒及其读者的心灵共通,而只在对至高无上或至高权能这一观念上才共通。"如果情况果真如此的话,那么我们用什么术语将 Theos 翻译成汉语好呢?用神这个术语吗?当然不能。那个术语表示的要么是抽象的灵,要么就是某个具体的灵体,而且中国人所敬拜之神的等次与次等和从属这种观念密不可分。我们应该用上帝来翻译 Theos 吗?如果我们这样翻译的话,我们的读者和听众就肯定在一种观念上与我们达成共识,这种观念就是希腊人和基督教第一批传道者所共有的观念——至高权能的观念。他们还有更多的通识观念,这点我已经在本书第一章中竭力地阐明过了。

第三章　论希腊术语 *Theos*，以及在印度和中国用于翻译《圣经》中 God 的几个术语

北印度的传教士用来表示 God 和 *spirit* 的术语

对 Theos 基本含义这个主题，人们发现再次引入这个词，就会与本章中我希望可以引起人们关注的第二个话题有关——北印度一些《圣经》翻译者用一个或多个术语来翻译 Elohim 和 Theos。 【118】

一年前，克里①博士《回忆录》中有一段话和注释，引起我的注意，其文如下：——

"我正规劝他（一个婆罗门②人）必须相信**基督**为救主的时候，他却问我偶像崇拜如何从起初出现并流传下来的，以及根据《圣经》记载，何以从起初之时除了一个小民族之外，世人都信仰并敬拜 Debtas。

"注释：*Debtas*——偶像或臆想出来的一位有权能的低于 God 的智慧存在，表现为一些塑像。它们看似与希腊词 Daimonion ——对应，而且根据印度人的观念，在《帕克斯特希腊字典》③ 中 Daimonion 下

---

① 【译注】威廉·克里（William Carey，1761 年~1834 年），是一位英国宣教士和浸信会牧师，被誉为"近代宣教士之父"。他是英国浸信会差会的创办人之一。在印度塞兰坡（Serampore）宣教期间，他将《圣经》翻译成包括孟加拉语、印地语和梵语在内的多种语言。此人是现代整个基督教世界中一个极为重要的人物，他不仅影响了印度，也带动近代宣教的开始。
② 【译注】Brahmin，"婆罗门"源于"波拉乎曼"（即梵），原意为"祈祷"或"增大之物"。祈祷的语言具有咒力，咒力增大可以使善人得福，恶人受罚，因此执行祈祷的祭官被称为"婆罗门"。婆罗门是祭司贵族，它主要掌握神权，占卜祸福，垄断文化和报道农时季节，在社会中地位是最高的。为了维护种姓制度，婆罗门僧侣宣扬，把人分为四个种姓完全是神的意志，是天经地义的。
③ 【译注】应该是指约翰·帕克斯特编撰的 *A Greek and English Lexicon to the New Testament*。

311

面，很好地描述了这些臆想出来的智慧存在的特征。然而，印度人却将这些智慧存在分为两类，即 *Debta* 或 *Soor*，*Doytyo* 或 *Asoor*，第一个词的意思是良善或仁慈的力量，后一个词的意思是败坏或邪恶的力量。"①

读了上面那些话，对我来说，印度人的那些 debtas 极有可能与中国人的神（shin）一样，Debtas 或 Soors 和神（shin）一样，而 Doytyos 或 Asoors 和鬼（Kwei）一样。我写信给一位在加尔各答的朋友，他完全有能力就这个主题给我一切所需的信息——尊敬的拉克鲁瓦②先生（the Rev. Mr. Lacroix）——我问他 debtas 的属性是什么，这个术语是什么意思，传教士用哪些术语来翻译《圣经》中的 God（神）和 Spirit（圣灵）这两个词。对这些询问，我从他那里收到了丰富而令人满意的答复。而且他还不止回答了我那些问题。为了让它们尽可能全面地凑在一起，他还呈送给浸信会尊敬的温格尔③先生一份，在《圣经》翻译部，温格尔取代了已故的叶慈④博士的位置。对印度翻译实践者而言，温格尔的评论清晰易懂，而且与产生于中国的争端紧密相关，所以我乐意提供其详细内容。

他说道，——

---

① 【原注】《克里博士回忆录》，波士顿版，第 212 页。
② 【译注】译者未能查明此人详细信息。
③ 【译注】温格尔（John Wenger）是克里在印度传教的同工。著有《孟加拉语导论》（*Introduction to the Bengali Language*），与叶慈合译梵语《圣经》。
④ 【译注】叶慈（William Yates，1792 年~1845 年），英国浸信会传教士和东方学家，他与温格尔、劳斯（Rouse）都是克里在印度传教的同工。1792 年，他生于英国爱尔兰东部的莱斯特郡，本是制鞋匠，后来加入克里在那里设立的浸信会，成为克里孟加拉语《圣经》译本翻译的一员。著有《梵语文法新规划》（*A Grammar of the Sunscrit Language: On a New Plan*），翻译孟加拉语《圣经》，与温格尔合编《孟加拉语文法》（*A Bengálí Grammar*），合译梵语《圣经》。

第三章　论希腊术语 Theos，以及在印度和中国用于翻译《圣经》中 God 的几个术语

"一、Devata 或 debta 是 deva① 的缩写形式，无论是在形式上还是在词源上，它都与拉丁文中源于 deus 的 deitas——对应，而且这两个术语似乎与那个印度词语同出一源。在所有的可能情况中，Deva 的意思应该就是光明的（luminous）或闪耀的（shining），因为它与词根 diva 有关，从 diva 这个词我们就有了 divasa, day，以及许多其他的词汇——特别是在梵语中——它们都有光明（luminousness）的意思。在第一个例子中，deva 这个术语似乎已经用于太阳、月亮、星星等超人类的存在物上。我们并未发现在实际应用中、在任何其他意思的情况下使用该词，而只看到它用于 god 或 lord。在后一种意思中，它可以用于国王，丈夫等。当它意指 god 的时候，它描述的是一种低级神祇（the inferior deities）。抽象术语 Devata，其本意一定是神（Deity），但现在通常是在具体的意思上使用，在许多情况下都和 deva 的用法一样。然而，我认为，它还可以表示一种臆想出来的神圣原理（divine principle），在宣布某物为圣之后，这一神圣原理就附在这个偶像之物之上了，而当节期结束之后，它又离开那个偶像。我不知道 deva 是可以在后一种意思上使用，还是可以从一种灵媒（personal agent），或是一种可见的形式中分别使用。就目前我所知道的，deva（阴性，devi）和 devata 这两个词都不曾被印度这一地区的任何《圣经》翻译者使用，这两个词用于其他目的而不是用来表示偶像崇拜者的假神。

【119】

---

① 【译注】Deva 是印度人用来表示神的术语。Devata，在爪哇人、巴厘岛人、巽他人、马来人、印尼人中表示为 Dewata。在菲律宾语中表示为 Diwata。Devata 使用范围较小，专指某些 Deva，分阴阳二性。在印度教中，有九种 Devata，被称为九守护神，他们掌管不同物事，如 vanadevatha 是森林之神，gramadevata 是村落之神，还有河流之 Devata、洞穴之 Devata、山脉之 Devata，等等。人们的生活与精神，无不与 Devata 有关。

313

中国人关于神与灵的观念
The Notions of the Chinese concerning God and Spirits

"二、用来翻译《圣经》中真 神 的术语是 Ishwara①。一般认为这个词不用于任何假神,印度人坚决认为这些假神是低等神祇;因而将它与 devata 区别开来。在印度人中,有许多人将 Ishwara 这个名称赋予 Shiva②,还有许多人将其赋予 Vishnu,这是根据他们对二者的偏好而定的;但那些不计其数的 devatas 都可能被当作 Ishwara,这可能是件非比寻常的事,而且还要有一番解释。最初,Ishwara 极有可能是一位 owner、lord 或 ruler。它一直暗示着一种品格(personality)和权柄(authority)。在梵文诗歌中,这个词经常用于王室;而且其衍生词 aishwarjya(代词为 oyshwurjo)的意思是富丽堂皇(lordly grandeur)。Ishwara 还有个复合词,即 Parameshwara(他是超凡出众的 Ishwara)。叶慈博士用这个词作为耶和华(Jehovah)的同位语,除了一小段话之外,那段话认为有必要,或是很值得保留耶和华这个词。而印度人用这个术语要么当作 Shiva 的称谓,要么就当作 Vishnu 的称谓。我不知道在 Ishwara 和 Parameshwara 这样的应用中,是已经产生了还是可能会产生任何严重的麻烦——某种实用性上的麻烦。

"三、Shiva 和 Vishnu 是印度三大神祇中的两位,Brahmá(发音为 Bromhah)是第三位,但我不知道他是受特定某些人的敬拜,还是所有庙宇都是为他而造的。

"还有另外一个中性词与上面那个词非常像,即 Brahmá(发音为

---

① 【译注】又作 Ishvara,即自在,它是印度教的一个重要概念,不同时代、不同印度教派中,这个词具有广泛的含义。在印度哲学文献中,Ishvara 意指至高无上的灵魂,根据具体语境,它有指婆罗门(Brahman,至高实体)、统治者,国王或丈夫的意思。在中古时代的文献中,Ishvara 意指是 神,宇宙中至高无上的存在,不同宗派还将它理解为人格神、自我等。下文中的 Parameshwara,是指至高之 神。这个词是 parama、Ish、wara 三个词的合成词。
② 【译注】即湿婆。下句的 Vishnu 指威绪奴或毗湿奴,下段中 Brahmá 的是婆罗摩,即梵天。详见本书第 33 页(原页码)注释。

314

第三章　论希腊术语 Theos，以及在印度和中国用于翻译《圣经》中 God 的几个术语

Bromho）。我几乎不认为它所指代的实体可以被称作是人，或说拥有人的权柄。在实际应用中，这个意思几乎一成不变地与这个词相连，对其最佳描述的词是宇宙之魂（the soul of the universe），它是唯一一个真实的、永活的存在。所有的印度宗教都充斥着这种观念，就是被我们称作受造之物（无论有形的还是无形的）的那些存在，它们有许多部分、许多流射物（*emanations*）、许多变形或是说同一个 *Brahma* 的不同假象。犹如水可以变成冰，所以 *Brahma* 也可以转化为物质，等等。一切生命体，特别是一切心灵都是 *Brahma* 的一部分——无论是否是变形后的，它们并非全然一样。虽然人们没有为它建造庙宇；但这种观念却相当普及，而且教化阶层（the educated class）常常用这个观念来表达，除了 *Brahma* 以外，无论是哪种受人膜拜的可见之物，都不配受人敬拜。无论日月之像，无论雄雌之像，无论敬拜之人怀着什么样的意图，只有 *Brahma* 才是那唯一应当受人敬拜的。很明显，*Brahma* 在本质上是一个异教泛神论观念，印度人以其作为伪装，从而建立起他们的偶像崇拜并侍奉它。因此，在深思熟虑之后，人们将 *Brahma* 这个术语从《圣经》中除去，只有极少数篇章才允许那样使用（如《圣经·新约·哥林多前书》8:4①），在那段文字中，针对这点有个引人注目的谚语。

"四、用于 spirit 的术语是 *átmá*，我认为这个术语最初的意思要么是气息（breath），要么就是知觉原理（conscious principle），它由本体（*identity*）和品格（*personality*）组成。不幸的是，*átmá* 并不是一个非常恰当的术语，印度人将这个术语理解为 *Brahma* 的源形，被他们当成是一种有知觉的存在。但一般而言，没有别的术语可以那样

---

① 【译注】该节经文为，"论食祭偶像之物，吾知宇宙间无有主偶像者，亦知上帝独一无他。"（"关于吃祭过偶像的食物，我们知道'偶像在世上算不得什么'；也知道'**神**只有一位，没有别的'。"和合本修订版译文。）

使用。它暗示着一种相对的（如果不是绝对的话）无形之物，暗示着知觉，而且这个术语广泛地介入许多道德品格描述性术语的构成。克里博士用 dharmátmá 来表示圣灵（Holy Spirit），而叶慈博士却反对这样使用，因为孟加拉语（还有梵语）的用法会导致读者将该术语当作一个形容词，有虔诚的（piously）或是心虔意诚的（religiously minded）意思。他还反对用 sadátmá 表示圣灵，这个术语的意思，或说可以表示为心智健全的（well - minded）。Paramátmá（卓越之 spirit）是一个用来表示 Brahma 经久不变的印度术语，因此也不合适。叶慈博士选择了 pabitra átmá，他拼写为两个词；我认为这个词是可选术语中最好的词，而且它非常符合原意，同时还特别明白易懂。如果将它拼成一个词的话，就是 pabitrátmá，意思可能是圣洁之灵（holy - minded）。

【120】

"五、尽管我不能对汉语的特征做出评判——因为匆匆一瞥由卜铁①翻译的经典作品，就不够格评判汉语的特征——但恕我冒昧地提两个对我来说有些重要的评论，这两个评论适用于所有《圣经》的翻译：——

"第一，如果可能的话，用来表示 God 的术语不应该是个复合术语，原因再明显不过了，所以也就没必要提了。众神之 **神**（God of gods）这个词（我们做了直译）是这个评论重要性的一种解释。

---

① 【译注】卜铁，法国汉学家，其名直译为让·皮埃尔·纪尧姆·鲍狄埃（Jean Pierre Guillaume Pauthier，1801 年~1873 年），是著名汉学家雷慕沙的学生。卜铁著有《论老子所创道之教义的起源和传播》（*Memoire sur L'origine et la propagation de doctrine du Tao, fondée par Lao - tseu*, 1831），并将《四书》译为法文，其中《大学》（含朱熹及各家注解）出版汉法对照本，又附拉丁文，将《道德经》翻译为拉丁文，主编《近代中国，或依中国文件编写的有关该大帝国历史、地理及学术概论》（*Chine modern: ou description historique géographique et littéraire de ce vaste empire, d'après des documents chinois*）第一卷，该书涉及中国历史、地理、政治、语言及哲学等内容。

316

第三章 论希腊术语 Theos，以及在印度和中国用于翻译《圣经》中 God 的几个术语

"第二，用来表示 God 的术语应该是一个至少暗含了品格（personality）和权柄（authority）这两个概念的术语。用任何高尚的、罕见的但却容易弄懂的术语——某个诗意的术语——来描述君王或统治者，要比一个不能传达出这种权威概念的术语更合适。大多数表现为人的异教神祇最初都是君王或酋长。玛代王和波斯王被当作 God 之化身；因而《但以理书》中的记载的毁灭被认为是天命（decree），30 天内不会有一位可以拯救大流士王的神祇该当受人敬拜。顺便说一下，在那句话中，一个描摹统治者的术语不会比其他任何术语更容易处理。奥古斯都①（Augustus）这个术语所指的也是一样。在摩西律法的（Mosaic）仪式中，Jehovah 指示其子民献上各种祭物，食物（比如无酵饼）等，这和远古时代君王要求其臣民的做法极为相似。

"从理论上看待这两段记录，会让我认为汉语中的帝本身可能就可以作为一个合适的术语来表示 God，上帝则可以代表 Jehovah 或 LORD。然而，我并非断言这种理论上的结论在实践上就是可取的。愿主借着祂的圣灵，赐予祂在中国的仆人们从上面来的智慧②，引领他们做出正确的抉择，在事务上与祂荣耀的圣名紧密联系。"

---

① 【译注】参见《圣经·新约·雅各书》1:17，各样美善的恩泽和各样完美的赏赐都是从上头来的，从众光之父那里降下来的；在祂并没有改变，也没有转动的影儿。
② 【译注】奥古斯都（Augustus）的原意为"神圣的"、"高贵的"，带有宗教与神学式的意味。一般说到奥古斯都，常用来指称第一位罗马帝国的皇帝盖乌斯·屋大维·图里努斯（Gaius Octavius Thurinus，前 63 年~14 年），后来，用奥古斯都指代罗马皇帝的头衔。

Ishwara 和上帝的一致性，*Debta* 和神的一致性

上述关于温格尔先生的评述与产生于中国的争端①有关，这点我是对。有人会说——首先，在孟加拉，用来翻译《圣经》中真神的术语是 Ishwara，这个词不是印度神祇的总称或通名，也不是印度人敬拜的存在，而是一个关联术语，一个用以区别两类主要神祇的称号，它起初的意思极有可能就是领主、所有者或统治者，暗含着品格和权柄。此处不允许使用汉语中的神，但在 Ishwara 和上帝之间却有着一种紧密的类比关系。它们是同类的语法词汇，而且最初的意思也一样。一些在中国的传教士拒绝使用上帝，因为有些听众会将其理解为道教一位偶像的名称，即玉皇（Yuh‐hwang）或皇天（Heuen‐Teen）。但在印度，似乎从未出现过有人拒用 Ishwara 的情形，用这个术语用来表示的那位存在（the Being），很可能会与 Vishnu 和 Sheva 产生混淆。如果印度的翻译人士用 Ishwara 来翻译 Elohim 和 Theos 而且是对的话，那么在中国，我们用上帝来翻译 Elohim 和 Theos 就不能算错。另一方面，如果文惠廉博士在他的立场上有理由为神的用法辩护的话，那么在印度，他们就应该使用 Debta。拉克鲁瓦先生写到，"在印度，不管什么宗庙都是用来敬拜 debtas 的。"它是印度人敬拜【121】存在的通名。文惠廉博士说，由一个关联术语，我们便不能再教导三位一体的教义了，也不能再教导救赎神学（Divinity *of the Saviour*）

---

① 【译注】即 God、god、spirit 等术语该如何翻译的"术语之争"（Term Question，即译名问题）问题。在翻译《圣经》和传播基督教教义时能否用华夏文化中固有的概念或术语来指代《圣经》文本里所称的"造物主"概念，其核心问题是究竟应该采用汉语里的"上帝"或"天主"还是"神"来翻译基督教的"God"一词。

第三章　论希腊术语 *Theos*，以及在印度和中国用于翻译《圣经》中 *God* 的几个术语

了。让身在印度的传教士想想这种说法吧。让各个《圣经》公会也思量思量吧。过往的五十多年中，所有在印度工作过的、那些值得敬重的和满有恩赐的人能不为真理而奋斗吗？难道要抵挡真理①吗？能在《圣经》的传道上耗资千金，却在众多译本上敌对我们信仰中最神圣的奥秘吗？不能！——福音的众仆人并未行在那种黑暗中；他们并未陷于那种致命的道路中。我知道，在孟加拉 Ishwara 的应用会让某些人满意，这些人认为一个关联术语也必然会在汉语中用来表示 God。我希望这种观点甚至也可以改变文惠廉博士的观念，就是他使用那个术语就不可避免地产生危险的那种观念。有件事是显而易见的——就是不会有哪个《圣经》公会捐资给北印度传播福音、从事翻译事工的传教士，却会一直拒绝给那些身在中国、用上帝这个术语传播福音、从事不同译本翻译工作的传教士予以支持和资助。

第二，印度的《圣经》翻译人士似乎用术语 debta 来表示偶像崇拜者的假神。他们用一个词表示 God，用另一个词表示 a god。在这点上，他们的做法与已故的郭实腊②博士和麦都思博士首次翻译

---

① 【译注】参见和合本《圣经·新约·哥林多后书》13:8，我们凡事不能抵挡真理、只能扶助真理。
② 【译注】郭实腊（Karl Friedrich August Gützlaff, 1803 年～1851 年），又译郭实猎、郭士立等，1803 年 7 月 8 日出生于普鲁士波美拉尼亚省（Pomerania）的比列兹镇（Pyritz）。父亲名叫约翰·雅各，以裁缝为业，家境清贫。郭实腊为家中独子，四岁丧母，后由继母抚养。郭实腊自小深受熏陶，且天资聪慧，勤奋好学。1818 年，他年仅十五岁时，决志献身于海外宣教事业，开始学习阿拉伯语和土耳其语。1821 年，18 岁的郭实腊开始接受神学训练。在学期间，他广受敬虔主义、莫拉维弟兄会、福音主义，以及浪漫主义等思想的影响。郭实腊于 1823 年 6 月毕业后，进入荷兰传道会所办的荷兰传教学院（Netherlands Missionary Society Seminary）深造，以备日后由该会派往他国做宣教士。1825 年，郭实腊专程前往法国巴黎，搜集有关东南亚宣教的资料。随后他又远赴英国伦敦，探访当时正在休假的对华宣教先驱马礼逊博士。从马礼逊口中，郭实腊得知很多有关在中国宣教的信息，自此他便心仪于中国的宣教事工。1826 年，郭实腊毕业于荷兰传教学院，同年 7 月 20 日，由荷兰传道会按立为牧师，后师从麦都思学汉语和马来语。1834 年 4 月，郭实腊南返马六甲，把自己过去数年间，在中国沿海一带旅行时的所见所闻写成游记《中国沿海三次航行记》（*Journal of Three Voyages Along the Coast of China*），以荷兰文、德文、法文和英文在世界各地出版，引起欧美各国教会对中国宣教的极大兴趣。郭实腊可说是一位多产作家，根据伟烈亚力（Alexander Wylie, 1815 年～1887 年）的记载，从 1834 年开

《圣经·新约》时的做法一致。然而,所有在中国的团契现在都一致认为那种方法是不妥当的。当然,在此将其付诸实施的难度尤其大。除了 god 或 lord,在实际使用中人们并未发现 Dabta 有任何其他意思,但神在实际应用中用来表示 spirit。实际上,该词并没有其他意思。甚至用它来表示某位神祇的意思都需要用一种迂回、委婉的说法。一

始,郭实腊的著述便陆续面世,共有 85 部之多。其中以汉语写成的有 61 部,以日文写成的有两部。此外,用其他语言写成的著作分别有泰文著作一部,荷兰文著作五部,德文著作七部,英文著作九部。内容涉及的范围也很广泛,包括各国的历史和地理、基督教教义、教会历史、人物传记、月刊、杂志、卫道集、贸易通志、文法书和字典等,其中比较著名的有《开放的中国:中华帝国概述》(China Opened; Or, A Display of the Topography, History, Customs, Manners, Arts, Manufactures, Commerce, Literature, Religion, Jurisprudence, etc. of the Chinese Empire, 1838)、《中国史略》(A Sketch of Chinese History, Ancient and Modern, 1834)、以及《道光皇帝传》(Life of Taou-Kwang, Late Emperor of China, 1852) 等。在郭实腊早期著述中,他经常用"爱汉者"(Lover of the Chinese) 自称。在《圣经》翻译方面,郭实腊曾参与马礼逊译本的修订工作。郭实腊极具语言天赋,在华语方面他能流利讲说官话、闽南语、广府语、潮州话和客家语。在汉语《圣经》翻译方面,他首先参与修订了马礼逊的《神天圣书》,结果产生出一部全新的汉语译本。在 1834 年马礼逊逝世后不久,这项修订计划便告展开,参与修订工作的共有四人,除郭实腊外,还有伦敦传道会的麦都思、美国公理会的裨治文 (Elijah C. Bridgman, 1801 年~1861 年) 和马礼逊的儿子马儒汉 (John Robert Morrison, 1814 年~1843 年)。在整个修订过程中,郭实腊是最积极的参与者。1836 年,《新约》的译事宣告完成。然而,英国《圣经》公会由于不认同四人小组的译经原则,以及反对麦都思对《神天圣书》的严厉批评,所以拒绝资助《新约》译本的出版。郭实腊等人唯有自行在巴达维亚印行这部《新约》,并把它订名为《新遗诏书》。新约出版后,他们继续从事《旧约》的翻译。中途由于麦都思的退出,《旧约》后半部书卷几乎由郭实腊一人独立完成。1838 年,《旧约》的初版在新加坡印行,订名为《旧遗诏书》。随后,郭实腊还对《新遗诏书》进行多次的修订,最后改称为《救世主**耶稣**新遗诏书》。后来,郭实腊反复修订了麦都思的《新约》译本,前后至少有十六次。太平天国的版本就是以郭实腊译的《旧约》与他修订的《新约》为蓝本的。1843 年 8 月,担任香港"抚华道"(Chinese Secretary) 的马儒汉病逝,郭实腊接任为香港抚华道,专责香港华人事务兼办满清官方事务。1844 年,当清廷代表者英到香港签约时,郭实腊正是当时的港督德庇时 (John Francis Davis, 1795 年~1890 年) 的华文翻译。自此以后,郭实腊一直担任华文翻译一职,直到 1851 年逝世为止。郭实腊还创建过"福汉会",但由于郭实腊一向以"来者不拒"的原则吸纳新会员,致使会员良莠不齐,许多会员甚至是吸食鸦片和行为恶劣之人。有些会员在取得传教书册后,并没有前往指定地点分发,却回来白领薪金;也有些会员出售书册为自己图利,因此而饱受其他传教士非议。此外,福汉会成员很多直接参与了太平天国运动及其改革与建设,郭实腊曾对太平天国寄以厚望,想"藉太平天国,使中国成为基督化的国度。"1851 年 8 月 9 日,郭实腊在香港因痛风病逝世,年仅 48 岁。此后不久,福汉会便告解散。如今香港中环的吉士笠街 (Gutzlaff Street) 俗称"红毛娇街",就是为纪念他,以其姓氏所命名的。

个词比如——"多国之神祇",必须以某种方式翻译为——"那些灵被多国尊为有能力之守护者。"

第三,温格尔先生说拉丁词 deitas 和 deus 最初似乎与印度术语 devata 和 deva 的意思一样,而 deva 的意思极有可能就是光明的或闪烁的。一些杰出的德国学者也秉持这种观点——特别是波恩的拉松教授①。我致信给拉克鲁瓦先生,请他注意这点,同时向他请教,如果说 deva 和 deus 的基本意思完全一致,那为何在印度他们就不可以用 debta,不用它来表示早期基督徒所采用的 theos 和 deus。与此同时,我也表达了对已提出的关于词源的疑惑,因为在表达某位存在之品格的时候,没有一个形容词可以作为这个存在的名称,同时又可以与其他存在的名称有关。以撒·牛顿爵士已经说过,我们不说 "my eternal","my infinite","my perfect"。同理,词语 "my luminous" 或 "my luminous one" 也是令人发指的,它们不能作为 God 关联名称的基础。

【122】

---

① 【原注】拉松 [译按:克里斯蒂安·拉松(Christian Lassen,1800 年 ~ 1876 年),是挪威裔德籍东方学家。他生于挪威伯根(Bergen),受教于奥斯陆的一所大学,后来去德国海德堡大学和波恩大学进修。波恩时期,拉松获得了深厚的梵语知识。之后在巴黎和伦敦花了三年时间誊写和整理手稿,并为自己将来的研究收集资料,特别是印度戏剧和哲学方面的资料。三年后,他重返波恩学习阿拉伯语,并获得博士学位。1830 年起,他任教于波恩大学,教授古印度语言和文学,直至去世。著有《巴利文论稿》(*Essai sur le Pâli*,1826)等多部语言学和文学作品。] 说:"**神**的一般称谓极为广泛地在印度-日耳曼民族中传播,在梵语中发音为 deva,希腊语中是 theos,拉丁语中是 deus,列托语中是 diewas,爱尔兰语中是 dia。在日耳曼语中,它只限于某位具体的神祇,而在旧高地日耳曼语中它被称为 Zio,在《埃达》(译按:《埃达》是两本古冰岛有关神话传说的文学集的统称,分为《老埃达》和《新埃达》,是中古时期流传下来的最重要的北欧文学经典。而现今留下的北欧神话故事,其实是揉合了新旧两部埃达后的故事集。)中是 Ty'r,但在哥特语系中一定被称为 Tius;在《埃达》中复数的 tivar 指的是众神祇和群英。""Deva 源于词根 div,是点亮的意思,即使在《吠陀》中仍有这层意思,作形容词是闪耀的意思。这就证明了在印度-日耳曼国家中,上帝(the Deity)的观念源于光,他们最早尊崇的圣物是光的表象及其果效。"(选自一些东方基督徒见证人)关于 Theos,Deus 和 Deva 之间基本关系的同种见解,已由 1851 年刊登在《爱丁堡评论》冬季刊中的一篇论比较哲学的文章提出,该文文辞优美、令人钦佩,我从中了解到,该作者可能会同意温格尔先生的假设——即 Deva 意指"光源体"。他还否定了条顿人的 God 与波斯人的 Khoda 之间的关联,并用这个斯拉夫词来解释 God,即"Bog",并认为它与梵语的 Bhaga 有关联,Bhaga 的意思是"分界者,分配者,或统治者。"在一条注释中提到了我们汉语里的差异,他表达了一种冀望,希望"古老的词语**上帝**可以被中国不同宗派的基督徒采用。"

对这种询问友善的回复，以及对已提到的 Deus 和 Theos 词源的考察我所表示的疑惑，拉克鲁瓦先生写到，"关于 Deva, Deb 或 Debta, 要祷告，而且还要记住，无论它的词源是什么，这个术语都从未在印度使用过，除了用于区分众神祇中的一位——换言之，万神殿中 3.3 亿个神祇中的一位——但却从未用来表示《圣经》中那位独一真神。"温格尔先生也表达了这种意思，"Ishwara 和 Deva 之间的差别，就如异教徒所使用的那样，并非一类（one of kind），而是某种层面上的（one of degree）。同一个存在物——比方说太阳——可以被称为 Ishwara 或是 Deva。但 Deva，至少在单数情况下，基本上都要有个不变的专有名词在它之前；因为一用这个词便会产生一种繁多的意思，要从中选出一种意思，而这个意思必须又是有具体指向的。换言之，Deva 现在的意思是众神祇之一而非真神的意思，它与受造之物相对；而 Ishwara 会有，而且经常会有 God 那种意思。"

"我们不应该在《创世纪》第1章第1节使用 Deva 这个词。如果那样使用的话，那句话就会被理解成这种意思：有位神祇创造天地。"

"关于 Deva 词源的种种疑惑，可以通过假设它的意思是光源体，即世界之光来消除。我并未证明拉松的观点就是正确的。"

这些评论值得引起那些坚持用神（shin）表示 God 的中国传教士关注。有人主张，即使对他们来说神意味着 a god，他们也绝不能从中得出 God 的意思来，而且为数众多与神这个词是密不可分的，因此在使用它的时候，他们便不能教导中国人只有一位 God 了。然而，这些表述似乎不会产生更多的效果。因此，在这个圈子之外，在我们这个专门的热辩之外，当许多有能力、有经验的团体，他们的评判施加给那些人的时候，他们就会受到更多的关注。以前我就说过，如果在

[123]

第三章　论希腊术语 *Theos*，以及在印度和中国用于翻译《圣经》中 *God* 的几个术语

印度用 Ishwara 翻译 Elohim 是对的话，那么在中国用上帝翻译 Elohim 就不能算错；在此，我也可以这样说，在印度如果 debta 不足以表示 God 的话，那么在中国神也就不足以表示 God 了。如果《创世纪》第 1 节经文用 debta 来翻译的话，那么它的意思就只能是——"有位神祇（a god）创造天地"，于是用神来翻译这节经文，它的意思也就只能是——"有位灵明（a spirit）创造天地"。

温格尔先生的建议是，Deva 的首要意思可能是"启迪者"（The enlightener），这种意思就会免除这个困难，就是它作为形容词的意思是"发光的"，这种困难介于这个词关联使用的过程中。但我会在词源学上勉强同意这种说法。更多与我们关于 God 之观念起源相符合的内容，比如由麦克科什提出的，是源于 theo 或 tithemi、pono 的 theos 的古老起源，从祂事工的布局中得出上帝（the Deity）的第一观念。[①]

温格尔先生这个提议是在他精读我们这场争辩双方的出版物之前做出的，他的提议是那个没有任何修饰词的帝应当用于 God，这并非毫无益处。文惠廉博士不止一处专门反对使用上帝这个词，因为这个词是个复合术语，它由一个形容词"上"（Supreme）和一个名词"帝"（Ruler）组成，因而他说，我们需要一个单一的非复合词，像 God 一样（《辩护文》，第 43 页）。他还说，用那样一个复合词，我们就不能教导一种严谨的、真正的一神论了——"这个附加的形容词上不也暗指低等次的神祇存在吗？相信只有一位至**高神**存在并不是一神论；只有相信一**神**存在才是一**神**的信仰。"（《辩护文》，第 91 页）

我为反对使用上帝的这些观点特地留出现在这块地方，若非那种意思，我想其正当性便可以用温格尔先生的评论加以说明了。

[①]【原注】卡莱尔在其《论奥利弗·克伦威尔的书信集和演讲集：认识 God、Theos、造物主，对人类而言一直都是至高无上的荣耀》（*The Letters and Speeches of Oliver Cromwell — "To know God, Theos, the MAKER, must always be the highest glory for a man"*）的导言中如是说。

对上帝作为复合术语所持的异议

即便对前文匆匆一瞥的读者而言，帝和上帝都是可以交互使用的，而且二者使用的频次几乎均等。如果倡导神的人愿意使用帝的话，那么我也就不打算再与他们论辩什么了。中国人并不认为天是形质之天，而是在天的统摄之灵（governing Spirit），如果不承认借着这个天（Heaven），那么帝也就不能用来表示 God 了，因为有些时候，如果上帝解释为天（T'een），那么天（T'een）和帝（Te）便可以常常交互使用了。在两个《圣经·旧约》的译本之间，其中一个译本用上帝翻译 Elohim，而另一个译本用帝翻译 Elohim，那么这两个译本就没有冲突。对于确切含义、清晰度和文雅性，不同的译文可能有不同的观点，而中国人却都可以从这两种译本中获得同一真理。

我并不认为我们非得要有一个单一的、非复合的汉语词来表示 God。汉语的本性时常要求我们用两个或更多汉字来表示一个英文词。比方说，Saviour 用救主（Kew-choo）表示，lawyer 用讼者（sung-sze）表示；soul 绝大多数情况下传教士都用灵魂（ling-hwun）来表示。我不知道翻译人士使用上帝能有多大困难。

帝的前缀上（Shang）在中国人那里并没有什么意思，而文惠廉博士却只用这个词来区分至高神（Supreme God）和低等次的神祇（inferior deities）。可能这与"因为亚伯拉罕向至高神（the most high God）举手，所以他就相信有众多神祇"的原因一样。我认为上（Shang）的意思是为了加强帝的语气，就像我们会认为通过大写单词

第三章　论希腊术语 *Theos*，以及在印度和中国用于翻译《圣经》中 *God* 的几个术语

的首个字母——God，而非 god——来加强（raise）我们英文的意思。帝表示的是心灵从对自然和神意的沉思中，得出统治的一般概念。上帝表示的是心灵得出的结论与启示的真理协同一致，即存在一位伟大的上帝（*Supreme Ruler*）———一位 *God*。当有中国的推理者想通过对众多灵体（*spiritual beings*）的思考中产生宇宙间的创作与统治这层意思的话，他就会用上帝这个术语。因而，即便上帝有时被称为天之神（*T'een - che shin*），即属天之灵或在天之灵，这种表述被解释为是为了防止那种存在被人当作仅仅是天神或属天之灵中的一位。有句话说："上帝即天也，聚天之神而言之，则谓之上帝。"① 请读者查阅一下第一章关于五帝（*five Tes*）的讨论吧，之后他便会被帝和上帝传递给中国人一位存在这种意思而折服，这种说法与古训中有多位上帝（*Shang - Tes*）而不止一位的教导相反，同样也与古训中说有多位帝（*Tes*）而不止一位的教导相反。这个复合术语的使用证实了存在低等次的神祇，因此，反对这种用法的观点便是无效的。没有什么原因会让我们否认上帝这个词的明确性和权威性所带给我们的优点。印度的一些传教士发现用复合术语 *Parameshwara*（另外一些人用这个词表示 *Jehovah*）取代 *Ishwara* 来表示 *God* 更合适。拉克鲁瓦先生写道，"这是我一直使用的词。"

【125】

在经典的应用中，*Elohim* 和上帝的一致性

在这件事上，我想我们还应该考虑一下用帝来表示皇帝的那种情

---

① 【原文】"By *Shang - Te* and by Heaven the same Being is intended. When we collect the *shin* of heaven and express the idea of them in a word, we use the name *Shang - Te*." 【译注】语出明朝邱濬的《大学衍义补·卷五七》。

325

中国人关于神与灵的观念
The Notions of the Chinese concerning God and Spirits

况,以及用于中国皇室的情形。那样使用那个术语可能会令人感到遗憾,但却更清晰地显示了帝和希伯来文 Elohim 之间的类比关系。这两个名称都不以上帝(supreme Being)来指尘世的君主,并且都在同种原则之下。对那些希伯来词用法的评论所做出的解释,至少是中国学者对帝的类似用法所做出的解释。针对《诗篇》第 82 篇第 1 节,"有位之人和会,士师咸集,上帝在中,辨折是非兮。"① 亨斯坦伯格说,——"在摩西律法中,所有用来颁布命令、施行审判与仲裁的机构,所有在各方面施行赏罚的人,都代表 God 在地上施行。我们的教导是君权神授②。但它曾与具有神圣特征(一度最为引人注目)的审判机构有关。"为了与这些原则保持一致,人们便将 Elohim 之名赋予统摄者,特别是他们作为裁决者,可以代表 God 在地上行事。那么,在帝用于皇帝的情形中,中国人是怎么说的呢?在《谐声字典》③(the Dictionary Heae Shing)中,我们读到,"帝者,天之主宰。然因皇帝授命于天,理察世事,故尊其为帝。"④ 这个问题在唐代儒家经典中,讨论《书经》第一句意思的时候得到充分阐述,"尧"(Yaou)被称为"帝尧"(the Te Yaou)。"帝者,天之一名,所以名帝。帝者,谛也。言天荡然无心,忘于物我,言公平通达审谛,故谓之帝也。五帝道同于此,亦能审谛,故取其名。"一段话过后,我们看到了重要的说辞,"天之与帝,义为一也。人主可得称帝,不可得称天者,以

---

① 【译注】原文为"God standeth in the congregation of the mighty; he judgeth among the gods",和合本修订本译文为"神站在有权力者的会中,在诸神中行审判。"
② 【译注】原文为"We are taught to recognize in governors a reflection of the majesty of God."。
③ 【译注】参本书第 103 页(原页码)注释。
④ 【原注】参见麦都思《探究翻译 God 之正确方法》(Inquiry on the proper mode of rendering the word God),第 10 页。【译注】原文英文为:"Te means the Lord and Governor of heaven; but because emperors are appointed by Heaven to regulate matters, they are also honoured as Tes."。因未查明该词典,故正文引文为译者自译。

天随体而立名，人主不可同天之体也。"①

---

① 【原注】Te is one of the names of heaven, and the reason why it is named Te, is that Te means to judge. Respect is thus had to the unlimited impartiality of Heaven, not recognizing any distinction between self and others, but judging and examining all things, with a justice and equity reaching to the utmost distance. On this account Heaven is named Te. The five Tes — i. e. the five ancient emperors — agreed with this in their principles, being also able to exercise discerning judgment, on which account the name was applied to them. The meaning of T'een and Te is the same. A human sovereign may be called Te, but he cannot be called T'een, for the name Heaven is spoken with reference to the body (i. e. nature or essence), and a human sovereign cannot share the nature of Heaven. "人主不可同天之体也。"我找不到比此处更恰当的地方来审视文惠廉博士反对使用帝或上帝的观点了，因为上帝被解释为体，或存在之实体。他说：——"比如，在评论《周礼》第18篇的时候，程子提出了对天（t'ien）和帝（ti）的解读：天与帝一也，天言其体，帝言其主。"[T'ien（Heaven）and Ti（Ruler）are the same；（the name）heaven refers to its（the ruling power's）（t'i 体）substance；ti, the Ruler, refers to its ruling.] 如果用体这个词来表示父子圣灵为一是对的话；那么，当我们说'三位格乃一位上帝'的时候，上帝这个词（并非指存在之体，而只是指他的统管）怎样才能教导三位合一成为一体或三位一体共在（con‑substantial）呢？'三位和至高神'这些词语表达出阿塔那修三位一体的观念了吗？"（《辨护文》，第91页）在此，可能会有人回说道，用神而不用帝或上帝有何优势可言？如果中国人不用帝来表示所谓的存在（the Being）之体，那么就用它表示神之体了。在第107页的注释中，这点会引人注意。在对"阿塔那修三位一体之教义"的看法上，文惠廉博士用神肯定会比用上帝的那些传教士陷于更糟糕的境地。我们无形体的帝是他的神之体。显然，在文惠廉博士合宜地要求其他人解释那个"引人注目的事实"（文惠廉博士指出这个事实与上帝这个词有关）之前，他肯定一开始就会遇到一个困难。但我不愿躲到困扰对手的任何困难背后去避难。文惠廉博士反对使用上帝的难处，我想用下面这种方法便可以妥善解决——当然，如果它真的算是一个困难的话。学者程子的话应该译为"T'een and Te are one Being；speaking of His substance, we call Him T'een；speaking of His rule, we call Him Te."文惠廉博士在第二个天之前用了"the name"这个词，在第二个帝之前用了"the title"这个词。他还用中性代词"its"翻译其（K'e）这个字，并且以"the ruling power's"对其加以解释。现在，我要问问文惠廉博士，在其之前的是什么？是天？是帝？还是一（Yih）？如果是天，他就应该翻译"its"为"heaven's"；如果是帝，他就应该翻译"his"为"the ruler's"。如果是一，那么根据他认为《周礼》中所提到的主题是一人或一事，他就应该翻译第一句为——"T'een and Te are the same Being or the same thing"；所以，根据前面得出的结论，其要么翻译成"his"，要么就翻译为"its"。我在本篇中提出的观点，在我提供的译文中已经充分地说明了。这种陈述的意义，在最后一

中国人关于神与灵的观念

The Notions of the Chinese concerning God and Spirits

【127】 这些篇章清晰明白地将帝这种称谓赋予皇帝,他代表天,行使 神 的旨意,而在实践中他们绝不会有这种想法,即是他们而非旁人身在自然之中。这个词在那样使用的时候,绝无偶像崇拜的意思。甚至那种用法也毫无支持专政(despotical throne)的意思。统治者可以是位独裁者,可以是一位君王,或是共和国的总统。那是他对"尘世治理"(regulation of matters)——被赋予权威与公义地治理——委任他为一位帝。然而在这个意义上,这个术语却得到广泛使用,因此,在《圣经》的翻译上,我坚持我们应当正确地以上帝为名来翻译 Elohim 和 Theos。单独使用帝的时候,也不会出现任何看似有碍于民事管理(civil government)的危险,就如文惠廉博士担惊受怕的那样(《辩护文》,第 67 页)。我们常常会发现,在同一页中这个术语会出现两种用法的情况,这个词只有在赋予 God 的时候,才会高于赋予皇帝的位

章的语法中,我想应该是这样——"独存中的 God——关乎本质,源及自身——我称其为天(Teen or Heaven);关联中的 God——祂指向其他存在——我们称祂为帝(The Ruler)。"作为 Elohim 和 Theos 的翻译,我们不需要独存中的 神(Deity)之名。我们需要的是关联中的 神(Deity)之名,在汉语中,我们有个术语可以极为精准地表达祂的品格和权威。如果中国人在独存中的 God 之观念上犯有大错的话,那么我们就可以纠正那个错误,并引领他们到关于祂的正确观念上来。作为中国观念的捍卫者所面临的危险,无论是好是坏,我都会加上那个天,这个字用来唤起中国人对独存中之 God 的思考,在许多汉语作品中,它都传达了重要而且是正确的意思。那样使用的时候,心灵便不再以形质之天为根基,我想,这点已经在第一章的 37、38 两页中证明过了。天(Heaven)用来表征祂,祂居于高天,掌管天庭,天唤起一种一体(Unity)、光耀(Brilliancy)和圣洁(Purity)的观念。有形的帐幕之后,有一位荣耀的、圣洁的、无限的存在!(译按:《圣经·旧约·出埃及记》40:34~35 有记:当时,云彩遮盖会幕,耶和华的荣光就充满了帐幕。摩西不能进会幕,因为云彩停在其上,并且耶和华的荣光充满了帐幕。)其他观念也会与此相关,而这些乃是明证。

328

第三章 论希腊术语 Theos，以及在印度和中国用于翻译《圣经》中 God 的几个术语

置。我们绝不会敌对政府①，在书写和传讲上我们都会宣称只有一位帝，当使徒向我们基督徒宣称只有一主就是**耶稣基督**的时候，也并不是攻击社会秩序②。

【128】

撇开这些反对使用上帝的评论，根据它是复合术语这个事实，我继续考察罗马天主教用来表示 God 的汉字。我已经谈了不止一种观

---

① 【译注】《圣经·新约·罗马书》13:1~7，在上有权柄的，人人要顺服，因为没有权柄不是来自 神的。掌权的都是 神所立的。所以，抗拒掌权的就是抗拒 神所立的；抗拒的人必自招审判。作官的原不是要使行善的惧怕，而是要使作恶的惧怕。你愿意不惧怕掌权的吗？只要行善，你就可得他的称赞；因为他是 神的佣人，是与你有益的。你若作恶，就该惧怕，因为他不是徒然佩剑；他是 神的佣人，为 神的愤怒，报应作恶的。所以，你们必须顺服，不但是因 神的愤怒，也是因着良心。你们纳粮也为这个缘故，因他们是 神的仆役，专管这事。凡人所当得的，就给他。当得粮的，给他纳粮；当得税的，给他上税；当惧怕的，惧怕他；当恭敬的，恭敬他。《圣经·新约·提多书》3:1，你要提醒众人，叫他们顺服执政的、掌权的，要服从，预备行各样善事。

② 【原注】在解释这些评论的时候，请允许我引用下面这句话，它出自乾隆三十九年出版的《大清会典》第 13 卷，"帝授神器，统一寰瀛；剪灭巨寇，乾坤载清。一着戎衣，若雨甘雨，大告武成，作神人主。"（Te gave the empire, to govern all within its circle. Thou cuttedst off and didst exterminate the great banditti, till the land became tranquil and pure. Thou donnedst once thine armour, and it was as if it rained sweet rain. There was a great announcement of the completion of thine enterprise, and thou becamest the lord of spirits and men.）在这句话中，满清皇帝庆祝王朝的建立。请读者标记一下。第一，麦都思博士在不止一处提到神器这个词，它作为帝国的一种称谓。无论这两个字真正的意思是什么，此处这两个字所指的物是作为帝的恩赐。第二，皇帝经常被人称为"百神之主"（the lord of all the *shin*）。此处，我们看到他因着帝的恩德就是这样。祂让万灵万人屈服于皇帝，而不将他自己置于皇帝之下。（译按：《圣经·新约·哥林多前书》15:27，因为经上说："**神**使万物都服在他的脚下。"既说万物都服了祂，那使万物屈服的，很明显地是不在其内了。）只有这段话能证明中国人认识三种等次的智慧存在（intelligent beings），帝或神（God），神（*shin*）或灵（spirit），以及人。第三，用常这个词翻译 Theos 的时候，我们不应该再反对皇帝的称谓，皇帝自己也不可以反对。文惠廉博士说，如果我们用帝来表示 God，我们就必须"禁止所有基督徒使用这种称谓来称呼皇帝，否则我们就必须称某人为'奥古斯都 神'，这要好过我们缄口不言（cut out our tongues）。"（《辨护文》，第57页）本文已经证明了帝用在皇帝身上，并不表示皇帝就分有了任何的神性。我想到了在《约翰福音》第十章第三十五节（译按：且经不可毁矣，若奉上帝命者，称为上帝）**基督**说过的话，在文惠廉博士写下我们更应该缄口不言而非那样使用一个术语之前，那节经文可能会让他停下来思量一番。他该怎样用神表示 God 才更好呢？让我们假设他正与一位中国天主教徒谈话，并问他是谁教他向童女马利亚祷告的。这个中国人会回答说，"我的神父（*shin-foo*）教我的。""你的神父教你的！你知道你在说什么吗？父 **神**（God the Father）教你敬拜童女马利亚了吗？""**神**，神啊！我的意思是指我的属灵之父，神父。""先生，我不许你用这个称号来称呼人。你最好缄口不言为妙。"我再问一遍，文惠廉博士试图将"灵（spirit）"这个词变成 神（God），他能从中得到什么呢？

329

中国人关于神与灵的观念
The Notions of the Chinese concerning God and Spirits

点,这些观点会在展现的过程中自明其身。

众所周知,他们用来表示 God 的名称叫天主①(T'een - choo),意为"天之主宰",而且如今这个称呼越来越值得关注,因为有些新教传教士也使用这个称谓。维多利亚主教写到,"天主,(天之主宰),罗马天主教用这个术语表示 God,有很多原因无疑会让这个术语更受欢迎——在基督教中近一个半世纪的使用,使这个术语已经约定俗成,帝国中的每个省都有成千上万的人这么使用,在绝大多数情况下,新教基督徒都采用这种称谓。但更让我欣慰的是看到因那种称谓而产生的一种和解,而现在我对任何其他术语而非天神这个术语寄予一丝希望。如果麦都思博士能够劝导新教传教士的肢体们接受天主作为和解基础的话,我会非常高兴的。"

既然维多利亚主教写下这番话,那么他就已经放弃以天神或说在天之灵(Heavenly spirit)这个复合词作为和解基础的希望了。我确实认为以天主这种称谓为基础而产生出一个令人满意的结果也是不可能的。实际上,这两个术语的优点并无可比性。如果非得要我在这二者【129】之间做个取舍的话,那么我应该会毫不犹豫地选择后者。所有基要真理都得通过这个术语来传导,而一切错误都与天神或任何表达本性的通用术语的使用密不可分。然而,当我们说天主与上帝相悖时,对我而言后者更占绝对优势。

---

① 【译注】"天主"是天主教传教士利玛窦用来翻译《圣经》中那位"自有永有之至高"神的术语,源出于《史记·封禅书》,"于是始皇遂东游海上,行礼祠名山大川及八神,求仙人羡门之属。八神将自古而有之,或曰太公以来作之。齐所以为齐,以天齐也。其祀绝莫知起时。八神:一曰天主,祠天齐。天齐渊水,居临菑南郊山下者。二曰地主,祠泰山梁父。盖天好阴,祠之必於高山之下,小山之上,命曰'畤';地贵阳,祭之必於泽中圜丘云。三曰兵主,祠蚩尤。蚩尤在东平陆监乡,齐之西境也。四曰阴主,祠三山。五曰阳主,祠之罘。六曰月主,祠之莱山。皆在齐北,并勃海。七曰日主,祠成山。成山斗入海,最居齐东北隅,以迎日出云。八曰四时主,祠琅邪。琅邪在齐东方,盖岁之所始。"而基督教将那位自有永有之至高 神译为"上帝"来自《尚书》、《礼记》、《春秋》、《易经》、《诗经》等经典中,如"惟上帝不常,作善降之百祥,作不善降之百殃"(《尚书·商书》),其他经书中的引用,请读者参阅本书。

330

第三章 论希腊术语 Theos，以及在印度和中国用于翻译《圣经》中 God 的几个术语

上帝和罗马天主教的术语天主的几个一致之处

这两个名称在许多重要细节上是一致的。首先，他们都是关联术语。上帝表示——至高主宰（The Supreme Ruler）。天主——天之主宰（The Lord of heaven）。文惠廉博士和我在论争中的这种一致性是有意义的。Ishwara 在印度的用法，我说过这样的话，"如果在印度用 Ishwara 表示 God 是对的话，那么在中国用上帝来表示 God 就不能算错。"所以现在提到天主，我会说，如果罗马天主教用天主表示 God 时不犯什么严重错误的话，那么我们用上帝表示 God 的时候也不会犯下任何严重的错误。考虑到这两个称呼的语法特征——即他们语法特征的同一性（the identity）——它们在《圣经》中并没有冲突，罗马天主教人士可以将这两种称呼传讲给中国人，使用上帝的新教传教士也可以将这两种称呼传讲给中国人，用这两个术语来表示 Elohim 和 Theos 是一样的。许多罗马天主教传教士的学术水平从未有人质疑过。他们带着令人尊敬的科学知识和西方的学识来到中国，他们在中国的作品证明了他们如何从汉语和中国文学中受益。他们用术语神来表示 spirit，用天主，一个关联术语来表示 God，这些事实在判别新教传教士之间正在争辩的问题上并非毫无价值。

第二，上帝和天主在汉语中是同义词。它们都被理解为同一位存在。在第 69 页雷孝思翻译《易经》译文的注释中，我们会看到他是如何评论的，"'天之主宰'（Lord and governor of heaven）、'万有之主'（Lord of all things）和'天主'（Lord of heaven）这些表达只是上帝的同义语。"实际上，这个名称最通用的汉语定义是——"上帝，

331

天之主宰也。"他在第 100 页中提出大舜的告白,赋予至高存在其中一个称号就是天主(T'een‐choo),上帝,"The Lord of heaven,上帝",在福建巡抚与维多利亚主教的交谈中,这样清楚地说道,"上帝带给中国人的是一个世界主宰的观念;与天主——西方国家之 God 是同一位。"他将上帝寓于天上之主(T'een shang che choo)中,即"高天之主宰"(The Lord of heaven on high)。因此,没有人再反对使用上帝,这个术语与天主毫无冲突。道明会①和耶稣会②之间起过争端,教皇一条教谕勒令双方都应该用天主来表示 God,这条教谕设计巧妙,虽说微不足道,但我一定会向考虑它的一方和接受它的一方宣告。有些曾经倡导使用神的新教传教士现在也同意用天主这个词达成和解。他们的反对观点中有哪些属性适用于上帝呢?如果他们的反对是有效的,那么他们反对天主同样也就有效了。

【130】

---

① 【译注】道明会(Ordo Dominicanorum),又译为多明我会,亦称"宣道兄弟会"(Ordo Praedicatorum,简称 O. P.)是天主教托钵修会的主要派别之一,1215 年由西班牙人多明戈·德·古斯曼(Domingo de Guzman)创于法国南部的普卢叶。会士均披黑色斗篷,因此称为"黑衣修士",以区别于方济各会的"灰衣修士",圣衣会的"白衣修士"。道明会是中世纪托钵僧第二个大团体,他们自称为主的看守犬,立志走遍欧洲去扑灭异端与无知,注重讲道与神哲学。道明会在1215 年成立后两年,1217 年获教皇批准。其会规接近奥古斯丁修会和方济各会,也有设立女修会和世俗教徒的第三会,主要是在城市的中上阶层传教,拥有著名学者大阿尔伯拉(Albertus Magnus,约 1200 年~1280 年)及托马斯·阿奎那(Thomas Aquinas,约 1225 年~1274 年)。他们受教宗委派,主持宗教裁判所,参与镇压卡特里派。道明会特别提倡学术讨论,传播经院哲学,鼓励学术研究。当时在欧洲的许多大学里,都有该会会士任教。

② 【译注】耶稣会(Societas Iesu,简写为 S. J. 或 S. I.)是天主教的主要男修会之一,1534 年 8 月 15 日由依纳爵·罗耀拉(Ignacio de Loiola,1491 年~1556 年)与圣方济各·沙勿略(San Francisco Javier,1506 年~1552 年)、伯铎·法伯尔(Pierre Favre,1506 年~1546 年)等人为应对当时基督新教的宗教改革在巴黎成立,其组织与会规后于 1540 年蒙教宗保禄三世许可。其格言是"愈显主荣"(Ad Majorem Dei Gloriam),这句话往往被缩写为"AMDG"。耶稣会最主要的任务是教育与传教,在欧洲兴办许多大学,培养出的学生除是耶稣会人才外,也活跃于政界与知识分子阶级,如法国著名哲学家笛卡尔(René Descartes,1596 年~1650 年)。耶稣会的会士分为神父及终身修士,其成员必须要誓他们将生活贞洁,对修会和教宗的命令绝对服从。加入耶稣会比加入其他修会考验的时间要长得多。申请人不但要有神学的毕业证书,而且还要有另一项课程的大学毕业文凭。

332

第三章 论希腊术语 *Theos*，以及在印度和中国用于翻译《圣经》中 *God* 的几个术语

选用上帝而不用天主的几个原因

还有第三点说明天主和上帝是一致的。它们都是复合术语。在这方面，文惠廉博士反对上帝就等于反对与之匹配的术语天主。然而，人们已经充分注意到二者的一致性了，也充分显示出由它而产生的困难。在本章附录的第一条注释中，人们会发现一些出自罗马天主教作品的引文，这些引文说明了 God 和 god 这两个术语的用法。假如所有的新教传教士都放弃使用通用术语，都统一使用某个关联称谓来表示 God 的话，那么那种驳斥复合术语的个别观点也就不再是个难题了。在结束思考天主这个术语之前，我必须陈述一下为什么我觉得用来翻译 Elohim 和 Theos 的那种主张，会不及用来翻译上帝的那种主张。

第一，前缀天（T'een 或 *Heaven*）存在争议。它用来修饰主（Choo）。God 实乃天之主宰（*the Lord of heaven*），但同时祂也是大地之主，而且还是宇宙万有之主。祂的荣耀彰显于天，这与祂和我们的关系毫不相关，祂是我们的帝（*Ruler*），我们的主。上（Shang）这个前缀可能就不那么有争议，所以上帝就比上主（Shang‑choo）要更合适。

第二，人们要求用主（Choo）这个词来翻译《圣经》中的 Lord。God 和 Lord 这两个词常常在一节经文中同时出现，而且在这两种情况中用主（Choo）一定会令人尴尬、让人不爽。当多马确信复活之主

333

中国人关于神与灵的观念
The Notions of the Chinese concerning God and Spirits

站在他面前的时候①,我发现多马的那句感叹之词被译为,"多默豁曰:我真主,我天主。"② ——这句话翻译得不够充分,对这几个词充分地翻译应该是,"我的主,我的 神!"(my Lord, and my God!)

第三,尽管帝(Ruler)和主(Lord)在意思上非常贴近,但很明显前者与 God 的意思才是一致的。那种意思更通用,《圣经》中所教导的关于 God 的一切真理,用帝比用主会更加通顺、更易为人理解。

第四,在中国上帝是用来表示 God 的本土语言。而天主仅仅是 God 的一个同义词。汉语中的上帝相当于英文中的 God,希伯来文中的 Elohim,希腊文中的 Theos。中国人对上帝会立刻做出反应。汉语【131】《圣经》中若无上帝,就如同英文《圣经》中没有 God。对于 God 这个词,我们可以写出许多同义词。在这段话中,我们可以说"The Almighty",而在另一段话中,我们可以说"The Lord of heaven";但那个说法和现在的说法在"指摘、修缮及③公义的训导上是一样有益"的吗?当然无益。那些将上帝改为天主的传教士,同样会放弃那种优势,据此他就可以怀着对成功的最高期望,指引他的进取之心以永活独一真 神之名进占中国人的心灵。

第五,是谁为天主这个合成词封印并题词的呢?是教宗格利勉四世(Pope Clement XL)。他的法令(His Constitution)是对这一称谓的唯一颂赞。我以新教徒的自由拒不承认那种称谓。让它作为那些效忠

---

① 【译注】《圣经·新约·约翰福音》20:24~29,那十二使徒中,有个叫低土马的多马,**耶稣**来的时候,他没有和他们在一起。其他的门徒就对他说:"我们已经看见主了。"多马却对他们说:"除非我看见祂手上的钉痕,用我的指头探入那钉痕,用我的手探入祂的肋旁,我绝不信。"过了八日,门徒又在屋里,多马也和他们在一起。门都关了,**耶稣**来,站在当中,说:"愿你们平安!"然后祂对多马说:"把你的指头伸到这里来,看看我的手;把你的手伸过来,探入我的肋旁。不要疑惑,总要信!"多马回答,对祂说:"我的主!我的 神!"**耶稣**对他说:"你因为看见了我才信吗?那没有看见却信的有福了。"

② 【原文】"my true Lord, my heavenly Lord."

③ 【译注】此处原文为 aud,为印刷之误,应为 and。

第三章 论希腊术语 Theos，以及在印度和中国用于翻译《圣经》中 God 的几个术语

并服从于罗马教廷（the See of Rome）之辈的规条吧，别让新教徒卷入其中并承受奴役的束缚。我并没说——舍弃那个术语。它是教皇的发明——

"即便希腊人带着礼物前来，我也当惧怕他们。"①

无论"天之主宰"这个词出现在哪里，用天主这个词来翻译它都是个不错的选择。用这个术语来论说 God，无论我们什么时候想将祂描述为天之主宰，这个术语都是个不错的选择，但却不能用它来翻译 Elohim 或 Theos。在维多利亚主教写下那个愿望的时候，就是他希望麦都思博士能够引导所有的新教传教士都统一使用天主这个词，但他写得还不够好。有朝一日，被教皇教谕（Papal Bulls）描述为"厚颜无耻地在世上游荡"的《圣经》公会前往梵蒂冈的时候，就如同所有在中国的新教传教士当中，没有"一个聪慧的人，或是有判断力的人"一样，他们会采纳这个术语，并且允许这个术语出现在为千千万万中国人出版的《圣经》之中。有人和我说过，在交谈中极力主张这一用法的时候——"比起平和公正的论点立场来说，那些评论可能更符合埃克塞特会堂②的讲坛。"或许他们会为埃克塞特会堂的某些听众所接受，因着他们的公正之心，我敢说他们定然会如

---

① 【译注】原文为拉丁文，语出维吉尔《埃涅阿斯纪》。维吉尔借拉奥孔说出了"Equo ne credite, Teucri, Quidquid id est, timeo Danaos et dona ferentes"（Virgile, Aeneid, II, 49），意即"不要相信这木马，特洛伊人，即使希腊人带着礼物来，我也怕他们。"原文的达奈人 Danaos，即泛指希腊各部族人，可惜特洛伊人不听拉奥孔的警告，把木马作为战利品拖进城里。木马里藏着希腊的精锐部队，给特洛伊人招致了屠杀和灭亡。这句话后来在西方中成为一个谚语，相当于英语的俚谚：When the fox preaches, take care of your geese，也类似于汉语中的"黄鼠狼给鸡拜年，不安好心"。杨周翰先生对此句的译文为"特洛亚的人们，你们不要相信这匹马。不管它是什么，我警惕希腊人，尽管他们是带着礼物来的。"
② 【译注】英格兰西南部的一城市，位于普利茅斯东北。从罗马时代起就因其战略地位而变得异常重要。

335

此。新教和罗马天主教的关系都并非如此，新教传教士不必承认天主教的权威，也无须屈从于由罗马发出的《使徒宪章》①（Apostolical Constitutions）的口谕。

第六，我们已经习惯性地认为用一个与众不同的名称表示 God，就能够从中国天主教的教导中区分出哪些是基督教的教导②，而且认为这对新教传教士来说是件好事。如果罗马天主教坚持用这个专称表示 God 的话，那么我们用一个非专属词汇来避免与之产生混淆，就会很荒唐。但当他们放弃用这种语言中固有的词汇，转而采纳一个仅仅是那个词的同义术语的时候，就会出现一个令人满意的情况，即新教徒在教导 God 的内容上就不会与罗马天主教起冲突，在中国人眼中，新教徒就会从天主教徒当中凸显出来、分别出来。天主教（Teen-choo Kaou）是中国人对 Popery 的称呼。在圣餐变体论③（Transubstantiation）、圣母崇拜论④（Mariolatry）、十架崇拜论⑤（the Veneration of the Cross）连同所有其他反基督的天主教义中，是什么那般吸引新教徒，乃至我们非得走一条与他们不同的道路呢？新教徒的原则和哲学上的原因，都同样指出将上帝改为天主是失当之举。

---

① 【译注】《使徒宪章》（Constitutiones Apostolorum）是教会律令的八篇论述的总集。这部作品可以追溯到公元 375～380 年，通常认为这部总集在叙利亚的安提阿完成，作者不详。有人认为是《伪伊格那丢书信集》（The Letters of Pseudo-Ignatius）的作者所作，即公元四世纪的优诺米派主教、西里西亚的朱利安（Eunomian bishop Julian of Cilicia）。
② 【译注】指被人们称为基督教新教的教导。
③ 【译注】一种认为尽管圣餐无酵饼和葡萄汁的外表没有变化但已经变成了**耶稣**的身体和血的主张。
④ 【译注】天主教除了敬拜三位一体的真神之外，还有敬拜**耶稣**的生母马利亚，此外还有众使徒。
⑤ 【译注】即崇拜十字架，认为十字架有护佑人的功效，所以有人会携带十字架以求平安。此外，还有人崇拜《圣经》，相信有《圣经》同在，也会有平安云云。其实凡此种种，都难脱偶像崇拜嫌疑。因为这些都是物，而非 神本身。

第三章 论希腊术语 *Theos*，以及在印度和中国用于翻译《圣经》中 *God* 的几个术语

伊斯兰教徒使用的术语

有必要对中国穆斯林的做法说上几句，他们用术语 Allah（安拉）来表示 *God*。他们也会用主（*Choo, Lord*）这个字。这个字是关联术语。他们查考对神的敬拜，之后宣称那些神都是受造之物，而且还进一步说明他们专门用主来表示的那位存在与华夏典籍中的上帝是一回事儿①。因此，他们的见证完全支持我所坚持的那两个观点——即中国人的上帝是真 *God*，而且对 *God* 的那个称谓是关联术语。一个用上帝表示 *God* 的传教士必须得考虑在向中国穆斯林传讲真理时所出现的同类困难，在其他国家一定会考虑这种困难，以应对同一宗教中不同的人，但一个用神来表示真 **神** 的传教士会立刻受到穆斯林的责难，他们会指出神不过是众多受造之物当中的一位，它被赋予尊名——他敬拜侍奉的那个受造之物（*the creature*）要多过永远赐福的造物之主（*the Creator*）。这种控诉是人所不能驳倒的，而那位传教士则会说，他不是在本有的意思上使用这个词，而是在与他的聆听者全然不同的情况中领会那个词。

---

① 【原注】我希望能够从汉语穆斯林作品中引一段话来阐述这个说法：《古兰经》中的主或安拉与汉语中的上帝一样。麦都思博士有一部作品讨论了这个具体问题。不走运的是，在人们有所需的时候他却没能亲手写个评论，但他说——"这是毋庸置疑的。"

中国人关于神与灵的观念
The Notions of the Chinese concerning God and Spirits

中国犹太人的用法

最后，我再关注一下中国犹太人的做法。现在，所有关于侨居群体存在的疑虑都去除了，至少人们不会再怀疑这个国家中曾有亚伯拉罕的后裔存在过，也不会再说那是耶稣会士的捏造，这个群体用术语天和上帝表示 *God*。大约150年前，罗马天主教的传教士首次将对他们的记述公诸于世，去年我又获得了有关他们过去更为全备的信息，因此便证实了早期由天主教人士公诸于世的那些记述。犹太人不敬拜神，实际上他们认为对神的敬拜与偶像崇拜无异。在1488年，在记载他们重建圣殿的石匾上面写道，"自开辟天地，祖师相传，不塑于形象，不诏于神鬼，形象无佑，神鬼无济。"①所以，当犹太人远离神的时候，他们会毫不犹豫地说敬拜侍奉天，上个世纪，在回复拜访他们的天主教传教士的时候，他们就用天这个词来代替 *Jehovah*。那个天并非是他们所想的形质之天，这点在他们所有的纪念碑文中写得非常清楚，而且还做了解释，接下来我只须提供写在他们主殿柱子上的那首对偶诗就可以说明这点："仰瞻造化天，敢不起恭起敬；俯拜长

---

① 【原文】"From the beginning of the world, the patriarchs have handed down the precept that we must not make images and similitudes, and that we must not worship the *shin* and the *kwei*, for images and similitudes cannot give protection, nor can the *shin* and the *kwei* afford us aid."【译注】理雅各原文不知引自何处，译者在（清）徐珂编撰《清稗类钞·宗教类》中发现类似的记载，"《重建清真寺记》之文曰：'夫一赐乐业立教祖师阿无罗汉，乃盘古阿耽十九代孙也。自开辟天地，祖师相传授受，不塑于形像，不诏于神鬼，不信于邪术……'"

第三章 论希腊术语 Theos，以及在印度和中国用于翻译《圣经》中 God 的几个术语

生主，自宜洁体洁心。"① "对太空以爇栴檀都忘名象，遡西土而抗嗜欲独守清真。"②

另两个柱子上是一副碑文，开头是这样："帝命曰明曰旦。"此句语出《诗经》③（the Book of Odes），帝被当作上帝。这是哀悼当今的犹太人已全然丧失希伯来语相关知识，乃至我们现在已无法从他们那里获知他们所认为的等同于 Elohim 的汉语词是什么，而且它并未显示骆保禄④或任何其他罗马天主教传教士在参观他们的宗庙如此之久，针对这点询问这些犹太人所有的细节问题。因此，除非可以发现某个《摩西五经》（Pentateuch）的版本，它曾令犹太拉比们精通他们列祖的语言，但那些给予我们有关具体事项⑤的知识不太可能会令我

---

① 【原文】"When you look up and contemplate the *all-creating Heaven*, do you dare to withhold your reverence and awe? When you look down and worship *the ever-living Lord*, you ought to maintain purity of body and mind."

② 【原文】"Before the wide vault, we burn the fragrant incense without reference to name or form. Tracing our religion up to the western world, we resist our evil desires, and alone maintain truth and purity."

③ 【译注】《诗经》中并无理雅各所说的原文，但在《诗经·大雅·生民之什·板》有这样的话：上帝板板，下民卒瘅。出话不然，为犹不远。靡圣管管，不实于亶。犹之未远，是用大谏。天之方难，无然宪宪。天之方蹶，无然泄泄。辞之辑矣，民之洽矣。辞之怿矣，民之莫矣。我虽异事，及尔同僚。我即尔谋，听我嚣嚣。我言维服，勿以为笑。先民有言，询当刍荛。天之方虐，无然谑谑。老夫灌灌，小子蹻蹻。匪我言耄，尔用忧谑。多将熇熇，不可救药。天之方懠，无为夸毗。威仪卒迷，善人载尸。民之方殿屎，则莫我敢葵。丧乱蔑资，曾莫惠我师。天之牖民，如埙如箎。如璋如圭，如取如携。携无曰益，牖民孔易。民之多辟，自无立辟。价人维藩，大师维垣。大邦维屏，大宗维翰。怀德维宁，宗子城城。无俾城坏，无独斯畏。敬天之怒，无敢戏豫。敬天之渝，无敢驱驰。昊天曰明，及尔出王。昊天曰旦，及尔游衍。

④ 【译注】骆保禄（Giampaolo Gozani，1659 年 ~ 1732 年）为意大利人，康熙三十三年（1694）年入华，三十七年在开封，三十八年至四十一年在福州及兴化。四十三年前重返河南，与开封犹太人接触，并获得他们的信赖。他是第一个对他们作成略为清楚也略为确定的记录。说他们敬造物主，称之为上帝、天或上天；也按中国士人习俗敬礼孔子；并在祠堂，供奉牌位；对于以色列人的圣祖和梅瑟（即摩西）法律亦无不保持尊敬和遵奉。四十九年（1710）出任中、日两国耶稣会视察员，在当时为该会最高首长。后任北京耶稣会院长。五十五年返河南，开教于鹿邑、彰德。雍正二年（1724）被逐至广州，但在赣州匿居一段时期，最后仍被递解至澳门；雍正十年（1732）卒于其地。（引自方豪《中国天主教史人物传》，因方先生记载骆保禄生于 1647 年，有误，故引文略作修改。）

⑤ 【译注】指摩西律法对以色列人生活方方面面的教导。

339

们满意。然而，我们确实知道他们如今认为，并且一直都认为上帝就是真神。刚刚提到的碑文充分地证明了这点，我还可以说件事，去年有两个到上海（Shang-hae）参观的犹太人，他们到上海之后不久，就有位绅士问他们，我相信这位绅士自己更喜欢用神这个术语表示犹太人所敬拜的 God，而那两位犹太人立刻答道是"上帝"。实际上，用天这个在汉语中表示上帝（the Deity）的独存名称来指称耶和华，如果他们曾将《摩西五经》译作汉语，那么我们可以肯定，犹太人不可能用任何其他术语而不用帝或上帝来表示 Elohim。

我的第一个论点有犹太人的权威性作为支持，由此便可以理所当然地推断出他们也会支持我的第二个论点。我听有人说他们的权威性不值一提，但我坚决反对那种说法。如果来到中国的犹太人已经不偏不倚地采纳了中国人的种种观念，那么他们对论辩这一问题的传教士双方所做的见证也就没什么价值可言了。但他们远离了他们见到的偶像崇拜；也远离了对神的敬拜。他们与理性同行，反思并践行他们所采纳的做法，因此我不得不相信他们的观点对于我们正在讨论的问题有多么重要的影响。

现在，我已经证明了本章中提出所要思考的所有论题。我的基本目的是要证明在汉语中用一个关联术语翻译 God，传教士在其他至关重要领域中的辛劳与实践，以及那些本国的、外国的一神论者都证实了我的观点，其实那些一神论者已经或说借着举世公认的成就娴熟地掌握了这门最晦涩难懂的语言。我不会再写了，仿佛我怀疑自己是否圆满地完成了这个目标似的。我相信我已经完成了，现在恳请在这场论辩中与我截然不同的传教士朋友想想各种呈交给他们的权威记述①。美国的解经王子，印度传教的东道主，耶稣会士、道明会士以

---

① 【译注】原文为拉丁文 testimonia auctoritatis。

第三章 论希腊术语 Theos，以及在印度和中国用于翻译《圣经》中 God 的几个术语

及方济各会士①——所有这些罗马天主教（Roman see）的奴仆，穆斯林和犹太人，人们会发现他们如果不是遵循真理和理性，在观点上就一定无法达成一致。

---

① 【译注】方济各会（Ordine francescano）又称方济会或小兄弟会，或译法兰西斯会，是天主教托钵修会派别之一，其拉丁语会名称为"Ordo Fratrum Minorum"（简写为 OFM），其创始人为亚西西的方济各（Francis of Assisi，1182年~1226年），此人年轻时常饮酒作乐，父亲甚为担忧，方济各曾在反对王公贵族的战役中被掳达一年之久，之后又染重病，这一步一步地让他悔改归正，于1208年之后开始在亚西西周围游行，帮助困苦无依之人并重修教堂，过着模仿**基督耶稣**、极度贫穷的生活，他相信以此种方式才能脱离世俗、不受影响、专心跟从**基督**。方济各会修道士的特点是将所有财物都捐给穷人、靠布施行乞过生活、直属罗马教宗的管辖、潜心研究学问、四处讲道，甚至最后成为教宗用来压制异端的工具，这些行乞修会成员对当时西欧的生活产生了非常惊人的影响。

341

附录

注释一： 中国罗马天主教徒使用这些术语的几个实例

以下篇章出自《圣经正解》(*The correct explanations of the Sacred King*)——一部优秀的罗马天主教作品，首版于 1642 年：——

一、一篇对 God 的描述

"天主西土原文曰：陡斯，乃天地万物之主，是自有者，至神无形，无始无终，常活常王，无所不在，万善万福，浑然全备，无以尚之。未有天地之先，独有此一天主，以其全能，从无物中，造成天地人物，而常为之宰制，保护、开引、俾万汇咸得其所，且又至义至公，古今善恶，悉有赏罚，毫发不遗，是诚生御我只大原大主。所以宇内兆民，皆当认从而虔奉之，非释氏诸天各一天主之谓也。观之辩之。"①

二、三位一体之教义被称为"天主三位一体之理"②。我从几页

---

① 【原文】"T'een-choo in the original text of the West is *Theos*. He is the Lord of heaven, earth, and all things, self-existent, perfectly spiritual without any form, without be-ginning and without end, ever living, ever ruling. He is everywhere present. All good and all happiness centre in Him. He is above all. Before heaven and earth, He existed alone — this T'een-choo. By His almighty power, He made heaven, earth, men, and all things, out of nothing, and over all His works He constantly presides, ruling them, preserving them, leading them, so that everything obtains its proper place. Moreover, He is perfectly righteous and just, so that the good and the bad of all time have their reward and punishment from Him, without the slightest omission. He is indeed the great source from whom we have our life, and the great Lord who governs us. All people therefore in the world ought to acknowledge, obey, and reverently honour Him. He is not one of the T'een-choos, of which the Buddhists assign one to every heaven. Let the reader distinguish Him from these."

② 【原文】"The doctrine of T'een-choo, three persons and one substance."

第三章　论希腊术语 Theos，以及在印度和中国用于翻译《圣经》中 God 的几个术语

与这个神秘主题有关的文章中，遴选了如下段落：——

"或曰：圣父生子，则父先子后。圣父圣子并发智神，则父子在先，圣神在后，有先后之势，必有有始无始之别，则三位不能俱无始也。曰：先后有二等，时之先后一，序之先后一。如父于子，父多年前其子，谓之时之先后。如火于热，一有火即发热，惟因火发热，而热出于火，谓之序之先后。天主三位异然。一有圣父即有圣子，一有圣父圣子即有圣神。盖圣父自于无始之始，生圣子。圣子亦无始，圣父圣子于无始之始，并发圣神。圣神亦无始，可知论时无有先后，但父授生于子，子受生于父，父子并发圣神，论序有先后之别。"①

"若太阳有体，有光，有热，三者论时同时也。一有日体，一时有光。一时有热，惟因光生于热。热生于体于光，必有先后之序。又若灵性，有明爱记三司，一有灵性，三司同时自发。无时在先在后，惟

---

① 【原文】"It may be said, 'Since the Father begat the Son, the Father must have been before the Son, and since the Father and the Son together send forth the Spirit, the Father and the Son must have been before the Spirit. Since there are thus the conditions of first and last, there must be the differences of having a beginning and not having a beginning, and it is impossible that the three persons should all be without beginning.' But to this reasoning it is replied — 'We may consider the distinction of first and last in two ways, either with reference to time or order. When we speak of a father and his son, the father must have been many years before his son — this is the distinction of first and last with reference to time. But when we speak of fire and warmth, as soon as there is fire, it sends forth heat, only as the fire emits the heat and the heat comes from the fire, we say that the one is before the other, with reference, that is, to the order of nature. Now, it is somewhat in this way with the three persons of T'een - choo. There being the Father, there was contemporaneously the Son. There being the Father and the Son, there was contemporaneously the Spirit. The Father, from the beginning before any beginning, begat the Son, so that the Son had no beginning. The Father and the Son, from the beginning before any beginning, together sent forth the Spirit, so that neither had the Spirit any beginning.' These remarks show that there is no distinction of time, when we speak of first and last with reference to the three persons. But the Father begat the Son, the Son was begotten of the Father, the Father and the Son together send forth the Spirit — all this is spoken with regard to order."

【136】因三司发于体，必谓有先后之序。①

"各解上疑，其实世上无得解其全也。"②

三、文惠廉博士认为，如果用一个关联术语来表示 God，我们就不能传递给中国人基督位格二性论③（the two natures in the person of Christ）的教义。罗马天主教作者那样处理的时候没有遇到过任何困难，因为他们用的是天主。他说：——"或问：俗喻曰：'视者知之，闻者信之。'今主谓多默曰：'以见我信我何也？'圣额我各答曰：'多默视也兼信也。然非信所视者也。主兼吾人及天主二性，多默视主之人性，而信天主之性。'"④

四、下述引文在罗马天主教作者表达自己的偶像和假神所用的术语上显得尤为重要：

---

① 【原文】"There is the Sun. It has a body, light, and heat. If we speak of time, the time of these three is the same. There being the sun's body, contemporaneously there are both light and heat. But since the light is produced from the body, and the heat from the body and the light, they are to be viewed as first and last in order of nature. Again, in our mental constitution there are the three faculties of perception, lore, and memory. There being the mental nature, these three faculties manifest themselves at the same time. They are not — this first and that last in time, but the three faculties coming forth from the substance of our nature, may be viewed as first and last with regard to their order."

② 【原文】"These remarks may afford some relief from the doubts that were adduced on the doctrine, which however cannot in reality be fully explained by man."

③ 【译注】基督位格二性论是指**耶稣基督**既有神性，又有人性。此说源于**耶稣基督**是 神的儿子，因而具有神性；同时**耶稣**又是由马利亚所生，袖有血有肉，因而具有人性。关于**基督**的二性，在教会史上争论颇多。德国神学家马丁·开姆尼茨（Martin Chemnitz, 1522 年～1586 年）著有《基督二性论》（De Duabis Naturis in Christo, 1561），可供读者参阅。

④ 【原文】"Some one may say — 'Knowledge comes by sight, and faith by hearing. How then did the Lord say to Thomas, Because thou hast seen me, thou hast believed?' We may answer in the words of St. Gregory, 'Thomas both saw and believed, but he did not believe what he saw. The Lord united in Himself the nature of us men, and the nature of T'een - choo. Thomas saw the human nature of the Lord, and he believed the Divine nature (the nature of T'een - choo).'"

第三章 论希腊术语 Theos，以及在印度和中国用于翻译《圣经》中 God 的几个术语

"天主苦患世人，用罚其罪，乃世人多昧厥自，置主不祷，妄祷邪神，岂知邪神本于吾苦无涉，安能我救哉？且求之于彼，愈重天主圣怒，而苦难愈加矣。"① 【137】

"经记恶王阿谷西亚，病危。命使祷于土神，天主遣先知圣人，急迓之曰：岂国内无真主乎，往问伪神何为？尔王病必不退，天主已判其死矣。使者返，而王果死。"②

"又经载天主责拜邪神者云：彼拜无能之神者，（致发吾怒），今将严判其非，削其名于人之中，彼神能救之乎？盖真主惟我，我外岂别有主哉？惟我能灭世人，未几而复活之。惟我能降百苦，未几而吉祥之。人犯吾法而罹难吾形，孰能救之乎？"③

论到彼得的告白，该文被译为，"师实乃**基利斯都**，生活于天主圣父之子。"④ 又说，"生活二字，明指真伪天主之殊。盖真主活主

---

① 【原文】"God (*T'een - choo*) afflicts mankind in punishment of their sins, but men in their blindness know not the cause of their afflictions. They neglect God (*Choo*), and do not pray to Him, but wildly pray to evil spirits (*seay - shin*), which have nothing to do with our sufferings, and cannot save us from them. Moreover, to seek deliverance from them increases the holy anger of God (*T'een - choo*) against us, and increases consequently the suffering."

② 【原文】"The Bible records of the wicked king Ahaziah, that, in a dangerous sickness, he sent messengers to pray to the spirits of the land (*t'oo - shin*), when God (*T'een - choo*) sent a holy prophet to meet them, saying, 'Is there no true God (*Choo*) in the kingdom? What mean ye by going to ask false spirits (*wei - shin*)? Your king shall not recover of his sickness. God (*T'een - choo*) has determined his death.' The messengers returned, and the king died, as they were told."

③ 【原文】"The Bible also records, how God (*T'een - choo*) reproves the worshippers of evil spirits (*seay - shin*), saying, 'I will now judge the sin of those who worship spirits that have no power, and I will cut off their name from among men. Can those spirits save them? I alone am the true God (*Choo*), and besides me there is no God (*Choo*). I alone can destroy men, and in a little bring them to life again. I alone can inflict all kinds of suffering upon men, and in a little change those inflictions into blessings. When men break my laws, and are enduring my punishments, who can deliver them?'"

④ 【原文】"Thou art Christ, the Son of the living God, (*T'een - choo*), the Holy Father."

345

也，恒活，恒王，恒理世事，恒视人行，以褒赏，以贬罚。伪主死主也，似主而非主也。经内天主谓人曰：土神皆或邪魔，或木偶，或泥台，备目而不视，备耳而不聆，备鼻而不嗅，备足而不行。真主惟一，我是也。我欲伤人，无神能医；欲杀，无神能活。独我能医，能活；独我握生死之柄。"①

"奥斯定圣人②解曰：敬伪土神，易见其主，但其主不能见彼，盖皆盲主死主。真主之目明目也，生活也。宗徒知人多迷于土神，指真主加生活二字者故。"③

---

① 【原文】"The word 'living' clearly points out the distinction between true and false Gods (*T'een-choo*). The true God is the living God (*Choo*), ever living, ever reigning, ever taking care for the affairs of the world, ever observing the actions of men, to reward them and to punish them. False gods (*Choo*) are dead gods (*Choo*). They seem to be gods (*Choo*), but are not. In the Bible, God (*T'een-choo*) speaks to men saying, 'The spirits of the land are all evil demons, or wooden images, or figures of mud. They have eyes, but they see not. They have ears, but they hear not. They have noses, but they smell not. They have feet, but they walk not. The true God (*Choo*) is only one. I am He. If I wish to wound a man, no spirit can heal him. If I wish to slay a man, no spirit can keep him alive. I alone can heal and preserve alive. I alone hold in my hand the power of life and death.'"

② 【译注】即奥古斯丁。奥勒留·奥古斯丁（Aurelius Augustinus, 354 年 ~430 年），罗马帝国末期北非的柏柏尔人，早期西方基督教的神学家、哲学家，曾任天主教会在阿尔及利亚城市安纳巴前身希波的主教。他出生于罗马帝国时期北非塔加斯特城，在罗马受教育，在米兰接受洗礼。他的著作《忏悔录》（*Confessiones*）被称为西方历史上"第一部"自传，至今仍被传诵。他死后被天主教会封为教会圣师类别的圣人，也被东正教会等奉为圣人，并称为恩宠博士（Doctor Gratiae，这一称谓源于他在与伯拉纠的论战中，对神恩的强调），但其部分神学理论不被东方基督教认同，而被视为是若干异端理论的重要源头。他的死也被西方史学界视为欧洲在精神层面上的中世纪的开始。奥古斯丁主要著作有《忏悔录》（*Confessiones*）、《上帝之城》（*De civitate Dei*）、《论三位一体》（*De Trinitate*）、《论自由意志》（*De libero arbitrio*），此外还有一些论集《论四福音的和谐》（*The Harmony of the Gospels*）、《论信望爱》（*The Enchiridion on Faith, Hope and Love*）、《道德论集》（*Moral Treatises*）、《论灵魂及其起源》（*On the Soul and Its Origin*）、《论基督教教义》（*On Christian Doctrine*）、《驳朱利安》（*Against Julian*）、《论原罪与恩典：驳佩拉纠派》等多部著作。

③ 【原文】"St. Austin says in explanation of Peter's words, 'They who reverence the false spirits of the land, can easily see their gods (*Choo*), but their gods cannot see them, for they are all blind and dead gods. The eyes of the true God (*Choo*) are seeing eyes; they are living. The chief disciple knowing, how multitudes of men are bewildered about the spirits of the, land, when he would point out the true God (*Choo*), adds the word *living*.'"

在上文中，根据这些词的用法，我以 God 或 god 来翻译天主（T'een‑choo）和主（Choo），这种存在的意思是作者想要加给它们的，尽管它们恰当地表示——"天之主宰"和"主"。伪神（wei‑shin）这个词——即是"*false spirits*"①，如果"伪"（*false*）字当作否认 spirits 存在的意思来理解，那么对我来说这种解释就不恰当。有位中国学子曾对我说，"神（Spirits）者，灵（spirits）也。或恶或善，或真或伪，纵尔言其为伪，然弗能削其存有。逢尔言惟有一神，尔言妄矣。又言其皆伪神，尔言亦妄也，尔意非为欺诳者不为妄也。"②然而，由奥古斯丁得出的结论令人折服，他证明了作者甚至无法通过神得出 a god 的意思。天主和主二者可以互换，这是值得某些人注意的，这些人用更健全的哲学原理、更愿用上帝和帝替换那些术语。

注释二：论 *JEHOVAH* 之名。是翻译好呢，还是转述好呢

从第119页温格尔先生的评论中，我们看到在北印度的不同译本中，Jehovah（耶和华）这个名称大都被翻译出来了。Elohim（伊罗欣）被译为 Ishwara，Yehova（耶和华）被译为 Parameshwara，其意为卓众超群的 Ishwara。这种处理是否合理是个问题。这两个希伯来词传达了非常不同的意思。实际上，它们同属一位存在，Jehovah 让人

---

① 【译注】即假神、伪神。
② 【译注】此处为译者译文，原文为：Spirits are spirits. They may be bad or good, true or deceiving, but though you say that they are false, you cannot take away their existence. When you say there is only one spirit, you talk nonsense, and when you say that there are false spirits, you talk nonsense also, unless you mean false in the sense of deceiving.

347

们脑中浮现祂是自有者（*He is in Himself*），而 Elohim 让人们领会到祂与祂的所造之物的关联。祂的一个意思①是祂是自有者（*He is the self - existent One*）；另外一个意思是祂是主，是万有之掌权者。如果用一个字或一个词来把 Jehovah 这个词翻译出来，可能会做到，而且这样做还可能会让读者领悟这个词的本意（*proper meaning*），这么做似乎是值得的。

然而，我却不知道在有些《圣经》译本中已经尝试过这种做法了。在《七十士译本》②中，Yehova 通常被译为 Kurios③，LORD，有时也会译为 Theos，偶尔还会译为 Despotes④。在《武加大译本》⑤中，就我目前所查考到的，Yehova 无一例外地被译为⑥ Dominus⑦。

【139】

马礼逊博士在《圣经·旧约》译本中，用神主（Shin - choo）来翻译 Yehova，神主是中国人称呼神位（*Spirit - tablet*）的名称，它用于所有的祭祀当中，马礼逊博士用这个词无疑是想表达这层意思——神主（*Divine Lord*）。他用神者神主（Shin - chay, Shin - choo）翻译

---

① 【译注】原文为 predicate，应译为"谓项"或"谓语"，和 subject（主项和主语）相对，此处根据上下文意译为"意思"，下句同。
② 【译注】《〈圣经〉七十士译本》（*Septuagint*），是新约时代《希伯来圣经》的通用希腊语译本。这个译本估计成书于公元前 3 世纪到前 2 世纪期间，分多个阶段于北非的亚历山大港完成，最迟于前 132 年完成。这个译本普遍为犹太教和基督教信徒认同。全卷书除了包括今日通行的《圣经·旧约》以外，还包括《次经》和犹太人生活的文献。根据传说，托勒密二世兴建亚历山大图书馆之时，为充实图书馆的藏书，曾向当时犹太人的大祭司以利沙写信，邀请十二支族的文士将犹太人的律法译成希腊文。由于各支族各自派出了六人，总数七十二人，而译成后的《圣经》巧合地完全一样，因以为名，这封邀请书史称"*Letter of Aristeas*"。
③ 【译注】意为主。
④ 【译注】意为主宰。
⑤ 【译注】《〈圣经〉武加大译本》（*Biblia Vulgata*），是一个 5 世纪的《圣经》拉丁文译本，由耶柔米（Jerome, 347 年~420 年）自希腊文版本进行翻译。8 世纪以后，该译本得到普遍承认。1546 年，特伦特宗教会议将该译本定为权威译本。
⑥ 【译注】原文为 uniformly adheres to the rendering *Dominus*。根据上下文，此处意译。
⑦ 【译注】拉丁文，意为主宰，与上述 *Kurios*、*Despotes* 意同。

第三章　论希腊术语 *Theos*，以及在印度和中国用于翻译《圣经》中 *God* 的几个术语

Yehova‐Elohim 这个词组，"祂是 *spirit*，属灵之主。"① 马士曼②博士有时也用神主这个词来翻译，有时他用耶贺华（Yay‐ho‐hwa）三字转述原文。而有些情形中，如果不是所有情形的话，他只用简写词神主表示 Yehova‐Elohim 这个词组。郭实腊博士用上帝（Shang‐Te）翻译 Elohim，用皇上帝（Hwang Shang‐Te，*The Sovereign* Shang‐Te）表示 Yehova，并用上主皇上帝（Shang‐choo, Hwang Shang‐Te, *The Supreme Lord*, *the Sovereign* Shang‐Te）表示 Yehova‐Elohim 这个词。

到目前为止的先例都支持翻译原文术语，而且如果用主（Choo）或上主（Shang‐choo），我们就可以援用《七十士译本》的例子，这有我们的主和众使徒的许可，他们认同我们。然而，上海的传教士却一致同意——他们用神翻译 Elohim，也用上帝翻译 Elohim——从希伯来文转述 Yehova。他们当中会有很多人后悔做出这一决定。不管用什么字，都可以将希伯来词语表达出来——而且这种情况之下已经有四

---

① 【译注】原文为 He who is spirit, the spiritual Lord。
② 【译注】马士曼（Joshua Marshman, 1768年~1837年），是克里在印度的传教同工。1768年，马士曼出生于威尔特郡的威斯伯雷（Westbury Leigh）。7岁时，他被送入科格索尔（Coggeshall）管理的乡村学校就读，并且在那里阅读了大量的书籍。12岁时，他读过的书已经超过100本，据说18岁以前已经读了500多本书。1791年，马士曼和哈拿·沙伯德（Hannah Shepherd）结婚。哈拿的外祖父约翰·克拉克牧师（Rev. John Clark）曾在威尔特郡克劳克敦（Crockerton）的浸礼会中当了60年的牧师。1794年，马士曼搬到了布里斯托尔，受洗并成为布拉麦德（Broadmead）的教会成员。马士曼在当地的专科学院花了五年时间学习经典以及希伯来语和叙利亚语。1799年5月3日，他加入了英国浸礼会，开始在布里斯托尔从事传教工作。同月25日，他乘坐美国船"克瑞特伦号"（Criterion）从伦敦出发，10月12日抵达加尔各答，此后前往塞兰坡（Serampore）。1805年左右，他开始在拉沙（Joannes Lassar）的指导下学习汉语。拉沙是出生在澳门的亚美尼亚人，他受雇于威廉堡许愿的院长布朗牧师（Rev. D. Brown），负责将《圣经》译成汉语。拉沙一直坚持不懈从事这份工作，直至第一部完整的汉译《圣经》面世。1827年，克里、华德和马士曼都脱离浸礼会。1837年，马士曼在塞兰坡去世。（以上注释选自伟烈亚力《1867年以前来华基督教传教士列传及著作目录》，倪文君译本，译者略有修改。）马士曼于1822年在塞兰坡出版了汉译《圣经》，此外他还翻译并出版了部分《论语》英译，出版了《汉语文字和声音专论》（*Dissension on the Characters and Sounds of the Chinese Language*）、《汉语言法》（*Elements of Chinese Grammar*）。

五种不同的组合了，就好像并非一个苹果而是半打起纠纷的苹果[①]（*not one but half a dozen apples of discord*）丢给中国传教士似的——中国人唯一能理解的就是那个词组是个专有名词。*Jehovah*（耶和华）沦落到假神的境地，唯有经过一番阐释与评注才能纠正这个错误。

我们不能按照词语的正当的（*proper*）意思翻译那个词吗？不能用 Yehova 表达自有者（Tsze‐yew‐chay，*The self‐existent*）吗？Yehova‐Elohim 可以用自有之上帝（Tsze‐yew‐che‐Shang‐Te）表示。这个名称在我们眼前、在我们耳畔并不是无意义的，而是在我们看到、在我们听到它的时候激发我们将 *God* 思想为自有者，那位今在、昔在、以后永在的存在。

[①]【译注】Apple of Discord，西方谚语，直译为"纠纷的苹果"，意译为"争斗之源"或"祸根"。典出荷马史诗《伊利亚特》中的希腊神话故事，传说希腊阿耳戈英雄珀琉斯（Peleus）和爱琴海海神涅柔斯的女儿西蒂斯（Thetis）在珀利翁山举行婚礼，他们邀请了奥林匹斯上的诸神参加喜筵，不知是有意还是无心，唯独没有邀请掌管争执的女神厄里斯（Eris）。这位女神恼羞成怒，决定在这次喜筵上制造不和。于是，她不请自来，并悄悄在筵席上放了一个金苹果，上面镌刻着"属于最美者"几个字。天后赫拉（Hera）、智慧女神雅典娜（Athena）、爱与美之神阿芙罗狄蒂（Aphrodite），都自以为最美，应得金苹果，获得"最美者"称号。她们争执不下，闹到众神之父宙斯（Zeus）那里，但宙斯碍于难言之隐，不愿偏袒任何一方，就要她们去找特洛伊的王子帕里斯（Paris）评判。三位女神为了获得金苹果，都各自私许帕里斯以某种好处：赫拉许给他以广袤国土和掌握富饶财宝的权利，雅典娜许以文武全才和胜利的荣誉，阿芙罗狄蒂则许他成为世界上最美艳女子的丈夫。年轻的帕里斯在富贵、荣誉和美女之间选择了后者，便把金苹果判给爱与美之神。为此，赫拉和雅典娜怀恨帕里斯，连带也憎恨所有特洛伊人。后来阿芙罗狄蒂为了履行诺言，帮助帕里斯拐走了斯巴达国王墨涅俄斯的王后绝世美女海伦（Helen），从而引起了历时 10 年的特洛伊战争。掌管争执的女神厄里斯丢下的那个苹果，不仅成了天上 3 位女神之间不和的根源，而且也成为了人间两个民族之间战争的起因。因此，在英语中产生了 an apple of discord 这个成语，常用来比喻 the trouble 或 dispute。这个成语最初为公元 2 世纪时的古罗马历史学家马克·朱里·尤斯丁（Marcus Juninus Justinus）所使用，后来广泛地流传到欧洲许多语言中去，成为了一个国际通用成语。

第四章
论新教传教士用于 *Spirit* 这个词的几个不同的汉语术语，即：神、灵、风

第四章 论新教传教士用于 Spirit 这个词的几个不同的汉语术语，即：神、灵、风

用来表示 *spirit* 的几个不同的术语 【140】

在《圣经》原文的若干段落中有 ruach 或 pneuma 出现，这两个词并未用汉语中以下三个术语来翻译——神①、灵②和风③。然而，这三个词肯定有种特殊的属性。去年（1851 年），有三个不同版本的《圣经·新约》问世，有的是节译本，有的是全译本，除了那些情形之外，我还发现用来表示 spirit 的术语，其中一个版本用的是神，另一个版本用的是灵，第三个版本用的则是风。

这种差异让人非常遗憾。没人会说哪个中国读者可以从这三个字当中得到相同的或近乎相同的意思。此外，有两个版本，其中一个版本中汉字神用来表示 God，而在另一个版本中则用来表示 spirit。因此，不仅存在差异，而且还有矛盾。一家纷争，会陷于窘境，而家邑自相分争，不立。④ 我会尽量提出三种主张，每种主张分别代表每个不同的术语，这三个术语用来翻译 ruach，pneuma 或 spirit，而且就目前对这些术语的认知，我来讨论一下阻挠所有新教传教士在某一主张上达成一致的障碍。

---

① 【原注】*shin*。
② 【原注】*ling*。
③ 【原注】*fung*。
④ 【译注】《圣经·新约·马太福音》12:25，"一家自相纷争，必站立不住。"

中国人关于神与灵的观念
The Notions of the Chinese concerning God and Spirits

在都承认其意为 *spirit* 的前提下对神的诉求

(一)

我还是第一次听说有人主张用汉字神来命名——基于这个前提，没人会否认它的意思是 spirit。所有有机会学习汉语的外宾——无论他们的宗教有多么不同，也无论他们在同一种宗教上所持的观点有多么不同——他们所有人都会同意神有 spirit 的意思。说到异教徒，我们有日本人、交趾支那人①（*Cochin - Chinese*）和满洲人（*Manchows*）为这种见解作见证。说到一神教徒，我们有穆斯林和犹太人作见证。说到基督徒，我们有景教徒②、天主教徒和新教徒作见证。即便用这个术语传达 God 这种意思的那些传教士，也承认它的意思是 spirit。"中国人的神"，马礼逊博士说，"意指 spirit 或 God。" 1848 年，文惠廉博士说，在具体的应用中，神可以译为 a god 或 gods，而在抽象的意义上使用，它是指神性（*Divinity*）或神能（*divine energy*）的意思（《论 Elohim 和 Theos 二词的翻译》，第 9、10 页）。然而，在他的《辨护文》中，他"欣然承认"在多种情形中用 a god 或 gods 来翻译神会显得"非常荒唐"（《辨护文》，第 126 页），情愿尽量出现这种意思，就是"假想中国作家在 a god 或 gods 和 spirit 的意义下使用神这个词并不荒谬。"（同上）文惠廉博士自己无疑认为神即 spirit，而

---
① 【译注】交趾支那包括湄公河三角洲，原为高棉帝国的领土，18 世纪落入安南，19 世纪落入法国。此区域今为越南南部地区。
② 【译注】原文为 Nestorians，聂斯脱利教徒，在唐朝被称为景教。

354

第四章　论新教传教士用于 *Spirit* 这个词的几个不同的汉语术语，即：神、灵、风

且他还相信它意指 a god。

　　这种情况——关于神的意思只有一种看法——为什么所有传教士不用它来翻译 ruach 和 pneuma 呢？虽然我们来自不同的国家——基督教会隶属不同区域——但在观念上有一个宏伟的目标——就是让中国人相信福音。必须得承认，我们的分歧削弱了我们的力量。假如我们"全都合而为一"，那么这个国度的人就会更快地认信真理。那为何我们要扩大我们之间的分歧呢？为何我们要用那种增加分歧的方式迫使异教徒认知真理呢？我们全都认同神即是 spirit。所有人都应该用那种意思来翻译《圣经》，似乎只有这样才是正常的。没有人会试图证明，无论谁用这个词翻译 ruach 或 pneuma，那些段落中都会产生错误的意思或是无效的意思（*a feeble sense*）。有些段落中，马士曼博士和马礼逊博士在其他地方避开那种意思，而采用另外一种意思，他们不得不求助于这种用法。它也可以用于其他任何地方，至少也可以用其他任何汉字来翻译 spirit，而且没人会说，《圣经》并非在那种情形中翻译出来的。

　　在这些情形中，有人说所有新教传教士都用神翻译 ruach 和 pneuma 未免言过其实了，但我觉得并非如此。实际上，他们当中有些人认为其他两个术语——灵或风——可以用来代替神，而另一些人却不这么看。有很多人——实际上是大多数人——相信无须借助任何其他汉字，他们也能向中国读者传递圣灵（*the Spirit*）的意思。面对这个事实，用神尝试去翻译 Elohim 和 Theos 还对吗？那样做的人承认神即是 spirit。他们不会否认我们的主张，即良知促使我们只用这个术语来表示汉语中的这个词。如果他们认为还另有别的词更合适的话，就让他们用那个词表示 spirit 吧。但他们不应该尝试用神这个术语表示 God。不同版本的汉语《圣经》中的矛盾之处会指责他们的不是。他们反驳不了这个证据，我将这个证据写给其中一位用神翻译 spirit 的

355

人，并且督促他们。他们都承认在所有汉语典籍中，神这个术语的意思从来就不是 God——真正的 God。我们否认它一直都是 a god 这种说法。为了保持那般使用这个术语，他们并未向我们做出任何让步。但他们说我们用得对，于是我们就问，那为何他们的用法和我们的用法不同呢？我们说他们用错了。他们因此就对我们说，为何你们不像我们一样使用那个术语呢？

对主张神可以用来翻译某位 *god* 的推理考察

现在，我可以继续思考那些主张汉字灵必须用来翻译 spirit 的说法了，而文惠廉博士在某种程度上努力提出这种正确的观点，即神这个词可以有 a god 的意思，也可以有 spirit 的意思，依我看或许我应该指出他和他朋友们的推理哪里出了错，以及在哪些情况中陷入什么样的翻译错误。

【142】

论证的第一点中，他努力证明神有时可以正确地译为 a god（某位神明）、the god（这位神明）、gods（诸神）等，之后节录一些引文来证明"在某种情况中，这个词用来意指 god 而非 spirit。"以下，我将依次先考察他的推理，然后再考究他的引文。

第一，文惠廉博士说：——

"God 这个词，无论是在严格意义上（proprie）使用还是在宽泛意义上（improprie）使用，它都与 spirit 这个词紧密相连；spirit 可以

第四章 论新教传教士用于 Spirit 这个词的几个不同的汉语术语,即:神、灵、风

称为属①(*genus*),而 God、god、gods 被称为种②(*species*)。正确使用的时候,如果我们尝试去定义 God 这个词,我们很快就会明白这种分别。无论是什么属性、权力、智慧等,我们都可以将之归于某个存在,如果这个存在是物质的(*material or corporeal*),那么他就不是 God(严格意义上的);要成为 God,他就必须是拥有某种独特属性的 spirit。让我们认真观察一下物质,并努力确定:其一,恰恰是真**神**的那位存在与仅仅是 spirit 之间的显著差别;其二,多神论者使用 god、gods 这些词和仅仅使用 spirit 这个词之间显著差别。"

我同意文惠廉博士说的 spirit 可以称为属,而 God、god、gods 称为种。我也同意他所说的要使任何一种存在成为 God 或 god,那个存在仅仅作为 spirit 是不够的。这种特征——这种**种差**③(*the differentia*)——将 God 或 gods 从其他 spirits 当中分别开来的特征就必须得考察清楚,这种特征加到属中就会形成种。这一点的重要性将会证明我采用惠特利的逻辑来解释这一问题的理由是充分的。

"无论是什么术语,"那位作者说,"用来确定几件事物,它必须要表达出这些事物被称为种的全部本质(whole essence);要么就表达出它们的部分本质(即要么是实质部分,被称为属,要么是形式上有区别的部分,被称为种差,或用通常的话来说就是特征);或是

---

① 【译注】属是生物学分类学中的一个名词,即界、门、纲、目、科、属、种中的属,其用途是将该"目"内的生物再详细分类。例如:猕猴属、芸苔属、人属等。
② 【译注】种或称物种,是生物分类的基本单位,位于生物分类法中最后一级,在属之下。生物的种是具有一定形态特征和生理特性以及一定自然分布区的生物类群。
③ 【译注】种差就是指被定义的概念与其子概念之间的差别。用公式表示:被定义概念 = 种差 + 邻近的属的概念。其规则有三:一是定义概念和被定义概念的外延必须相等;二是定义概念不能直接或间接地包含被定义概念;三是定义一般用肯定形式和科学术语。

357

某些与本质关联的事物，无论是必然地（即对整个种而言，或换言之，普遍来说，是对其中每个个体而言），被称作固有属性①（Property）；还是有条件地（即只对某类种之下的一些个体），被称作偶有属性（Accident）②。"显然，属和种差组成了种。比如，'理性的'和'动物'构成了'人。'"③

在使用这些原则的时候，将以列表的形式协助我们展示由属和种差组成的一两个种。首先，我将举个刚刚我们提过的例子——人。

属　　　特征

[143]　动物 + 理性 = 一个理性的动物，人这个种当中的某个个体

我再举一个种的例子，天使，人们认为它与 spirit 这个属有关，其特征是——行 God 旨意的天使，所以

属　　　特征

spirit + 作为 God 的仆役 = God 的一位灵仆（*spirit - minister*），天使这个种当中的某个个体

文惠廉博士和我都同意 God 与 gods 属于 spirit 这个种（*genus*），我们只在 spirit 这个词上添加了将 God 与 gods 从其他 spirits 当中分别开来的内容，于是我们就可以用恰当的名称称呼种（*species*）了。但不幸的是，在认为什么是种的特征上，我们没能达成共识，略去我们

---

① 【译注】特性或不同之处，尤指用来定义或描写其占有者的特性。
② 【译注】并非事物本质属性的情况或特性。
③ 【原注】《逻辑学原理》，第 2 卷，第 5 章，第 3 节。

358

第四章 论新教传教士用于 Spirit 这个词的几个不同的汉语术语，即：神、灵、风

在这点上不同之处的所有讨论，让我来指出文惠廉博士最后得出的另类结论吧。他的属和种使用同一个名称。神或 spirit 这个属加上 god 这个种的特征，最终得出的就是 spirit 这个属。"理性"加在"动物"这个属之上，其结果就是"人"这个种。怎么会将"divinity"（神圣的）加在"spirit"上，文惠廉博士除了得出"spirit"之外还能得到其他什么结果吗？有件事在语言上尤为特别，而且是独一无二的，我们被问及一个先验①问题（a priore）：此事是如何成为可能的？

god 这个种的特征被文惠廉博士认为是——"人类认为真正应该敬拜的存在。"（《辩护文》，第 108 页）显然，一个种的名称——其实文惠廉博士坚信的与我所坚信的一样明确——包含了所从属的属的观念及其自身的特征。神就是这个属。人人都承认这个属表示的是 spirit 的意思。但它同样也暗含真正敬拜对象的意思吗？毫无此意。有些神（shins）受人敬拜，而有些就没有。无论哪种特别的神成为人敬拜的对象，都得用赋予它的谓项来表示。有千千万万的神从未被人当作敬拜的对象。神的意思只是 spirit，这不很明显吗？除此之外，还有其他意思吗？

但文惠廉博士会说，我已经承认有些神（shins）受人敬拜，他还会问——"这些神不就是 gods 吗？"或许我会承认它们是，但这和我现在所理解的神这个术语如何用于翻译 god 相去甚远——也并没说

---

① 【译注】先验（a priore），也译作先天，是康德哲学的一个重要概念。在拉丁文中指"来自先前的东西"，或稍稍引申指"在经验之前"。近代西方传统中，认为先验指无须经验或先于经验获得的知识。它通常与后验知识相比较，后验意指"在经验之后"，需要经验。这一区分来自于中世纪逻辑所区分的两种论证，从原因到结果的论证称为"先验的"，而从结果到原因的论证称为"后验的"（a posteriori）。其著作《纯粹理性批判》（Kritik der reinen Vernunft, 1781, 1787）论述的内容是"知识如何成为可能"，其中包括"数学是如何成为可能的""自然科学是如何成为可能的""形而上学是如何成为可能的"。此处理雅各被问及的问题有点类似康德式的问题。

中国人关于神与灵的观念
The Notions of the Chinese concerning God and Spirits

用它来翻译 God，就像用它来翻译 *Jehovah* 那样。用约翰逊①的定义就是，"任何被人神化或被人过度尊崇的人或物"就是 god，也可以说——"日即 god，金即 god，肚腹即 god，众星即 gods。"但"日"、"金"、"腹"、"星"都不能用 god 这个词来替换。提出用那种替换词只会暴露出一个人的愚钝，而且用汉字神翻译 god 这种见解毫无道理

---

① 【译注】撒母耳·约翰逊（Samuel Johnson，1709 年~1784 年），常被称为约翰逊博士（Dr. Johnson），英国历史上最有名的文人之一，集文评家、诗人、散文家、传记家于一身，前半生名不经传，但他花了九年时间独立编出的《约翰逊英文字典》，为他赢得了文名及"博士"的头衔，博斯韦尔后来为他写的传记《约翰逊传》记录了他后半生的言行，使他成为家喻户晓的人物。约翰逊自幼喜欢阅读，7岁进文法学校学拉丁文，19 岁进牛津大学，求学期间用拉丁文翻译了当时著名诗人亚历山大·蒲柏（Alexander Pope，1688 年~1744 年）的一首长诗，受到称赞。一年后，因贫困没有拿到学位就离开了牛津，回家乡开私塾教书。他试图成为一名教师和校长，但并不成功。因他罹患瘰疬，脸上有疤痕，一耳失聪，一眼全瞎，说话时不由自主地抽搐，使得他不受学生的欢迎。1737 年，已经28 岁却身无分文的他去伦敦谋生，受书商爱德华·凯夫雇用，写英国议会中辩论摘要，为《绅士杂志》撰文，也自编单张的小品文周刊。1739 年，发表讽刺诗《伦敦》，一举成名，笔锋雄健，机智深刻，奠定了他在英国文坛的诗人地位。英文辞典还在草创时期，1747 年，约翰逊提出编著《英文辞典》的计划，未能获得王公贵人的资助。他雇抄写手7 人，经过8 年多的努力，以他的博学和才智，终于在1755 年编成辞典。约翰逊由此文名大振，但经济依然拮据。1759 年，约翰逊丧母，用一个星期写了中篇传奇《雷塞拉斯，阿比西尼国王子传》，以稿费支付殡殓所需。这部寓言小说和他的讽喻诗《伦敦》与《人生希望多空幻》同是代表他的人生哲学的作品。1762 年，国王乔治三世给了他每年300 镑的津贴。1763 年他遇到了未来的传记作者雅各·博斯韦尔（James Boswell，1740 年~1795 年）。1764 年，他的文友在伦敦成立文学俱乐部，聚集了文学家、戏剧表演家、画家和政界名人，定期聚会，谈文论政，影响了一代的文学趣味和文化风尚。约翰逊是最受敬仰的人物，人们争相传诵他的妙语雄辩。首批会员中有政治家埃德蒙·伯克（Edmund Burke，1729 年~1797 年）、小说家奥利弗·哥尔德斯密斯（Oliver Goldsmith，1703 年~1774 年）、画家约书亚·雷诺兹（Sir Joshua Reynolds，1723 年~1792 年）、名演员加里克（David Garrick，1717 年~1779 年），较后参加的有历史学家爱德华·吉本（Edward Gibbon，1737 年~1794 年）、东方学家威廉·琼斯（Sir William Jones，1746 年~1794 年）等人。1765 年，约翰逊被授予都柏林三一学院的名誉博士学位，十年后又获得了牛津大学的这一学位。同年，约翰逊主编的《莎士比亚集》出版，除总序外，每剧均有引言。1773 年，他与博斯韦尔一起进行了"苏格兰西部群岛的旅行"，两年后他出版了同名游记。1777 年起，在伦敦书商的要求下他陆续撰写50 多个诗人的传记，后集成《诗人列传》（1779~1781）。约翰逊于1784 年12 月去逝，被安葬在威斯敏斯特教堂公墓。约翰逊一生著作颇丰，主要有《沙维奇的生活》（*Life of Mr Richard Savage*，1744）、《英文辞典》（*A Dictionary of the English Language*，1755）、《雷塞拉斯，阿比西尼国王子传》（*The History of Rasselas, Prince of Abissinia*，1759）、《伦敦》（*London*，1738）、《人生希望多空幻》（*The Vanity of Human Wishes*，1749）、《诗人列传》（*Lives of the Poets*，1779~1781）等作品，此外，他还编注了《莎士比亚集》（*The Plays of William Shakespeare*，1765）。

第四章 论新教传教士用于 Spirit 这个词的几个不同的汉语术语，即：神、灵、风

可言，我不得不承认我无法发现这类替换词。【144】

如果文惠廉博士始终将他的 god 这个种的特征与通用词神连在一起的话，那么他的《圣经》（the sacred text）译文也就不会像现在这么令人费解、错漏百出了。他用下面的这种方法来组建 god 这个种——

属　　特征
spirit（或神）+受人敬拜＝一个受人敬拜的 spirit，god 这个种当中的一个。

让他在神这个词之前加几个可以表示"受人敬拜的"汉字吧，并且还能保证读者能够领会到他那种意思。同样，也让他给神这个词加上一种特征吧，根据这种特征，他就可以从所有 spirits 当中区分出 GOD 来了，比方说在《创世纪》第 1 节中，我们知道他并不是想说有一位 spirit 或是 spirits 一同创造了天地，而是说"无限的、永恒的、不变的、存于其中的是智慧、权能、圣洁、公义、良善和真理"的独一圣灵（the One Spirit）创造了天地。只有在这样使用时，一个通用术语才能用来传讲任何一个种或任何单一的个体。

主张神应当用来翻译某位 god 或 gods 的几个特例

我不用老是想着文惠廉博士所做的尝试了，他试图通过推理证明神有时也可以用来翻译"god, gods。"他用来从 spirits 当中区分出 gods 的那个特征，对我来说一直都是用结果替代原因，其实毫无必要坚持那个特点，因为神并不表示任何种类的任何特征，它只是一个用来表示 spirit 的术语而已。因此，我就进入第二点，考察他为了证明

361

他的观点合理而从中国作家那里引用的文字，其实是他将自己的意思加在那些引文之上的。引文只有五六种。其引文之不足简直令人吃惊。麦都思博士翻译的《康熙字典》① 中引用神的所有段落，总共差不多有 600 处，他还证明了如果不用 spirit 来翻译神，我们便不能从任何引文（哪怕只有一条）中获得真实的意思（*a good sense*）。一年半之前，我带了 52 卷汉语典籍，并将这些典籍交给三位传道人（*teachers*），还附上一些说明，请他们在每卷书中出现神和灵的那页的页顶写下相应的字。三位传道人将书卷还给我的时候，我复写了一遍这些有标记的文句，同时对每句的意思做了仔细推敲。这些句子加在一起不下 1600 句，其中大约 1400 句中有神这个字。这个结果让我确证 jin 不一定就是人的意思，t'een 也不一定就是天的意思，这两个字比神只有灵这种意思还不确定。与这种大量的、不断累积的证据相反，文惠廉博士提出了他的推理，并且列举了 6 个例子来支持他的那种推理，不过他的推理我们已经考察过了。他列举的那些事例中，其中有 5 个出自福建巡抚（*the Lieutenant - governor of Fuh - keen province*）1848 年出版的《瀛寰志略》②（*Geography*）。"举世公认，"文惠

---

① 【译注】原文为 Imperial Thesaurus，直译应是《皇家字典》，应指康熙五十五年（1716 年）出版的《康熙字典》，但麦都思并未全译过《康熙字典》。1842 年，麦都思出版了一部小型《汉英字典》（*Chinese and English Dictionary*），其内容基本上是对《康熙字典》的翻译，另外又从马礼逊的《华英字典》和别的地方补充了一些短语例子。该词典按部首排列，释义和例证比较简单，几乎没有语法、用法和文化等信息。

② 【译注】《瀛寰志略》是 19 世纪中叶由清朝的徐继畬所编纂。该书成书于道光二十九年（1849 年，理雅各正文中时间有误），全书共 10 卷，除了关于大清国疆土的皇清一统舆地全图以及朝鲜、日本地图以外，其他地图都是临摹欧洲人的地图所制。《瀛寰志略》首先以地球为引子，介绍了东西半球的概况。之后以此按亚洲、欧洲、非洲、美洲顺序依次介绍世界各国风土人情。在介绍印度文明、阿拉伯文明以及欧洲文明时，摒弃了以往士大夫们对于中国以外地区的偏见，尽可能地做到了客观真实。比如对于西方文明的要点之一的基督教的介绍，他就这么写道："摩西十诫，虽浅近而尚无怪说。**耶稣**著神异之迹，而其劝人为善，亦不外摩西大旨。周孔之外无由宣之重译，彼土聪明特达之人，起而训俗劝善，其用意亦无恶于天下。"除了风土人情的介绍，徐继畬对于西方民主制度也进行了介绍。

第四章　论新教传教士用于 Spirit 这个词的几个不同的汉语术语，即：神、灵、风

廉博士说，"他是一位才华横溢的作家，"而且《中国丛报》[①] 的编辑说，他情愿在其作品中用神作为哲学上的证据来表示 god。现在，就让我们考察一番他所引用的不同篇章吧。

第一篇引文如下，以论宗教本性开始，并附有波斯文注释，"按上古时，波斯、天竺，皆事火神，拂箖以西，皆事天神。事火神者，拜旭日，或燃柴薪，向之礼拜，民非火化不生，非白日，则宇宙无睹，故两地之夷，上古即有此俗，义起报本，非邪神也。"[②] 这段话

[①] 《中国丛报》（Chinese Repository），旧译《澳门月报》，是西方传教士在清末中国创办的一份英文期刊，由美部会的传教士裨治文创办于 1832 年 5 月，主要发行地点是广州。《中国丛报》在鸦片战争期间一度搬到澳门及香港，1845 年再移回广州。除了创办者裨治文之外，1833 年美部会另一位传教士卫三畏开始在广州负责处理《中国丛报》的刊行事项。1847 年之后，该刊的编撰即由卫三畏代裨治文负责。1851 年 2 月停刊。该刊物的读者主要是在华的西方商人传教士为主，但也有及于其他在西方对中国有兴趣的人以及能通英文的中国口岸商人，内容以介绍中国的社会、文化、地理等相关知识为主，对于当时西方人认识中国及中国形象的塑造产生过很大影响。

[②] 【原注】In high antiquity, the Persians and Indians all served the spirit of Fire (Ho-shin). In Judea and west of it, all served the spirit of Heaven (Teen-shin). In serving the spirit of Fire, they worshipped the rising sun, or kindled piles of faggots and did reverence towards the flames. Without the transforming influence of fire, people would not live; without the bright sun, the universe would be in darkness. From these considerations arose anciently this practice among the two nations, the idea being to requite the origin (of light and heat); it was no worship of a bad spirit (seay-shin). 文惠廉博士的这篇译文除了将 god 翻译为神之外，其他内容与上述译文并无显著不同，其译文如下：In the high antiquity, in Persia and India, all served the god of Fire (Ho Shin). Those who served the god of Fire worshipped the rising sun, or igniting faggots, they worshiped towards them. For the people considered that if there was no fire wherewith to cook, they could not live; and that if there was no bright sun, then in the universe there could be nothing seen. Therefore the foreigners of these two countries, from a high antiquity, had this custom. The idea arose from a desire to recompense the root (i. e. to acknowledge their god, the sun, as a source of blessing)：it was not a (sié shin) depraved god, i. e. a being who afflicted them with curses, but a benignant being who sent them blessings. 在 1850 年 8 月的月刊中，《中国丛报》的编辑所刊登的译文就非常不同了，他翻译为：In ancient times, the Indians and Persians all served (ho-shin) the god of Fire; in Judea and west of it all I served (tien shin) the God of Heaven. Those who served the god of Fire worshiped the rising sun, with burning faggots turned towards it, and bowing down. The people [believed] that without the influence of fire they would die, and that if there was no sunlight, the whole world could not see; therefore the people of these two countries from of old had this custom, considering that in so doing they requited their origin, and that this was not a (sié shin) false god. 读者会注意到对作者意思的误解，他用翻译第二句的那种方式来表达这个信息。有人告诉福建巡抚，印度祆教徒（Parsee）的做法要胜过他的译者为他所做的。然而，应该特别批驳一下最后一个词的翻译。《中国丛报》

363

中国人关于神与灵的观念
The Notions of the Chinese concerning God and Spirits

【146】的最后几个字证明了我用 spirit 翻译神是对的。中国人将神分为两类——善神（shen-shin）和恶神（go-shin），即"good shin 和 evil shin"，或是正神（ching-shin）和邪神（seay-shin），即"correct shin 和 depraved shin"。这不明显就是我们《圣经》中对 spirit 的区分吗？我们不是将 spirit 分为善灵和恶灵吗？在什么地方如此之快地偏离这个词的意思，而在其他地方又是 spirit 的意思呢？

文惠廉博士说，"太阳是印度祆教①徒的一种敬拜之物。他们把

的编辑在 1844 年出版的一本中英词汇表中，赋予了邪（seay）以"道德败坏"的意思，赋予神以"*spirit*"和"*gods*"的意思。他是从哪里学到"道德败坏"和"伪造"是可以互换的术语呢？当说"伪神"的时候，我们就否认了"*god*"的存在，而中国的作者只是用它来表示神这个汉字。如果我们以这种方式曲解或是更改了这些词的意思，那就不但会终止争端，而且还会暴露我们的疑云。

① 【译注】祆教，即琐罗亚斯德教（Zoroastrianism）。它是古代波斯帝国的国教，伊斯兰教诞生之前在中东和西亚最具影响力的宗教，曾被伊斯兰教徒贬称为"拜火教"，是摩尼教之源，在中国称为"祆教"或"白头教"。此教的创始人是琐罗亚斯德（Zarathustra，又译查拉图斯特拉，前 628 年~前 551 年），他出身于米底王国的一个贵族骑士家庭，20 岁时弃家隐居，30 岁时声称受到神的启示，破斥当时的多神教，宣说拜火教，但受到当时的多神教祭司的迫害。直到 42 岁时，阿契美尼德帝国的宰相娶他女儿为妻，将他引见给国王，琐罗亚斯德教才在波斯迅速传播，77 岁时，他在一次战争中，在神庙中被杀身亡（另有说法琐罗亚斯德的生存年代要更早，琐罗亚斯德教也非他首创，有源自更远古的继承）。琐罗亚斯德教的教义一般认为是神学上的一神论和哲学上的二元论。阿胡拉·马自达（Ahura-Mazda(h)）是代表光明的善神，安格拉·曼纽（Spenta Mainyu）是代表黑暗的恶神；善神的随从是天使，恶神的随从是魔鬼，互相之间进行长期、反复的斗争，为了战斗，阿胡拉·马自达创造了世界和人，首先创造了火。琐罗亚斯德的出生是善神阿胡拉·马自达胜利的结果，琐罗亚斯德的精髓每一千年产生一个儿子，他指定第三个儿子为救世主，以彻底肃清魔鬼，使人类进入"光明、公正和真理的王国"。人死后要进入"裁判之桥"，根据其生前所作所为决定入地狱或天堂，但在世界末日时都要最后受一次最后审判。琐罗亚斯德教的经典主要是《阿维斯塔》，意为知识、谕令、或经典，通称《波斯古经》，主要记述琐罗亚斯德的生平以及教义。原有 21 卷，据亚历山大大帝征服波斯后，认为信仰琐罗亚斯德的波斯人太勇于作战，故毁琐罗亚斯德教所有经典，所幸存下来的《阿维斯塔》仅有一卷，而在希腊留有的一部完整 21 卷抄本，后来也散佚。在波斯萨珊王朝期间，琐罗亚斯德教复兴，这一卷《阿维斯塔》被拼凑、补齐成为 21 卷，但与原来的版本已不可同日而语。目前此教在伊朗偏僻山区和印度孟买一带的帕西人中仍有很大的影响，中国历史上的明教也与此相关。

第四章 论新教传教士用于 *Spirit* 这个词的几个不同的汉语术语，即：神、灵、风

太阳当作是纯粹的 *spirit* 吗？这位作者能认定他们把太阳当作是纯粹的 *spirit* 吗？说到忽鲁模思①的覆灭，我们这位作者说——'有一古殿，日神、火神列于其中，受人敬拜。'"现在的问题不是祆教徒把太阳当作什么，也不是这位作者把他们的看法想成什么，而仅仅是他对它们说过些什么？有记载说，"他们侍奉火神"，对于忽鲁模思，所说的也只是"有太阳火神古殿。"②

文惠廉博士又说，"论到犹太人、欧洲人敬拜的那位存在的特征，我们毫无疑义；而且我认为这点是毋庸置疑的，即：祂曾在西奈山上颁布律法，祂是犹太人、罗马天主教徒以及所有欧洲人敬拜的唯一对象，祂不是纯粹的 *spirit*，他还仅仅根据这部分（上句的结果）称其为天之神。"而在其他地方，那位作者称这位存在为上帝（Shang-Te）和天帝（T'een-Te）。他从来没有单单称祂为神。此处，有人用"天神"这个复合词来称呼祂，这个复合词会在附录中详加考察，而且与维多利亚主教提议用这个词来表示 *God* 相关。显然，天被理解为从其他 *spirits* 之中选出的这位 *spirit*，要么作为单一的神，要么作为一个类别——"在天之灵"（Heavenly spirits）——之中的一位。在其他地方，这位作者说天神与佛教有关。在写到柬埔寨的时候，他说，"天竺僧有其国，教国人事天神，每旦诵经咒。"③ 而且，写到印度的生活方式和习俗的时候，在印度人的一些节期中，他对那种场景进行一种栩栩如生的描述。他说，人悬于空中，以钩定其背，故观其如飞

---

① 【译注】忽鲁模思（Ormuz，现译为"霍尔木兹"），在伊朗南部今霍尔木兹甘省区域。忽鲁模思在波斯语的意思是"光明之神"。古希腊的马其顿国王亚历山大大帝派大将忽鲁模思雅率舰队攻波斯，舰队在海峡中的一个无名岛屿上停泊，后人纪念这位统帅，便将他的名字作为那海峡和岛屿的名字。"忽鲁模思雅"渐因音变转化为阿拉伯腔的"忽鲁模思"。约在 10 世纪时由阿拉伯人在海峡中的忽鲁模思岛上建立了一个叫做"忽里模子"的国家，海峡从此以此命名。
② 【原文】"An old temple of the Fire-spirit of the sun."
③ 【原文】"A Buddhist priest from India got the kingdom, and taught the people to serve T'een-shin, and every morning to chant the sacred books."

【147】鸟，得果者，归以奉家长及病者，以为天神所赐。① 这个词语的那些用法证明了这位作者没有像文惠廉博士那样限定那个词，还显明了在翻译中我们所坚持的那些术语的意思是举世公认的，我们的用法是合宜的。

第二篇引文是为了证明神可以用来翻译某位 god，这篇引文是一条注释，解释谁是朱庇特。这位作者在解释朱庇特前讲述了汉尼拔②如何向罗马人发泄永世不变的仇恨，在一条注释中，他说朱庇特是"古时各国所奉祖宗之神，未详何时人。"③ 没有哪段文字可以更清晰地证明作者对神这个字一般意思的坚持了。文惠廉博士在一条注释中说，朱庇特被人称作是"所奉祖宗之神"④，即 *the god*（shin）*whom their ancestors worshipped*"。整条注释极短。文惠廉博士略去了最后一句话，"未详何时人"，还略去了前四个字，这四个字包含了动词奉的主格，产生出一个与基础汉语文法（*the first-learned laws of Chinese construction*）相悖的版本。然而，幸好他在勘误表中对其做了部分更

---

① 【原文】Men are hung up in the air, he says, by hooks fixed in their backs, so that they look like flying birds, while they scatter fruits, which are eagerly snatched at, and carried home to the aged and the sick, "as gifts from *T'een - shin*."

② 【原注】汉尼拔·巴卡（Hannibal Barca，前247年~前183年），北非古国迦太基著名军事家，出生在巴卡家族。其生长的时代正逢罗马共和国势力的崛起。少时随父哈米尔卡进军西班牙，并向父亲立下要终身与罗马为敌的誓言。他自小接受严格和艰苦的军事锻炼，在军事及外交活动上有卓越表现，现今仍为许多军事学家所研究之重要军事战略家之一。第二次布匿战争期间，在特雷比亚河战役（前218年）、特拉西美诺湖战役（前217年）和坎尼战役（前216年）中，他巧妙运用计策（地形、兵种及天气变化）引诱并击溃罗马人。坎尼战役之后，罗马人深感此人之军事威胁，特别是情报搜集、行军布阵及外交分化罗马联盟上，于是减少与汉尼拔的军团发生正面冲突，加强同罗马联盟之间的关系，阻断其军需物资的补给，增加军团。前204年，罗马人在大西庇阿的率领下入侵迦太基本土，迫使汉尼拔回到非洲。前202年，大西庇阿于扎马战役击败汉尼拔。前195年，在罗马人的施压下，汉尼拔出走东方，流亡到塞琉西王国，直到公元前189年，罗马打败安条克三世，并要求引渡汉尼拔，汉尼拔逃到小亚细亚北部的比提尼亚王国。即使如此，罗马人仍然不放心汉尼拔，一直争取把他引渡到罗马受审，终于逼迫汉尼拔在前183年服毒自尽。

③ 【原文】"an ancestral spirit, whom every nation of antiquity worshipped," adding — "I do not know exactly of what age he was a man."

④ 【原文】"*so - fung tsung - tsu chi - shin*"，"the god (*shin*) whom their ancestors worshipped."

第四章　论新教传教士用于 Spirit 这个词的几个不同的汉语术语，即：神、灵、风

正，并且要求这段话读作——"the ancestral god（shin）whom they（each country）worshipped." 但"the ancestral god"是什么意思呢？"An ancestral spirit"是一位先祖之灵。对那位中国著述者来说，朱庇特是一位了不起的英雄——是西方一国或多国的首创者。中国人在敬拜历朝历代建国者亡灵（spirit）的时候，就会理解西方人敬拜朱庇特之灵（spirit）。实际上，一个类似的，可以说是完全一样的词语，出现在《语类》第 11 章第 5 段话中。那里记载说，"有人平日知弟之为卑，而不知其为尸之时，乃祖宗神灵之所依，不可不敬者。"①

文惠廉博士还援引了另外两段话，他说那位作者"提到某个敬拜对象的时候，用神称呼**耶稣**。"第一段话出现在马尼拉罗马天主教的习则（practices）当中，他说，"巴礼者，不祀先祖，所奉之神，惟吓氏而已。"② 吓氏，极可能是指逻各斯（Logos）。第二段出现在一篇论基督教的论文中。其中说道，"奉耶稣之教者，不祀别神，不供祖先，以耶稣为救世主，而以身命倚之。"③ 我通读过这篇论文以及《瀛寰志略》中的每篇文章，其中提到基督教的地方，或多次用到神的地方，以及作者论述到基督徒敬拜的意思那些地方，这些内容对我

【148】

---

① 【原文】"A younger brother is commonly to be respected less（than an uncle）, but when he is personating（a deceased parent or ancestor during sacrifice）, then it is on him that the ancestral spirit（tsoo-tsung shin-ling）depends, and he is to receive the marks of respect." 【译注】语出《朱子语类·卷第五十九·孟子九》之食色性也章，其上下文为：李时可问仁内义外"。曰："告子此说固不是。然近年有欲破其说者，又更不是。谓义专在内，只发於我之先见者便是。如'夏日饮水，冬日饮汤'之类是也。若在外面商量，如此便不是义，乃是'义襲'。其说如此。然不知饮水饮汤固是内也。如先酌乡人与敬弟之类，若不问人，怎生得知？今固有人素知敬父兄，而不知乡人之在所当先者；亦有人平日知弟之为卑，而不知其为尸之时，乃祖宗神灵之所依，不可不敬者。若不因讲问商量，何缘会自从裏面发出？其说乃与佛说'不得拟议，不得思量，直下便是'之说相似，此大害理。又说'义襲'二字全不是如此，却把文义说错了。只细看孟子之说，便自可见。"时举。（下划线为译者所加）

② 【原文】"The Padres," he says, "do not sacrifice to ancestors. The only spirit to which they sacrifice is Luh-she."

③ 【原文】"They who follow the doctrines of Jesus, do not sacrifice to any other spirit, they do not make offerings to their ancestors; they consider Jesus to be the Saviour of the world, and depend on him for (the salvation of) their bodies and lives."

367

中国人关于神与灵的观念
The Notions of the Chinese concerning God and Spirits

而言是这样——我们敬拜 God，他称之为上帝和天帝，我们还敬拜**耶稣**，祂现今以属灵的形态存于天上——他认为就是一位神。**耶稣**与父合而为一①，但他却不明白。他说，"**耶稣**之父曰约色弗"②，其母"马利亚感神而孕"③，"约翰知**耶稣**为至人"④，这是在前文中说到的对摩西的特别差遣（第六章，第 37 页）⑤。他定义**基督**如中国之云神灵⑥，此即据马礼逊博士所言，即"属灵的、智慧的、无形的"。实际上，他说"（**耶稣**）谓天为父，已为上天之独子，降生以拯济世人"⑦，但他显然也知道这些论述类似摩西的记载，"托言天神降于西奈山，垂十诫"⑧，"托于神道，以起人之崇信耳。"⑨

因而，在那种方式中，他发现**耶稣**在《圣经》中所说的以及许多新教传教士印制的小册子（Tracts）让那位作者出了错，阻碍他把**基督**理解为与父同在的那位，祂不仅仅是灵成肉身⑩（a spiritual being incarnate），更是 God 在肉身显现⑪，现在的祂并不是像孔子那样的神

---

① 【译注】《圣经·新约·约翰福音》10:30，我与父原为一。
② 【原文】"the father of Jesus was called Joseph."
③ 【原文】"Mary became pregnant from a spirit."
④ 【原文】"John the Baptist knew that Jesus was a perfect man."【译注】以上三条注释所涉猎的内容可参见《圣经·新约·路加福音》第一章。
⑤ 【译注】此处应指《瀛寰志略》，因理雅各只在本书第一章第 33 页（原页码）提及此事。
⑥ 【原文】He defines Christ to mean the same as the Chinese characters "shin-ling".
⑦ 【原文】"Jesus said that Heaven was his Father, and that he was the only son of the Supreme Heaven, who had descended and been born to save and help mankind."
⑧ 【原文】"giving out that a T'een-shin descended on Mount Sinai, and gave him ten commandments."
⑨ 【原文】"making a pretence that they were spirit-principles, to excite the respect and belief of men."
⑩ 【译注】参见《圣经·新约·约翰福音》1:14，道成了肉身，住在我们中间，充充满满地有恩典有真理，我们也见过他的荣光，正是父独一儿子的荣光。
⑪ 【译注】参见《圣经·新约·提摩太前书》（和合本）1:16，大哉！敬虔的奥秘，无人不以为然。就是 神在肉身显现，被圣灵称义，（或作在灵性称义）被天使看见，被传于外邦，被世人信服，被接在荣耀里。

第四章　论新教传教士用于 Spirit 这个词的几个不同的汉语术语，即：神、灵、风

灵，而是万有主宰。与敬拜**基督**相反的祖先崇拜可以充分证明神被人当作 spirit 的意思来理解。这位作者相信中国人向他们的先祖之灵献祭，也相信基督徒向"至人"**耶稣**之灵献祭。

【149】

最后那段引文引自福建巡抚，内容有两部分，其中他说到了西非的移民，"混沌无知，近禽兽。"① 他说，"有祀树木禽兽为神。"② 又说，"黑番混沌，拜禽兽为神。"③ 还有必要用其他术语而不用 spirit 这个术语翻译这段话中的神吗？

所以，我又查阅一遍文惠廉博士引用的所有事例，这些事例选自这样一部作品，人们都觉得这部作品对于神这一术语在语言学上的使用已成定论。他们能否确认那种意思，也就是在许多其他事例中我们必须加于其上的那种意思——亦即他们能否证明那位作者用神就如同我们用 spirit 一样，就请读者鉴别吧。在一条注释中，我已经批评过的第一篇译文，对此，《德臣西报》的编辑说，"在这些引文中，神被正确地译为 god，要么就是这位作者不知道如何运用他的母语了，要么就是在英文中敬拜的对象不会特地被称为 gods 了，就如在《以赛亚书》第 44 章④中的那种情形。当英国人告诉我们后一种情形的

---

① 【原文】"utterly stupid and ignorant, approximating to birds and beasts."
② 【原文】"They sacrifice," he says, "to trees, birds, and beasts, as if they were spirits."
③ 【原文】"The black natives of Guinea, a chaos of stupidity, worship birds and beasts as if they were spirits."【译注】以上三条引文均出自《瀛寰志略》卷八之论阿非利加，即现在的非洲。
④ 【译注】《圣经·旧约·以赛亚书》44 章记载："我的仆人雅各，我所拣选的以色列啊，现在你当听。那位造你，使你在母腹中成形，并要帮助你的耶和华如此说：我的仆人雅各，我所拣选的耶书仑哪，不要害怕！因为我要把水浇灌干渴的地方，使水涌流在干旱之地。我要将我的灵浇灌你的后裔，使我的福临到你的子孙。他们要在草丛中生长，如溪水旁的柳树。这个要说：'我是属耶和华的'，那个要以雅各的名自称，又有一个在手上写着：'归耶和华'，并自称为以色列。"耶和华以色列的君王，以色列的救赎主，万军之耶和华如此说："我是首先的，也是末后的；除我以外再没有**神**。自从古时我设立了人，谁能像我宣告，指明，又为自己陈说呢？让他指明未来的事和必成的事吧！你们不要恐惧，也不要害怕。我岂不是从上古就告诉并指示你们了吗？你们是我的见证人！除我以外，岂有**神**呢？诚然没有磐石，就我所知，一个也没有！"制造偶像的人尽都虚空，他们所喜悦的全无益处；偶像的见证人毫无所见，毫无所知，以致他们羞愧。谁制造神像，铸造偶像？这些都是无益的。看哪，他的同伙都必羞愧。工匠不过是人，任他们聚集，任他们站立吧！他们都必惧怕，一同羞愧。铁匠用工具在火炭上工

时候，它与我们的常识以及语言上的用法都是不相干的；倘若福建巡抚在这些地方用神表达 god 或 gods 以外的任何存在的话，那么他就是有生气的，他的意思也可以查明。"现在福建巡抚的意思已然查明。上述文句出现在《德臣西报》上大约半年后，维多利亚主教造访过他一次，我有过几次机会提到此事。巡抚大人"清晰准确地"说，"用神这个术语传递的首要和基本的意思是某种无形之物"（moo-hing）；"不能把中国的上帝和基督教国家的天主看作是神这类敬拜对象，但却可以称神为无形的属灵存在"；"神一般的意思是先于人的存在，与之相对的存在明显存于火神或其他元素之神、山神等等当中"；"我们不能肯定地说只有过一神；那是不对的，因为神这个术语有过多种意思，而且中国人也从未将其理解为一位受人

作，用锤打出形状，用他有力的膀臂来锤。他因饥饿而无力气；因未喝水而疲倦。木匠拉线，用笔划出样子，用刨子刨成形状，又用圆规划了模样。他仿照人的体态，做出美妙的人形，放在庙里。他砍伐香柏树，又取杉树和橡树，在树林中让它茁壮；或栽种松树，得雨水滋润长大。这树，人可用以生火；他拿一些来取暖，又搧火烤饼，而且做神像供跪拜，做雕刻的偶像向它叩拜。他将一半的木头烧在火中，用它烤肉来吃；吃饱了，就自己取暖说："啊哈，我暖和了，我看到火了！"然后又用剩下的一半做了一个神明，就是雕刻的偶像，向这偶像俯伏叩拜，向它祷告说："求你拯救我，因你是我的神明。"他们既无知，又不思想；因为耶和华蒙蔽他们的眼，使他们看不见，塞住他们的心，使他们不明白。没有一个心里醒悟，有知识，有聪明，能说："我曾拿一部分用火燃烧，在炭火上烤饼，也烤肉来吃。这剩下的，我岂要做可憎之像吗？我岂可向木头叩拜呢？"他以灰尘为食，心里迷糊，以致偏邪，不能自救，也不能说："我右手中岂不是有虚谎吗？"雅各啊，要思念这些事；以色列啊，你是我的仆人。我造了你，你是我的仆人，以色列啊，我必不忘记你。我涂去你的过犯，像厚云消散；涂去你的罪恶，如薄雾消失。你当归向我，因我救赎了你。诸天哪，应当歌唱，因为耶和华成就这事。地的深处啊，应当欢呼；众山哪，要出声歌唱；树林和其中所有的树木啊，你们都当歌唱！因为耶和华救赎了雅各，并要因以色列荣耀自己。从你在母腹中就造了你，你的救赎主耶和华如此说："我耶和华创造万物，独自铺张诸天，亲自展开大地；我使虚谎的预兆失效，愚弄占卜的人，使智慧人退后，使他的知识变为愚拙；却使我仆人的话站得住，成就我使者的筹算。我论耶路撒冷说：'必有人居住'；论犹大的城镇说：'必被建造，我必重建其中的废墟。'我对深渊说：'干了吧！我要使你的江河干涸'；论居鲁士说：'他是我的牧人，他要成就我所喜悦的，下令建造耶路撒冷，发命令立稳圣殿的根基。'"

第四章　论新教传教士用于 Spirit 这个词的几个不同的汉语术语，即：神、灵、风

敬拜的存在或受人敬拜之 God，因为有过许多神，它们并未受人　【150】
敬拜。"①

　　既然我上文引用的那份采访记录业已刊印，那位《德臣西报》
的编辑便极有可能会陷于两难境地，就是"那位作者不知道该如何运

---

① 【原注】在一条注释里（《辩护文》第 123 页），文惠廉博士说——"这位作者称基督徒所敬拜的存在为天（T'een）、上天（Shang T'een）、上帝（Shang - Te）、天主（T'een - choo）、天神（T'een - shin）和神（shin）。"这种罗列既不正确也不全面。这个事例——而且我相信这是唯一的例子——用到了天和上天，其中他说耶稣说过"天为其父，他是至高天之独生子。"神不用于称谓 God。那是文中讨论过的用于基督的唯一事例。天神是一种称呼，那位作者使用这个词的确切含义是有争议的。天主一直用来与教（kaou）相联，意思就是 Popery（天主教）。在说到大卫的时候使用过上帝这个词。有记载说——"他敬畏上帝。"在说到穆罕默德的时候，也用过这个词，他"说唯有真主上帝"。此外，我就没见过使用这个词的任何其他事例。天帝（T'een - Te）至少出现过一次。有记载说——"英伦人俯伏叩头敬拜天帝，救主，但他们不会向君王叩头（k'ow - t'ow）。"有人说摩西教导人敬拜神天（Shin - T'een），那位作者似乎不太理解这种称呼，因为他将这个称呼改为天神（T'een - shin）。马礼逊博士最喜欢用这个名来称呼 God，通常认为这个称呼是由他首创的。他出版的《圣经》的标题是《神天圣书》，即"the Sacred Book of Shin - T'een"。其中，God 被称为神，但不知什么原因，这位译者没称《圣经》为《神之圣书》（the Sacred Book of Shin）。我在《太上感应篇》（Actions and their Recompenses）中见过一个神天的例子。是一件与有德行有关的事，文中记载着赫赫神天，岂有如是之人，而令其饥寒者乎？（译按：译者并未在《太上感应篇》中见到这句话），即"How is it possible that the glorious 神天 should allow such a man as this to come to a condition of penury？"神天只是天或上帝的同义语。
【译注】1850 年 12 月初，香港维多利亚主教施美夫造访福州，顺便就当时传教士内部争论激烈的术语问题尤其是"神"的含义征询徐继畬的看法。徐继畬并没有完全赞同争论双方的哪一派，而是认为都有不足之处，同时提出了自己的建议。他认为，在中国人看来，"上帝"并不是一个偶像或众多神祇中的一个，而是一个普世主宰，是天上之主。"神"是一种无形的非物质的东西，无形是其最本质的特征。中国的"上帝"与天主教的"天主"相类，他们不能因为在被崇拜之列就被算作（reckon）"神"，但可以被称为"神"，因为都是无形的。尽管"上帝"对中国人来说最容易理解，但"天主"同样是表示《圣经》里的 God 的一个好词。不过，对耶稣教（基督教）来说，还有更好的选择，可以用"神天"或"天神"，而且"天神"较"神天"为佳。他认为，古代以来，这些词的纯正性在流传过程被破坏，最初"天神"、"地祇"、"鬼"之间是有区别的，但随着"神"字被滥用，区别逐渐消失，"神"不但被用作"天神"，而且被用作"地神"和"鬼神"，泛指所有看不见的神秘的东西。徐继畬对基督教的了解与认识与他读到的汉文西方书籍有关，因为里面大多数用"神"而非"上帝"表示 God，他曾经询问传教士"基督"（Christ）的含义，但都没有得到令他满意的答复，加上看到的书中称基督

371

用自己的语言了。"但文惠廉博士宣称他——而且是最为公正地宣称——是"一位才华横溢的作家。"传教士的职责不是教导中国人怎么说、怎么写他们本国的语言,而是从他们那里学习汉语的意思以及汉语构词的使用方法,这样他们便可以说给他们听、写给他们看关乎神国的事。如果有人要更改这些汉语术语的意思,那么他们就是"人感于神,以言奥妙,而所言者,诸国方言,则听者不知。盖非与人言,乃与上帝言。"① 与其追求那种教导,倒不如像保罗所说的那样——"但在会中,与其言诸国方言以万者,宁言五语,使明吾意以训众。"② 然而文惠廉博士还有另外一段引文,以此来证明他的主张:神可以用来翻译 god。这段引文出自《资治通鉴》③(*Easy Mirror of History*)第 22 章,那章讲述了明帝④(时)(the Emperor Ming)将佛教带入中国。

【151】

是 **神**,因此认为**基督**是中国"神"的外文形式,认为"**基督**如中国之神灵"[参本书第 148 页(原页码)],"神明"和"神灵"几乎没有区别。他在阐述自己的理由时指出,因为神的含义非常广,神又有多个,既有被崇拜的也有不被崇拜的,因此很难说只有一个神。如果用"神"这个字来表示被崇拜的 God,中国人是很难理解的,会产生很大的歧义。解决这个问题的办法就是在"神"字前面加上一个限定词,使其含义更加明确,而"天"是最好选择。对中国人来说,"天神"较诸"神天"既容易理解,又符合汉语习惯用法。(译者转引自林海先生的论文"19 世纪中国人关于基督教 God/Spirit 汉译问题的讨论")

① 【译注】《圣经·新约·哥林多前书》14:2,"说方言的,不是对人说,乃是对**神**说,因为没有人听出来。"

② 【译注】《圣经·新约·哥林多前书》14:19,"我宁可用悟性说五句教导人的话,强如说万句方言。"

③ 【译注】《资治通鉴》,简称"通鉴",是北宋司马光主编的一本长篇编年体史书,共 294 卷,三百万字,耗时 19 年。记载的历史由周威烈王二十三年(西元前 403 年)三家分晋(战国时代)写起,一直到五代的后周世宗显德六年(西元 959 年)征淮南,计跨 16 个朝代,包括秦、汉、晋、隋、唐统一王朝和战国七雄、魏蜀吴三国、五胡十六国、南北朝、五代十国等其他政权,共 1362 年的逐年记载详细历史。它是中国的一部编年体通史,在中国史书中有极重要的地位。

④ 【译注】指汉明帝。汉明帝(28 年~75 年),名刘庄,原名刘阳,字子丽,东汉第二位皇帝,庙号显宗,谥号孝明皇帝。光武帝刘秀的第四子,母为阴丽华。

第四章　论新教传教士用于 *Spirit* 这个词的几个不同的汉语术语，即：神、灵、风

书中说道，"帝闻西域有神，其名曰佛，因遣使之天竺，求其道，得其书，及沙门以来。"① 关于这段话，文惠廉博士又引用了另外一句——天竺国有佛即神也"②，并说在《圣谕广训》③（*the commentary on the Sacred Edict*）中，佛屡次被称作神佛。④ 他又说——"神这个词在所有这些事例中被译作 god 而非 spirit。"但这种情况并非"必然"（*must be*）。我们见到这样一句话——"玄德心神方定"⑤，于是我们就说——"这里的神一定是 spirit，因为用 god 来翻译它会变得毫无意义。"要么我们就见到这样一句话——"此章之神全在下句"⑥，于是我们又可以说——"这里的神一定是 spirit，因为用 god 来翻译它会变得毫无意义。"在文惠廉博士所引用的那段话中，用 god 翻译神的必然性在哪里呢？在每一处将神译为"spirit"，我们都可以得到一个确切的意思（*a good sense*）——并且还可以证明那些作者会将那种意思赋予那个词之上。《资治通鉴》又写道——"其书，大抵以虚无为宗，贵慈悲、不杀，以为人死精神不灭，随复受形。生时所

---

① 【原文】"The Emperor," it is said, "heard that in the west there was a *shin* named *Fuh* and he therefore sent messengers to India, who sought for his doctrines, obtained his books, and brought them to China, along with priests."【译注】《资治通鉴·汉纪三十七》（卷第四十五），"丙子，葬死犀系囚诣度辽营；有罪亡命者，令赎罪各有差。楚王英奉黄缣、白纨诣国相曰：'托在藩辅，过恶累积，欢喜大恩，奉送缣帛，以赎愆罪。'国相以闻。诏报曰：'楚王诵黄、老之微言，尚浮屠之仁祠，洁齐三月，与神为誓，何嫌何疑，当有悔吝！其还赎，以助伊蒲塞、桑门之盛馔。'初，<u>帝闻西域有神，其名曰佛，因遣使之天竺求其道，得其书及沙门以来</u>。其书大抵以虚无为宗，贵慈悲不杀；以为人死，精神不灭，随复受形，生时所行善恶，皆有报应，故所贵修练精神，以至为佛；善为宏阔胜大之言以劝诱愚俗。精于其道者，号曰沙门。于是中国始传其术，图其形像，而王公贵人，独楚王英最先好之。"（下划线为译者加）

② 【原文】In India there is Buddha, a *shin*.

③ 【译注】《圣谕广训》是雍正二年（1724 年）出版的官修典籍，训谕世人守法和应有的德行、道理。源于满清康熙皇帝的《圣谕十六条》，雍正皇帝继位后加以推衍解释。清政府在各地推行宣讲，并定为考试内容。

④ 【原文】*shin Fuh.*

⑤ 【原文】"Heuen – tih's heart and *shin* became composed."

⑥ 【原文】"The *shin* of this paragraph lies all in the last sentence."

373

【152】行善恶，皆有报应。故所贵修炼精神，以至为佛。"①《圣谕广训》中又说，佛教只照管着一个心②，为了成佛③，与道教相比，道教只是留存这一点神气④，为了做神仙⑤。因此，在《资治通鉴》和《圣谕广训》中，那些作者用神这个字，采用的是这个字通常的意思，就是 spirit 的意思。为什么要赋予这些正在讨论的特别词语以另外一种意思呢？

说起《后汉书》（*The Historians*）的第 40 卷，从中我们找到一处记述佛教进入中国更为详细的记录。书中说道，"帝梦见金人，长大，顶有光明，以问群臣。或曰：西方有神，名曰佛。其形长六尺，而黄金色。帝于是遣使天竺，问佛道法。遂于中国图画形象焉。"⑥ 从这段记载当中，可以看出神这个词的使用与明帝梦见的人像有关，是一种转喻用法（*a metonymical use*），对此不必稀奇。多神论者称明帝梦见的人像为 god；罗马天主教称其为圣徒；根据宗教统绪的性质（*the nature of his religious system*），中国人会称之为 spirit。

---

① 【原文】"According to the general scope of the Buddhist books, what is chiefly to be sought is a state of vacant nihility; they set a value on compassion, and condemn all taking of life. They teach that when man dies, the subtle spirit (*tsing* SHIN) is not extinguished, but is again immediately invested with a bodily form, and that there is a recompense for all the good and evil, which is done during life. In consequence, that which Buddhism most values is the sublimation of the subtle spirit, in order to arrive at the state of Buddha." 【译注】语出《资治通鉴·卷第四十五》，参见本页（原页码）注释。

② 【原文】the Buddhist priests, only regarding and regulating their hearts.

③ 【原文】become Buddha.

④ 【原文】Taouist doctors, doing nothing but nourish their spirits (*tsing-shin*).

⑤ 【原文】become spirits and *genii* (*shin seen*).

⑥ 【原文】"the Emperor Ming dreamt that he saw a man of gold, tall and large, with a brightness about his head, and questioned his ministers about it. One of them said, 'In the west there is a *shin*, named Fuh; his image is sixteen cubits high, and of the colour of gold.' Upon this the Emperor sent messengers to India to ask for the doctrines and laws of Buddha, and from that time arose the making of images in China."
【译注】《后汉书·卷八十八·列传·西域传·第七十八》："世传明帝梦见金人，长大，顶有光明，以问群臣。或曰：'西方有神，名曰佛，其形长丈六尺而黄金色。'帝于是遣使天竺问佛道法，遂于中国图画形像焉。楚王英始信其术，中国因此颇有奉其道者。后桓帝好神，数祀浮图、老子，百姓稍有奉者，后遂转盛。"梁代慧皎《高僧传》记载："汉明帝梦一金人于殿廷，以占所梦，傅毅以佛对。帝遣郎中蔡愔前往天竺。愔等于彼遇见摩腾、竺法兰二梵僧，乃要还汉地，译《四十二章经》，二僧住处，今雒阳门白马寺也。"

第四章　论新教传教士用于 Spirit 这个词的几个不同的汉语术语，即：神、灵、风

神绝不是某位 god 的意思，它只有 spirit 的意思，也不能用它来意指 God

　　文惠廉博士引用的所有事例都是为了证明神可以用来翻译 god 或 gods，这些内容都已经讨论过了。请读者想想，1848 年他坚持认为那样的翻译才是正确的翻译，而这些用神表示 spirit 的事例是唯一的例外，是特例。现在，情形倒转了。人们都承认这个词常常用来表示 spirit，只是有时可以用来表示某位 god。我已经考察过这个推理过程了，努力证明其先天的（a priori）意思，即这个术语可以有双重（two‐fold）意思，而且只能视那个术语的意思是不确定的。但比起用来证实该术语真正用法的那些事例，这个推理过程谈不上是不确定的，但却不太令人满意。尚未有人提出一个单句（a single sentence）来显明神应该用来翻译 god 或 gods。为什么不诉诸公认的确定性的事例呢？如果有人发现神与物主代词（possessive pronouns）有关，那么我们该如何翻译这些复合词呢——"my god""your god""their gods"【153】等，我们就不能再讨论它的意思了，而且与其他名词联用的情况也就确定了，会被译为——"gods of the nations""the gods of Japan"等。但那种用法并无例证。神与物主代词相关联，意思无疑就是 spirit——"my spirit""your spirit"等，与其他名词联用的情况也是一样——"the spirit of king Wan""the spirits of his parents""the spirits of ancestors""the spirits of the hills and rivers"。

　　如果神从来就没有过 god 的意思，那么还坚决主张用它表示 GOD 是多么荒唐啊！这在排版印刷上可以实现。"a god（神祇）和 GOD（神）"，那位《德臣西报》的编辑写到，"在英文中的差别和人

375

（man）与 Man（比如 Mr. Man）一样多。字母不大写会妨碍中国人认识许多词，但麦都思博士必定知道在表示 God 的时候，会在神这个汉字之前留一个空格①，表示 god 的时候则不留空格，比如'我的 神，我的 神'、'亚伯拉罕之 神'、'列国之神'等，对于留意《圣经》的读者来说，用这些词语来表达，远没有他用它们本来的意思（as likely to be）来表达更明智。"那么，god 与 God 和 man 和 Mr. Man 之间的可比性是什么？God 是一个毫无意义的专有名称吗？仅仅用来从其他所有同类的存在当中区分出某位存在的专有名称吗？"our God"这种表达与"our Mr. Smith"这种表达性质一样吗？如果我们采用已经提出的那种方式来区分这个字的话，那么可以肯定地说，我们想表明的是特别强调一下那个字，但我们应该既不改变那个字的语法性质，也不应该改变它的真正意思。在一些情况中，中国人习惯于在我们正在探讨的那个字之前留一个空格，或者不如说是留出许多空格并在段顶显著的位置写下那个字，不论他们何时那样做，他们的意思都是指上帝之 spirit。就如我们写"the SPIRIT of God"一样，他们那样写表示的是上帝之神。

现在，说回那个要点，我在其中分别考察了已经论证过的内容，就是神有时的意思是 god 的那些背景。有许多公认是学识渊博的中国学者，他们都认为那个词从来就没有那种意思，对此我深信不疑；——所有人都承认神就是 spirit。那么，为什么不是所有人都一致同意用神来表示 ruach 和 pneuma 呢？我在第 141 页问过这个问题。大多数新教传教士都这样使用。但有些人采用其他术语。如果人们认为他们能更好地表达了希腊术语和希伯来术语的意思，那就让那些如此相信的人使用那些术语吧，但在那样使用的时候，他们不应该强加给神一种新的意思，并拿出一个译本来反对用神表示 spirit，而用这

---

① 【译注】现在《圣经》中依然沿用这种做法。

第四章 论新教传教士用于 Spirit 这个词的几个不同的汉语术语，即：神、灵、风

种新的意思来表示 Elohim 和 Theos，其实神是 spirit 那种意思是无可辩驳的。使徒盼咐我们说"勿务利己，亦务利人。"① 不同的传教团契之间不可能各行其是，彼此之间互相独立、互不关心。他们不能也不应该那样做，他们应该追求同一标杆②，侍奉同一位主③（one master），彼此相爱④；我还要说——"如果用神表示 God 的那些人不摒弃这种尝试，就是他们将 god 的意思强加于 God 的那种企图，如果在汉语中他们能够找到另外一个术语作为 ruach 和 pneuma 译文的话，那么，就让那些在 spirit 的意思上使用那个术语的人终止那种用法吧。他们可以继续用上帝表示 God，但不能用神，免得他们的《圣经》译本，还有他们通用的教导与他们的弟兄产生直接冲突。"可以说，我一直热切地寻找另外一个术语，并用这个术语替换神来表示 spirit。希望在后文中可以达成这一愿望。

【154】

诉诸灵，它是神的同义词

（二）

现在，我要考察这些主张，即用灵（ling）这个汉语术语表示希

---

① 【译注】《圣经·新约·腓立比书》2:4，"各人不要单顾自己的事，也要顾别人的事。"
② 【译注】参见《圣经·新约·腓立比书》3:12~14，这不是说我已经得着了，已经完全了；而是竭力追求，或许可以得着**基督耶稣**所要我得着的。弟兄们，我不是以为自己已经得着了；我只有一件事，就是忘记背后，努力面前的，向着标竿直跑，要得上帝在**基督耶稣**里从上面召我来得的奖赏。"
③ 【译注】参见《圣经·新约·哥林多前书》12:4~6，"恩赐有许多种，却是同一位圣灵所赐。事奉有许多种，却是事奉同一位主。工作有许多种，却是同一位 神在万人中运行万事。"
④ 【译注】参见《圣经·新约·约翰一书》3:23，"神的命令就是：我们要信祂儿子**耶稣基督**的名，并且照祂所赐给我们的命令彼此相爱。"类似"彼此相爱"的经文教导还有很多。

伯来文中的 ruach 和希腊文中的 pneuma。《康熙字典》(*Imperial Thesaurus*) 中对神和灵的定义证明了这两个词的意思紧密相连。在神这个术语下写道——"神，灵也"①，之后引用《易传》——"阴阳不测之谓神。"② 在灵这个术语下写道——"灵，神也，善也，巫也，

【155】宠也，福也。"③ 因此，灵比神包含了更多的意思。某种限度上，这两个字可以互相诠释，但灵有很多功用是神不能用的。

所有人都认为神即 spirit，是属灵的（spiritual）。马礼逊博士说——"凡转瞬即逝、眼不可见、不可测度、属灵的运行能力或因由皆称为神。"在这种情况下，灵与神同义。马礼逊博士还给神下了一个定义，他说——"精灵曰神"④，修饰词"精"决定了灵的意思。这就是灵的用法。灵可以用来定义神，神也可以用来定义灵。我们因此就不能用这两个词翻译 ruach 和 pneuma 吗？许多新教传教士都用灵来作为译文。他们公然指责一种显而易见的矛盾，就是同时用神表示 God 和 god。汉语字典中说神和灵两词同义。希腊文词典和希伯来词典中有说 Theos 和 pneuma 同义、Elohim 和 ruach 同义吗？但我不想再详述这个问题了。我现在探讨的是关于用灵而非用神来表示 spirit 的

---

① 【原文】"*Shin* means *ling*."
② 【原注】阴阳不测之谓神。(That which the *yin* and *yang* do not measure is called *shin*.) 麦都思博士将这句话翻译为，"The inscrutableness of the superior and inferior principles of nature is called *shin*, mysterious." 上面的译文是我根据需孝思的译文翻译的，他的译文是，"*Quod non cadit sub mensuram modumque principiorum yn, yang, dicitur chin, spiritus.*" 中国学子最好查查基于这段话的注释，"我们可以得出，"他说，"中国人所认为、所称作的灵（spirit），不可测度，没有限量，无形无相——非阴非阳。"根据这段话的意思，我们就有一个关于 spirit 的定义，即 spirit 在阴阳之内不可测量，它是属灵的、是神秘的。麦都思博士认为之字应在阴和不之间。按着需孝思的理解，阴阳是动词测的主语，而在解释其语句结构的时候，提出这段话，我并不觉得没用，我从这几段话中得出同一个结果，这就证明了神作为一个类别是有限制的。论到音乐，有这样的话——"粗之，则妇竖皆能知其妙，精之，则鬼神不测其故。" "Viewing it in a rough manner, women and children can understand its wonderfulness, but viewing it with reference to its subtile principles, *spirits cannot fathom its causes*." 【译注】：《大戴礼记》有言：阳之精气曰神，阴之精气曰灵。
③ 【原文】"*Ling* means *shin*, also good, magical, affectionate, felicitous."
④ 【原文】"That which is subtile and *ling* is called *shin*."

第四章　论新教传教士用于 *Spirit* 这个词的几个不同的汉语术语，即：神、灵、风

可能性问题。

　　这两个词是同义语，但还有几个同义语可以在所有这些情况中作为替换词。每个术语在意思上都会有一些不同，每个渴求明确著述的人都一定会注意到这点。在英文中，"soul"和"spirit"这两个词紧密相连，我们在许多场合中说到"the soul"的时候，如果用"the spirit"来替换的话，它的意思不会受到太大影响。然而，那种替换在许多其他情形中，就极为不妥，甚至还会导致严重错误。在翻译《圣经》的时候，用一个表示神的词替换灵之前，我们必须确保这些术语具有可替代性（*interchangeableness*）。

　　就让一位外籍学子随便去问问汉语老师吧，问问他神和灵所传达的意思是否全然相同，我相信他的答复将会是否定的。他会说，尽管这两个词的意思极为接近，但他们之间还是有些不同，所以在一些情形中只能用神，而在另外一些情形中则只能用灵。在这个问题上，我垂询一些中国学者的时候，至少会得到那样的结果，他们会罗列一些出自学识渊博作者的实例，神和灵这两个术语都应用于其中，他们观点正确，这让我非常欣慰，而且这也证明了两个术语不论在哪一方面，虽然都表达了一种最重要的意思，但他们在本质上确实有所不同。我恳请读者注意其中一个实例。

　　在《康熙字典》（*Kang-he's Dictionary*）中灵这个字的下面，容我们引用一句话——"神之精明者称灵。"① 此处，灵表现出神的特征，表示其"精明"（*subtile intelligence*），当用在与人心（*the* mind of *man*）有关的情形中，"精明"是它最通用的意思。马礼逊博士说神之灵②表示"灵智"（*the intelligence of spirit*）。我们在《语类》中读

【156】

---

① 【原文】"The subtile intelligence of *shin* is called *ling*."【译注】此句语出《诗经·大雅·灵一传》，理雅各原注引文为："神之精明者曰灵。"译者据《康熙字典》更正，特此说明。
② 【原文】*shin-che-ling*.

379

到——"心之为物，至虚至灵，神妙不测。"① 这句话中的灵被译为"*intelligent*"，这是无可辩驳的。在诠释"虚灵"的时候，在《疏义》(Soo‑e)② 中说到——"方寸之内，虚无不包，灵无不觉。"③

灵和神之间的区别。用作人类心灵的时候，神意指其秉性，灵意指其智性

"*spiritual*"和"*intelligent*"是同义术语。约翰逊提出"*spiritual*"的第二个定义是"精神的、灵智的。"然而，他们却不能互换，在许多事例中我们只会用到其中一个，而且没有其替换词的那层意思。在与人心有关的事例中，神和灵的用法也是如此。"*soul*"这个词是属灵的，比如，它是无形的，属灵的，它有智慧。在汉语中，为了描述这个词的本性（*its nature*），我们应该要用到汉字神；为了描述这个词的特征（its quality），我们应该使用灵。它是神；它有灵。

---

① 【原文】"The mind is a thing the most capacious and the most *intelligent*, *spiritual*, mysterious, unfathomable." 【译注】引自《御定孝经衍义》，其上下文为：若夫致精之本，则在于心，而心之为物，至虚至灵，神妙不测，常为一身之主，以提万事之纲，而不可有顷刻之不存者也。一不自觉而驰骛飞扬，以徇物欲于躯壳之外，则一身无主，万事无纲，虽其伏仰顾盼之间，盖亦不自觉其身之所在，而况能反复圣贤、参考事物，以求义理至当之归乎？孔子所谓"君子不重则不威，学则不固"，孟子所谓"学问之道无他，求其放心而已矣"者，正谓此也。诚能严恭寅畏，常存此心，使其终日俨然，不为物欲之所侵乱，则以之读书，以之观理，将无往而不通。以之接物，将无所处而不当矣。此居敬持志，所以为读书之本也，愚臣平生为学，艰难辛苦已试之效，窃意圣贤复生，所以教人不过如此。盖虽帝王之学，殆亦无以易之。（下划线为译者加）

② 【译注】此乃《大学疏义》，元金履祥撰。金履祥（1232 年~1303 年），字吉父，号次农，自号桐阳叔子，兰溪（今浙江省兰溪市桐山后金村）人。宋、元之际的学者，为浙东学派、金华学派的中坚，"北山四先生"之一，学者尊称为仁山先生。金氏对于经学和史学的研究成绩最著，著有《尚书注》、《大学疏义》、《论语集注考证》、《孟子集注考证》、《通鉴前编》、《举要》和《仁山集》，编有《濂洛风雅》。

③ 【原文】"The mind (*lit.* within the square inch, *i. e.* the heart as the seat of the mind), being capacious, may embrace everything; being intelligent, it may apprehend everything."

380

第四章　论新教传教士用于 *Spirit* 这个词的几个不同的汉语术语，即：神、灵、风

(It IS shin; it HAS ling.)①

用于 *spirits* 的时候，灵只能意指灵效

　　但在汉语中，我们有许多神和灵在一起出现的事例，后者在具体应用中表示"灵（*spirit*）或灵体（*spiritual being*）"，而且在这些事例中，灵表示为那种灵体的一种特征而非它的本性，这种特征与其说是灵智（*intelligence*），倒不如说是灵效（*efficaciousness*，或译灵验）。马若瑟引了一句俗语：——"人老无能，神老无灵。"② 这个词通常用在国家衰败时的宗庙和偶像崇拜的情况中。从其衰败的情况中，可以推断出生命活力之 spirit 犹如它们年老衰败一般。这两句的对仗决定了不同术语的意思。人老其特征是能衰退；神老其特征是灵（ling, or *efficaciousness*）匮乏。

【157】

　　在《中庸》（*Invariable Mean*）第 16 章，有一部分说到鬼神使国家中的每个人都在身心上完全预备好去献祭（参见第 19 页），释经者（*the Paraphrast*）评论道，"乃其灵所行"③，对这句诠释的批判让人们注意到他们灵的证据或权能的证据，这个证据出现在"其行事使然"④ 那个主张中。

---

① 【原注】我们读作——心本是神明之物，"The mind naturally is a thing which IS spiritual and intelligent" 又读作——心是有灵之物，"The mind is a thing which HAS intelligence"。马若瑟引用了这句话——人心其神矣乎？"Is not the mind of man spirit？"
② 【原文】"A man who is old, has no vigour; a spirit (*shin*) who is old, has no efficaciousness (*ling*)."
③ 【原注】"富祭祀时，鬼神之灵，能使天下之人，各随其所富祭者，齐明以肃于内，盛服以肃于外，以奉承乎祭祀。
④ 【原注】使字正见他灵处。

381

中国人关于神与灵的观念
The Notions of the Chinese concerning God and Spirits

在第19页中，我引用过朱熹的一句话，他说："鬼者阴之灵也；神者阳之灵也。"① 在《论中国人的神学》（第8页）中，麦都思博士将这段话翻译为——"Kwei is the spiritual part of the female principle, and shin the spiritual part of the male principle."② 充分讨论过他提出的神和灵这两个词之间的关系之后，现在他很有可能会在他的论文《论翻译 ruach 和 pneuma 之正确方法》中，宁愿用"the spiritual energy"或"the efficaciousness"翻译灵也不愿意用"the spiritual part"来翻译。以同一个词语进行下述尝试，即以宋明理学解释某些精神现象的应用，从中我认为那样翻译才是正确的、是直白的。宋明理学解释为，"心者魂魄之合。魂能知来，有所未知，则思索而知之，阳之灵也。魄能藏往，其已知，则存而记之，阴之灵也。"③

在《上论》④（the Shang Lun）第三章中，提到了一位鲁国的大官，他擅自献祭给泰山之灵（spirit），而这项祭祀只有鲁国国君执行方为合理。孔子斥责他的这一举动，说泰山之灵不会接受他的祭物。

[158] 书中记载："就其畏鬼神之念，即以鬼神之灵爽惕之。"

在阐释《诗经》第七部分第九章第一段的时候，论到——"其山既高，其神必灵矣。"⑤ 这段话中，关于这些术语的意思是毫无疑问的，而且灵极为明晰地显示出神的属性。

---

① 【译注】原文为：*Kwei is the efficaciousness (ling) of the yin, and shin is the efficaciousness of the yang.* 语出朱熹《四书集注》之《中庸》集注。
② 【原注】鬼者阴之灵也；神者阳之灵也。
③ 【原文】In the mind there is the union of the *animus* and *anima*. The *animus* can know the future. When there is anything which it does not know, by reflection and study it attains to the knowledge of it—*by the energy of the yang（yang-che-ling）*. The *anima* can treasure up the past. When it has known anything, it retains and remembers it—*by the efficaciousness of the yin（yin-che-ling）*.
④ 【译注】译者查了许多资料，最终查到理雅各此处所说的这本书的原名实则是《论语》，将其分为两部分《上论》和《下论》。根据理雅各所描述的内容，乃是《论语》的第三篇《八佾》，说到了孔子斥责季孙氏祭祀泰山的事。"季氏旅于泰山，子谓冉有曰：'女弗能救与？'对曰：'不能。'子曰：'呜呼！曾谓泰山不如林放乎？'"（《论语·八佾》）
⑤ 【原文】"When mountains are high, their spirits must be efficacious（*ke shin peih ling*）."

382

第四章 论新教传教士用于 Spirit 这个词的几个不同的汉语术语，即：神、灵、风

在《太上感应篇》中，写着"节烈之事，天地为之震动，鬼神为之效灵。"①

在《三国演义》② 第22章中，有个人冒昧向书中的枭雄曹操说——"汝似庙中之神，虽受祭祀，恨无灵验。"③

有一首颂赞梁朝简文帝④的诗篇，说"皇矣简文，于昭于天，灵明若神，周淡如川。"⑤

在《南齐书》⑥ 第二卷中，我们发现有下面这首颂歌，在向神农

---

① 【原注】"such is the virtue of determined chastity, that heaven and earth agitate themselves in its behalf, and spirits for it put forth their energies (*kwei – shin heaou ling*)." "神圣贞洁之于上苍，如亲如爱珍贵异常。若有灵魂甫见真诚，万千天使紫绕其旁。"《酒神之假面舞会》【译注】弥尔顿的诗歌原文为"So dear to Heaven is saintly chastity, That when a soul is found sincerely so, A thousand liveried angels lacky her." *Comus.*

② 【译注】理雅各的英文是 History of the Three Kingdoms, 译者本以为是《三国志》，但根据他的引文，显然是出自《三国演义》。《三国演义》，作者一般被认为是元末明初的罗贯中，演义以史为据，以儒家思想为本，强调"忠义"。该书叙事"据正史，采小说，证文辞，通好尚"。明末清初文学家、戏曲家李渔有言曰："演义一书之奇，足以使学士读之而快，委巷不学之人读之而亦快；英雄豪杰读之而快，凡夫俗子读之而亦快。"

③ 【原文】"You are like one of those spirits in the temples (*shin*), which, though they receive sacrifices, give no proof of their power (*ling – yen*)."【译注】理雅各此处引文有误，该文出自《三国演义》第23回 祢正平裸衣骂贼 吉太医下毒遭刑"，而且他引用那段话不是对曹操说的，而是祢衡对黄祖说的，事情原委是：人报黄祖斩了祢衡，表问其故，对曰："黄祖与祢衡共饮，皆醉。祖问衡曰：'君在许都有何人物？'衡曰：'大儿孔文举，小儿杨德祖。除此二人，别无人物。'祖曰：'似我何如？'衡曰：'汝似庙中之神，虽受祭祀，恨无灵验！'祖大怒曰："汝以我为土木偶人耶！'遂斩之。衡至死骂不绝口。"

④ 【译注】晋简文帝司马昱（320年~372年），字道万。东晋皇帝。晋元帝少子，母郑阿春。自永和元年（345年）开始一直以会稽王辅政，掌握朝廷的决策权，但其时权臣桓温的势力亦一直增强。于太和六年十一月己酉日被桓温拥立为帝，改年号为咸安。次年七月己未日病逝。在位期间只有250日，期间朝政完全在桓温控制之下。死后谥号简文。

⑤ 【原文】"How great was Keen – wan! Gloriously does he shine in heaven. He was intelligent as a spirit (*ling – ming jo shin*), and pure as streams of water."【译注】语出《晋书·志第十三·乐下》之歌简文帝，全诗为："皇矣简文，于昭于天。灵明若神，周淡如川。冲应其来，实与其迁。壹壹心化，日用不言。易而有亲，简而可传。观流弥远，求本逾玄。"

⑥ 【译注】《南齐书》，纪传体史书，梁朝萧子显撰。原名《齐书》，鉴于与李百药《齐书》同名，宋时曾巩等改称为《南齐书》。全书原为60卷，《自序》一卷早已亡佚，今存59卷，本纪8卷，志11卷，列传40卷。记载自齐高帝建元元年（479年）至齐和帝中兴2年（502年）的南齐历史。

383

中国人关于神与灵的观念
The Notions of the Chinese concerning God and Spirits

(*the Founder of husbandry*) 献祭的结尾处歌唱送神 (*sung shin*)："羽銮从动，金驾时游。教腾义镜，乐缀礼修。率先丹耦，躬遵绿畴。灵之圣之，岁殷泽柔。"①

在《大明会典》中，有一篇向旗纛之神 (*the spirit of the Standard*) 的祈祷文：——"皇帝遣具官某致祭于旗纛之神，维神之灵，实壮威武，适当岁暮，礼宜时祀。敬陈牲醴，神其鉴之，尚享。"②

还可以提出许多这些其他例子，以此来显明神和灵这两个术语之间的区别，但上面引用的那些实例足以让我答复那个问题，即是否可以采用灵而非神来翻译 ruach 和 pneuma。我认为不可以那么做。马礼逊博士说——"但凡眼不可见或属灵的因由，同时又有效能的，人们称之为灵。"③ 这些引述事例证实了这一主张为真。术语灵表示眼不可见或属灵因由的效能 (efficacy)，但并非只用于这些因由，事实上是，这个术语也常常用在那些不能被称作是属灵的或是眼不可见的因由当中。在福建巡抚的《瀛寰志略》中，我们读到在爪哇 "有圣墓"，"极灵"④。他说到英伦船只，"其蓬关搇灵巧"⑤，说到炮架 (*gun-carriages*)，它们 "极其灵便"⑥。犹太妇人也是如此，根据他

---

① 【原文】"Thy bird-up borne car is about to move, in the golden vehicle thou art soaring away. Thine instructions mounted aloft, thy righteousness was clear as a mirror. The music has had all its accompaniments; the ceremonies have been observed. Thou first leddest out the pairs of ploughmen, and in person didst travel over the green fields. Efficacious art thou and sage (*Ling-che shing-che*). To thy soft favours is due the abundant year." 【译注】语出《南齐书·卷十一·志第三》。

② 【原文】"I, the Emperor, have sent the appointed officer A. B. to perform the sacrifice to the spirit of the Standard. It is by thine efficaciousness, O spirit, (*shin-che-ling*) that the warlike energy (of my troops) is sustained. Now, at the end of the year, there is presented to thee, according to the rules, the appropriate sacrifice. The flesh and wine are respectfully set forth. Regard them, O spirit, and enjoy the offering." 【译注】语出《大明会典·卷之九十二》。

③ 【译注】原文英文为："Any invisible or spiritual cause that is efficacious is said to be *ling*."

④ 【原文】"the grave of a holy man," in Java, which is "very *ling*".

⑤ 【原文】"their sails are adjusted effectively and ingeniously (*ling-keaou*)."

⑥ 【原文】"very efficient and convenient (*ling-peen*)."

第四章 论新教传教士用于 Spirit 这个词的几个不同的汉语术语，即：神、灵、风

的原话，"犹太女人，姿姣好，而性灵慧。"①

实际上，灵用于具体情况中，就像我们使用"智慧"（intelligence）和"权能"（power）这两个词一样。灵体（Spiritual beings）被称为"智慧存在体"（intelligences）。在其他段落中我们解释这个词的那种用法，在《约翰逊英文词典》② 中有弥尔顿③的诗句——

"汝使吾悦，
纯全智者，

---

① 【原文】are beautiful, and of a nature fascinating and intelligent (ling - hwuy).【译注】以上引文出自《瀛寰志略》卷六欧罗巴之土耳其国，另见魏源《海国图志》卷二十六。
② 【译注】Johnson's Dictionary，系约翰逊穷一人之力，历时九年编撰《英文字典》。
③ 【译注】约翰·弥尔顿（John Milton, 1608 年 ~ 1674 年），英国诗人、思想家。1608 年 12 月 9 日，弥尔顿生于伦敦一个富裕的清教徒家庭。1625 年进入剑桥大学，作为一个才华横溢的学者，弥尔顿在剑桥大学的基督学院完成他的学士学位和 1632 年硕士学位后，便开始专心于诗歌写作。1632 年至 1638 年五年间，弥尔顿辞去了政府部门的工作，住到他父亲郊外的别墅中，整日整夜地阅读，他几乎看全了当时所有英语、希腊语、拉丁语和意大利语作品。在这段时期弥尔顿写作了《酒神之假面舞会》等一些作品。1638 年，弥尔顿去欧洲旅行，他在意大利停留了大部分时间，访问过当时已被囚禁的伽利略，并同意大利人文主义者有所交往。由于英国动荡的宗教局面，弥尔顿提前回国，他所写的一些小册子被歪曲，他本人也被给上了激进分子的烙印。1642 年，弥尔顿与玛利·普威尔结婚。弥尔顿从政后，写了许多观点鲜明的政治文章；其时恰逢英国内战，共和、复辟大动乱；克伦威尔派的弥尔顿曾在国务会议中任拉丁文秘书。弥尔顿写过一些论述离婚的小册子，1644 年，因为这类小册子，再次被国会招去质询，恼怒之际，他慷慨陈辞，诞生言论出版史上里程碑式的文献——《论出版自由》，但这次充满激情和思辨的演讲在当时并未引起太大反响，出版许可制度在半个世纪后才在英国叫停。不过，由于美国独立战争和法国大革命，弥尔顿的思想逐渐被世人认识并受到推崇。《论出版自由》被译为多种文字，流传开来。1652 年，玛利病逝。1654 年，弥尔顿原本就衰弱的视力变得更坏，他彻底失明了。1656 年，弥尔顿再婚，两年后，这位新妻子因为难产而死。1660 年查理二世复辟，弥尔顿被捕入狱，退出政坛，致力于诗歌创作。在双目失明的情况下，口述完成使他名扬后世的三部伟大著作：《失乐园》和《复乐园》，诗剧《力士参孙》。1663 年，弥尔顿最后一次结婚，妻子是伊丽莎白·明萨尔。1674 年 11 月 8 日，弥尔顿去世。他死后他与乔叟、莎士比亚齐名。弥尔顿的一生几乎与斯图亚特王朝相伴而行，他的诗歌创作和政治观点伴随英国革命而发展，当 1674 年已经失明的弥尔顿去世时，他依然没有放弃自己的政治选择，并且他的观点在此后广泛影响了整个欧洲的政治和宗教信仰。弥尔顿的主要作品有《酒神之假面舞会》（The Masque of Comus, 1634）、《失乐园》（Paradise Lost, 1667）、《复乐园》（Paradise Regained, 1671）、《力士参孙》（Samson Agonistes, 1671）、《论出版自由》（Areopagitica: A Speech for the Liberty of Unlicensed Printing, 1644）、《为英国人民声辩》（Defensio pro Populo Anglicano, 1651）、《建设自由共和国之捷径》（The Ready and Easy Way to Establish a Free Commonwealth, 1660）等。

乃为天使!"

"权能"这个词也这样使用,保罗致信给以弗所教会的时候,说"我们与执政者,权能者争战",① 或是撒旦②对堕落的天使说,——"御座,统治,权柄,德行,权能。"

然而,虽然"智慧"是灵体(spiritual being)的特征,有时它会【160】被比方成那种灵体本身,但人们在任何一本英文书中都不会发现用"intelligence"替代"spirit"的情形,同样汉语《圣经》中也不会发现用灵替代神的情形。

---

① 【译注】《圣经·新约·以弗所书》6:12。理雅各的译文为节选,这节经文全文是"因我们并不是与属血气的争战,乃是与那些执政的、掌权的、管辖这幽暗世界的,以及天空属灵气的恶魔争战(两'争战'原文都作'摔跤')。"

② 【译注】提到"魔鬼"一词,我们中国人可能会立即联想起《聊斋志异》里面说的鬼怪的形象,那鬼怪的样子面目狰狞,可怕至极,而且很多人是打不过这种鬼怪的。但《圣经》中所说的魔鬼却并非如此。在《圣经》的第一卷和最后一卷均提到有关魔鬼的事儿。《圣经·新约·启示录》有记:12:9,大龙就是那古蛇,名叫魔鬼,又叫撒旦,是迷惑普天下的;它被摔在地上,它的使者也一同被摔下去。12:12,"所以,诸天和住在其中的,你们都快乐吧!只是地和海有祸了!因为魔鬼知道自己的时候不多,就气愤愤地下到你们那里去了。"启20:2,他抓住那龙,那古蛇,就是魔鬼、撒旦,把它捆绑了一千年。那么,魔鬼从何而来?其实,魔鬼本为良善的天使,但因骄傲而悖逆,最终从荣耀的位置堕落为魔鬼的。《圣经·旧约·以赛亚书》14:12~15这样记载,"明亮之星(译按:英王钦定本《圣经》为Lucifer,路西弗即魔鬼),早晨之子啊,你竟然从天坠落!你这攻败列国的,竟然被砍倒在地上!你心里曾说:'我要升到天上,我要高举我的宝座在 神的众星之上,我要坐在会众聚集的山上,在极北的地方。我要升到高云之上,我要与至高者同等。'然而,你必坠落阴间,到地府极深之处。"路西弗如此,基路伯(Cherub)也是如此。在论到推罗的命运的时候,先知曾以基路伯的失落预言推罗的结局,《圣经·旧约·以西结书》28:1~19这样记载,耶和华的话临到我,说:"人子啊,要为推罗王作哀歌,对他说,主耶和华如此说:'你曾是完美的典范,智慧充足,全然美丽。你在伊甸— 神的园中,佩戴各样宝石,就是红宝石、红璧玺、金刚石、水苍玉、红玛瑙、碧玉、蓝宝石、绿宝石、红玉;你的宝石有黄金的底座,手工精巧,都是在你受造之日预备的。我指定你为受膏的基路伯,看守保护;你在 神的圣山上;往来在如火的宝石中。你从受造之日起行为正直,直到后来查出你的不义。你因贸易发达,暴力充斥其中,以致犯罪,所以我污辱你,使你离开 神的山。守护者基路伯啊,我已将你从如火的宝石中开灭。你因美丽心中高傲,因荣光而败坏智慧,我已将你抛弃在地,把你摆在君王面前,好叫他们目睹眼见。你因罪孽众多,贸易不公,亵渎了你的圣所;因此我使火从你中间发出,烧灭了你,使你在所有观看的人眼前变为地上的灰烬。万民中凡认识你的都必为你惊奇。你令人惊恐,不再存留于世,直到永远。'"

386

第四章　论新教传教士用于 Spirit 这个词的几个不同的汉语术语，即：神、灵、风

灵不能用来表示 Holy Spirit。　因为它否定了祂的位格

　　用神表示 God 的传教士常常会说到"The Spirit of God"和"The Holy Spirit"。他们会那样做——他们中的大部分人——会用"神之灵"（shin‐che‐ling）和"圣灵"（shing ling）。但这两种表达在汉语中都有一个确定的意思，他们都表示属性。无论我们赋予神是什么意思，神之灵都仅仅是神的智慧或效能。用刚刚提过的两个合成词来说 the Holy Ghost（圣灵）——三位一体中的第三个位格，就会否认三位一体的教义。在这个问题上，我严肃且认真地反对文惠廉博士的观点，我想他会原谅我的。我相信他详查真理的挚诚，正因为如此，他才那么强烈地反对用一个关联术语表示 God。他曾认为——而且现在可能依然认为——用关联术语就不能教导《阿塔那修信经》（the Athanasian creed）中的"正统教义"了，在他看来这是毋庸置疑的。上帝的合一是本质上的合一，这种教导的重要性给人留下的印象是如此深刻，那么他所说的第三个位格是如何只作为一种特征的呢？一个用灵表示 pneuma 的《圣经·新约》译本确实是这样表达的。我知道他的意思并不是主张那种错谬的教义，但摆在读者面前的这个证据显明他真的要那样做。中国人在读到汉语印刷的字句时，便不能从中知晓 the Holy Spirit（圣灵）的位格了，同样英国人也不能从一个使用"energy""efficaciousness""intelligence"或某些类似的词汇来表达属灵特征的《圣经》版本中获知圣灵的位格，于是在每种情况下都得用"spirit"来替代。他不仅得不到三位一体的教义，而且他还要去否定这个教义。

如果使用上帝表示 God 的传教士用灵而不是用神表示 spirit 的话，他们可能只会得到同样的结果。上帝之灵表示的只是上帝的智慧或灵效（*the intelligence or the efficaciousness*），而非其他。说祂是灵，比如翻译《约翰福音》4:24 时必须要做的，传达出的并不是与祂本性有关的任何信息。我可以断言那些信息并不属于祂，就像福建巡抚断言关于爪哇岛的一位圣人之墓、英伦船只的水手以及他们的炮架不属于祂一样。在明白上帝曾是一位神——一个 *spirit* 之前，任何附加在这个词之上的更高一层的含义，都可能会在读者心中油然而生。

一篇美国 《圣经》 公会采纳汉语译本的报告

从前文探讨神和灵的关系中，我得出这个结论，即在翻译《圣经》的时候，灵不能用来表示 ruach 和 pneuma。1850 年底，在美国《圣经》公会委员会采纳的汉语译本的报告中，建议用神表示 God，据说推荐文是这样，"否则，他们就只能建议用灵表示 spirit 了。"但那种提议只能是在不知道那样使用灵可能会产生何种恶果的前提下提出。委员会承认神并非意指 God，但他们认为可以理解为那种意思。诚然，他们并没有打算去献祭，对这种改变一个术语的意思的尝试，圣灵位格的教义——会将三位一体中的第二位，**基督**事迹的启示者，保惠师，圣化之灵，降为仅仅是一种力量。但我知道他们不是。他们会对指控他们的那件事的揣测感到震惊。然而，我还是打算陈述我那个最令人不快的看法，就是陈述那个他们提议用灵表示 spirit 的所要产生的结果。这个结果并不是仓促而成的。如果可以证明灵确实表示关于它所指向的存在之属灵本性，那么我真的会欢呼雀跃。但喜悦却源于大量相反事实（that it does not do so）的归纳，所以，我不能用那个汉语术语翻译 ruach 和 pneuma。而且事实上，我们一旦采纳这个原则，即我们用词语表达它们本身所包含的不同意思，那么就不可能再设定一个界限来限定那些必然引发的错误和混乱。若非受到多种因素的影响，就不能擅自改动一个字。人们公认，必须提出汉语中意思是 spirit 的那个字将来可能也会有 God 的意思，才有必要改变灵这个字的意思，从 efficaciousness 的意思改为 spirit 的意思。而且改变不会到此为止。将来它一定还会偏离更多词语的恰当的通用含义，那时汉语《圣经》将会变得越来越难于理解，对中国人来说汉语《圣经》将会有许多错误，救赎真理也就变得无关紧要了。

诉诸风。 其意为 wind, 为 custom, 但不能在自觉的灵媒那种意思上使用

（三）

美国《圣经》公会委员会提议用神表示 God，所以他们就只能建议用灵表示 spirit 了。但在中国，有些美国传教士却用了另外一个术语，他们坚持用风这个字，这个字主要由马礼逊博士和马士曼博士使用。很奇怪，那份报告的作者竟然不认为风这个术语是值得深思熟虑的。人们经常诉诸于马礼逊博士权威见解，即用神表示 God，但他用来表示 spirit 的那个术语却无人问津，遭人遗弃。风基

389

中国人关于神与灵的观念
The Notions of the Chinese concerning God and Spirits

本的意思是 wind。在《德金词典》① 中,这个字被定义为——"风,列王之作风、典范与教导。"江沙维②说它的意思是——"风,俗也。"范尚人③对这个词的表述也一样——"风,俗也。"④ 马礼逊博士赋予这个字各种不同的意思,可谓面面俱到。"自然之气息,"他说,"称为风。风,运行中的气息;风俗;习惯;灵(spirit);禀性;[162] 感觉。风吹分散;或传教或以身作则。急速而行;脚步轻快。职所之名;某地之名;鸟名;植物名。姓氏。牛之性欲。粗俗地用来表示疯癫。"从这个字的这些解释当中,在用它表示 ruach 和 pneuma 的时候,我们立刻就会看出用这个词是不合适的。唯一一个到现在都在努力提出一个论点的人,他在这个术语应用实例中,支持用它来表示一个主动自觉的灵媒(an active conscious agent),这个人是 1849 年《德臣西

---

① 【译注】原文为 The Dictionary of De Guignes。应该是指小德金编撰《汉语、法语、拉丁语词典》(Dictionnaire Chinois, Français et Latin)。小德金(Chrétien‑Louis‑Joseph de Guignes, 1759 年~1845 年),又译为小德经,法国外交官、汉学家,著名汉学家德金之子。小德金早生跟随父亲德金学习汉语。1784 年,他与遣使会士罗广祥(Nicolas‑Joseph Raux)一同来到中国。此后,他担任过法国驻广州领事馆随员、法皇驻广州代表。1794 年到 1795 年间,他担任荷兰遣华使节团正使蒂进的翻译。1795 年他随进使节团在北京觐见乾隆帝,以庆祝乾隆帝登基六十年。1801 年他返回法国。此后他于 1808 年出版《北京、马尼拉、毛里西亚岛游记》(Voyage a Pékin, Manille et l'Ile de France)。同年,他奉拿破仑之命编撰《汉语、法语、拉丁语词典》(Dictionnaire Chinois, Français et Latin),并于 1813 年完成。不过后来汉学家雷慕沙等人发现,其中的内容基本都是抄袭自方济各会士叶尊孝(Basilio Brollo de Glemona, 1648 年~1704 年)的《汉拉词典》。尽管有许多争议,小德金还是当选了法兰西科学院院士与法兰西文学院院士。

② 【译注】江沙维(Joaquim Afonso Gonçalves, 1781 年~1841 年),天主教传教士,葡萄牙里斯本科学会海外会员。江沙维 1813 年抵达澳门,在澳门 28 年。其主要成就是汉语教学和研究,他所编写的汉语教材《汉字文法》(Arte China),是当时一部很有影响的汉语教材,"全书分九章,包括汉语语音、汉字笔划和部首、汉语语法、以问答编排的专题实用课文、中国俗语、中国历代史、作文笔法、公文程式等内容。该书不但内容丰富,包容面广……"除了著有《汉字文法》之外,他还编著了五本影响很大的辞书,《葡中字典》(又称《洋汉合字汇》)、《中葡字典》(又称《汉洋合字汇》)、《拉丁中国语本》、《拉丁汉语袖珍字典》、《拉丁汉语袖珍辞汇表》,他还用清朝官语翻译了《新约圣经》。

③ 【译注】范尚人(Joseph Marie Callery, 1810 年~1862 年),又译加略利,法国人,原籍意大利。著有《字声纲目》(Systema Phoneticum Scripturae Sinicae)、《中国的(太平天国)叛乱,从开始到夺取南京》(L'insurrection en Chine depuis son origine jusqu'a la prise de Nankin)、《汉语百科辞典》(Dictionaire encyclopedique de la langue chinoise)等作品。

④ 【译注】原文为拉丁文:Ventus, mos, consuetudo。

报》的一位撰稿人，他的论述出现在斐洛（Philo）签字的下方，但深入考察他所提出的那些实例是毫无必要的，而努力驳斥他对那些词的译文也是没必要的。当中国人比较形质之风的力量与不可测度之灵（spirit）的运行的时候，对其中一种情形，他们会说风，而另外一种情形，他们会说神①。Ruach 和 pneuma 的意思有时候确实是风（wind），在那种情况下他们将这两个词翻译为风（fung）就对，但在其他一些情况下，这样翻译就会产生一个令中国人困惑的译本，比方说，如果我们在英文《圣经》中读到这样的话——"神之风临到我"（The wind of God is upon me）、"风之爱"（The love of the wind）、"听见风对众教会所说的话"（Hear what the wind saith unto the churches）等，我们同样也会困惑不解。大多数用神表示 God 的传教士，他们并不用风表示 spirit，对此我并不感到惊讶，但当他们那样使用的时候，他们不该以马礼逊和马士曼两人的名字反对其他用上帝表示 God 的传教士。他们自己并不以那些杰出人士为榜样，却认为他们有舛误。如果他们用于 ruach 和 pneuma 的那个术语的权威性可以为人所忽视，那为什么用于 Elohim 和 Theos 的术语的权威性就不容忽视呢？

避免汉语《圣经》不同译本相互冲突的第一步是必须统一采用神来翻译 ruach 和 pneuma

有人提议在汉语《圣经》里用神、灵、风这三个术语表示 spirit，这种观点我已经考察过了。大家公认第一个术语意为 spirit，而很多人对众人并未在这个术语表达 spirit 的意思上达成一致深表遗憾。灵

---

① 【原注】孔子之天下文明，则风动神化，有不知其所以然者矣。

和风不能替代神这种情况并未出现，因此只要有传教士用这个术语表示 *Elohim* 和 *Theos*，那么《圣经》的不同译本之间发生直接冲突的情况就在所难免。迈向和谐一致的第一步肯定是采纳这个术语。如果大家都一致同意采用神这个术语翻译 *ruach* 和 *pneuma* 的话，那么就有希望在用这个术语表示 *God* 这点上达成一致，换言之，如果做不到的话，那么我们可能就会各行其道，我们使用那个术语的时候可能不会【163】引起冲突，也可能会出现一方谴责另一方教导有误的情形。

第四章 论新教传教士用于 Spirit 这个词的几个不同的汉语术语，即：神、灵、风

附录

注释一： 提议用复合词天神来表示 God

传教士蒙受维多利亚主教诸多恩惠，因为他从福建巡抚那里得到许多看法，这些看法与中国人对上帝这个名称和神这个术语有关。前几章的那位作者①，在发现他被引导采用上帝和神的那些观念上与那位资料丰富的人完全一致的时候，而且他的地位和角色都被高举，而不是受人怀疑（通常在中国人与外国人交流中会产生疑惑），因而他受到巨大鼓舞。

阁下大人所说的八种主张，其中大部分都已经在上述章节中列举过了。现在，我希望对第五种做些评论，其结果如下：

"尽管上帝是汉语中最易理解的术语，但他却表达这种观点：汉语《圣经》译本用天主表示 the one God（独一的神），天主同样也是一个让人容易理解的术语。然而，他主动提议用汉语著作中的'神天'或'天神'（明显倾向于后者）表示 God。"

复合词"天神"并未受到任何宗派的新教传教士的青睐，所有团契绝无可能共同提议用它表示 God。但这是个有趣的问题——福建巡抚怎么就提议使用这个词了呢？

有两个事实可以充分证实这个词语。第一，这个词语是一个通用

---

① 【译注】即指理雅各。

中国人关于神与灵的观念
The Notions of the Chinese concerning God and Spirits

词语,而且它表示一类灵体(spirits)——即天使(the heavenly)。在《周礼》(the State Ritual)中,这个名称之下只有四类灵体——即云神、雨神、雷神和风神。而这个词语通常有更为宽泛的用法,所以罗马天主教和许多新教传教士在表示"天使和众天使"的时候,常常用到这个词。这个词通常的意思恰恰不允许用它表示 God。巡抚说,我们在汉语中不能说只有一神,因为有许多神实实在在地存在着。作为神这个类别的术语中,天神是现今唯一一个不广泛使用的术语。天上有许许多多的灵体,但说到真理的时候,我们不能说只有一位天神。

这是一个事实,还有第二个事实,这个事实看似与第一个事实不协调。天神有许多,同时却只有一位天神。这个时候,这个词是当作上帝的同义语来使用的。什么样原则之下可以这样使用,在中国哲人当中一直争论不休。有一种并非不合情理的观点是这样说的——关于"奉天"(to serve Heaven)这个词,并未被人们理解为形质之天,而是理解为上帝,因而也是主和掌权者,术语神加上天表示的就是这个意思。有句话说——"圜丘以祀昊天上帝者,报本也报本所以神天之道。"① 又说——"天神至尊,一乐而已,明其神之不二。"② 根据这个表述,天与神同列,不是天修饰神,而是神诠释天。以我的理解,这可能是《瀛寰志略》作者的观点,但人们会发现向大众提出这个看法,并清楚地预备这个关于"独一永活真 **神**"的复合词来教导他们的心,可能会非常难。

我记得我们是在《周礼》(the Ritual of Chow)中第一次读到天

---

① 【原文】The sacrifice at the round hillock to *Shang - Te*, dwelling in the expansive heavens is an acknowledgement of our origin. This acknowledgement shows that by the way of Heaven, we understand a Spiritual Being.

② 【原文】The *T'een - shin* is the most honourable. One music only is used (in sacrificing to Him), showing that only one spiritual being is contemplated.

第四章 论新教传教士用于 Spirit 这个词的几个不同的汉语术语,即:神、灵、风

神这个词的。在他的《辩护文》(第 30 页)中,文惠廉博士说,在《礼记》(the Book of Rites)中我们读到——"天神有六,一年受人献祭九次"①,而我却没能找到这句话,因此我推断他肯定是将注疏与原文搞混了。许多权威见解用于这种陈述之前,要先对《周礼》(Chow - le)做许多批判性的工作。当一些古书在汉代失而复得的时候,人们发现秦朝道教的、偶像崇拜的元素已经进入中国宗教当中,并出现在那些古书中。《周礼》受到很大影响,《礼记》(Le - ke)也未能幸免。中国哲学中有很多问题——其中有天神表示上帝这种用法——这些问题混杂不清,充斥着不确定性,要等到历史批判学(historical criticism)原理全面引入古经并对其产生影响之后才能廓清。

不久以后,我又发现一篇向天神祈祷文,据说这篇祈祷文是由政治家耆英(Ke - ying)②而作,因而人们认为福建巡抚的提议会因这篇祈祷文而得到巩固。大约 20 多年前,福建省有位官员写了本书,有人将这本书冒充是耆英的作品贩卖到福州的一个传教士手中,该书其中一卷刊载的就是刚才谈到的那篇祈祷文。尽管有中国人确定他曾在三年前见到过,但还是免不了有人怀疑这篇祈祷文是凭空捏造的(参阅维多利亚主教关于汉译《圣经》的书信)。恐怕人们基本不会认为他那真诚回忆的际遇胜过赝品的迹象,因为这份文献太过引人注意了。即使可以证明那是真品,也只能说明用天神表达 God 的意思是不够充分的。对此,我的目的是为了给美国委员会海外宣教团的福州

---

① 【译注】译者未能查到原文,故自行据英文直译。
② 【译注】爱新觉罗·耆英(1787~1858),字介春,隶满洲正蓝旗,多罗勇壮贝勒穆尔哈齐六世孙,嘉庆朝东阁大学士禄康之子。耆英以荫生授宗人府主事,迁理事官,历官内阁学士、护军统领、内务府大臣、礼部、户部尚书、钦差大臣兼两广总督、文渊阁大学士。1842 年 3 月奕经在浙江战败,清政府命耆英署理杭州将军。4 月,他被任命为钦差大臣,同伊里布一起赴浙江向英军求和。8 月,英军闯入南京下关长江江面,耆英同伊里布赶奔南京,跟英国代表璞鼎查谈判,签订了中国近代史上第一个不平等的条约——中英《南京条约》。后因欺谩之迹,为王大臣论劾,咸丰帝赐其自尽。

传教士做个公允的修正。

去年五月，我写信给不列颠及外国的《圣经》公会尊敬的麦勒先生，其中说到将那部作品当作是耆英作品的不合理之处，我写到好像全福州的传教士都上当似的，他们并未及时发现那是一部蹩脚的赝品，对此我十分惊讶。上面提到的那些传教士写信给我说，"那部作品不是他们买的，他们当中也没有一个人哪怕花一点时间来衡量一下那部作品的价值。"很遗憾，我的语言不那么严谨，也不怎么具体。但我觉得，我的第一印象是福州之外的传教士，那里所有的弟兄们一定见过并考察过那部文献。然而，情况并非如此，美国委员会海外宣教团让我向他们陈述事实，像那封致麦勒先生的信可以广泛流传一样，我希望借着这里介绍的内容，他们也可以采纳。

注释二：1850 年 12 月，美国《圣经》公会署长递交并采纳的汉语《圣经》译本报告中的一些论述

在这份报告中，有人提议用神表示 *God*，用灵表示 *spirit*。我并不想在此处对采纳这一观点的论证做出评论。这些内容在不同的章节中都已经充分地讨论过，而且那些章节已经呈现在读者面前了。然而，有两种论述旨在让人意识到主张那些定论而存在的先见（prejudgment），那种先见大错特错，对许多中国的传教士来说都是极为有害的，我敢说那些作者肯定会乐于见到正解。

第一，在那份报告的导言中有说道，——"委员会理应说，在过去几年中，那些绅士提倡用上帝（*Shángtí*）或其他某个术语来反对用神，（已经提过几个了），无论对错与否，许多年中他们确实都用

上帝这个词语表示 God；然而，那些捍卫使用神的传教士却始终坚持，在汉语中神是唯一能够真正用来表示 God 的词，自从放弃使用上帝以来，他们始终奉行这种观点，在开始他们的传教事工的时候，上帝那个词早已被神这个词取代了。"

在他们说"理应"（feel bound）说的那件事上，委员会肯定是莫名其妙地收到了错误信息。"那些提倡用上帝的绅士"，他们说，"多年间，他们都用神表示 God。"就这样吧（Be it so）。"那些提倡用神的绅士，许多年中，他们都用上帝表示 God。"现在，在我手头上有一份文惠廉博士在上海（Shang-hae）教堂开放的时候诵读的祈祷文复本，文中他用上帝表示 God，用神表示 spirit。我还有一本他 1846 年或是 1847 年出版的《教理问答》（Catechism），这些术语同样运用于整本《教理问答》当中。而委员会的意思可能是说，那些绅士用上帝表示 God 的同时，也用神表示 God。所以，"那些捍卫使用神的传教士，自始至终都秉持这种观点，即自从放弃使用上帝那个术语之后，他们始终认为神是唯一能够真正用来表示 God 的词"，所以他们仍然——现在依然——承认神的意思是 spirit。

如果委员会确实理应论说不同宗派的传教士在过去对那些术语的用法的话，那么同等条件下，双方都会出现同一种矛盾并受人指责。如果可以思考一下他们现在所用的那些术语，他们就会看到，那些坚持使用上帝表示 God、用神表示 spirit 的人要比其他人对那些术语的应用要一致得多。

第二，对那份报告的结论，委员会试图通过陈述大多数传教士都秉持那种观念，来让读者赞同他们的结论。他们说：——"支持优先使用神而非任何其他术语，会受到很多人的拥护，委员会会说中国大多数新教传教士都秉持这种观念。但根据从另一方最近得到的信息来看，各国传教士支持一种或另一种术语的比例如下：支持使用上帝的占 19%；支持转述术语的占 6%；支持使用神的占 55%。我们认为，在这个术语的选用上表明了那些被认为是最具资格做出正确判断之人的主流观点（the predominant feeling）。"

那些记述有人肆意篡改过，我从来没这么想过。但那些强烈支持用神的人肯定会提出这种看法，他们的想法，也就是他们所期盼的结果，是希望见到更多的弟兄与他们的看法一致，而不是与实情一致。

实际上，有六位弟兄不久前提过要转述希伯来术语 Aloho，但后来发现那种权宜之计可能只会增加而非减少那个圈子中派系的数量，于是他们又重新使用上帝这个词。1850 年底，在美国《圣经》公会采纳委员会对汉语译本的报告时，就我所能确定的，在中国有 84 个人，他们的名字可能双方都引用过，其中包括与维多利亚主教有联系的教士和传道人，他们都支持用神这个词，尊敬的伯驾[①]博士以及尊敬的郭实腊博士分别在美国政府和英国政府任职，他们被任命为中国大使与伦敦宣道会（the London Missionary Society）接洽。

这 84 个人当中，47 个人支持用神，36 人支持上帝这一名称。其中一位并未表示他站在哪一边，所以我甚至连他主张什么观点也不知道。

---

① 【译注】伯驾（Peter Parker, 1804 年～1888 年），是美国早期第一位来华的医疗传教士。1804 年，伯驾出生于马萨诸塞州一个基督教家庭。1831 年，他毕业于耶鲁大学，随后进入神学院，期间得到中国传教的委派。1834 年，他获得医学博士学位，并获得牧师资格，同年到达广州。1835 年，伯驾在广州十三行内新豆栏街成立了广州眼科医局，被称为"新豆栏医局"，免费为病人治病，开始主要收治眼科病人。1839 年秋，林则徐在广州期间，曾因疝气病间接托人请伯驾开诊疗药方。而在这之前的当年 7 月间，林则徐还曾派行商送去瓦特尔的《各国律例》一书中若干段落，请伯驾翻译为汉语，"摘译的段落包括战争及其附带的敌对措施，如封锁、禁运等等"，同时要他"对有关鸦片的情况提出事实的陈述，并开列出鸦片受害者的一般性药方"，此外，他还垂询了有关他所办的眼科医局的情况。1844 年，作为美国特使的助手和翻译，伯驾参与《望厦条约》的谈判。1847 年，他成为美国政府驻华代办，与此同时，仍然坚持行医活动，直到 1855 年。1855 年，美国政府正式委任他为驻华全权公使。伯驾作为美国政府的代表，对华态度强硬，积极谋求扩大美国在华权益，主张"中国人不服从，就毁灭。"第二次鸦片战争期间，他要求美国出兵，与英、法等国一起占领台湾、舟山等地。1857 年 4 月 22 日，驻华公使被列卫廉替代，伯驾回国，结束了外交官和传教生涯。此后，他长居华盛顿特区，于 1888 年去世。

第四章　论新教传教士用于 Spirit 这个词的几个不同的汉语术语，即：神、灵、风

上面所说的显明大多数人支持用神表示 God，但绝不像美国《圣经》公会报告中所说的那样占绝大多数。

自 1850 年以来，观念几经变迁。有些传教士过世了，有些传教士出于不同原因离开了他原先所在的地方。那些坚持用神表示 God 的人，现在使用罗马天主教的术语天主，而有些用灵表示 spirit 的传教士又继续使用神表示 spirit 了。还有人告诉我说，尽管他们并未采纳天主，也未采纳上帝，但他们同样也没有而且也不可能用神表示 God，他们并未采用其他合适的术语。

我认为现在用神表示 spirit 的传教士占 39%；用灵表示 spirit 的传教士占 28%；而用风表示 spirit 的传教士占 6% 到 10%。

所以大多数传教士还是同意用上帝表示 God，用神表示 spirit。

我原本不该做这些论述，但对于美国《圣经》公会的行为，我还是这样做了。许多人的问题几乎都不会涉及这类主题。如果有人感兴趣的话，他应该多去关注一下怎么弄个正确的清单，以及考虑一下赋予不同名称以不同价值。在这场争论中，双方都有一些好的名称，同时，对于汉语术语是否应该予以一种观念，双方也都有一些名称乏善可陈。

术语、地名中英参照表

安拉,Allah

祆教徒,the Parsees

奥古斯都,Augustus

八卦,the eight Kwa, the eight diagrams, eight symbols

巴力,Baal

白帝白招拒,the White Te, Pih–chaou–kew

保惠师,the Comforter

倍,Pi

被征服的希腊,Graecia capta

本质,essence

不正当地,improperly

臣,shin

称谓,appellative

赤帝赤熛怒,the Red Te, Tseih–p'eaou–noo

抽象观念,abstract idea

丑,Tcheou

创造者、造物之主,the Creator

纯德山之神,The spirit of the hill, Shun–tih

次序之理,a principle of order

萃卦,the diagram of Union

存在者（存在、存在物、存在体、存在之物）,Being（Beings, being, beings）

大明之神,the spirit of the Sun

大清王朝,the present Tartar dynasty

大人造,Ta–gin–tsao

单数词,singular terms

单子，monadic

道，Taou，word

道教，Taouist

道教术士，Taouist superstitions

道明会，the Dominicans

地，ti

地辟，Ti-pi

地神，the Te-k'e

帝，Te，Ti

第一实体，primordial substance

第一因，First Cause

第一原理，first principle

冬至日，the winter solstice

动力因，efficient cause

独立的普通名词，an absolute appellative noun

独立术语，absolute term

独立通称，absolute generic appellative

多神教，polytheism

恶神，go-shin，evil shin

而，eull

二，eull，two

方济各会士，Franciscans

分有者，partaker

风，fung

风伯之神，The spirit of the Rain-master

佛，Fuh

福建巡抚，the Governor of Fuh-keen，the Lieutenant-governor of Fuh-keen province

复合体，complex object

格拉顿语，Grattan

艮，Ken

中国人关于神与灵的观念
The Notions of the Chinese concerning God and Spirits

固有属性，Property

关联的，Relative

关联认知，a relative knowledge

关联术语，relative term

归纳法，induction

鬼神，kwei-shin

鬼神效灵，kwei-shin heaou ling

国教，State Religion

汉，Han

昊天，Haou T'een, the expansive heavens

昊天上帝，Haou T'een Shang-Te

黑帝汁光纪，the Black Te, Heih-kwang-ke

后土，How-toe

护佑者，the Preserver

圜丘坛，a round altar

涣卦，the diagram of the dispersion

皇上帝，Hwang Shang-Te, The Sovereign Shang-Te

皇天，Hwang T'een, Heuen-Teen

皇天，Imperial concave expanse

皇天上帝，Hwang T'een Shang-Te

黄帝含枢纽，the Yellow Te, Shay-kew-new

会，Hoei

火神，the Fire-spirit

基督，Christ

基督位格二性论，the two natures in the person of Christ

基抹，Chemosh

基运山之神，The spirit of the hill, Ke-yun

假神，false god

郊，Keaou

郊祭，the Border sacrifice, Kiau

教皇教谕, Papal Bulls

教条主义者, didactician

觐, Kin

京畿天下山川之神, And the spirits of the Imperial domain, and of all the hills and rivers under heaven

经, King

纠纷的苹果, apples of discord

救主, Kew – choo

句芒, Kow – mang

宽泛意义上, improprie

雷师之神, The spirit of the Baron of the winds

离卦, the diagram of Dispersion

理, li, reason

理学家, Atheo – political

礼乐, Rites and Music

历史批判学, historical criticism

梁朝, the Leang dynasty

两仪, the two figures, the couple I

两, leang

灵媒, personal agent

灵体, spiritual being, Body – spirits

灵效, efficaciousness

灵性, spirituality

灵, ling

灵魂, ling – hwun

六天, six heavens

鲁国, Loo

伦敦宣道会, the London Missionary Society

罗马教廷, the See of Rome

罗马天主教, Roman see

403

中国人关于神与灵的观念
The Notions of the Chinese concerning God and Spirits

罗马天主教，the Papal Church

民事管理，civil government

名，name

明，Ming

命，fate

牧长，Rector

女神，Diva

婆罗摩，Brahmā

普遍观念，a generic idea

普纽玛，Pneuma

普世原理，a general principle

普通术语，a common term, common or appellative terms

其神必灵，ke shin peih ling

旗纛，the standard

气，K'e

秦，Tsin

青帝灵威仰，the Green Te, Ling－wei－gang

全面性，comprehensiveness

全能，omnipotent

全在，omnipresent

全知，omniscient

人帝，Jin－Tes

人生，Gin－seng

如阿，Ruach

蓐收，Juh－show

撒旦，Satan

塞奥斯，Theos

三跪九叩，three kneelings and nine prostrations

三位一体，a Trinity, triune, the Trinity

三正，San－tching

山神河神, the spirits of the hills and rivers

善神, shen – shin, good shin

商, Shang

上, Shang

上帝, Shang – Te, Shangti, Shangte, the Deity, Chang – ti

上海, Shang – hae

上主, Shang – choo

上主皇上帝, Shang – choo, Hwang Shang – Te, The Supreme Lord, the Sovereign Shang – Te

社, shay

社稷, shie – tsik

神, God, Deity

神, Shin, shins

神的旨意, Providence of God, The providence of God

神佛, shin Fuh

神国, the kingdom of God

神烈山之神, The spirit of the hill, Shin – lee

神灵, Shin – ling

神明、神祇, Shin – ming, god

神气, tsing – shin

神圣原理, divine principle

神圣者, the Divine Being

神圣治理中神的安排, the providential arrangements of the Divine government

神位, Spirit – tablet

神仙, shin seen

神者神主, Shin – chay, Shin – choo

神之灵, shin – che – ling

神主, Shin – choo, Divine Lord

圣餐变体论, Transubstantiation

圣化之灵, the Sanctifier

圣灵, the Holy Ghost, the Spirit, the Holy Spirit

405

中国人关于神与灵的观念
The Notions of the Chinese concerning God and Spirits

圣母崇拜论，Mariolatry

圣咏，sacred songs

圣灵，shing ling

湿婆，Shiva

十架崇拜论，the Veneration of the Cross

实，being

属，genus

斯多亚学派，the Stoics

四渎之神，The spirits of the four great rivers

四海之神，The spirits of the four seas

四象，the four forms，four images

宋，Sung

宋学，Sung school

送神，sung shin

讼者，sung－sze

索西奴派，the Socinian

太初，Tai－tsou

太和殿，Great Harmony

太极，Tae－keih，the great summit，Tai－ki

太庙，tai－miau

太始，Tai－chi

太一，the great Unity

太易，the great Y，Tai－y，

泰山，the mountain T'ae

唐，T'ang

特定称谓，the particular designation

天，T'een，tien

天帝，T'een－Tes

天开，Tien－kai

天上之主，T'een shang che choo

天神, the T'een – shin

天寿山之神, The spirit of the hill, T'een – show

天造, Tien – tsao

天之神, T'een – che shin

天之主宰, Lord and governor of heaven, the Lord of heaven

天主, T'een – choo, Tien – tchou, Lord of heaven

天主教, T'een – choo Kaou, Popery

天子, T'een – tsze

通称, the word appellative, a generic name

通灵者, the agency of spiritual beings, the spiritual agency

通名, common name

通名、通称, general name

通用术语, a generic term

同一性, the identity

挽回祭, propitiation

万有之主, Lord of all things

威绪奴, Vishnu

唯实论者, Realists

伪神, wei – shin

位格, Persons

魏晋, Wei and Tsin

无极, Woo – keih, the illimitable, Vou – ki

无形之物, moo – hing

五帝, five Shang – Tes, five other Shang – Tes

五行, five elements

五岳之神, The spirits of the five mountains

五镇之神, The spirits of the five guardian – hills

物主代词, possessive pronouns

夏, Hea

夏至日, the summer solstice

中国人关于神与灵的观念
The Notions of the Chinese concerning God and Spirits

先天的，a priori

先验，a priore

先验的，transcendental

翔圣山之神，The spirit of the hill, Tseang – shing

效能，efficacy

邪神，seay – shin, depraved shin

星象敬拜，zabianism

形而上的，metaphysical

形质之天，the material heavens

玄冥，Heuen – ming

严格意义上，proprie

耶和华，Jehovah, Yehova

耶贺华，Yay – ho – hwa

耶稣会，the Jesuits

一神教，monotheism

伊壁鸠鲁学派，the Epicureans

伊罗欣，Elohim

仪，I

以马内利，Immanuel

易，Y

阴阳，yin and yang

寅，Yn

有限性，limitedness

宇宙灵魂，anima mundi

雨师之神，The spirit of the Cloud – master

玉皇，Yuh – hwang

玉皇上帝，Yuh – hvang Shang – Te

预期理由，petitio principii

元，Yuen

源始之理，the primitive Reason

造物主，Demiurgus

战国，the contending states

掌权者、主宰、理政者、统摄者，the Governor

浙江，Che-keang

真正的存在者，a bona fide Being

朕，Chin

震，Tching

震卦，the Chin diagram

正当地，properly

正神，ching-shin, correct shin

知觉原理，conscious principle

指示代词，demonstrative pronoun

至高存在者，the highest being, the Supreme Being

至高之灵，the Sovereign Spirit

至高主宰，the Supreme Ruler

质料因，material cause

中保，mediator, the mediation

中和殿，Middle Harmony

种，species

种差，the differentia

周，Chow

宙斯，Zeus

朱庇特，Jupiter

诸神，gods

主，Choo

主动-受动的第一实体，active-passive primordial substance

主宰，Tchou-tsai

祝融，Chuh-yung

专有名词，Proper nouns

子，Tse

中国人关于神与灵的观念
The Notions of the Chinese concerning God and Spirits

自然神论，nuraina divina
自有，self – existence, self – existent
自有者，the self – existent Being, Tsze – yew – chay, the self – existent One
自有之上帝，Tsze – yew – che – Shang – Te
总称、通名，general or generic name
祖宗神灵，tsoo – tsung shin – ling

人名索引

M. 奥古斯特·孔德, Isidore Marie Auguste François Xavier Comte （正文 17）
阿巴伯内尔, Isaac ben Judah Abrabanel （正文 84）
阿拉丁, Aladdin （正文 37）
阿塔那修, Athanasius （正文 82, 88）
埃斯库罗斯, Eschylus （正文 116）
安波罗修, Ambrose （正文 57）
奥古斯丁, Augustin （正文 138）
奥斯定, Augustin （正文 137）
白晋, Joachim Bouvet （正文 64）
柏拉图, Plato （正文 116）
宝宁, John Bowring （导言 1, 3, 4）
保罗, Paul （正文 95, 96, 109, 150, 159）
彼得, Peter （正文 137）
波拿巴, Napoléon Bonaparte （正文 90）
伯驾, Peter Parker （正文 165）
卜铁, Jean Pierre Guillaume Pauthier （正文 120）
曹操, Tsaou Ts'aou （正文 158）
查默斯, Thomas Chalmers （正文 83, 95）
查诺克, Stephen Charnock （正文 84, 88）
查士丁, Justin Martyr （正文 115）
程子, Ching （正文 13, 20）
大皞, T'ae-haou （正文 49）
德·埃贝洛, Barthélemy d'Herbelot de Molainville （正文 64）
德·罗尼, Thomas De Laune （正文 57）
德尔图良, Tertullian (Quinto Septimio Florente Tertuliano) （前言 2; 正文 88）
德谟克利特, Democritus （正文 68）

411

中国人关于神与灵的观念
The Notions of the Chinese concerning God and Spirits

丁南湖，Ting-nan-hou （正文 68, 69）

多马，Thomas （正文 130）

二程，two Chings （正文 52）

范尚人，Joseph Marie Callery （正文 161）

方观山，Fang-kouen-chan （正文 68）

斐洛，Philo （正文 161）

冯秉正，Joseph-Francois-Marie-Anne de Moyriac de Mailla （正文 46）

伏羲，Fuh-hi （正文 14, 17, 43, 49, 68）

该隐，Cain （正文 55）

高阳，Kaou-yang （正文 49）

格鲁贤，Abbé Jean Baptiste Grosier （正文 53）

郭实腊，Karl Friedrich August Güt8laff （正文 121, 139, 165）

汉尼拔，Hannibal Barca （正文 147）

汉武帝，emperor Woo （正文 47）

汉桓帝，Hwan （正文 47）

汉文帝，Wan （正文 46, 47）

合信，Benjamin Hobson （正文 37, 70）

何唐，Ho-tang （正文 68）

荷马，Homer （正文 114, 116）

贺拉斯，Quintus Horatius Flaccus （正文 8）

赫西俄德，Hesiod （正文 68, 114）

黑尔士，William Hales （正文 55, 113）

亨斯坦伯格，Ernst Wilhelm Theodor Herrmann Hengstenberg （正文 91, 125）

侯塞因·瓦埃兹，Hussain Vaez） （导言 5）

胡炳文，Hoo P'ing-wan, Hon-ping-ven （正文 15, 66）

胡五峰，Oo Woo-fung （正文 52）

许慎，Hiu-chin （正文 67）

黄帝，Hwang （正文 46, 49, 55）

惠特利，Richard Whately （正文 75, 76, 77, 82, 89, 90, 93, 142）

霍斯利，Samuel Horsley （正文 83, 88）

412

人名索引

季康子, Ke K'ang–tsze （正文 48）

加尔文, Calvin （正文 82, 83, 84, 85, 88, 92）

嘉靖, Kea–tsing （正文 24, 25, 34, 38, 52）

简文帝, the Emperor Keen–wan （正文 158）

江沙维, Joaquim Afonso Gonçalves （正文 161）

姜嫄, Keang Yuen （正文 9）

教宗格利勉四世, Pope Clement XL （正文 131）

金天, Kin–t'een （正文 49）

康熙, K'ang–hi （正文 11, 12, 13, 38, 64）

柯纳普, Albert Knapp （正文 85, 86, 88）

克里, William Carey （正文 118）

孔安国, K'ung Gan–kwo （正文 15, 65）

孔子, Confucius （正文 10, 11, 15, 17, 20, 21, 24, 48, 50, 52, 66, 148, 157）

拉克鲁瓦, Lacroix （正文 118, 120, 121, 122, 125）

拉松, Christian Lassen （正文 121, 122）

老聃, Laou–tan （正文 48）

雷孝思, Jean–Baptiste Regis （正文 10, 47, 64, 69, 129）

李子, Lie–tse （正文 66）

理雅各, James Legge （导言 3；正文 9, 11, 31, 79, 80, 81, 88, 89, 91, 92）

刘应, Claude de Visdelou （正文 10, 11, 12, 13, 14, 16, 22, 23, 43, 45, 50, 64）

卢克莱修, Lucretius （正文 68）

陆象山, Lou–siang–chan （正文 66）

罗宾逊, Edward Robinson （正文 115）

罗雪, Elihu Doty （导言 1）

罗必, Lo–peih, Lo–pi （正文 64, 65, 69）

骆保禄, Giampaolo Gozani （正文 133）

马礼逊, Robert Morrison （正文 9, 10, 17, 22, 55, 139, 140, 141, 148, 155, 156, 158, 159, 161, 162）

马若瑟, Joseph de Premare （正文 10, 15, 18, 64, 156）

马士曼, Joshua Marshman （正文 139, 141, 161, 162, ）

413

中国人关于神与灵的观念
The Notions of the Chinese concerning God and Spirits

马太·亨利, Matthew Henry （正文 84）

马里亚, Mary （正文 148）

麦都思, Walter Henry Medhurst （前言 2；导言 1, 3, 4；正文 14, 15, 19, 38, 51, 99, 103, 110, 121, 128, 131, 144, 153, 157）

麦考洛赫, MacCulloch （正文 110）

麦克科什, M'Cosh （正文 96, 100, 107, 115, 123）

麦勒, Meller （正文 164）

孟子, Mencius （正文 48, 108）

弥尔顿, John Milton （正文 159）

米该亚, Micaiah （正文 54）

明帝, the Emperor Ming （正文 151, 152）

摩西, Moses （正文 32, 33, 65, 85, 92, 125, 148）

摩西·斯图亚特, Moses B. Stuart （正文 115, 116, 117）

莫雷尔, John Daniel Morell （正文 114）.

默罕默德, Muhammad （导言 5）

拿鹤, Nahor （正文 56）

拿破仑, Napoleon （正文 90）

宁录, Nimrod （正文 55, 56）

牛顿, Sir Isaac Newton （正文 86, 87, 88, 122）

挪亚, Noah （正文 55, 56, 113）

品达, Pindar （正文 116）

普里斯特利, Joseph Priestley （正文 83）

钱一本, Tsien–ki–sin （正文 67）

乔治·斯当东, Sir George Thomas Staunton （导言 1, 3, 4）

闪, Shem （正文 56）

少皞, Shaou–haou （正文 49）

邵康节, Tchao–kang–tsie （正文 68, 69）

神农（氏）, the inventor of husbandry, the Founder of husbandry, Shin–nung （正文 24, 43, 49, 158）

圣安德烈, St. Andrew （正文 57）

414

圣保罗，St. Paul （正文 57）

圣彼得，Divus Petrus （正文 57）

圣丹尼斯，St. Dennis （正文 58）

圣多马，St. Thomas （正文 57）

圣胡伯，St. Hubert （正文 58）

圣克里斯宾，St. Crispin （正文 58）

圣马可，St. Mark （正文 58）

圣玛丽亚，Sancta Maria （正文 57）

圣抹大拉的马利亚，St. Mary Magdalen （正文 58）

圣尼古拉斯，St. Nicholas （正文 58）

圣乔治，St. George （正文 58）

圣施洗约翰，St. John Baptist, John （正文 58, 147）

圣司提反，St. Stephen （正文 57）

圣文德兰，St. Windoline （正文 58）

圣约翰，St. John （正文 57）

史都华，Dugald Stewart （正文 7）

始皇帝，Che-hwang-te （正文 44）

顺治，Shun che （正文 104）

舜，Shun （正文 25, 43, 52, 55, 56, 58, 99, 129）

宋君荣，Antoine Gaubil （正文 64）

苏格拉底，Socrates （正文 116）

所罗门，Solomon （正文 27）

汤姆森，James Thomson （正文 15）

托马斯·里德，Thomas Reid （正文 97）

王复，Wang-fuh （正文 69）

王樵，Wang Tseaou （正文 101, 107）

王申子，Wang Shin-tsze, Vang-chin-tse （正文 18, 66）

王肃，Wang Suh （正文 44）

威妥玛，Thomas Francis Wade （前言 2）

韦伯斯特，Noah Webster （正文 111）

415

中国人关于神与灵的观念
The Notions of the Chinese concerning God and Spirits

维多利亚主教，the Bishop of Victoria （正文60，77，128，129，131，146，150，163，164，165）

卫三畏，Samuel Wells Williams （正文37，64）

魏庄渠，Wei Chong – keu，Wei Chwang – keu （正文52，106）

温格尔，John Wenger （正文118，120，121，122，123）

文惠廉，Boone （导言1，2，3，4，5，6；正文7，8，9，10，11，12，14，15，16，18，19，21，22，23，31，32，36，38，39，43，50，55，56，61，74，75，76，78，79，80，81，82，83，84，85，86，87，88，89，90，91，92，93，95，96，110，112，114，115，120，121，124，127，129，130，136，140，141，142，143，144，146，147，149，151，160，164，165）

沃特兰，Daniel Cosgrove Waterland （正文88）

武王，king Woo （正文102，103）

夏桀，the emperor Kee （正文108）

谢林，Friedrich Wilhelm Joseph von Schelling （正文105）

新垣平，Sin Hwan – p'ing （正文47）

轩辕，Heen – heuen （正文49）

雅各，Jacob （正文32，）

雅各·麦克科什，James M'Cosh （正文96）

亚伯拉罕，Abraham （正文32，56，61，102，124，132，153）

亚撒，Asa （正文103）

炎帝，Yen （正文49）

杨复，Yang Fuh （正文37，106）

尧，Yaou，Yao （正文43，69，125）

耶稣，Jesus （正文5，15，95，127，147，148，149）

叶慈，William Yates （正文118，119）

以撒，Isaac （正文32）

雍正，Yung – ching （正文46）

尤里乌斯·莫尔，Julius Mohl （正文69）

袁枚，Yuen – mei （正文100）

嫄，Yuen （正文9）

416

约翰，John （正文 54, 57）

约翰尼斯·冯·穆勒，Johannes von Müller （正文 113）

约翰逊，Samuel Johnson （正文 143, 156）

约色弗，Joseph （正文 148）

张果老，Chang-ko-lao （正文 69）

张释之，Wang （正文 47）

张子厚，Chang Tsze-how （正文 19）

郑玄，Ch'ing Heuen （正文 44, 45, 47, 49）

周濂溪，Chow Leen-ke, Tcheou-lien-ki （正文 18, 65, 66）

朱夫子，Choo-foo-tsze （正文 10）

朱熹，Choo He, Tchu-he （正文 10, 12, 15, 16, 17, 19, 22, 52, 66, 104, 157）

朱宗元，Choo Tsung-yuen （正文 70）

颛顼，Chuen-heuh （正文 49）

书名索引

《阿塔那修信经》, the Athanasian creed （正文 160）

《北美评论》, North American Review （正文 115）

《本义汇参》, Pun – e Hwae tsan （正文 18）

《辨护文》, the Defense of his Essay （导言 1; 正文 7, 14, 16, 17, 37, 74, 76, 78, 79, 80, 81, 83, 86, 88, 89, 91, 112, 114, 123, 127, 139, 143, 164）

《忏悔录》, Confessions （正文 82）

《出埃及记》, Exodus （正文 32, 40, 84）

《创世纪》, Genesis （正文 32, 80, 92, 122, 123, 144）

《创造的遗迹》, the Vestiges of Creation （正文 17）

《春秋》, Chun – tsew （正文 17）

《大明会典》, The Collected Statutes of the Ming Dynasty （前言 2; 正文 34, 40, 44, 158）

《大清会典》, the collected statutes of the present dynasty （正文 40）

《但以理书》, Daniel （正文 120）

《道德经》, Tao – te – king （正文 67）

《德臣西报》, China Mail （正文 87, 149, 150, 153, 162）

《德金词典》, The Dictionary of De Guignes （正文 161）

《东方文库》, Bibliotheque Orientale （正文 64）

《二程集》, the Record of Ching （正文 13）

《感应篇》, The Book of Actions and their Recompenses （正文 104）

汉语《圣经》, Chinese Scriptures （正文 95, 159, 162）

《汉语札记》, Notitia Linguae Sinicse （正文 64）

《后汉书》, The Historians （正文 152）

《淮南子》, Hoai – nan – tse （正文 65）

《基督教要义》, the Institutes （正文 85）

《系辞》, Hi – tse （正文 65）

418

《教理问答》, Catechism （正文 165）

《康熙字典》, Imperial Thesaurus, Kang-he's Dictionary （正文 144, 154, 155）

《孔子家语》, Family Sayings （正文 48）

《里斯百科全书》, Rees' Cyclopedia （正文 88）

《礼记》, Le-ke, Li-ki （正文 17, 48, 67, 164）

《历代志下》, 2 Chronicles （正文 54）

《六经》, six king, six classics （正文 21）

《论 Elohim 和 Theos 二词的翻译》, Essay on the rendering of the words Elohim and Theos （正文 140）

《论翻译 ruach 和 pneuma 之正确方法》, Proper mode of translating ruach and pneuma （正文 157）

《罗马书》, Romans （正文 85, 96）

《逻辑》, Logic （正文 90）

《马可福音》, Mark （正文 61）

《孟子》, the Mencius （正文 61）

《摩西五经》, the Pentateuch （正文 133, 134）

《南齐书》, the Historians of the southern Tse dynasty （正文 158）

《欧洲十九世纪的怀疑哲学》, The speculative Philosophy of Europe in the nineteenth century （正文 114）

《帕克斯特希腊字典》, Parkhurst's Greek Lexicon （正文 118）

《七十士译本》, The Septuagint （正文 138, 139）

《启示录》, Apocalypse （正文 54）

《撒迦利亚书》, Zechariah （正文 54）

《三国演义》, History of the Three Kingdoms （正文 158）

《商论》, the Shang Lun （正文 157）

《神魔通鉴》, General Mirror of Spirits and Genii （正文 99）

《神谱》, the Theogony （正文 68）

《神治之道》, The Method of the Divine Government （正文 96）

《省轩考古类编》, The Examination of antiquity （正文 46, 48）

《圣经》, the scriptures, Bible, Holy Writ, the sacred text （前言 1；导言 1；正文 14,

15, 27, 33, 36, 37, 38, 53, 54, 56, 60, 74, 78, 81, 85, 87, 88, 90, 91, 92, 93, 95, 106, 112, 113, 115, 117, 118, 119, 120, 121, 122, 127, 129, 130, 131, 138, 140, 141, 144, 146, 148, 153, 154, 155, 160, 161, 162, 163, 164, 165, 166)

《圣经·旧约》, the Old Testament, the O. T., the Old Testament Scriptures （正文 79, 80, 92, 124）

《圣经·新约》, the New Testament, the New Testament scriptures （正文 88, 114, 116, 117, 121, 140, 160）

《圣经正解》, The correct explanations of the Sacred King （正文 134）

《圣谕广训》, the commentary on the Sacred Edict （正文 151, 152）

《诗篇》, Psalms （正文 25, 84, 91, 103, 125）

《诗经》, She-king, the Book of Odes （正文 9, 17, 19, 48, 101, 105, 133）

《诗经·大明》, Great Brightness （正文 102）

《诗经·正月》, The first month （正文 102）

《使徒宪章》, Apostolical Constitutions （正文 131）

《书经》, Shoo-king （正文 17, 48, 52, 101, 103, 107, 125）

《书经·多方》, Many Regions （正文 101）

《说卦》, Choue-koua （正文 65）

《说卦传》, the Book of Diagrams （正文 14）

《说文》, Choue-ven （正文 67）

《四书》, the Four Books （正文 17, 48）

《四书章句集注》, The Perspicuous Explanation of the Four Books, The Four Books with Commentary and Exposition （正文 20, 51）

《四书通》, Sze-shoo T'ung （正文 20）

《太上感应篇》, Book of Actions and their Recompenses （正文 158）

《汤诰》, The announcement of T'ang （正文 106, 108）

《提摩太前书》, I Tim. （正文 88）

《通鉴纲目》, General Mirror of History （正文 46）

《韦伯斯特美式英文词典》, Webster's "American Dictionary of the English language" （正文 110）

《武加大译本》, The Vulgate （正文 139）

420

《谐声品字笺》, Heae shing pin tsze tseen （正文 103）

《谐声字典》, the Dictionary Heae Shing （正文 125）

《新约词典》, Lexicon of the New Testament （正文 115）

《信经》, Creeds （正文 82）

《序卦》, Su-kwa （正文 65）

《耶利米书》, Jeremiah （正文 31）

《伊利亚特》, Iliad （正文 116）

《以赛亚书》, Isaiah （正文 149）

《易传》, the appendix to the Yih-king （正文 10, 17, 69, 97, 154）

《易经体注大全合参》, a collection of explanations of the Yih-king （正文 12）

《易经》, Yih-king, the canonical book of changes （正文 10, 11, 12, 14, 48, 49, 50, 64, 65, 66, 67, 69）

《易经·大传》, Yih-king, Ta-chuen （正文 64）

《易经体注》, the Te-choo edition of the Yih-king （正文 98）

《瀛寰志略》, Geography （正文 145, 148, 159, 163）

《语类》, Yu-Luy （正文 147, 156）

《原理》, the Principia （正文 87）

《约翰福音》, John （正文 85, 91, 92, 160）

《约翰逊英文词典》, Johnson's Dictionary （正文 159）

《约翰一书》, I John （正文 88）

《月令》, Yue-ling （正文 48, 49）

《哲学文集》, Philosophical Essays （正文 7）

《中国丛报》, Chinese Repository （正文 145）

《中国经典》, Chinese classics, the Classics, the Chinese higher classics （前言 2; 正文 69, 101）

《中国人的神学》, Theology of the Chinese （前言 2; 正文 14, 157）

《中国通史》, Histoire de la Chine （正文 46）

《中国通志》, Description de la Chine （正文 53）

《中国忆纪》, Memoires concernant les Chinois （正文 53）

《中国宗教》, the Religion of China （正文 22）

421

《中国总论》, Middle Kingdom （正文 37, 64）

《中庸》, The Invariable Mean, Chung-yung （正文 18, 21, 50, 157）

《周礼》, Chau Li, the Ritual of Chow, Chow-le, the State Ritual （正文 16, 47, 48, 52, 164）

《资治通鉴》, Easy Mirror of History （正文 151, 152）

《自然史》, Natural History （正文 75）

《自然与神学的科学》, Natural and Theological Science （正文 111）

译后记

译书是件苦差事,译书的人若是不喜欢读书,应该断不会没事儿找罪受。

我喜欢书,曾经看到别人将书籍从一种语言转换成另一种语言,就觉得很奇妙,也很有意义,梦想自己有一天也能自豪一回,乐趣一回。我也曾经见过好几位译者在译完书之后,抱怨不已,更有译者发誓再不从事翻译,最后却又不知不觉再度翻译。

如今书译完了,应该说点什么。在翻译本书过程中,那种译事艰难与五味杂陈之感,我已经深深体会到了。虽然本书并非我的第一本译作,但却是到目前为止译得最为艰难的一本。

翻译这本书的机缘来自一次阅读。2012 年春,我读到 Ethel. R. Nelson 和 Mr. Richard E. Broadberry 合著的 *God's Promise to the Chinese* 的中译本,周江博士将其译为《甲骨揭秘:骨头里的故事》。这本书涉及的是中(儒家)西(基督教)文化比较研究,两位作者通过对甲骨文文字的分析与研究,探讨了在中国甲骨文中蕴藏的信息与基督教《圣经·旧约·创世纪》 神之创造与人之堕落信息的一致性,这种一致性可以映射出中国人认识西方基督教中的那位至高存在,中国人称之为上帝,西方英语基督教世界称之为 God。

该书作者频频引用 James Legge 的一本书,*The Notions of the Chinese concerning God and Spirits*,引起我的注意,查证之后方知是汉学家理雅各的作品。对于理雅各,我早有耳闻,依稀记得学生时代的历史书上提及过此人,读大学时从辜鸿铭的言论中对理雅各有了更多了解,但当时对其人并无兴趣。

读过《甲骨揭秘》之后,理雅各和他的那本论著在我的印象中挥之

423

不去，而此时正值刘铭兄策划主编《西方思想文化译丛》，并诚邀我参与其事。起初，我并未想到要翻译此书，当时选择一书的版权问题未能妥善处理，转而将理雅各的这本书作为翻译规划呈交给刘铭兄，得到他的欣然应允。

因为 The Notions of the Chinese concerning God and Spirits 并不厚，加之初读该书原文，虽有生僻词汇和个别难句，但总体而言当时并不觉有太多困难，于是我自告奋勇：4 个月译毕此书，前两个月完成第一章，后两个月完成最后三章！最终，我被自己的豪言"套牢"了，刘铭兄曾嘱咐过我要做好规划，每天翻译多少云云，但真正下笔翻译时我才觉步履维艰，四个月仅仅完成第一章的翻译，不含自我译校，食言无异于信用绑架，使我异常懊悔。

我非常感激出版社江华老师的谅解与鼓励，我也再次下定决心无论如何完成此书的翻译，无奈琐事缠身，有时几天才翻译一两页。后来，从完成译文，到自己校对，到注释、索引、术语参照、序言等等，得到刘铭兄和江华老师的多次鼓励和支持，如果不能将此书做好，实在有愧于两位师友。

翻译本书让我切实地感受到译事之艰难，钱歌川先生曾说，译文以信达为主，而且特别注重达，而且原文如果信达雅，但译成另一种语言之后缺一则为不信，更进一步，如果在音韵上没能将原文的意境呈现出来，也被视为不信。

我尚无法达到钱先生所言的那种境界，而转求其次，努力寻求最基础的信达雅，尽量通过直译，将原文的意思不遗漏且较为通顺地传递出来。我对本书第一章用力颇多，自己校对不下三遍，最后校对完成后，又邀请好友伍美欢小姐通读译文，但凡觉得不通顺的地方即标注出来，并提供修缮建议，在此特别予以感谢！

我本只设想完成这本书的翻译即止，但在翻译过程中，逐渐加入注释，到后来也因为时间延长的缘故，我觉得应当将本书努力做到最好，因此本书由原来的单纯翻译逐渐变为译注。译注繁多，而且耗费我大量时间，不少译注直接选译自英文维基百科等英文资料，旨在帮助一般读者充实常识及背景知识，虽然自己翻译时诚惶诚恐、竭尽心力，但译文也许仍有多处不足之处，文责都应当由我本人承担，也承望读者、专家批评指正，协助本译文他朝再版，日臻完善。

国内较为系统地研究过理雅各及其著作的，是福建师范大学外国语学院的岳峰教授，其博士论文只见于网络，后交由福建人民出版社2004年出版，但该书已断版多年。虽然近年国内对理雅各的研究呈上升趋势，但一则缓慢，二则着重于理雅各译介汉典方面，尚缺乏系统及深入研究。理雅各的作品也殊为罕见，出版的著作仅限于其《中国经典》（5卷本）。据闻香港浸会大学宗教及哲学系的费乐仁（Lauren Pfister）教授在主编《理雅各著作选编》，但至今亦未见其出版。

译者希冀借本书抛砖引玉，逐渐译介诸如《中国宗教：儒教、道教兼与基督教之对比》(*The Religions of China: Confucianism and Taoism Described and Compared with Christianity*)等作品，期盼理雅各的作品不断走出图书收藏馆，进入寻常百姓家，激励当代中国人了解我们本国文化。试问有多少人能如实地说出儒家《十三经》？而理雅各几乎译毕儒家《十三经》，此举足令我辈汗颜。

译者对国内功利译介作品颇为反感，虽然自己水平有限，但却极力主张翻译未曾译介过的作品，且看仅几年间，《道德情操论》和《沉思录》两书译本竟各自涌现20余种，译文参差不齐，错漏百出，"《道德论》下不道德，《沉思录》中无沉思"！

今年是理雅各诞辰200周年，谨以此译本敬献给这位中西文化沟通之先贤！

最后，借用理雅各的话，"愿神悦纳、垂青此番尝试，即阐明关于祂自身的知识，祂的人类家族中的大部分成员都拥有这种知识，祂的众仆人在翻译祂启示话语的时候，用这些术语精准地传达祂自己的名和祂三位一体神性中的第二位。"
　　唯望本译本能实现作者当年的夙愿！

译者
2015 年 7 月 14 日广州

补记

　　因译者最后译校缘故，致使译文一拖再拖，终未能值理雅各诞辰 200 周年之际顺利付梓。译者之过，诚请师友、读者见谅。

译者
2015 年 12 月 20 日广州
2017 年 5 月 19 日于广州修订

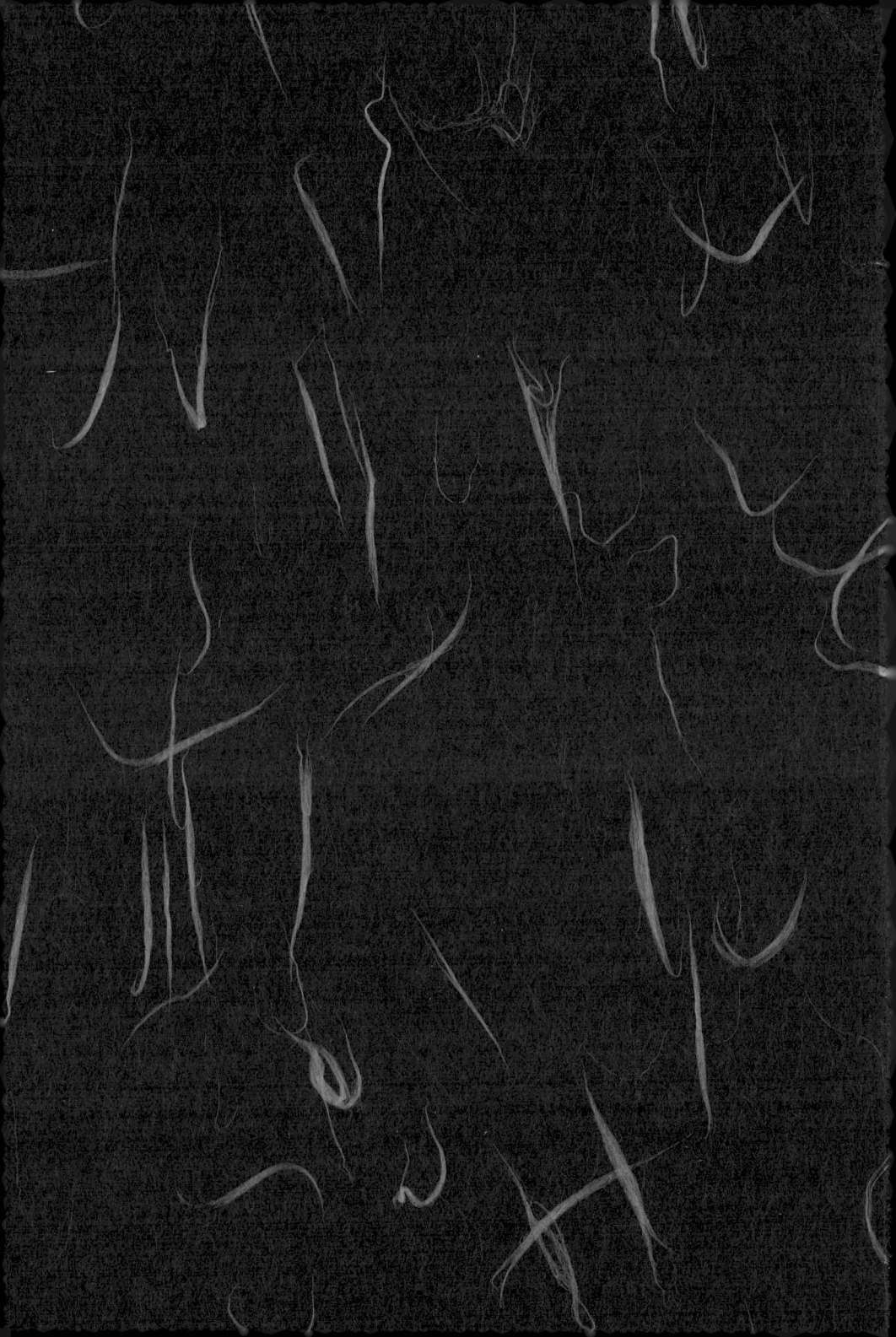